WILHELM DILTHEY

Das Erlebnis und die Dichtung

Lessing · Goethe · Novalis
Hölderlin

16. Auflage

D1987012

V&R

VANDENHOECK & RUPRECHT IN GÖTTINGEN

Wilhelm Dilthey

1833–1911, Studium der Theologie und der Philosophie in Heidelberg und Berlin, 1864 Promotion und Habilitation, Lehrtätigkeit in Basel, Kiel und Breslau, ab 1882 o. Professor für Philosophie in Berlin

Stadtbücherei
Krefeld
94

CIP-Kurztitelaufnahme der Deutschen Bibliothek

Dilthey, Wilhelm:
Das Erlebnis und die Dichtung : Lessing – Goethe – Novalis – Hölderlin / Wilhelm Dilthey. – 16. Aufl. – Göttingen, Vandenhoeck & Ruprecht, 1985.

(Kleine Vandenhoeck-Reihe ; 1191)
Bis 15. Aufl. als: Kleine Vandenhoeck-Reihe ; 191
ISBN 3-525-33214-9

NE: GT

Kleine Vandenhoeck-Reihe 1191

16. Auflage 1985

Umschlag: Hans Dietrich Ullrich – Printed in Germany. – Ohne ausdrückliche Genehmigung des Verlages ist es nicht gestattet, das Buch oder Teile daraus auf foto- oder akustomechanischem Wege zu vervielfältigen. –
Gesamtherstellung: Hubert & Co., Göttingen

DEM ANDENKEN VON
HERMANN USENER

VORWORT ZUR ERSTEN AUFLAGE

Einige junge Freunde wünschten eine Sammlung meiner Aufsätze und erboten sich, bei dieser Arbeit mich zu unterstützen. Die vorliegende Sammlung ist Herrn Privatdozenten Dr. Menzer für den Lessing, der Dozentin Fräulein Dr. Tumarkin für den Goethe, Herrn Dr. Frischeisen-Köhler für den Novalis, für das Ganze aber Herrn Privatdozenten Dr. Misch dankbarst verpflichtet.

Ich habe drei Aufsätze ausgewählt, die einen inneren Zusammenhang bilden, und um denselben zu vervollständigen den Aufsatz über Hölderlin neu hinzugefügt. In bezug auf diesen Zusammenhang, den der Titel sehr unzureichend andeutet, verweise ich auf die Ausführungen des Aufsatzes über Goethe und die dichterische Phantasie.

Über Veränderungen und Zusätze, welche der erste und der zweite Aufsatz erfahren haben, geben die Anmerkungen Auskunft. Dort finden sich auch Auseinandersetzungen mit Einwänden, die gegen meine Aufstellungen erhoben worden sind.

Ich gedachte diese Sammlung meinem Bruder und meinem Schwager Hermann Usener zu widmen, als ein Andenken an unsere geistige Gemeinschaft seit den schönen Jahren her, in denen die beiden ersten Aufsätze entstanden. Ich kann sie jetzt nur dem Freund meiner Jugend auf das frische Grab legen zu den andern Zeichen unauslöschlicher Liebe und bewundernder Verehrung.

Berlin, 23. November 1905 — Wilhelm Dilthey

Zur zweiten und dritten Auflage

In der zweiten Auflage ist die Darstellung des Lebenswerkes von Lessing durch mehrere Ergänzungen, deren wichtigste und umfangreichste Nathan den Weisen betrifft, vervollständigt worden. Der dritten Auflage ist eine Einleitung über den Gang der neueren europäischen Literatur vorausgeschickt. Durch sie wird nun auch die Stelle genauer bestimmt, welche die vier behandelten Dichter in dieser Entwicklung einnehmen. An die Einleitung schließen sich Zusätze zum Aufsatz über Goethe, die dessen Bedeutung für die Weltliteratur behandeln.

Im September 1910 Wilhelm Dilthey

Zur vierten Auflage

Die neue Auflage ist von der vorigen durch den Tod Diltheys getrennt. Am 1. Oktober 1911 ist er gestorben, in seinem 78. Lebensjahr. Dieses Buch, in dem der Geist seiner Jugend lebendig ist, bleibt nun unverändert.

Aufsätze von ähnlichem Charakter und Gehalt, die teils im Nachlaß vorhanden, teils schon vormals gedruckt aber vergessen sind, werden, zu einem weiteren Bande vereinigt, alsbald herausgegeben werden.

Oktober 1912 G.M.

GANG DER NEUEREN EUROPÄISCHEN LITERATUR

Die dichterische Arbeit jeder Zeit ist von der früherer Epochen bedingt; ältere Vorbilder wirken; das verschiedene Genie der Nationen, die Gegensätzlichkeit der Richtungen und die Mannigfaltigkeit der Talente machen sich geltend: in einem gewissen Sinne ist in jeder Zeit die ganze Fülle der Poesie vorhanden. Dennoch zeigt die Literatur der neueren Völker eine gemeinsame Entwicklung, die in typischen Stufen verläuft. Ich gehe derselben nach, um die geschichtliche Stelle zu bestimmen, an welcher im Verlauf der europäischen Poesie die deutschen Dichter, die ich hier darstelle, eingetreten sind.

Wir finden die Poesie zuerst bestimmt von dem Gemeingeist kleinerer politisch-militärischer Gemeinschaften. Sie drückte in der Lyrik den Geist dieser Gesellschaft aus. Aus Mythos, Heldenleben und historischer Sage derselben schöpfte sie die Motive ihrer urwüchsigen Epik. Und sie verkörperte deren Ideale in typischen Handlungen und Charakteren. Die Phantasie war gebunden durch eine seelische Gemeinsamkeit, aus der heraus der einzelne sprach, dachte, handelte und dichtete. Die Kultur nahm nun zu; zusammengesetztere Staatswesen entstanden; die christlichen Ideen und die antike Bildung wurden unter der Herrschaft der Kirche zusammengenommen; die poetischen Stoffe wanderten von Volk zu Volk, und aus dem Altertum wirkten dessen Kunstformen herüber. Der intensiven Ausbildung des christlichen Ideals der Entsagung gegenüber entwickelte sich das weltliche Leben und machte seine Selbständigkeit geltend. So entstand nun die definitive Zusammenfassung der ganzen bisherigen Entwicklung in der ritterlichen Lyrik und Epik und dem nationalen Epos. In der französischen Erzählungskunst, dem Parzival Wolframs, dem Nibelungenlied und Dantes göttlicher Komödie wurde die mittelalterliche Welt sich selber gegenständlich; derselbe allgemeine Geist, der sich in dieser Welt objektiviert hatte, faßte sie nun in der Form der Epik auf. Wie die Phantasie, welche die Stoffe der Epen geschaffen hatte, so war auch die, welche ihnen nun ihre letzte Gestalt gab, gebunden. Sie war von dem Geist beherrscht, der die Gesellschaft erfüllte, die feudalen politischen Ordnungen durchdrang und in den kirchlichen Glaubenslehren sich äußerte, und selbst in der Opposition gegen die kirchlichen Ideale blieb sie eben durch diesen Gegensatz bedingt. Der Mensch hat sich noch nicht in persönlicher und geschichtlicher Selbstbestimmung über seine historische Lage erhoben. Er haftet am Gegebenen, und dessen geographischer und historischer Horizont schränkt ihn ein. Die Phantasie schafft typisch und konventionell. Und die gegenständliche Hingabe an die Breite des Lebens findet immer noch ihre Form im Epos.

Von der Mitte des vierzehnten Jahrhunderts bis zu der des siebzehnten reicht die Epoche der großen Phantasiekunst. Wie in ihr durch das Zusammenwirken der einzelnen Künste die Vertiefung in weltliches Innenleben, die Entdeckung von Bedeutung und Schönheit in Natur und Leben sich vollzog, ist oft dargestellt worden, nur daß die Stellung der Musik in diesem Vorgang nicht gewürdigt worden ist. In diesem Zusammenhang entstand die Dichtung von Petrarca, Lope, Cervantes und Shakespeare. Es war für die Macht der Phantasie in ihr von der höchsten Bedeutung, wie Musik und Malerei auf sie wirkten. Sie begann nach der Zerstörung des theologischen Systems, das Himmel und Erde mit seinem Gespinst erdichteter Formen und Substanzen umspannt hatte — in dessen Netz auch Dante noch gefangen war, und sie endigte, als von Galilei und Kepler ab die moderne Naturwissenschaft und Philosophie mit ihrer neuen Ordnung von Begriffen zwischen Wirklichkeit und Poesie trat. So suchte diese Dichtung nicht mehr im Himmelreich die Bedeutung des Lebens, und sie war noch nicht durch die Gewöhnungen des wissenschaftlichen Denkens fest verankert im ursächlichen Zusammenhang der Wirklichkeit. Aus den Lebensbezügen selber, aus der Lebenserfahrung, die in ihnen entsteht, unternahm sie einen Bedeutungszusammenhang aufzubauen, in dem man den Rhythmus und die Melodie des Lebens vernähme.

Das Leben selbst, das von diesem neuen Standpunkt aus gesehen wurde, war in seinem Reichtum und in seiner Kraft gewachsen. In den italienischen Republiken wurde das zuerst gefühlt, aber erst in den großen Monarchien von Spanien, England und Frankreich war der freieste Spielraum für die Entfaltung starker Persönlichkeiten, kraftvollen Denkens, ungestümer und starker Handlungen. Das nationale Machtgefühl steigerte alle Lebensäußerungen. In einer glänzenden aristokratisch-monarchischen Gesellschaft entwickelte sich die Kunst, sich darzustellen, Herrschaft zu gewinnen, individuelles Dasein zu verstehen, und in den Hauptstädten konzentrierte sich die Kultur, die Arbeit und das Verlangen nach starker Lebensfreude. So drängte das Leben selbst zum Drama.

Unter diesen Umständen gestaltete nun die dichterische Phantasie ihre Welt nach einem neuen inneren Gesetz. In der Literatur machte sich ein Typus unabhängiger, von den historischen Umständen nicht mehr gebundener Menschen geltend. Ein unendlicher Horizont umgab sie. Die Dichter mußten mit einem starken Leben wetteifern, um es durch noch stärkere Wirkungen zu überbieten. Und die Renaissance der alten Literatur entwickelte ihre Formensprache. So entstand von Italien aus der neue große Stil, der die Fülle des Lebens, die Mannigfaltigkeit der Welt und ihre neuverstandene Schönheit auszusprechen strebt — in einer Musik der Sprache, die auch auf die Prosa sich erstreckte, und in einer selbständigen Stimmung und malerischen Gestaltung der Szenen, die Ariosto, Tasso, Camoens und Cervantes gemeinsam ist. In der Komposition wird der Kausalzusammenhang der Geschehnisse, das feste Rückgrat der späteren Dichtung, verunklärt zugunsten der höheren Gesetze, die aus der Freiheit der Phantasie stammen. Und in diesem Ganzen erhält nun der Mensch eine neue Stellung. Indem seine Beziehung zu einer festen transzendenten Ordnung und dem metaphysischen Reich der übersinnlichen Substanzen zurücktritt und die Beziehung zum komplizierten Zusammenhang der Natur und der Gesellschaft, wie die spätere Ausbildung der Wissenschaft sie erfaßte, noch nicht klar hervorgetreten ist, erhält so das Individuum ein direktes Verhältnis zur göttlichen Kraft. Aus ihrer schaffenden Tiefe scheinen die persönlichen Energien unmittelbar hervorzutreten, und uneingeschränkt von den bindenden Verhältnissen des Daseins durchlaufen sie ihren Weg, quer durch das Leben, nach dem Gesetz ihres Wesens. Alles Licht fällt in dieser Dichtung auf die Lebenswerte der Personen und den Sinn des Stückes Welt, das sie umfaßt, sie erleuchtet die Lebenswerte durch Verwandtschaft und Kontrast und den sinnvollen Lebensbezug, unter dem die Handlung erfaßt wird, durch Parallelaktionen. Aus dem Gegensatz, der die Gesellschaft dieser Zeit in eine aristokratische und eine niedere teilt, erhebt sich in Drama und Roman die Nebeneinanderordnung einer Welt vornehmer Daseinsfreude und Lebensstärke und einer unteren, massiven, die nur durch den Humor dichterisch gestaltet werden kann. Und aus den Tiefen des Lebens ragen in diese Menschenwelt Schatten der Abgeschiedenen, Magie und Zauber, Elfen und Spuk. Wo eine Existenz ist, fühlt dies Zeitalter eine seelische Kraft in ihr. Und aus dem Zusammenhang der Dinge erklingt eine unsichtbare Harmonie und umgibt alles. Der bunte Wechsel der Szenen und der Stimmungen wird von dieser romantischen Phantasie zu einer musikalischen Einheit von ganz neuer Art zusammengenommen. Zeit und Raum selbst, dieses feste Gerüst der Wirklichkeit, werden nach den Bedeutungsbeziehungen des Lebens behandelt.

Die Lyrik Dantes und Petrarcas war der Ausdruck der neuen weltlichen Innerlichkeit. Die Naturlaute des Gefühls wurden hier in die Sphäre einer vornehmen getragenen, künstlerisch beherrschten Stimmungseinheit erhoben. So entstanden unter dem Einfluß der weichen vollklingenden italienischen Sprache die neuen Formen der Lyrik. Eine musikalische Gesetzlichkeit der Form verbreitete sich von hier über alle dichterischen Gattungen. Die Freude an der Schönheit der Verse und die Freiheit der Einbildungskraft waren die gemeinsame Grundlage der epischen Kunst von Ariosto, Tasso und Camoens. Ariosto verwandelte die mächtigen Realitäten des heroischen Epos in ein heiteres Spiel der souveränen Phantasie. Der logische Zusammenhang der Geschehnisse tritt zurück hinter die Abstimmung der Farben, hinter die Kraft der einzelnen Szenen und die Darstellung der Fülle und Heiterkeit des Lebens. Seine Personen kommen irgendwoher aus einer romantischen Wildnis, sie behaupten ihren Platz durch ihre Bedeutung in der Mannigfaltigkeit des Daseins, und sie stehen ganz malerisch da wie Figuren der gleichzeitigen Hochrenaissance. Und wenn nun Tasso und Camoens mit den Kunstmitteln der Zeit noch einmal das heroische Epos des Vergil erneuerten, wenn sie hierzu Zauber, Feen, überirdische Kräfte, allegorische Gottheiten, Patriotismus, Abenteuerlust und Religiosität und den Klang der Verse aufboten: der Geist der Zeit konnte sich in diesen Formen nicht aussprechen — das heroische Epos verschwand. Diese ganze Erzählungskunst in Versen wurde durch den Roman und die Novellen von Cervantes überboten: Leben und Genie der Zeit wurden hier von dem freiesten und tiefsten unter den damaligen romanischen Dichtern zum Ausdruck gebracht. Die betrachtende Ruhe höchster Weisheit herrscht in seinem Don Quixote über allem Wechsel der Seelenbewegungen und allen Irrungen und Illusionen des Lebens; sie schwebt als siegreiche Ironie über jedem Vorgang und jedem Gespräch. Und wie damals die Bilder der venezianischen Schule die Schlösser von Italien und Spanien erfüllten, ist die Darstellung des Cervantes voll von malerischem Reiz — malerisch nicht nur im Sinn vollendeter Sichtbarkeit, sondern einer ästhetischen Wirkung, die aus der Anordnung der Figuren in der Landschaft entspringt.

Zum Mittelpunkt der Dichtung aber mußte das Drama werden. Alle Mittel für seine höchste Entwicklung sind nun da. Das hauptstädtische Theater, die unabhängigen Menschen, die großen Aktionen, in denen ungezügelte Leidenschaft, Machtwille bis zur Grausamkeit regierten, vor allem aber ein Dringen in die Tiefen, in denen Charakter, Schuld und Schicksal verwoben sind: aus

diesen stammt die Konzentration und Vereinfachung der Geschehnisse im Drama.
Der Höhepunkt des neuen Drama ist das englische Theater von Marlowe und Shakespeare. Die Jugendkraft der nordischen Völker gab ihrer Phantasie die höchste Stärke. Die Sprache war noch erfüllt von sinnlicher und bildlicher Kraft. Sehen war noch mit dem Denken untrennbar verbunden. Die Prosa selbst drückte die Gedanken noch in Bildern aus, nicht absichtlich, sondern unwillkürlich. Stil und Ideen eines induktiven Philosophen wie Bacon sind von der Macht der Einbildungskraft getragen. Die medizinischen und philosophischen Auseinandersetzungen des Paracelsus lösen alles Sein auf in Kraft, fühlen Seele in jedem Ding, reden die Sprache der Sinne und sind darin jedem heutigen Gedicht überlegen. In Luthers Jugendschriften ist ein Zustandsgefühl, eine Energie der Einbildungskraft bis zur Halluzination, eine Gewalt des Ausdrucks bis zur Brutalität, mit der verglichen die ganze religiöse Poesie von Klopstock bis heute kraftlos erscheint. Selbst den astronomischen Problemen nähert sich Keplers Jugendwerk durch Phantasievorstellungen. Auf solchem Boden erwächst die Phantasiekunst Shakespeares. Das ganze Universum erscheint hier lebendig geheimnisvoll erfüllt von göttlichen oder dämonischen Kräften. Ein geistiges Element schwebt wie ein feiner Nebel um alle Gegenstände und zeigt sie in einem eigenen Licht. Die Geister, die im Mondlicht spielen, die mächtigen Schatten, die aus einer unsichtbaren Welt, angezogen von Mord und Blut, in die sichtbare hineintreten, sind dem Dichter Manifestationen der unsichtbaren Kraft. Auf diesem Hintergrund erscheinen, aufgefaßt mit dem schweren Realismus der germanischen Einbildungskraft, tragische Gestalten, deren unbändige Leidenschaft nach Blut zu verlangen scheint. Es tut sich in den Komödien und Märchenspielen eine Phantasiewelt auf, die wie ein Regenbogen schwebt über der Tragik des Lebens.
Die neueren Völker traten nun in das Stadium der Wissenschaft. Von den ersten Dezennien des 17. Jahrhunderts ab vollzog sich diese Veränderung; Shakespeare und Galilei sind in demselben Jahr 1564 geboren, und Calderon und Descartes sind Zeitgenossen. Die wissenschaftliche Erkenntnis hatte zuerst bei den östlichen Völkern angesetzt, dann in der Kulturwelt des Mittelmeers – jetzt endlich erreichte sie im Verlauf des 17. Jahrhunderts im Zusammenwirken von Bacon, Galilei, Kepler und Descartes ihr Ziel: die Entdeckung der Ordnung der Natur nach Gesetzen. Die wissenschaftliche Einbildungskraft wurde durch die methodische Verbindung des mathematischen Denkens mit Beobachtung, Induktion und Experiment geregelt. Das physische Universum wurde durch die Beziehung der Bewegungsgesetze auf die wahre Struk-

tur des Sonnensystems als ein mechanischer Zusammenhang erkannt, und diese Erklärungsweise wurde auf Licht und Schall, Blutumlauf und Sinnesempfindungen angewandt. Die Erkenntnis des ursächlichen Zusammenhangs der Natur ermöglichte die zunehmende Herrschaft über sie. Zur selben Zeit nahm die Wissenschaft auch von dem Gebiet der geistigen Welt Besitz. Das konstruktive Verfahren der mathematischen Naturwissenschaft wurde auf Recht und Staat übertragen. In der Selbständigkeit der Individuen, in ihrem Recht auf persönliches Wohl, Entwicklung ihrer Kräfte, Freiheit des Gewissens und der Gedanken war das Prinzip einer unendlichen Entwicklung der Gesellschaft gegeben. Die Autonomie der Vernunft erfüllte die Forscher und wurde von den Philosophen zum Prinzip erhoben.

Eine neue Kraft trat damit in die Geschichte der Dichtung. Sie wirkte von da ab stetig, unaufhaltsam. Denn die vollständige und adäquate Übertragung der Wahrheiten von einer Person, einer Generation zur anderen erwirkt eine beständige Zunahme derselben. Irgendwo in diesem Reich wird zu jeder Zeit ein wichtiger Fortschritt vollzogen. Und wie die Erkenntnis der Wirklichkeit eine neue Grundlage und einen veränderten Maßstab für den religiösen Glauben, die Metaphysik und die Dichtung schuf, vollzogen sich von jetzt ab entscheidende Veränderungen in dieser höchsten Region des Geistes. Indem die Vernunft die christliche Theologie sich zu unterwerfen strebte, traf sie hier, wie in allen Weltreligionen, auf einen unfaßbaren, verwunderlichen, dem Verstand paradoxen Kern, der aus dem gewaltsamen Verkehr mit dem Unsichtbaren stammt, sie wird ihn nur zerstören können, und so wird die Religiosität nach freieren Formen suchen müssen. Die Ansprüche der Metaphysik auf Allgemeingültigkeit werden vor dem strengen Maßstab des Wissens nicht standhalten. Und auch die poetische Phantasie wird lange Zeit unter die Herrschaft des Denkens geraten, sie wird oft in der Wissenschaft ihren Feind sehen, und erst wenn das Wissen an Leben und Geschichte heranrückt und die Dichtung an das Erfassen der ganzen Wirklichkeit, werden die Lebenserfahrungen des Dichters und das begriffliche Denken sich einander nähern.

Von der Wissenschaft aus bildete sich die neue Prosa, das Französisch des Descartes, das Englisch Lockes, das Deutsch Christian Wolffs und seiner Schule. In dieser Prosa herrschten Begriff, Zergliederung, Schlußverfahren. Aber schon in den Kämpfen des 17. Jahrhunderts zwischen Wissenschaft, Orthodoxie und religiöser Erfahrung ging die Darstellung über in die Debatte, und in dem Ringen dieser Gegensätze bildete sich einer der größten Schriftsteller Frankreichs — Pascal. Hier machte sich aber bereits ein anderes mächtiges Element geltend, die Gesellschaft, wie sie auf der Höhe der Selbstherrschaft sich formierte. Sie war das Publikum der Schriftsteller und Dichter. Aus ihr ging die Umformung der Sprache hervor, wie sie zuerst in Frankreich sich vollzog. Diese höfische Gesellschaft fand in der Konversation den sublimsten und gefahrlosesten ihrer Genüsse, und sie sonderte sich von dem untertänigen Volk und seiner Sprache durch ihre Delikatesse, ihren Geschmack und den Geist der Konversation, die Auswahl der Worte und die feinsten Unterscheidungen des Ausdrucks. Und nun unternahm die Akademie, die Richelieu im Sinn dieser herrschenden Gesellschaft 1635 gründete, die Regulierung der Sprache und der Literatur. Unbekümmert um das geschichtliche Leben der Sprache, übte sie im Namen der Vernunft ihr oberstes richterliches Amt. Der Wortschatz wurde vereinfacht. Die gelehrten Worte, die Fachausdrücke, die konkreten Namen für die Mannigfaltigkeit der Dinge machten den allgemeineren Bezeichnungen Platz. In den Sätzen wurde jeder Redeteil an seinem Platz festgelegt. Und der Stil des Ganzen wurde derselben übersichtlichen Ordnung und Symmetrie unterworfen, die in den französischen Schlössern und Gärten jener Tage herrschte. Die Sprache wurde so zum Organ der Vernunft. Die Akademie, die antike Tradition und der philosophische Geist vereinigten sich nun, die Gattungen in Poesie und Prosa abzugrenzen und in jeder Dichtungsart der Phantasie in Regeln ihre Bahn vorzuzeichnen — vor allem dem Drama, dessen tiefsinnige in der Zeit der Phantasiekunst geschaffenen Gesetze von diesen räsonnierenden Köpfen nicht mehr verstanden werden konnten. Und diese Normierung von Sprache und Literatur verbreitete sich von Frankreich über die anderen Kulturnationen. Was in der Philosophie die Methode war, wurde in der Literatur der Geschmack und seine Regel. Er stand im innigsten Zusammenhang mit den Lebensformen der Gesellschaft, und in der Einheit der literarischen Werke mit der ganzen Zivilisation des Jahrhunderts lag deren Macht und dauernde Bedeutung.

Die neue Form der Sprache und Literatur wurde nun im achtzehnten Jahrhundert zum Werkzeug einer mächtigen Bewegung, welche der Gesellschaft neue Inhalte, Werte und Ziele gab. Diese Bewegung war getragen von dem Bewußtsein der stetig fortschreitenden Erkenntnis der Wirklichkeit. In dieser Erkenntnis waren die Kulturnationen zu einer Einheit verbunden. Autonomie der Vernunft, Solidarität der Gesellschaft, ihr Fortschritt dem Weltbesten entgegen durch die Herrschaft über die Natur, durch die Regelung von Staat und Recht und durch die Überwindung jedes kirchlichen oder politischen Widerstandes — das sind die leitenden Ideen dieses Zeitalters der Aufklärung. Der Forscher wandelte sich in den Schriftsteller, jener war in der dünnen Schicht der Wissenschaft mit den anderen Gliedern der Aristokratie des Wissens zu gemeinsamer Arbeit verbunden: dieser will auf die Gesellschaft wirken. Die Bewegung begann in England mit der Revolution von 1688, und ihre größten Schriftsteller waren dort Shaftesbury und Addison. In England nahmen dann Voltaire und Montesquieu die Fortschritte des Staatslebens, der Philosophie und Literatur in sich auf, und sie wurden durch die siegreiche Klarheit und Überredungskraft ihrer Prosa die leitenden Schriftsteller Europas. Und unter ihrem Einfluß bildeten sich Lessing, der große König und Kant. Die meisten unter den Führern der öffentlichen Meinung waren zugleich Forscher, Schriftsteller und Dichter. Auch ihr Publikum war verändert wie ihre Ideen. Sie wandten sich an den neuen Stand der Gebildeten, und in ihm nahm die bürgerliche Klasse ihren Platz ein.

So zeigte nun die Dichtung des 18. Jahrhunderts eine neue Struktur. Gesellschaft, Sprache und die dichterischen Gesetze des klassischen Geistes hatten im 17. Jahrhundert die Tragödie von Corneille und Racine geschaffen. Corneille war noch ganz bestimmt von dem heroischen Ideal; Racine vertiefte bereits die Tragödie des Corneille durch die Verfeinerung der Gefühle in der höfischen Gesellschaft und das Erlebnis der religiösen Bewegung von Port-Royal, die von der hierarchischen Tradition zurückging auf die religiöse Erfahrung, und so schuf er das Seelendrama, das mit jedem Fortschritt in der kommenden dramatischen Literatur in Zusammenhang stehen sollte: aber der neue Typus der Dichtung vollendete sich doch erst im 18. Jahrhundert. Der wissenschaftliche Geist drang von der oberen Schicht der Forscher hindurch in die Gesellschaft. Die Vernunft regulierte herrisch das ganze Seelenleben, sie unterwarf sich die Leidenschaften und die Phantasie und eröffnete den Kampf gegen die religiöse Tradition, die Selbstherrschaft und die Vorrechte der herrschenden Klassen. Diese Bewegung ergriff auch die Poesie. Der von innen durch das moralische Gefühl bestimmte Mensch wurde ihr Ideal. In der Seelenverfassung der Dichter regierte der Glaube an die teleologische Ordnung der Welt und die Aufgabe, seine höhere Anlage durch die Vervollkommnung seines Wesens zu verwirklichen. Ein neuer Grundzug von der höchsten Bedeutung trat damit in der Entwicklung der Poesie hervor. Neben den Gefühlen und Leidenschaften, die aus den persönlichen Schicksalen der Menschen hervorgehen, machen sich jederzeit die universalen Stimmungen geltend, die aus dem Verhältnis des Menschen zum Leben und zur Welt stammen. Sie wurden jetzt vom philosophischen Geist des

Jahrhunderts in die Helle des Bewußtseins erhoben, und die Herrschaft der Ideen gab ihnen eine außerordentliche Macht.
Die alte Gattung des Lehrgedichts erhielt so eine neue Bedeutung und einen weiten Umfang in der ganzen europäischen Literatur. Die Ideen von der besten Welt, der teleologischen Ordnung und Schönheit der Natur, der moralischen Anlage des Menschen, seinem einfachen Glück in einem natürlichen Leben waren der Gegenstand der Lehrgedichte von Pope und Haller, sie bildeten den Hintergrund der Naturbetrachtung von Thomson und Kleist, der Widerspruch gegen sie rief die Lehrdichtung von Voltaire hervor, und sie erfüllten die ganze Lyrik der Zeit. Aus ihnen empfingen die Stimmungen Haydns Nahrung, in dessen Schöpfung und Jahreszeiten nun diese Seelenverfassung ihren letzten und unvergänglichen Ausdruck fand. — Aus der Zurückverlegung dieser Ideale in einen erträumten Naturzustand entstand der Charakter der idyllischen Dichtung des Jahrhunderts und aus dem Gefühl ihres Gegensatzes gegen die bestehende Gesellschaft seine Satire: so erklärt sich, daß diese beiden Stimmungen die ganze lehrhafte Dichtung durchdrangen.
Derselbe Geist der Aufklärung ändert nun die Stellung und den Charakter der erzählenden und dramatischen Dichtung. Das Auge der Poeten ist eingestellt auf eine Auffassung des Lebens, die durch die wissenschaftliche Schule hindurchgegangen ist. Sein Werk baut sich auf von dem festen Zusammenhang der ursächlichen Beziehungen aus. Es empfängt seine Glaubhaftigkeit nicht in erster Linie aus der inneren Einheit und Macht einer zweiten Welt in der Phantasie, sondern aus der Übereinstimmung mit dem Zusammenhang der Dinge in Raum, Zeit und Kausalität. Die Kräfte, die in jene zweite Welt der Phantasie aus der Höhe und der Tiefe wirkten, sind verschwunden. Das Leben, mit dem sie die Natur erfüllte, ist nun ein sentimentaler, unwirklicher Zusatz zu der vernünftigen Naturauffassung geworden, der künstlich in bildlichen Ausdrücken oder mit Hilfe der Mythologie hergestellt wird. Alles Leben konzentriert sich auf den Menschen. Die Zergliederung der menschlichen Welt ist das Hauptgeschäft der neuen Philosophie, und die Idee der menschlichen Vollkommenheit das Ziel der Moral. In der Gesellschaft selber erhält die aufgeklärte Religiosität noch die starken, aufrechten, in sich zusammengenommenen Charaktere, die eigenrichtig bis zu derber Originalität in den Romanen der Engländer und den Dramen Lessings uns entgegentreten.
Der Wirklichkeitssinn der Aufklärung führt die Dichter immer mehr zu einer vollen ganzen Darstellung dieser Menschenwelt. Aber darin liegt nun der Grundzug, in dem ihr realistisches Ver-

fahren über jede Dichtung der früheren Völker hinausschreitet und die ganze nachfolgende Dichtung vorbereitet – ein Zug, der dieser Menschendarstellung einen idealen Hintergrund gab –, daß die bunte Mannigfaltigkeit des menschlichen Daseins, an der die Phantasiekunst sich ergötzt hatte, jetzt in ihrem Zusammenhang mit der gemeinsamen menschlichen Natur und ihrem Ideal der Humanität gesehen wurde.

Diese Veränderungen im Erlebnis der Dichter wandelten ihr bisheriges Verhältnis zu den Gegenständen und Gattungen der Poesie, und jede dieser Gattungen erhielt durch sie eine andere Struktur. Wie die neuen Ideale sich dem kriegerischen und kirchlichen Geist der Selbstherrschaft entgegensetzen, trat das heroische Epos zurück, und auch die Henriade Voltaires wirkte nur durch die Ideen des nationalen Staates und der religiösen Freiheit. Und wie hätte nun nicht auch die heroische Tragödie von dieser Veränderung des Geistes getroffen werden sollen! Die Doktrin der Zeit erkannte noch in der Tragödie die höchste Form der Dichtung; auch enthielt die Gesellschaft der Aufklärung tragische Momente genug in dem Konflikt der herrschenden Klassen und des Bürgertums, des hierarchischen Zwanges und der Gewissensfreiheit, des Despotismus und der politischen Rechte; dazu besaß die neue Form, welche die Tragödie in Frankreich erhalten hatte, höchst wirksame Mittel der Wirkung in der Kontinuität und Einheit der Handlung, in deren Dienst die Einheit von Zeit und Ort und die Gliederung in große Szenen standen, wie der Aufsatz über Lessing zeigen wird. Aber die politische Welt war unpoetisch geworden, die Armeen dieser Zeit waren Maschinen, die von einer unsichtbaren Hand geleitet wurden, die äußere Politik ging von den Kabinetten aus, die Verwaltung war das Geheimnis des Beamtentums, und die Dichter waren in ihrem Haß gegen die Kabinettskriege innerlichst den blutigen Machtkämpfen entfremdet. Der Widerspruch des Geistes der Aufklärung und der heroischen Tragödie scheint mir noch tiefer zu greifen. Diese Zeit ist erfüllt von dem siegreichen Gefühl des Fortschreitens in der persönlichen Entwicklung und der Vervollkommnung des Menschen; wo sie einen eigenen tragischen Zug des Lebens ausspricht, sind ihre Helden die Opfer der Politik und des religiösen Fanatismus; sie handeln aus einer moralischen Kraft, nicht aus einer fortreißenden Leidenschaft. Und so rufen der einst so viel bewunderte Cato von Addison, die Römertragödien Voltaires, ja selbst Lessings Emilia nur eine kühle Bewunderung hervor. Hier vernimmt man nicht die tiefen Laute, die aus dem Erlebnis der Tragik des Lebens selber stammen. Der Zusammenhang des Handelns, Leidens und Sterbens mit den letzten Gründen unseres Daseins wird nirgends sichtbar.

Dagegen war die neue Struktur des bürgerlichen Schauspiels die eigenste Schöpfung dieser Zeit. Es beruhte auf der Beobachtung des Lebens; seine Motive lagen in den Problemen der Zeit, und seine Handlung erwuchs aus den Gegensätzen der bestehenden Gesellschaft. So geht eine direkte Linie von ihm zum modernen Theater. Auch dem damaligen bürgerlichen Schauspiel mangelt freilich das Verhältnis der Konflikte der Zeit zu der zeitlosen Tragik des Menschendaseins.

Alle Kräfte, die der Dichtung der Aufklärung zur Verfügung standen, kamen in ihren Lustspielen zur Geltung: die höchste Entwicklung des geselligen Daseins an den Höfen, die äußerste Verfeinerung des Geistes, die Subtilität der Gefühle, die Lust an der Konversation, die Neigung zur Intrige, ein souveräner Verstand in der Verwicklung und Lösung der Handlung, vor allem aber das freudige Gefühl des Lebens. In immer neuen Verbindungen manifestierten sich hier diese Kräfte der Aufklärung von Voltaire bis Marivaux, der Minna Lessings, dem Barbier von Sevilla und der Hochzeit des Figaro von Beaumarchais, diesen vollkommendsten Schöpfungen einer Gesellschaft, welche das zweideutige Leben in Heiterkeit sehen und genießen wollte. Und die ernste Tiefe der Aufklärung wie ihre Lebensfreudigkeit wirken nun endlich zusammen im Roman, der das Erbe des Epos antrat und auch das Drama in seinem Einfluß überflügelte, kraft seines Vermögens, eine allseitige und objektive Darstellung des Lebens zu geben. Cervantes und Rabelais wurden von keinem Roman dieser Zeit erreicht; aber alle Elemente zu einer neuen Struktur dieser Dichtungsart, welche über beide hinausgehen sollte, bildeten sich: die Begründung der Erzählung auf die Sitten der Zeit, die Gliederung der Handlung nach den Gegensätzen der Gesellschaft, die Spannung, welche die Wechselfälle dieses Kampfes hervorrufen, die Tiefe der Psychologie, die Entdeckung einer Entwicklungsgeschichte im Lebensverlauf des Helden und die realistische aus Ernst und Humor gemischte Darstellung. Was hier an verschiedene Dichter verteilt war, nahm dann der Roman von Goethe, Balzac und Dickens zusammen.

Auf dem Hintergrund dieses Stufengangs der Dichtung bei den neueren Völkern mögen nun die folgenden Bilder aus der Geschichte unserer deutschen Dichtung hervortreten.

GOTTHOLD EPHRAIM LESSING

Bei dem Klang der ersten Verse von Tasso und Iphigenie, bei dem Beginn des Wilhelm Meister ist uns, als träten wir durch ein prachtvolles Tor, hinter welchem wir von der Gegenwart und von ihren Kämpfen ganz abgeschlossen sind und eine heterogene Welt sich auftut, in der Kräfte unserer Seele ins Spiel gesetzt werden, welche sonst zu ruhen pflegen.

Lessing dagegen ist unseres Geschlechts. Wo er den Faden von Ernst und Falk fallen ließ, oder vielmehr wo die Hand des Todes ihn abriß, inmitten der Untersuchung über die Einschränkungen unseres Wesens, welche auf der Natur und den Formen der gesellschaftlichen Verbindungen, der staatlichen wie der religiösen, beruhen, inmitten der damit verknüpften Untersuchung über den Zusammenhang dieser Formen mit den besonderen geographisch-historischen Bedingungen, unter welchen sie sich bilden: da glauben wir diesen Faden wieder aufnehmen zu können. Ja uns dünkt, daß ein Mann seiner Art unter uns sich besser, weit besser befunden hätte, als in der engbrüstigen Epoche, in welcher er aufwuchs, eingeklemmt zwischen Klopstocks, Gellerts, Kramers religiöse Empfindsamkeiten und die pedantischen Nachahmungen der großen Formen Corneilles, welche unseren kleinbürgerlichen Dichtern schlecht auf den Leib paßten — eingeklemmt zwischen Gelehrtenhochmut und Predigerhochmut.

Und wer kann ein paar Seiten dieses schneidigen, nüchternen, männlichen Menschen lesen, ohne zu fühlen, daß er so, ganz wie er war, unter uns leben, schreiben, handeln könnte, ja daß wir ihn brauchen? Was könnte uns heute ein Mann sein, welcher der ungeheuren Veränderung in unserer Anschauung vom Menschen und seiner gesellschaftlichen Natur und der hierdurch bedingten Umgestaltung unseres sittlichen Ideals einen so gewaltigen und gesunden Ausdruck verliehe, als er seinerzeit in Nathan und Antigoeze tat, zum erstenmal wieder in Deutschland seit den großen Jugendschriften Luthers. Aber ehe ein solcher erscheint — und sicher, diese gärenden intellektuellen und moralischen Zustände werden ihn hervorbringen, gleichwie sie seiner bedürfen —: soll jeder Buchstabe Lessings uns heilig sein. Wir durchmustern, was er zurückließ, nicht mit dem neugierigen Auge des Forschers,

sondern mit dem ängstlichen Eifer eines Sohnes, welcher in der Hinterlassenschaft seines Vaters nach einem Geheimnis forscht, das für ihn bestimmt war, das nur der Vater in des Sohnes Abwesenheit niemandem anvertraute, anvertrauen durfte. Wenn sein Studium des Lebens, des vergangenen in Büchern, des gegenwärtigen unter Menschen, ihn auf Resultate führte, die er damals nicht aussprechen durfte: uns würde er sie nicht vorenthalten haben; wir sind die Erben seines Geheimnisses.
Wenn dies so war – wenn er wirklich seinen Zeitgenossen etwas vorenthielt, für immer oder auch daß der Tod ihm den Mund schloß, bevor er den Moment für gekommen erachtete, es auszusprechen! –, diese Frage gibt der Durchmusterung dessen, was er zurückließ, einen Reiz, dem von Fragmenten eines verlorenen Ganzen vergleichbar. Wir sind auf Ergänzung angewiesen.
Und in der Tat sind gewichtige Gründe vorhanden zu glauben, daß er seine letzten, höchstens Lebensresultate teils gar nicht, teils in halb verhüllenden Formen seinen Zeitgenossen vorlegte. Diesen theologisch eingeschränkten, gedrückten Zeitgenossen gegenüber fühlte er sich als ein Pädagog. Schiller und Goethe hatten diese Stellung nicht mehr. Ihm war sie natürlich, denn er war der erste Deutsche, welcher, von aller Tradition und aller Neigung wie aller Abneigung ihr gegenüber völlig befreit, sich unmittelbar dem Leben gegenüber eine selbständige und positive Lebensansicht bildete. Dies kann man selbst von dem in seiner Weltansicht so unvergleichlich originaleren Leibniz noch nicht sagen. Als Lessing hierzu in seiner letzten Epoche fortschreitet, fühlt man förmlich es um ihn einsamer und einsamer werden; für diese Entdeckungsreise hatte er keinen Genossen wie einst für seine ästhetischen Streifzüge, konnte er keinen haben. Wie er so ganz allein dastand und nun den Kampf mit all den Richtungen aufnahm, welche von der theologischen Tradition freundlich oder feindlich, für ihn gleichviel, ausgingen: mußte er diese isolierte Stellung verdecken, vorübergehend sich Bundesgenossen schaffen, langsam die Zeitgenossen zu sich erheben. Dies war seine Stellung, und mit ihr erklärt sich die Möglichkeit, daß weder, was vorliegt, ganz so seine Meinung ist, noch in diesem Vorliegenden die letzten Resultate seines Lebens niedergelegt sind.
So viel nahes, leidenschaftliches Interesse unsererseits, so viel Rätselhaftigkeit seinerseits haftet an Lessings wissenchaftlichen Forschungen. Gibt es überhaupt in der neueren Literaturgeschichte Deutschlands einen Stoff, welcher auf strenge methodische Untersuchung Anspruch hat, so ist es dieser.
Als Lessing so plötzlich, inmitten einer schöpferischen Tätigkeit von überströmendem Reichtum weggerissen ward, faßte zunächst

sein ältester, intimster Freund, der vortreffliche Moses Mendelssohn, die Absicht, über ihn zu schreiben. Der Plan dieser Schrift[1] ist uns in dem Leben Lessings von seinem Bruder erhalten. Nur ein der menschlichen Natur Unkundiger wird gegenüber zwei Männern, welche ihre ersten literarischen Feldzüge nebeneinander machten, welche die ersten unreifen Formen ihrer Theorien austauschten, eine geschichtliche Würdigung des einen, welcher dann mächtig voranstrebte, durch den anderen, der zurückblieb, wo ihn der gewaltige Freund gelassen hatte, erwarten. Was aber ein solcher Genosse, und er allein, ganz geben kann, ist ein Detail von Einsicht in die intellektuelle und moralische Natur eines Genius bis hinab in die intellektuellen Manieren und moralischen Eigenheiten. Einige Grundzüge dieser Art verdanken wir der Skizze Mendelssohns. So hebt er sehr schön die bemerkenswerte Sorglosigkeit hervor, mit welcher diese reiche, leblaft voranstrebende Natur Resultate im Gespräch hinwarf. „Ein Exempel"[2], sagt hierbei Mendelssohn, „seine Gedanken vom Lachen und Weinen. Ich hatte die Absicht nicht, zu plündern, sondern war vielmehr einem unordentlichen Hauswirt zu vergleichen, der Sachen in Verwahrung nimmt, ohne Buch zu führen." Lessing geht so weit, in Briefen an Mendelssohn diese Theorie[3] „meine oder vielmehr Ihre Theorie" zu nennen. Wie sorglos ihn dann Nicolai plünderte, ist nicht zu sagen. Aber wie wenige Mitteilungen dieser Art treten in der Skizze hervor, und was noch merkwürdiger ist, wie arm sind die Ausführungen, welche in dem Kapitel „über Lessing"[4] in Mendelssohns Morgenstunden und in seiner Schrift an die Freunde Lessings gegeben sind! Man war damals mit Recht gründlich enttäuscht. Nur das Verhältnis zwischen Lessing und Mendelssohn schließt sich hier voll auf in einer Weise, welche dem letzteren die höchste Ehre macht. Die sich unterordnende Verehrung des Gleichaltrigen, Mitforschenden hat etwas Rührendes. Er will nichts sein als ein „Jünger des Propheten". So reizbar, bis zur Eifersucht ist diese Verehrung, diese Liebe, daß hieraus allein sich erklärt, wie es ihn schmerzte, daß Lessing Gedanken hegte, die er ihm vorenthielt.

Aus diesem selben älteren Berliner Kreis trat nun Lessings Bruder hervor, Karl Lessing. 1793–1795, also ein Dutzend Jahre nach Lessings Tode, publizierte er in drei Bänden den literarischen Nachlaß und das Leben des Bruders. Das alles wimmelt von Unwissenheiten der gröbsten Art. Jede Seite darin würde Gotthold Ephraim zur Verzweiflung gebracht haben. Wenn die Xenien damals den Vers brachten:

> Edler Schatten, du zürnst? Ja, über den grausamen Bruder,
> Der mein modernd Gebein lässet in Frieden nicht ruhn —,

so würde Lessings Zorn, nach seiner Art zu denken, kaum die Veröffentlichung irgendeines Blattes von seiner Hand betroffen haben — wer möchte eines missen? — wohl aber das, was sein leichtfertiger Bruder über diese Blätter und über ihn schrieb. Indessen finden sich gerade hier unter dem unnützesten Berliner Räsonnement einige wertvolle Notizen.

Inzwischen trat dem alten Berlin, welchem Lessings Freunde angehört hatten, eine neue literarische und wissenschaftliche Schule gegenüber, und sie mußte sich der Autorität des Gewaltigen bemächtigen. Eben damals, als das Leben Lessings von seinem Bruder erschien, befand sich Friedrich Schlegel in Berlin, und seine jugendliche Keckheit fand es höchst natürlich, neben seinem Bruder auf dem Richterstuhl des großen Kritikers sich niederzulassen, der seit dessen Tode frei war. Er erhob den ersten geistvollen Widerspruch gegen die Auffassung Lessings, wie sie die alte Berliner Schule nunmehr wiederholt, trotz Jacobis Protest, dem Publikum aufgedrängt hatte. 1797, jener Biographie auf dem Fuße folgend, erschien das Fragment über Lessing[5] von Friedrich Schlegel, welches dann in dem kritischen Meisterwerk beider Brüder, den Charakteristiken und Kritiken, wieder abgedruckt und mit einer seltsamen Ergänzung versehen wurde, und 1804 ließ Friedrich Schlegel drei Bände: „Lessings Gedanken und Meinungen" drucken, welche eine schlecht maskierte Buchhändlerspekulation sind, trotzdem aber das Beste enthalten, was bis dahin über Lessing gesagt worden ist. Gegenüber der herrschenden Ansicht, welche in Lessing einen Mendelssohn verwandten Gelegenheitsdenker sah, fand er mit Recht in ihm einen Pädagogen zum systematischen Denken. Er fand, wir hätten keine deutschen Schriften, welche besser geeignet seien, diesen Geist des Selbstdenkens zu erregen und zu bilden, als die Lessingschen. Und nun liegt die Bedeutung seiner Untersuchung in dem Versuch, diese erregende Kraft der Schriften Lessings in deren innerer Form aufzuzeigen. Über diese innere Form hatte Friedrich Schlegel damals viel gedacht: denn schon fünf Jahre lang hatten ihn seine platonischen Forschungen beschäftigt.

So zeigen schon die Zeitgenossen und die nächstfolgende Generation ein außerordentlich starkes Interesse an der Lebensansicht und Weltanschauung, zu welcher dieser wahrhaftige, allen Realitäten offene, denkgewaltige Mensch gelangt war. Was sie aber darüber zu sagen wußten, war gänzlich unbefriedigend. Seitdem ist mehrfach versucht worden, die zerstreuten Bruchstücke zu deuten, in denen Lessing sein letztes und höchstes Lebensresultat zurückgelassen hat. Dasselbe Interesse an diesem Rätsel hat mich zu der Beschäftigung mit Lessing geführt. Um es aufzulösen, muß man sich den ganzen Gang der wissenschaftlichen Forschung Lessings vergegenwärtigen sowie die Stellung, die sie in der wissenschaftlichen, literarischen, intellektuellen Entwicklung Deutschlands seit 1760 einnimmt. Man muß den Punkt bestimmen, in welchem mit diesen Forschungen seine Dichtung zusammenhängt. Nur aus dieser Summe seines Wesens kann seine Bedeutung in unserer Literatur verstanden werden. Durch das Zeugnis der bedeutendsten Zeitgenossen, insbesondere Goethes, dessen Äußerungen den Kanon für die literarhistorische Tragweite derjenigen Erscheinungen bilden, die in seinen Gesichtskreis fielen, ist es erhärtet, daß auf den starken Schultern Lessings die Umgestaltung unserer Literatur ruhte. Was in der vielzerplitterten, rastlosen, alle Interessen der Zeit umfassenden Tätigkeit des Mannes gab ihm diese Stellung?

I. Bildungsjahre

Als Lessing um die Mitte des Jahrhunderts die literarischen Verhältnisse um sich zu beobachten begann, fand er im Vordergrund des geistigen Interesses die theologischen Kämpfe und die literarischen Streitigkeiten zwischen Bodmer, Gottsched, Klopstock, den lyrischen Dichtern. Jedoch die den Gang unserer Literatur beherrschende Tatsache ist, daß die Reformation in Deutschland mit einer Energie des religiösen Bewußtseins aufgetreten war, wie in keinem anderen Lande; hieraus entsprang eine ganz einzige Herrschaft des theologischen Interesses, und sie ward auf lange hinaus erhalten durch die Abwesenheit all der anderen Motive, welche in England und Frankreich Elemente und Interessen der Aufklärung mitbestimmten. Hierdurch ist der Charakter alles dessen, was naturwüchsig bei uns entstand, bestimmt, von den dogmatischen Kompendien und dem Kirchenlied ab bis auf Hallers religiöses Lehrgedicht und die Messiade Klopstocks.
Das größte literarische Ereignis um die Mitte des Jahrhunderts, die Messiade, charakterisiert am besten die klägliche Unreife dieses deutschen Denkens und Empfindens: ein Gymnasiast faßte einen Plan und begann ein Gedicht, in welchem tüchtige und ernsthafte Männer den Ausdruck ihrer Welt- und Menschenbetrachtung fanden. Wer wird die ungemeine lyrische Energie Klopstocks bestreiten oder dessen Bedeutung herabsetzen wollen? Aber es ist nicht minder bedeutsam, daß niemand beinahe in der Anschauungsweise und dem Gehalt des Gedichtes die unreife Jugendlichkeit unangenehm empfand, niemand beinahe – als ein Jüngling, der zu-

gleich so entschieden für Klopstocks lyrische Genialität eintrat: Lessing. Dennoch war diese Grundrichtung unserer Literatur, wie sie in Klopstock kulminierte, in ihrem Recht gegenüber den gelehrten Experimenten der Leipziger Schule. Was sollte unserem von dem Weltleben und seinen großen bewegenden Affekten abgesperrten Volke jene Kunst der Renaissance, welche in Italien und Frankreich ihre festen Züge erhalten hatte, eine Kunst des Stiles, der großen, festgegliederten, sich gesetzmäßig entwickelnden Formen, was sollten uns die Helden dieser großen tragischen Kunst, Römer, griechische Heroen und die Schicksale der Könige! Was unter Tränen an der Messiade ergriff und mit ruhigeren Empfindungen an Kleists Frühling oder Hagedorns zärtlichen Liedern, das war doch wenigstens natürliche Poesie: denn das war — wohl oder übel — unsere Natur.

In diese Zustände und ihre pedantische Abwickelung warf Lessing eine ganz andere Geistesform hinein: er ist das einzige norddeutsche Genie, das in die Poesie mit norddeutscher Art zu empfinden mächtig eingriff, bis auf Heinrich v. Kleist, welcher hierin recht eigentlich sein Nachfolger ist. Ein Naturell, in welchem von dem ersten Hervortreten ab ein heller, scharfer Wille dominiert, der klar und heiter die Bewegungen der Welt um sich auffaßt und sich in ihr lebendigstes Treiben einzumischen einen unwiderstehlichen Trieb fühlt, dem alles zur Handlung, zum Kampf, zum Tummelplatz lebhafter Bewegung wird; welches demgemäß von Anfang an in einem Stil erscheint, der einen bewegten, streitenden Willen der Erkenntnis in den einzelnen Akten seiner Handlung zeigt; welches mit derselben Naturnotwendigkeit von Anfang an sich der Bühne wahlverwandt fühlt, diesem idealen Spiegel des bewegtesten Lebens, und zwar zu allererst der komischen Bühne, der Welt von Plautus, Terenz, Molière — dies Naturell ist, was Lessing als seine seltene, glückliche, in unserer beschaulichen Nation und in der beschaulichen Epoche dieser Nation beinahe unerhörte Mitgift in die Literatur wirft.

1

Lessing stammte aus einer alten sächsischen Pastorenfamilie, er wurde zu Kamenz 1729 geboren, sein Vater war ein gelehrter orthodoxer Geistlicher, das Hauswesen ehrenfest und tüchtig. Die treffliche Fürstenschule zu Meißen machte schon, da er noch fast ein Knabe war, einen die Alten selbständig durchmusternden, poetisch nachfühlenden Philologen aus ihm. Als er nun in Leipzig nach Familienherkommen Theologie studierte, kam er in die Schule von Ernesti, vor allem aber von Christ, in welchem aus der Polyhistorie damals jugendfrisch die deutsche Altertumswissenschaft sich losrang. Er disputierte in der philosophischen Gesellschaft von Kästner. In jugendlicher Genossenschaft mit dem in der Heimat übel beleumdeten Vetter Mylius, einem bedenklichen Literaten und bedenklicheren Dramatiker, lernte er die Bühne vor und hinter den Kulissen kennen, und von dieser Zeit an war es sein Ehrgeiz, den Deutschen ein dem Ausland ebenbürtiges Theater zu schaffen. Das freudige Lebensgefühl dieser kecken wagemutigen Jahre hat er in anakreontischen Liedern ausgesprochen. Seine gelehrten Studien breiteten sich nach allen Seiten aus. Als er im zwanzigsten Jahre die Universität verließ, standen die Grundzüge seiner starken Persönlichkeit schon deutlich und fest da. Und so sicher fühlte er sich auch bereits seines Berufs, daß er den regelmäßigen Weg zu einer festen Lebensstellung verließ, Ende des Jahres 1748 sich nach Berlin begab und dort die Laufbahn des Schriftstellers ergriff — ohne Geld, ohne Verbindungen, den Eltern entfremdet.

Es ist der erbaulichste Anblick, inmitten der damaligen deutschen Literatur diese Natur sich nun bewegen zu sehen. Schon die nächsten norddeutschen Kreise, in denen der Jüngling sich findet, die Gleim und Ramler und die anderen Lyriker, sind ihm doch völlig heterogen. Er ist unter ihnen wie unter einer Singvogelbrut ein junger Raubvogel, der, weil es im Neste so der Brauch ist, seine Stimme zu kleinen Liedern übt, sich aber dabei wenig behaglich fühlt und zuweilen die sonderbarsten Gelüste verspürt, auf den einen oder anderen Sänger zuzufahren. Noch schärfer tritt die totale Verschiedenheit seiner Natur hervor, wenn man ihn in dem Ganzen der damaligen Bewegung ansieht. So wunderbar fertig und geschlossen in sich von vornherein die geistige Form seiner Natur erscheint, so tastend, so experimentierend ist das Verhältnis derselben zu der Welt, auf welche sie wirken soll. Denn seine knappe, schneidige Weise hatte wenig Verständnis für die entliehene Grandezza Gottscheds und nicht viel mehr für Klopstocks religiöse Empfindsamkeit. Wenn Klopstock[6] mit seraphischer Inbrunst bittet: „Ach gib sie mir, dir leicht zu geben, Gib sie dem bebenden, bangen Herzen", so bemerkt der Jüngling kurz dazu: „Was für eine Verwegenheit, so ernstlich um eine Frau zu bitten." Realismus, Gesundheit, Charakter traten der Empfindungsweise und den Zuständen, wie sie von Holstein bis in die Schweiz bestanden, keck gegenüber und mußten in dieser Stellung zunächst sich isoliert finden. Mit Spannung fragt man sich, was eine solche Natur mit ihrem mächtigen Bedürfnis der Aktion inmitten dieser Parteien tun wird, ja man fragt, wie ihr inmitten der damaligen deutschen Verhältnisse Selbsterhaltung möglich sein wird. Denn welche war inmitten dieser Verhältnisse Lessings Lage?

Wenn man den Schriftsteller vom wissenschaftlichen Forscher als solchem unterscheidet, so ist sein Charakterzug, daß es ihm nicht ausschließlich um den Fortschritt der Wissenschaften zu tun ist, sondern zugleich um direkte Wirkung auf die Nation. Hierdurch erhält für den Schriftsteller der Stil eine hervorragende Bedeutung. Lessing war vermöge der Form seines Geistes und vermöge seines Temperaments ein geborener Schriftsteller. Denn ihm war von vornherein natürlich, die Wissenschaft in Handlung umzusetzen, seinen Ideen dramatische Wirkung zu geben. Er war ein so sorgsamer Stilist, daß sich selbst von den Briefen an seine Familie Konzepte in seinem Nachlaß gefunden haben. Und so wurde er der erste deutsche Schriftsteller in wahrem, vollem Sinn.
Welchen Mut, welchen Charakter dieser schriftstellerische Beruf damals erforderte, davon haben wir einen Maßstab an seinen Zeitgenossen. Die starke Bewegung hatte eine ganze Reihe junger Männer, zum erstenmal in Deutschland, literarischen Beschäftigungen in die Arme geworfen; aber wir sehen sie alle, die Weiße, Engel, Moritz, Dusch, um die Mitte ihres Lebens, sich in feste Lebensstellungen, zumeist an Lehranstalten, retten. Die übrigen, zumal die lyrischen Dichter, waren von vornherein behagliche Existenzen, welche in Verhältnissen, die ihrem inneren Beruf ganz heterogen waren, ihren Lieblingsneigungen gelegentlich nachgingen, oder sie bezogen Hofpensionen. Lessing allein fügte sich keiner Stellung, welche ihn daran hindern konnte, seinem inneren Beruf vollauf zu leben.
Sein Charakter und die Natur der gesellschaftlichen Elemente, auf welche er sich als Schriftsteller stützen konnte, sind die zureichenden Erklärungsgründe für die Unruhe und den ergreifenden Mangel an Glück in diesem großen Dasein. Auch er war von der Natur mit jener Heiterkeit, jenem „Himmel im Verstande" ausgestattet, welche der unmittelbare Ausdruck einer jeden bedeutenden intellektuellen Kraft sind. Aber die Art, wie alles brach, worauf er sich stützen wollte, formierte seinen Charakter. Diese Hinfälligkeit war nicht sein besonderes Unglück: sie war in der Sache selber begründet. Denn worauf konnte, durfte er sich denn stützen?

Betrachten wir die gesellschaftlichen Elemente, welche damals einen Schriftsteller in Deutschland etwa tragen konnten, zu einer Zeit, in welcher Voltaire eine fürstliche Stellung sich errungen hatte. Die althergebrachten Stätten deutscher Bildung waren die Universitäten und die Höfe. Die Universitäten vertraten die Gelehrtenüberlieferung, von welcher unsere Schriftsteller sich eben befreien wollten; daher haben Herder wie Lessing an Universitätsprofessuren nur vorübergehend gedacht. Die Beziehung von Gelehrten und Dichtern zu Höfen, ohne die Basis einer Wirksamkeit in der Verwaltung, ist immer für dieselben schädlich gewesen, im besten Fall ein notwendiges Übel, und für Lessing war sie ganz unmöglich, wie seine Berührungen mit dem braunschweigischen Hofe beweisen. Die sozialen Elemente, welche einem Schriftsteller als Stützpunkte übrigblieben, der sich von Universitäten und Höfen abwandte, waren noch unfertig.

Zunächst tritt die Existenz einer heranwachsenden Großstadt hervor. Berlin zählte etwa hunderttausend Einwohner, und — was wichtiger war — der Siebenjährige Krieg hatte dort einen öffentlichen Geist gebildet, der in freier Diskussion politische und religiöse Fragen zu erörtern unternahm. Damit trat zugleich eine bemerkenswerte Neigung für Lektüre diskutierender, ernsthafter Schriften hervor. Die späteren Regierungsjahre Friedrichs erdrückten diesen sich kaum regenden Geist, soweit er nicht sich an der religiösen Diskussion genügte. Ohne daß der König eine regelmäßige Beschränkung politischer, finanzieller, nationalökonomischer Schriften hätte eintreten lassen, lag doch sein System schwer auf der Stadt und niemand wagte offen zu schreiben, da der einsame Löwe in Sanssouci unberechenbar war in seinen Griffen. Lessing hat das mit einer durch persönliches Geschick überreizten Schärfe ausgesprochen. „Sagen Sie mir" schreibt er Nicolai „von Ihrer Berlinischen Freiheit, zu denken und zu schreiben, ja nichts[7]. Sie reduziert sich einzig und allein auf die Freiheit, gegen die Religion so viel Sottisen zu Markte zu bringen, als man will. Lassen Sie es aber doch einmal Einen in Berlin versuchen, über andere Dinge so frei zu schreiben, als Sonnenfels in Wien geschrieben hat; — — lassen Sie Einen in Berlin auftreten, der für die Rechte der Untertanen, der gegen Aussaugung und Despotismus seine Stimme erheben wollte, wie es itzt sogar in Frankreich und Dänemark geschieht: und Sie werden bald die Erfahrung haben, welches Land bis auf den heutigen Tag das sklavischste Land von Europa ist."

Ja, Lessing konnte noch zwischen Berlin und Wien schwanken: literarisch dieselbe Erscheinung, wie wir sie politisch 1848 erlebt haben; so schwer erwuchs auch in den ersten Köpfen unserer Nation die Einsicht in die Bedingungen des öffentlichen Geistes und der Wirkung auf die Menschen. Trotzdem war der Gedanke an Wien auch unter Kaiser Joseph nur eine ganz flüchtige Illusion. Dagegen trug ihn der Geist von Berlin und Preußen, mehr als er sich selber bewußt war. Dem Idyll kleiner Höfe und der pedantischen Luft der Universitäten gegenüber standen hier die Stimmungen und Interessen einer großen Stadt, der nüchterne Geist der Diskussion und der Analyse, welcher einer solchen eigen ist.

Demgemäß blieb von jenem Moment ab, in welchem der theologische Student Universität, Studien, seine ganze vorgesehene Zukunft verließ, um in Berlin als Schriftsteller zu leben, bis zur vollen Reife seines Lebens, welche die Literaturbriefe bezeichnen, Berlin der Haltepunkt seiner Existenz. Diese Stadt bedingte den Verlauf seiner Bildungsjahre. Der mutige Entschluß, als freier Schriftsteller zu leben, warf ihn auf eine Reihe von Jahren dort in unruhigen, hastigen Broterwerb; er fand eine Existenz in der Tageskritik und gab für die Berliner Weise derselben eigentlich zuerst den Ton an. Mangel und ein immer wieder, in verschiedenen Lebensepochen, ihn übermächtig inmitten seines hastigen Schriftstellerlebens ergreifendes Bedürfnis einsamer Arbeit trieben ihn nur auf einige Zeit nach Wittenberg, wo er sich zu seiner Rettung des Horaz sammelte und in dem Vademekum für Samuel Gotthold Lange jenen ersten Raubvogelgriff tat, welcher das Entsetzen aller höflichen Leute hervorrief. Als er dann 1752, dreiundzwanzig Jahre alt, nach Berlin zurückkehrte, traf er hier mit Moses Mendelssohn und Nicolai zusammen, denen er im Monatsklub begegnete, und nun bildete sich die sogenannte Berliner Schule. Lessing war in diesem Verhältnis von Anfang an der Bestimmende und Leitende. Aber immer noch blieben seine Experimente, sich ein Verhältnis zum Publikum zu schaffen, flüchtig, von der Not und dem Interesse des Augenblicks eingegeben, ohne weitertragende Berechnung!

Bis zur Ostermesse 1755 erschienen von ihm fünf Bändchen seiner gesammelten Schriften von verschiedenstem Inhalt. Werfen wir einen Blick auf die hier vereinigten Dichtungen.

Lessings Naturell machte ihn zum Dramatiker. Schon von der Fürstenschule brachte er den Entwurf des jungen Gelehrten mit, und in den nächsten Jahren entstanden dann hintereinander mehrere Lustspiele, die sich in der Bahn der herkömmlichen Komödie bewegten, aber doch den großen Dramatiker schon ahnen ließen. Indem er dann die politische Tragödie der Verschwörung des Samuel Henzi und seiner Verurteilung durch die Berner Oligarchie, die 1749 durch die Enthauptung des Demokraten einen erschütternden Abschluß gefunden hatte, zu dramatisieren begann, betrat er damit eine verwegene, aber vielverheißende Bahn: er rief ungeheures Aufsehen mit den Fragmenten des Stückes hervor, die er in seinen Schriften veröffentlichte. Lessing besitzt das Impetuose, vermöge dessen die Handlung eines Dichters unaufhaltsam vorwärts geht und in jedem Moment derselben die Gestalten wie aus eigener Kraft sich bewegen. Die Energie, das Ungestüm und die Geschwindigkeit seines Wesens äußern sich von Anfang an in einem lebendigen Dialog, der voll von natürlichen und oftmals überraschenden Wendungen ist. Als ein echter Sohn der deutschen Aufklärung vertieft er sich nicht gern in die selbständige Naturmacht unserer Leidenschaften, und er verweilt selten in der Dämmerung unserer zusammengesetzten Stimmungen: seine Menschenkenntnis beobachtet scharf, aber interpretiert dann aus dem Glauben an das Gute der Menschennatur und gewahrt lieber Torheiten als Sünden.

Dieselbe Form seines Wesens kommt in den Gedichten dieser Jugendjahre zum Ausdruck. Eine helle, frohe Laune herrscht in ihnen, die sich auch übermütig gehen lassen kann, weil Lessing sicher ist, daß er sich im rechten Moment zusammenzuhalten vermag. Sie sehen die Welt an, wie sie einem offenen Charakter und hellen Verstand erscheint. Es war dieselbe Geistesverfassung, aus der die Verse Voltaires und Friedrichs hervorgegangen sind, und aus ihr ergab sich dieselbe dichterische Form. Hier findet man noch nicht die Modulation eines tiefen, vom Verstande unbewachten und vom Willen losgebundenen Stimmungslebens: Grazie, Gesundheit, eine daraus stammende siegreiche Fröhlichkeit des Herzens, die mit der Liebe spielt und im männlichen Gefühl der Freundschaft lebt, erfreuen noch heute den Leser. Unter den Studenten leben noch jetzt derbe Trinklieder fort. Von den heiter scherzenden Liebesliedern sind gar manche komponiert und gesungen worden; ein anmutig gedrehtes Zöpfchen zeigen freilich auch diese Produkte der Rokokozeit. Manchmal bricht Lessings starkes, männliches Lebensgefühl in diesen „Kleinigkeiten" durch, und das Gedicht „der Genuß", welches für ein Erlebnis einen ergreifenden Ausdruck findet, klingt in Zeilen aus, die schon von dem Ton des jungen Goethe etwas haben: „Nimm sie zurück, die kurze Lust! Nimm sie, und gib der öden Brust, der ewig öden Brust, die bessre Liebe wieder!" Andere Lieder nähern sich vielfach durch ihren epigrammatischen Abschluß der Form von Sinngedichten. In den Sinngedichten selber haben von jeher Dichter, was an der Welt sie plagte und verdroß, von sich abgeschüttelt, eben damals, zur Zeit der Herrschaft des Verstandes, war das Sinngedicht eine beliebte Gattung, und Lessing, der werdende Lustspieldichter, ergötzte sich daran, wie der Verstand in jeder Situation des Lebens ein komisches Moment zu entdecken weiß. Mehr muß man in diesen Sinngedichten nicht suchen. Sorglos hat er ältere Epigramme umgebildet. Situationen, die Lachen erregen, nahm er, wo er sie fand. Und diese Welt, in der sich die Sinngedichte bewegen, Trinker, Geizige, böse und buhlerische Weiber, prahlerische Feiglinge, ahnenstolze Edelleute und schlechte Schriftsteller, erscheint uns heute recht verschlissen und verbraucht. Zu den Liedern und Sinngedichten treten dann die gereimten Fabeln und Erzählungen. Sie zeigen deutlich, wie sehr Lessing das epische Talent abging. Ihr Stoff ist meist entlehnt, und sie haben ihr bescheidenes Vorbild Gellert nirgend in der Anmut und in dem Behagen des Vortrags erreicht. So ist all dies nun bis auf wenige Verse untergegangen und vergessen, und wir fühlen darin nur heute noch das fröhliche Lachen, die Sorglosigkeit und die innere Stärke des jungen Lessing nach.

2

So lagen in der Sammlung seiner Schriften abgeschlossen gleichsam die ersten Stadien seiner Laufbahn hinter ihm, als ihm im Frühjahr 1755 mit Miß Sara Sampson der erste große dramatische Wurf gelang. In der Stille eines Gartenhauses zu Potsdam hat er dies dichterische Werk von wahrhaft mächtiger Wirkung vollendet. Ramler schrieb von Frankfurt, wo das Stück zuerst gegeben ward: „Die Zuschauer haben dreieinhalb Stunden zugehört, gesessen wie Statuen und geweint." Lessing selbst war zugegen, und für den sechsundzwanzigjährigen Jüngling war es wohl eine Stunde freudigen Selbstgefühls, wo diese Seite seines Lebensberufs ihm im hellsten Lichte erschien. Für das Verhältnis eines Dichters zum Publikum war bis in unser Jahrhundert das Theater der natürliche Schwerpunkt. So unreif die deutschen Theaterzustände waren – Lessing unternahm sofort, gleichzeitig damals mit Weiße, den Versuch, ob sie eine dichterische Zukunft zu tragen imstande seien. Eines Morgens lasen seine Freunde, die getreue Berliner Schule, mit Erstaunen, daß er Berlin verlassen habe und sich in Leipzig bei der Kochschen Bühne befand. In seinem Kopf bewegten sich die verschiedensten Pläne von Tragödien und Komödien, wie später in Goethe zur Zeit, als er den Clavigo schrieb. Aber leider ist damals wie später eine Gestaltung des deutschen Theaters nach ihrem Sinne mißglückt. Erst Schiller konnte, wenigstens zum größten Teil, seine Wirksamkeit und seine äußere Existenz auf das Theater stellen und dasselbe dauernd mit seinem Geiste erfüllen. Zunächst trieb der Siebenjährige Krieg, bevor Lessing noch zur Entfaltung seiner Pläne kam, die Kochsche Truppe auseinander. Neben solcher Ungunst der äußeren Verhältnisse machte sich doch auch geltend, daß Lessing damals noch unter dem Einfluß des Auslandes versuchte, tastete – die ihm eigene dramatische Form hatte er noch nicht gefunden. Während also die Richtung seiner Tätigkeit unterbrochen ward, um erst eine Reihe von Jahren danach wieder aufgenommen zu werden, schloß er die Zeiten der Berliner Schule, der Wirksamkeit durch Zeitschriften, durch literarische Kritik im Bunde mit dem öffentlichen Geiste der Stadt nunmehr ab durch die Berliner Literaturbriefe.

Schon ein Jahr zuvor hatte Sulzer vorgeschlagen, Lessing möge seine Existenz auf eine Zeitschrift gründen. Das war wenig in Lessings Sinn. Wohl aber gab der Krieg die Stimmung zu einer durchgreifenden und rücksichtslosen Aktion in der Literatur. Und so gründete Lessing für kurze Zeit die Literaturbriefe. „Der damalige Krieg spannte alles mit Enthusiasmus an", so erzählt Nicolai ausdrücklich, als Erklärungsgrund für das energische, zusammengefaßte Vorgehen der Schule in dieser Zeitschrift. Lessing war 30 Jahre alt, als er 1759 dieselbe begann. Er erscheint nunmehr seiner Stellung völlig gewiß. Während seine früheren Schriften der Vergessenheit anheimgefallen sind, beginnt mit dieser die Reihe der Werke, welche ihn zu dem unsrigen machen. Wenn Macaulay ihn den ersten Kritiker Europas nennt, so nahm er jetzt, mit dieser Zeitschrift, Besitz von seiner Herrschaft. Die Wirkung der Literaturbriefe war tieferregend und revolutionär. Es war der glänzende Abschluß seiner ersten Lebensepoche. Ziehen wir also das erste Resultat unserer Untersuchung.

Während die ganze damalige Literatur, Klopstock und seine Freunde mit eingeschlossen, sich an die altbestehenden und die geistige Bewegung einschränkenden gesellschaftlichen Elemente, Höfe und Universitäten anlehnten, während auch die selbständigsten unter ihnen, wie Klopstock, Haller, nur besonders begabte Repräsentanten der seit dem Pietismus Deutschland beherrschenden religiösen Empfindsamkeit waren, unfähig, dem deutschen Geiste seine Richtung zu geben: hat Lessing, vermöge der originalen Energie des norddeutschen Elements in ihm, getragen von dem öffentlichen Geiste einer beginnenden Großstadt und eines in Kämpfen werdenden Staates, ein gesundes Lebensgefühl mit genialer Macht zum Ausdruck gebracht. Eine Analyse dieses Lebensgefühls wäre schwer und ist hier entbehrlich; Lessings spätere Weltansicht ist die Entfaltung desselben. Die gesellschaftlichen Bedingungen und die literarischen Parteien zerstreuen nun durch ihre Ungunst seine Existenz und äußere Wirksamkeit, stählen doch zugleich und sammeln seinen Charakter. Und zwar ist, solange er in dieser kritischen Zerstreuung lebt, Berlin die natürliche Basis seiner Tätigkeit, Nicolai und Mendelssohn sind seine natürlichen Genossen; der Kulminationspunkt dieser Tätigkeit sind die Literaturbriefe. Ihr Zweck war, die aufstrebende deutsche Literatur durch Kritik zu fördern. Vom Beginn des Jahres 1759 bis zum September 1760 redigierte Lessing die Zeitschrift und war ihr Hauptmitarbeiter. Alles Lebendige und Zukunftsvolle in unserer jungen Poesie fand bei ihm, auch wo es außerhalb der Grenzen seines eigenen dichterischen Vermögens lag, volles Verständnis, und zugleich schützte er in philosophischer Überlegenheit den Erwerb der Aufklärung gegen die Frömmelei des Züricher Patriarchen Bodmer und seines unbesonnenen Verehrers Wieland wie gegen das rückständige Hofpredigerchristentum aus der Schule Klopstocks. Diese gesunde Position sicherte ihm inmitten der unreifen Parteien jener Tage die geistige Herrschaft. Er zuerst würdigte ganz unbefangen Klopstocks poetische Größe; im Gegensatz zu den Berliner Genossen erkannte er die Originalität und Bedeutung der neuen dichterischen Gefühlssprache, wie sie in dem Stil der Messiade und in den freien Rhythmen der Klopstockschen Hymnen hervortrat, und zugleich durchschaute er doch den Grundfehler des neuen christlichen Epos, der in dem Mangel an sinnlicher Anschauung und epischer Ruhe lag. Mahnend, anerkennend und strafend begleitete er den seltsamen Entwicklungsgang Wielands und förderte die Umkehr dieses echten Erzählungsgenies aus christlicher Schwärmerei und aus herzloser Darstellung hohler Tugendideale zur Schilderung der Menschenkinder wie sie sind. Er machte die Bahn für unser Drama frei, indem er die Überlegenheit der germanischen Tragödie Shakespeares in ihrer Naturwahrheit und schreckenerregenden Größe über die hochzivilisierten und wohl geregelten Stücke der französischen Bühne zur Anerkennung brachte. Sein dramatisches Genie erkannte schon damals, daß Hamlet, Lear und Othello der antiken Bühne in ihren wesentlichen Zügen näher standen als Corneille, Racine und Voltaire.

Der genialste Kritiker Deutschlands wußte aber am besten, daß sich kritische Tätigkeit nicht in Permanenz erklären darf. Als seine Berliner Freunde den Ertrag seines mächtigen Auftretens behaglich einzusammeln begannen, zog er sich ganz von ihren kritischen Tribunalen zurück, ohnehin war ihm ihre kritische Klugheit, Schreiblust und Allwisserei über den Kopf gewachsen, besonders Nicolais als eines geborenen Berliners. In einer mehrjährigen Zurückgezogenheit von aller Schriftstellerei bereitete er die zusammenhängenden und wahrhaft positiven Einwirkungen vor, vermöge deren er nunmehr die aufgeregten Lebensgeister zu leiten unternahm. Damit begann die zweite Epoche seines Wirkens.

Schon Fichte[8] hat in seiner Schrift gegen Nicolai bemerkt, daß dies die Bedeutung seines Breslauer Aufenthaltes (1760–1765) ist. „Daß Lessing in seiner frühen Jugend sich in einer unbestimmten literarischen Tätigkeit herumgeworfen, daß alles ihm recht war, was nur seinen Geist beschäftigte und übte, und daß er hierbei zuweilen auf unrechte Bahnen gekommen, wird kein Verständiger leugnen. Die eigentliche Epoche der Bestimmung und Befestigung seines Geistes scheint in seinen Aufenthalt in Breslau zu fallen, währenddessen dieser Geist, ohne literarische Richtung nach außen, unter durchaus heterogenen Amtsgeschäften, die bei ihm nur auf der Oberfläche hingleiteten, sich auf sich selbst besann und in sich selbst Wurzel schlug. Von da an wurde ein rastloses Hinstreben nach der Tiefe und dem Bleibenden in allem menschlichen Wissen an ihm sichtbar." Dementsprechend schreibt Lessing am 5. August 1764 nach einer Fieberkrankheit: „Alle Veränderungen unsers Temperaments glaube ich, sind mit Handlungen unserer animalischen Ökonomie verbunden. Die ernstliche Epoche meines Lebens nahet heran; ich beginne ein Mann zu werden, und schmeichle mir, daß ich in diesem hitzigen Fieber den letzten Rest meiner jugendlichen Torheiten verraset habe."

Nicht ganz siebzehn Jahre noch sollte er leben. Wie kurze Zeit für das, was nun geschah! Zwei Epochen in dieser folgenden Tätigkeit grenzen sich deutlich ab. Er begründete zuerst die Form unserer deutschen Poesie durch seine ästhetische Theorie, welche, bis Kants Kritik der Urteilskraft erschien, alle ästhetische, literarsch-kritische Betrachtung bestimmte und die Produktion selber in wichtigen Punkten leitete. Er gab als Dichter — denn das war er! — unserer Literatur das nie wieder erreichte Vorbild eines echten Lustspiels sowie das einer ergreifend realistischen bürgerlichen Tragödie. Und er ging dann dazu über, vermöge einer noch tiefer greifenden Einwirkung, den Gehalt unseres geistigen Lebens von der theologischen Bevormundung zu befreien, sowie dem deutschen Geiste einen selbständigen Anstoß von der größten Tragweite zu geben, unter dessen Macht wir noch heute stehen. Der dichterische Ausdruck dieser Epoche war Nathan der Weise.

II. Ästhetische Theorie und schöpferische Kritik

Die praktische Bedeutung seiner ästhetischen Theorien für die Entwicklung unserer klassischen Literatur war ungeheuer. Sie bilden ein Ganzes. Vor seinem Geiste stand, als er den Laokoon begann, der Zusammenhang einer die Kunst umfassenden Lehre. Eine Wiederherstellung derselben aus dem Laokoon und der Dramaturgie, zusammengenommen mit anderen Quellen, wäre wohl zu geben. Sie würde schon einen vorläufigen Beweis liefern, wie Lessing nichts weniger als ein Gelegenheitsdenker war, ja wie ein großes Geheimnis seiner schriftstellerischen Wirkung darin liegt, daß seine scheinbar zufälligen und momentanen Äußerungen einen festen Hintergrund besitzen.

Die Poetik des Aristoteles ist das Fundament der Lessingschen Ästhetik.

Dies zeigte sich zunächst in den Abhandlungen Lessings über die Fabel und über das Epigramm. In beiden regiert die Richtung des Aristoteles auf die Bestimmung der poetischen Gattungen und die Feststellung der in ihnen gegründeten Regeln. Diese Richtung wird verstärkt durch das reformatorische Streben Lessings, vermittelst klarer Grenzbestimmungen die reinen Formen der Gattungen wiederherzustellen. So hat er 1754 in der mit Mendelssohn gemeinsam verfaßten Schrift: „Pope ein Metaphysiker!" die Grenzen von Poesie und Philosophie aufgezeigt. Die systematische Ordnung des metaphysischen Denkens in dieser und die freie Begeisterung des Schaffens in jener schließen einander aus. In der Abhandlung über die Fabel (1759) unternahm er, den Begriff der Fabel zu bestimmen und von diesem Begriff aus die breite Geschwätzigkeit der Fabeldichtung seiner Zeit einzuschränken. Noch wird hier sein Verfahren den Möglichkeiten nicht gerecht, welche die Auffassung des uns verwandten und doch fremden Lebens der Tiere dem Dichter für diese Gattung gewährt. Er würdigt nicht richtig den selbständigen ästhetischen Wert des Nachempfindens der Tierwelt, wie es aus dem ältesten Verhältnis zwischen dem Menschen und den Tieren hervorgegangen ist. Er verkennt die selbständige dichterische Form La Fontaines, der mit souveräner Heiterkeit die ganze Komödie des Lebens in der Tierwelt erblicken läßt. Man höre seine Definition der Fabel! „Wenn wir einen allgemeinen moralischen Satz auf einen besonderen Fall zurückführen, diesem besonderen Falle die Wirklichkeit erteilen und eine Geschichte daraus dichten, in welcher man den allgemeinen Satz anschauend erkennt, so heißt diese Erdichtung eine Fabel." Aus diesem Begriff der Fabel entsprang die Prosafabel Lessings. Sie war doch höchstens äußerlich von Richardson angeregt. Dem kleinen Gehalt der Gattung soll hier ihre kurze Form entsprechen. Diese Fabeln bringen eine Situation und eine Lehre zu genauer Deckung. Auf wenigen Seiten entsteht ein Bild der typischen Charaktere und Daseinsbeziehungen der Tierwelt, und in diesem spiegeln sich die Leidenschaften und Irrtümer der Menschen. Sehr viel später als diese Abhandlungen über die Fabel hat er dann (1771) seine „Anmerkungen über das Epigramm" veröffentlicht. Sie zeigen sein ästhetisches Verfahren im Stadium der Reife. Der Umfang seiner Induktionen ist bewunderungswürdig. Aber auch hier ist sein Ziel ein Begriff des Epigramms, nicht eine Aufgabe, die dann in der Literatur in mannigfachen Lösungen realisiert wird. Und aus dem Begriff ergeben sich ihm auch hier Regeln. Die echten Sinngedichte zerfallen in zwei Teile, deren erster Aufmerksamkeit und Neugier erregt und deren

zweiter dann diese Neugierde befriedigt. So entsteht folgender Begriff des Sinngedichts: „Das Sinngedicht ist ein Gedicht, in welchem nach Art der eigentlichen Aufschrift unsere Aufmerksamkeit und Neugierde auf irgendeinen einzelnen Gegenstand erregt und mehr oder weniger hingehalten werden, um sie mit Eins zu befriedigen." Aus diesem Begriff ergeben sich ihm dann die einzelnen Regeln für diese Dichtungsart.
Wie sich so diese Einzelarbeiten als von Aristoteles beeinflußt zeigen, so ist von diesem nun auch der ganze Aufbau der Ästhetik Lessings bestimmt, wie er im Laokoon vorliegt, und schließlich seine Theorie des Tragischen — der Höhepunkt seiner Ästhetik.

1

Was hatte Aristoteles, der erste große Denker, welcher die Kunst der Untersuchung unterwarf, dieses Problem aufgefaßt? Er begründete eine Technik der dichterischen Produktion, ganz wie er eine solche des wissenschaftlichen Beweises gegeben hatte. Das künstlerische Schaffen fällt für ihn unter die gestaltende Tätigkeit, und zwar sofern ihr Ziel die Hervorbringung von Werken ist, die dann außerhalb der hervorbringenden Person ein Dasein haben. Diese Tätigkeit unterscheidet sich von dem theoretischen Verhalten, welches die Erkenntnis der unveränderlichen Eigenschaften des Wirklichen anstrebt, und sie sondert sich zugleich vom Handeln, dessen Wert in der inneren sittlichen Vollkommenheit gelegen ist. Als eine solche bildende Tätigkeit ist nun das künstlerische Schaffen auf sein Material angewiesen. In diesem ahmt es Wirklichkeit nach, indem es das Wesentliche, Typische derselben hinstellt. Welches sind nun die Grundunterschiede innerhalb dieser künstlerischen Nachahmung? Der erste entsteht, wenn man von dem Mittel ausgeht, in welchem die Darstellung eines Gegenstandes stattfindet, ein anderer liegt in den Gegenständen, die dargestellt werden, und endlich ist ein dritter in der Art und Weise zu bemerken, wie die Gegenstände innerhalb eines bestimmten Mittels der Auffasung dargeboten werden. Für die Entwicklung der Ästhetik war der erste unter den von Aristoteles herausgehobenen Unterschieden grundlegend. Es gibt ein künstlerisches Schaffen in Farben und Formen, und ein anderes in Rhythmus, Wort und Melodie. Diesem Unterschied muß eine Verschiedenheit in der Technik dieser beiden Klassen von Künsten entsprechen. Denn jede bildende Tätigkeit steht nach Aristoteles unter Regeln, die aus der Natur der Sache hervorgehen, und das Endziel jeder Wissenschaft von einer gestaltenden Tätigkeit liegt in der Feststellung dieser Regeln. So entsteht die Aufgabe, aus dem Unterschied des

Mittels, dem diese beiden Klassen von Künsten wirksam sind, den ihrer Technik abzuleiten und in Regeln auszudrücken.

Die Reste, die sich von der Kunstlehre des Aristoteles erhalten haben, versagen nun an dieser Stelle: gerade dadurch war den Nachfolgenden eine Aufgabe gestellt. Und die Lösung derselben wurde möglich, seitdem vom 16. Jahrhundert ab die Sinnesorgane und deren Leistungen von Naturforschern und Philosophen studiert worden sind. Die Betrachtung dieser Lösungsversuche macht den Zusammenhang deutlich, der zu Lessing hinführt.

Mit tiefem Kunstverstand hat Dubos in seiner Schrift: Kritische Reflexionen über die Poesie und Malerei (1719) diese Fragen behandelt. Er schrieb als Kunstkenner und Kunstgelehrter, nicht als systematischer Philosoph. Er arbeitete mit dem Material, das seine klassischen Studien, die hohe ästhetische Kultur des damaligen Frankreich und seine Reisen in anderen Ländern ihm lieferten. Er beginnt mit einer psychologischen Beobachtung. In der Natur des Menschen liegt ein Bedürfnis nach Erregung. Diesem Bedürfnis dient die Kunst, welche seelische Erregungen absichtlich erzeugt. Losgelöst von dem Zusammenhange mit der Not des Tages, gibt sich der Mensch in der Auffassung künstlerischer Werke den Phantomen von Leidenschaften hin, welche die Schaffenden vor ihn hinstellen. Aus den natürlichen Regungen seines Inneren versteht er, was sie ihm zu sagen haben. Da sie nun aber in verschiedenen Mitteln sich ausdrücken, so ist zunächst von diesen die Art und der Umfang dessen abhängig, was in Kunstwerken zur Darstellung gelangen kann. Die Töne, die das Reich der Musik bilden, sind Zeichen, durch welche die Natur selbst die Energie der Erregungen zum Ausdruck bringt; die Farben und Formen, die das Mittel der Malerei sind, zeigen den innerlich bewegten Körper selber: die Ausdrucksmittel dieser beiden Künste sind also natürlich. Die Dichtung dagegen wirkt durch künstliche Zeichen: denn das Wort und dasjenige, was es bedeutet, sind in der Sprache durch kein inneres Band miteinander verknüpft. So hat die Dichtung nicht die unmittelbare Erregungskraft, die der Musik oder der Malerei eignet, aber das ganz allgemeine Ausdrucksmittel der Sprache läßt sie dafür um so freier über den Umkreis der Wirklichkeit schalten.

Indem der Maler von den Äußerungen der Gemütszustände ausgeht, entstehen ihm hierdurch eigene Vorteile für die Lösung der Aufgabe, die Mannigfaltigkeit menschlicher Erregungen nach Temperament, Alter, Geschlecht, Vaterland und Glaube nachfühlen zu lassen. Ebenso ist er dem Dichter in der Darstellung von Massen überlegen; er kann den großen Zug einer einheitlichen Erregung zum Ausdruck bringen, indem er dieselbe an Gruppen oder ein-

zelne Personen verteilt und deren Gefühlsäußerungen gegeneinander abstimmt. Endlich kann der Maler Momente von höchster Wirkung, wie die Ermordung des Cäsar, mit höchster Kraft und Angemessenheit vor Augen bringen, während der tragische Dichter — und hier spricht die Delikatesse der französischen Bühne — zu weit hinter der Wirklichkeit bleibt und leicht in das Unangemessene oder gar in das Lächerliche verfällt.
Wo aber Gedanken und Gefühle weder von einer besonderen Bewegung begleitet noch durch Handlungen besonders bezeichnet oder durch den Ausdruck des Gesichts scharf charakterisiert sind: da endet der Bereich der malerischen Darstellung, und die Mittel der Dichtung entfalten ihre ganze Wirksamkeit. „Ein Dichter kann uns vieles sagen, wofür dem Maler ein entsprechender Ausdruck fehlt." Was die paar Worte des Horatius bei Corneille: „qu'il mourût" überwältigend aussprechen, kann uns kein Gemälde vorführen. Auch vermag der Dichter die Entwickelung der Handlung in ihrem ganzen Verlauf zu geben. Der Maler dagegen kann nur einen Moment herausheben, der in seiner Bedeutung doch erst aus der Beziehung zu dem Ganzen der Handlung verständlich wird. Wenn ein Gemälde nun gar einen historischen Vorgang zum Gegenstande hat, ist das Interesse des Beschauers an dieser Abbildung von seiner Bekanntschaft mit dem Gegenstande selber abhängig, und so ist der Künstler auf allgemein bekannte Stoffe eingeschränkt, will er nicht die Grenzen seiner Kunst — etwa durch einen erläuternden Text — überschreiten. Und schließlich kann der Dichter unmittelbar die Innerlichkeit seiner Person zeigen: „Die äußeren Eigenschaften, wie Schönheit, Jugend, Majestät und Liebreiz, die der Maler seinen Personen mitgeben kann, rufen nicht dasselbe Interesse hervor als die Tugenden und Eigenschaften der Seele, welche der Dichter den seinigen zu geben vermag." Er zeigt Seelenleben in verschiedenen Momenten und unter verschiedenen Umständen: die Züge desselben, die so hervortreten, ergänzen sich gegenseitig: der Maler kann eine Person nur einmal und nur in Einem Gemütszustande sehen lassen.
Dubos und Lessing stimmen in den grundlegenden Sätzen überein. Lessing hat den französischen Kunstschriftsteller studiert und benutzt. Dies erweist seine 1755 erschienene Übersetzung der Abhandlung dieses Ästhetikers über das antike Theater, die einen Teil der Schrift von Dubos über Poesie und Malerei bildet. In dem Vorwort dieser Übersetzung geht er auf die Grundlehren von Dubos ein. Eben diese müssen auch in seinen Gesprächen mit Mendelssohn, die zu derselben Zeit stattfanden, oft erörtert worden sein. Dubos führte jedoch Lessing nur an sein Problem heran. Sein Absehen war auf die Erkenntnis der Leistungsfähigkeit der

Dichtung, nicht auf die Einsicht in ihre Technik gerichtet. Seine Lehre von dem Umfang, in welchem Verbindungen von Worten als Darstellungsmittel dienen können, rechtfertigte die malende Poesie. So mußte Lessing ihn teils fortsetzen, teils berichtigen.
Der französische Kunstrichter, den damals die deutschen Ästhetiker immer zur Hand hatten, war Batteux. Lessing konnte indes kaum etwas in ihm finden, das nicht andere ästhetische Schriften ihm besser geboten hätten. Batteux systematisierte Dubos. Aber er systematisierte schlecht. Der verhängnisvolle Irrtum der Zeit, der Dichter male mit Worten, der Maler dichte mit Farben, mußte sonach bei diesem Theoretiker des herrschenden Kunststils wiederkehren. Und wenn Lessing auch aus der Schrift Webbs über das Schöne in der Malerei manches einzelne entnahm: in diesem Hauptpunkt stand es bei Webb nicht anders.

2

Mit dem, was diese Schriftsteller und in Verbindung mit ihnen Archäologie und Philologie in Lessing anregten, traf nun aber in seinem Geist eine andere wissenschaftliche Bewegung zusammen, welche dasselbe ästhetische Problem von einer anderen Seite auffaßte und auch seine Ideen über das Drama vorbereitet hat. Denn nun wächst in dem Verlauf der Ästhetik der Aufklärung beständig der Geist der psychologischen Analyse. Die Methode, die Locke auf das Problem des Erkennens angewandt hatte, wird auf alle Gebiete des geistigen Lebens übertragen. Die komplexen psychischen Tatsachen werden zerlegt in die einfachen, und dann wird die Form ihrer Zusammensetzung studiert. Die regelmäßigen Verbindungen werden beschrieben, welche zwischen den einfachen Eigenschaften der ästhetischen Objekte und den ihnen zugehörigen ästhetischen Gefühlen bestehen. Shaftesbury bemerkt das Verhältnis, in dem die Intensität des ästhetischen Eindrucks wächst. Hutcheson experimentiert mit einfachen mathematischen Figuren und versucht die ihnen entsprechenden ästhetischen Werte zu bestimmen. Hogarth prüft den Schönheitswert der Linie an den geraden Linien, an den krummen, an ihren Zusammensetzungen, um schließlich an der Wellenlinie die innigste und wirksamste Vereinigung von Einheit und Mannigfaltigkeit zu finden. Burke bemerkt die Verbindung zwischen der Kleinheit und der Größe der Gegenstände und deren ästhetischer Wirkung. Und schließlich untersucht Home ganz allgemein die Beziehungen zwischen bestimmten ästhetischen Eindrücken und bestimmten Eigenschaften der ästhetischen Objekte. Er entdeckt eine große Anzahl solcher

Beziehungen, welche die Elemente unserer ästhetischen Wertbestimmungen ausmachen.
Eine Zeit, die so in der subtilsten Analyse des Seelenlebens schwelgt, wird die großen und festen Formen der Kunst sprengen, da diese für das Detail zarter unmerklicher Gefühle keinen Raum haben. Sie wird den unendlichen Nuancen dieser neuentdeckten Welt nachgehen. Und sie wird das unendliche Erlebnis solcher Gefühlswelt an denjenigen Menschen aufsuchen müssen, in denen es zuerst seine volle Bedeutung gewonnen hat: so wird sie den Menschen ihrer Gegenwart sich zum Gegenstand ihrer Kunst wählen — höchstens verkleidet in ideale Kostüme, und wird in der gegenwärtigen Gesellschaft das interessanteste Objekt der Dichtung erblicken. Denn in dieser Gesellschaft entsteht nun auch die Mischung der Stände, welche alle feiner organisierten Menschen vereinigt.
Dies ist die Atmosphäre, in der Lessing gedichtet und gedacht hat. Auch er sucht die neue Kunst, welche die Gesellschaft und das Leben der Zeit zu ihrem Gegenstande hat. Aus seinen unzähligen Plänen, welche die ganze dramatische Stoffwelt durchstreifen, treten dann doch schließlich die drei großen dramatischen Schöpfungen hervor, welche direkt oder in leichter Verkleidung nach französischer Manier Gesellschaft und Seelenleben seiner eigenen Umgebung zum Gegenstande haben. Und dieser Wendung in der Kunst sucht auch seine Theorie gerecht zu werden. Aber darin liegt nun seine große Position: er hielt zugleich unverbrüchlich fest an der Forderung der großen Formen in der Kunst. Das Studium des Homer, Sophokles, Shakespeare, Molière lehrte ihn, daß alle große Dichtung an festgefügte strenge Technik gebunden ist.
Das Alte war vergangen. Eine neue Stoffwelt drängte sich hervor. Lessing liebte Diderot, das reichste Genie der Zeit. Er war mit ihm einig, den sich zudrängenden modernen Stoffen Raum zu geben. Er schätzte den „Hausvater“ [9] desselben sehr hoch und rechnet ihn sogar unter die Stücke, von denen eine lange andauernde Wirkung auf der Bühne zu erwarten sei. Er teilte mit Diderot die Überzeugung, daß „das Theater [10] weit stärkerer Eindrücke fähig sei, als man von den berühmtesten Meisterstücken eines Corneille und Racine rühmen könne“. Er übertrug Diderots „Theater“, das dessen beide großen bürgerlichen Dramen und seine Abhandlung über die Dichtkunst enthielt. Und wie er über dies Programm des modernen Realismus dachte, zeigt sein Wort: „Nach Aristoteles hat kein philosophischerer Geist sich mit dem Theater abgegeben als er.“ Aber die Geschwätzigkeit des Gefühls, von welcher die Handlung Diderots umsponnen ist, hat der deutsche Dichter nach der Sara bald aufgegeben, um, viel schärfer als Diderot getan, das

bürgerliche Drama zu geschlossener Einheit zusammenzuziehen. Dem entsprach die eigene Stellung, die er innerhalb der neuen ästhetischen Theorie und Kritik behauptete. Wenn die Zergliederung des Gefühlslebens damals die Perspektive in grenzenlose Möglichkeiten ästhetischer Wirkungen eröffnete, wenn sich unter dem Einfluß dieser Analyse die strenge und einfache Regelgebung der griechischen und dann der französischen Ästhetik in eine große Zahl von Vorschriften zersplitterte, die diesen Möglichkeiten nachgingen — Lessing verstand sich sehr wohl auf diese Methode, aber er hat nur so weit Gebrauch von ihr gemacht, als sie seinem Zwecke dienen konnte, die großen einfachen Formen der Dichtung und die scharfe Abgrenzung ihrer Gattungen vermittelst durchgreifender Prinzipien wiederherzustellen.
Sein letztes Absehen war die Reform unserer zerfahrenen deutschen Dichtung, und im Sinne der Aufklärung suchte er die Grundlage für eine solche in wohlfundierter und klarer Regelgebung. Er ist Dichter und weiß, was der Dichter bedarf. Wenn Schiller später einmal in dem Affekt des Schaffens ausgesprochen hat, wie er alle seine vergangene ästhetische Arbeit für fruchtbar technische Regeln hingeben würde: eben auf solche war Lessing gerichtet. Das Verfahren, durch das die rationale Ästhetik diese Aufgabe gelöst hatte, war mit Recht aufgegeben. Lessing konnte die Regeln nicht aus dem ästhetischen Charakter der objektiven Welt selbst, aus der Harmonie des Weltzusammenhanges ableiten. Nur die Zergliederung der ästhetischen Wirkungen konnte ihn zu seinem Ziel führen. Denn jede Kunstregel ist ja die Anweisung über ein Verfahren, die denkbar höchsten ästhetischen Wirkungen hervorzubringen. Wenn die Analyse des schaffenden Genies, die dann durch Kant und Schiller in den Mittelpunkt der Ästhetik treten sollte, damals schon in England eingesetzt hatte, so ging an dieser Lessing gleichgültig vorüber, weil sie ihm nichts nutzen konnte.
Aus dieser historischen Stellung Lessings ergibt sich sein Verhältnis zu den großen Arbeiten der psychologisch-ästhetischen Analyse, wie sie Hutcheson, Harris, Hogarth, Burke, Mendelssohn und Home von 1725 bis zum Erscheinen seiner ästhetisch-kritischen Hauptwerke veröffentlicht haben. Er hat alle diese Schriften studiert, der Kritik unterworfen oder benutzt. Besonders wichtig sind für ihn die von Harris und Mendelssohn geworden.
Harris' Dialog über die Kunst, sowie der andere über Musik, Malerei und Dichtung waren vielgelesen, als Lessing seinen Laokoon entwarf, wie sie denn auch in dieser Zeit zweimal ins Deutsche übertragen worden sind. Nach Harris ist der gesamten Kunst gemeinsam, daß sie ein Ganzes hinstellt, welches aus Teilen besteht. In der Ordnung der Teile zum Ganzen liegen nun fundamentale

Unterschiede. Wir unterscheiden eine Ordnung der Teile nebeneinander im Raume und eine Ordnung nacheinander in der Zeit. Im ersten Falle erscheint das Ganze als ein abgeschlossenes Werk, im zweiten als eine in der Zeit ablaufende Energie. Die Ordnung der Dinge nebeneinander im Raume ist das Mittel der bildenden Kunst. Sie umfaßt alles, was die Gesichtswahrnehmung darbietet, die Bewegung ausgenommen, welche das abgeschlossene Werk nicht darzustellen vermag: dies ist der Umkreis ihrer Mittel. Wie sie nun so Sukzession nicht abzubilden vermag, ist sie angewiesen auf die Auswahl des richtigen Momentes, welcher den ablaufenden Vorgang vertreten kann. In der anderen Sphäre der Künste, welche durch den Gehörsinn wirken, hat die Dichtung eine eximierte Stellung, vermöge der Natur der menschlichen Sprache, in welcher Laute in Vertretung von Vorstellungen gebraucht werden. So wird in ihr der gesamte Bereich der menschlichen Vorstellungen darstellbar und sie faßt die Kreise aller einzelnen Künste in sich. So weit kam Harris in der Ausführung des aristotelischen Grundgedankens. Zu einer wirklichen Technik der Poesie ging er nicht fort. Ja, er hatte sich eine solche unmöglich gemacht durch die vage Bestimmung ihres Umkreises, welche ganz mit der falschen Praxis einer malenden und musikalischen Poesie in Einklang war.
Tiefer noch als der Einfluß von Harris war der Mendelssohns auf Lessing. Die beiden kamen, nachdem sie sich 1754 kennengelernt, bald einander nahe. Sie verfaßten zusammen die bekannte ironische Beantwortung einer Preisfrage der Berliner Akademie. Gemeinsam durchmusterten sie die psychologisch-analytischen Arbeiten der Engländer und versuchten sich an der Auflösung des Problems, wie ein tragischer Gegenstand das Gemüt zu erheben vermöge. Ihre Diskussionen waren beherrscht von der Analyse des Gefühls, die Mendelssohn dem deutschen Publikum vorgelegt hatte. Besonders Mendelssohns Behandlung der gemischten Gefühle wurde für Lessing wichtig. An sie knüpft sich ein großer Teil seiner Zergliederungen von ästhetischen Wirkungen im Laokoon wie in der Dramaturgie an. Wo Lessing die Darstellung des Lächerlichen, Ekelhaften und Schrecklichen in der Dichtung behandelt, erwähnt er ausdrücklich der Lehre des Freundes von den gemischten Gefühlen.
Hier eröffnet sich uns ein Einblick in die Werkstätte Lessings. Die ganze Arbeit der ästhetisch-psychologischen Analyse hatte dieser gewaltige Leser mit durchgemacht, und nun vergleiche man damit die wenigen Seiten im Laokoon und in der Dramaturgie, in die er den Ertrag für seinen Zweck zusammenfaßte! Nicht anders verfuhr er mit seinen ausgedehnten Studien über Bildhauer, Maler und Dichter. Er besaß die Kunst und die Entsagung des Schrift-

stellers, nur die Momente, die für die Begründung seiner fruchtbaren, weittragenden Sätze erforderlich waren, zusammenzupacken, alles andere aber unter den Tisch fallen zu lassen.

3

Die Darlegung von Lessings Verhältnis zu seinen Vorgängern ermöglicht jetzt, seine Theorie der Dichtung zu würdigen.
Die allgemeine Lehre von ihr ist im Laokoon entwickelt. Das Problem dieses Werkes war schon entdeckt, ja die Grundkonzeption war schon gefunden, auf welcher dessen Lösung beruht: das Gebiet der bildenden Kunst ist das im Raume geordnete körperlich Sichtbare; das Gebiet der Poesie ist die Zeitfolge und das in ihr vermöge der Sukzession von Lauten Gegebene. Es verhält sich hier genau so, wie wir es bei Lessings theologischen Untersuchungen finden werden. Die Unkunde des wirklichen Bestandes der Untersuchungen schiebt gerade den Unterbau der Theorie Lessings, den er nur übernahm, in den Vordergrund. Was kommt nun aber Lessing zu? Zunächst die Fragestellung, welche auf die Sonderung der bildenden Kunst und der Dichtung gerichtet ist, dann aber der Ausgangspunkt, an welchem seine originalen Ideen einsetzen. Es ist wahr, daß die Rede durch ihre künstlichen Zeichen ebensowohl das im Raum nebeneinander Bestehende darstellen kann als das, was sich in der Zeit folgt. Der wissenschaftliche Schriftsteller vermag das im Raum Gegebene, ein Naturobjekt oder eine Maschine, durch Worte klar und deutlich zu beschreiben. Aber der Poet will nicht bloß verständlich werden: ihm ist es um die volle Anschaulichkeit und den starken Eindruck dessen zu tun, was er darstellt. So entsteht nun erst das Problem: in welchem Umfang kann durch die Aufeinanderfolge der Worte diese Aufgabe gelöst werden? Wie kann – und diese Frage ist vielleicht der tiefste Punkt, zu dem die allgemeine Theorie der Dichtung im Laokoon vordringt – die Folge der Worte eine Illusion hervorrufen, welche eben dies in bloßer Wortfolge liegende Mittel vergessen macht? Welche sind dann anderseits die besonderen Vorteile, die sich aus den Wortzeichen dem Dichter ergeben? Der Dichter kann nicht malen, denn die Aufeinanderfolge der Worte, welche nacheinander die Teile des Gegenstandes zur Anschauung bringen, ist nicht rasch genug, als daß der starke Eindruck des ersten Zuges in dem Bilde noch fortdauerte, wenn sein Leser oder Hörer bei dem letzten angelangt ist: so bildet sich kein wirksames Ganzes aus diesen Zügen. Anderseits entsteht dem Dichter ein eigener Vorteil aus solcher Darstellung in Worten, indem in ihr das Häßliche und Ekelhafte, das im Lächerlichen und im Schrecklichen enthalten ist, nach seiner sinnlichen Wirkung

gemindert ist und so als ein untergeordnetes Glied in den Zusammenhang des poetischen Werkes aufgenommen werden kann. Ich zähle Lessings weitere Folgerungen nicht auf. Er wurde durch sie nach Aristoteles der zweite Gesetzgeber der Künste, insbesondere der Poesie. Die allbekannten Gesetze der bildenden Kunst, wie das der Auswahl des fruchtbarsten Moments oder das von den Grenzen der Schönheit, und die noch tiefer greifenden Stilgesetze der Poesie, wie das von der inneren Vollkommenheit als dem wahren Gegenstande poetischer Darstellung, das von der Auflösung der Schönheit in Reiz als eine in Bewegung gedachte Schönheit, das andere von ihrer Darstellung in einem Zeitverlauf —: sie alle haben auf die Phantasie und das Verfahren der Künstler und Dichter selber Einfluß erlangt. Insbesondere waren für Goethe und Schiller die von Lessing aufgestellten Gesetze der Dichtkunst geradezu leitend. Die Art, wie diese beiden in ihrer Lyrik und ihren epischen Schöpfungen alle ruhende Erscheinung in den Zug der Bewegung und Handlung auflösen, zuweilen mit den durchdachtesten Mitteln, entspringt nicht allein dem Instinkt des Genies, sondern der Einsicht und dem Studium, zu denen in diesen Punkten Lessing anleitete.
Ein zweites Verdienst dieser genialen Schrift greift weit über den Kreis von Kunststudien hinaus. Laokoon ist das erste große Beispiel analytischer Untersuchungsweise auf dem Gebiet geistiger Phänomene in Deutschland. Die Tatsache ist höchst merkwürdig, daß Lessing selber, umgeben von lauter systematischen Deduktionen auf diesem Gebiet, noch so wenig auf eine Billigung für diese neue Untersuchungsweise zu hoffen wagte, daß er sich ihretwegen, obwohl mit merklicher Ironie, in der Vorrede entschuldigte. Für junge Köpfe gibt es auch heute kaum ein anregenderes Beispiel dieser Methode. Man kann seine Fälle nicht glücklicher wählen, als es Lessing tut, wenn er vom Unterschied des schreienden Laokoon bei Vergil und des unterdrückten Aufschreis desselben in der bildenden Kunst ausgeht. Man kann nicht methodischer entgegenstehende Instanzen und übereinstimmende Fälle hinzubringen, als er es tut; er ist unermüdlich in der Analyse von Tatsachen, bis die erklärenden Stilgesetze ganz gesichert erscheinen. Und nun erst, nachdem induktiv die Gesetze gefunden sind, gibt er, ganz wie die größten Beispiele der Naturforschung die Methode vorschreiben, eine umfassende erklärende Theorie, aus welcher deduktiv sich das Verfahren der einzelnen Künste ableiten läßt, um dann endlich die Übereinstimmung dieser Theorie mit einer ganzen Reihe von noch unberücksichtigten Verfahrungsweisen Homers zu zeigen. Wie in einem unvergleichlich größeren Fall Newtons Nachfolger zeigten, daß seine Gravitationstheorie auch Ebbe und Flut und die Stö-

rungen der Planetenbahnen erkläre, so zeigt Lessing nachträglich, daß das Verfahren des homerischen Genius sich aus den von ihm entdeckten, in der Natur der Poesie gegründeten Stilgesetzen ableiten lasse.
Der Laokoon ward abgebrochen. Wir unterdrücken unsere Vermutungen über den weiteren Plan. Jedenfalls kann die Stellung der Dramaturgie zu der in dem genialen Werke enthaltenen allgemeinen Theorie der Poesie keinem Zweifel unterliegen. Das Drama ist der Höhepunkt der Poesie im Geiste Lessings. Schon Frühere haben bemerkt, daß Gervinus, der außerordentliche Kenner Lessings, irrt, wenn er dem Epos diese Stellung zuweist. Lessing, dem das Wesen aller Poesie Handlung war, erkannte naturgemäß in der dramatischen Handlung die Vollendung der Poesie. Vor dieser männlichen, wahren Anschauung traten all die damals so üppig wuchernden Zwitterarten der Kunst ins Dunkel zurück, welche durch Beschreibung, Philosophie oder musikalischen Klang zu wirken suchten. Das Theater ward der Mittelpunkt unserer Literatur. Handlung ward bis in die Lyrik hinab überall von Goethe und den Seinen stürmisch begehrt.

4

So bestimmte die Dramaturgie die wahre Stellung des Dramas. Sie faßte aber zugleich das Wesen desselben tiefer, als von irgendeinem Theoretiker vor ihm geschehen war. Wie man irrt, wenn man die Theorie des Laokoon als Lessings originale Schöpfung ansieht, weil hier der historische Zusammenhang von Lessing absichtlich verdeckt ist, so täuscht man sich auch, wenn man die Theorie der Dramaturgie darum, weil hier die Autorität des Aristoteles überall sichtlich, gleich einer Schutzwehr, vorgeschoben ist, wie eine kommentierende Anwendung Aristotelischer Sätze behandelt. Die Dramaturgie ist von einer viel tieferen Originalität als der Laokoon.
Das Wesen der Poesie ist Handlung; das Drama ist die vollendete, vollendet vergegenwärtigte Handlung; die Form der Handlung ist Einheit. Demgemäß bedarf das Drama die strengste Einheit der Handlung – aber diese allein; aus diesem Formgesetz des Drama ergeben sich die Grenzen, innerhalb deren ein Wechsel von Zeit und Ort stattfinden darf: Einheit von Zeit und Ort sind somit nur sekundäre Forderungen der dramatischen Form. Die Wirkung dieser Sätze war ungeheuer. Auch in ihnen waltete der Lessing so eigene Genius der produktiven Kritik, zerstörend und aufbauend zugleich; denn sie befreiten von den falschen Einheiten der Franzosen, aber sie erneuerten, inmitten formloser dramatischer Experi-

mente, das große Formgesetz der Einheit der Handlung, welches Lessing gegenüber den Jugendwerken Goethes fest und hoch gehalten hat, und das dann Goethe und Schiller nach dem Tode des großen Vorgängers in seiner unantastbaren Richtigkeit geschützt haben.

Dieses Formgesetz spricht indes nur die künstlerische Bedingung aus, unter welcher eine Handlung wirkt. Daß sie wirkt, der Grad, in welchem sie der Wirkung fähig ist: das hängt von dem Gehalt der Handlung ab. Und den höchsten Grad der Wirkung bringt die tragische Handlung hervor.

Gewiß hätten die meisten Denker nun hier ein konstruktives Verfahren versucht, durch welches die höchste Klasse von Wirkungen bestimmt würde, die eine Handlung auf die menschliche Natur zu üben imstande ist. Lessing hält auch hier streng die Linie der induktiven Forschung ein. Er untersucht alle Arten von Wirkungen, welche die dramatische Handlung tatsächlich hervorgebracht hat; ein unendliches Material steht ihm, als einem der gelehrtesten Kenner der dramatischen Literatur, zu Gebote. Und er führt die tragische Wirkung als die höchste, welche er auf dem ganzen Gebiet der dramatischen Literatur entdeckt, durch eine wundervolle Reihe von Sätzen auf bestimmte Eigenschaften der dramatischen Handlung zurück.

Es gibt ein Kennzeichen für die Schöpfungen des dramatischen Genies überhaupt: „die strenge Folge[11] in den Handlungen nach dem Gesichtspunkt der Kausalität". Also die genial aufgefaßte Welt zeigte einen ausnahmelosen Zusammenhang der Motivation: sie enthält nirgend die Freiheit. Und zwar macht das dramatische Genie diesen notwendigen Zusammenhang vollkommen durchsichtig. „Wir müssen bei jedem Schritt, den der Poet seine Person tun läßt, bekennen, wir würden ihn in dem nämlichen Grade der Leidenschaft, bei der nämlichen Lage der Sache selbst getan haben." Das heißt doch: der Dichter soll die Motivation in der moralischen Welt nicht nur wahr auffassen, sondern auch so darstellen, daß sie völlig durchschaubar wird. Zwei Grundzüge im Charakter der Handlung machen dies möglich. Oder vielmehr es ist derselbe Charakter der Handlung, in zwei verschiedenen Beziehungen zum Zuschauer angesehen, welcher hier hervortritt.

Isoliere ich die Wirkung der Handlung auf die bloße Intelligenz des Zuschauers, so ist der Charakter der tragischen Handlung jenes Aristotelische: „Die Absicht[12] der Tragödie ist weit philosophischer als die Absicht der Geschichte." Gerade dieses tiefsinnigen Wortes bemächtigt sich Lessing und erklärt es dahin: „Auf dem Theater sollen wir nicht lernen, was dieser oder jener einzelne Mensch getan hat, sondern was jeder Mensch unter gewissen gegebenen

Umständen tun werde." Man kann nicht kühner reden in dieser Beziehung. Der ganze Zusammenhang, der von der allgemeinen menschlichen Natur durch eine Reihe von Bedingungen hindurch bis zu einer einzelnen komplizierten Handlung führt, soll zu Anschauung kommen. Die Handlung der Tragödie soll also in die Sphäre des Allgemeinen und Notwendigen, des Philosophischen erhoben sein, und sie kann es, indem hier das allgemeine Gesetz der menschlichen Leidenschaften sich in einem besonderen Falle spiegelt. Eine weittragende Aussicht eröffnet sich hier: die Tragödie soll uns nicht Leidenschaften ohne Erklärung vorführen, welche schon in Flammen sind, nicht Charaktere ohne Erklärung, welche schon fertig sind. Eine Leidenschaft ohne ihre Beweggründe bleibt uns fremdartig, auch in ihren erhabensten Wirkungen nur betäubend; ein Charakter ohne seine Bedingungen bleibt uns rätselhaft, auch in seiner höchsten Machtentfaltung nur ein erstaunliches Phänomen. Die Tragödie soll uns in die Mitte der Bedingungen eines tragischen Charakters und in die Genesis seiner Leidenschaft versetzen. Lessing steht hier vor einer Reihe der wichtigsten Wahrheiten über das Verhältnis von Poesie, Philosophie und Geschichte. Vielleicht wenn er heute mit seinem alten Interesse für die Dichtung wiedererschiene, würde er diese vor allem entwickeln, um ihrer praktischen Wirkung willen.
Aber der Charakter der tragischen Handlung bekundet sich erst ganz in ihrer Wirkung auf die Gemütskräfte des Zuschauers. Denn unsere Relation zu Charakteren, ihren Leidenschaften und den aus ihnen fließenden Handlungen ist niemals bloß Vorstellung, wir verstehen nur, was wir in uns nachgeschehen lassen. Dies ist das fruchtbare Prinzip des Weltverstandes, der geschichtlichen Anschauung, des dramatischen Schaffens und Verstehens. Auch die höchsten Wirkungen der Kunst ruhen auf den Naturgesetzen unserer Affekte, nicht in einem abstrakten Vermögen der Vorstellungen und der Ideen.
Lessing gewann diese Einsicht aus dem Studium des Aristoteles. „Die Tragödie" — sagt Aristoteles — „ist die Nachahmung einer Handlung von würdig bedeutendem Inhalt, durch handelnde Personen, nicht durch Erzählung, welche vermittelst des Mitleids und der Furcht die Reinigung derartiger Leidenschaften hervorbringt." Also vermittelst des Mitleids und der Furcht wirkt die Tragödie. Lessing ging nun davon aus, daß Mitleid und Furcht hier in einer inneren psychologischen Beziehung aufeinander gedacht seien: Mitleid und Furcht sind hier ein Begriff; „diese Furcht[13] ist das auf uns selbst bezogene Mitleid". Er berief sich hierfür auf eine Stelle im zweiten Buch der Aristotelischen Rhetorik. „Alles das" — sagt dort Aristoteles — „ist uns fürchterlich, was, wenn es einem anderen

begegnet oder begegnen sollte, unser Mitleid erwecken würde, und alles das finden wir mitleidswürdig, was wir fürchten würden, wenn es uns selbst bevorstände." Diese Rückbeziehung der Furcht auf das Mitleid läßt sich weder philosophisch noch historisch halten. Das Wesentliche in der Lehre Lessings lag aber darin, daß er mit Aristoteles die Wirkung der Tragödie in erster Linie auf das Mitleid zurückführte und dieses in seiner ganzen Tiefe faßte. Mitempfindung, Mitfreude und Mitleid, ein Miterzittern unseres Inneren, wie eine zweite Saite mittönt mit einer zuerst angeschlagenen: dieses Urphänomen der menschlichen Seele — denn jede Zurückführung desselben auf andere psychologische Tatsachen bleibt auch heute noch unsicher — ist die elementare Tatsache, auf welcher die Kunst der tragischen Dichters beruht.

Auf Grund dieser seiner Einsicht mußte er in der Handlung und den Charakteren selber die lebendige Bewegung der Leidenschaften verteidigen. Auch hier ist ein Punkt, an welchem seine freie große Seele eine tief einschneidende ästhetische Wahrheit sah, indem sie in das Gesetz ihrer selbst blickte. Schon der Laokoon spricht überall aus, wie ihm der Stoizismus der römischen und französischen Tragödie zuwider war. Das Stoische ist untheatralisch. Unser Mitleiden ist allezeit dem Leiden gleichmäßig, welches der interessierende Gegenstand äußert; Bewunderung ist ein kalter Affekt. Wie mußten solche Worte zünden, inmitten der abstrakten Moral jener Zeit, welcher jede Leidenschaft Sünde war! Wie mußte das Wort des Philotas befreiend wirken, welches der Ausdruck des Lessing eigenen Lebensgefühls war: „Ich bin ein Mensch und weine und lache gern."

Das Mittel, dessen sich, um so die Empfindung von Mitleid und Furcht hervorzurufen, der Dichter bedient, angesichts der sich durchkreuzenden Mannigfaltigkeit der wirklichen Welt, ist die dichterische Abstraktion. Die Natur nach ihrer unendlichen Mannigfaltigkeit ist nur ein Schauspiel für einen unendlichen Geist. Ohne das Vermögen, aus ihr abzusondern und die Aufmerksamkeit nach Gutdünken zu lenken, würde es für uns gar kein Leben geben. Die Bestimmung der Kunst ist, uns in dem Reiche des Schönen dieser Absonderung zu überheben, uns die Fixierung der Aufmerksamkeit zu erleichtern. Die Kunst zeigt uns ihren Gegenstand oder ihre Verbindung von Gegenständen so, daß nichts in ihnen zurückgeblieben ist, was nicht das Gefühl erregt, das erregt werden soll.

Überblicken wir die ästhetischen Entdeckungen Lessings, so ist der schöpferische Grundgedanke derselben von einer ungemeinen Simplizität. Und unsere Anschauung von dieser großen Natur vereinfacht sich noch einmal, indem wir den Zusammenhang jenes

Grundgedankens mit Lessings dichterischen Schöpfungen, und beider mit seinem geistigen Naturell erblicken. Aus diesem erhob sich ihm, gegenüber malender, musikalischer, philosophischer Poesie, gegenüber gedrückter, ängstlicher, jede Empfindung herabstimmender theologischer Moral, gegenüber einem kalten, aus Tugenden des Anstandes gebildeten dichterischen Ideal, die Grundkonzeption: im Gegensatz zu der bildenden Kunst ist das *Wesen der Poesie Handlung*; diese Handlung stellt *innere Vollkommenheit* dar; diese innere Vollkommenheit oder der wahrhaft dichterische, weil wahrhaft menschliche und wahre Charakter erscheint in der *freien Bewegung großer Leidenschaften*.

So reformierte Lessing die Ästhetik, weil sein freier Geist eine größere Anschauung möglicher dichterischer Wirkungen in sich, in den Alten, in Shakespeare fand, als seine Zeit sie kannte. Ein solcher Kopf mußte wohl Dichter und Kritiker zugleich sein. Wenn er ablehnte, ein dichterisches Genie zu sein, so sprach sich darin nur die Empfindung aus, daß keines seiner Werke die Anschauung möglicher dichterischer Wirkungen, die er in seiner großen Seele trug, erreichte. Aber die irren sehr, welche in Goethes oder Schillers Tragödie diese seine Anschauung verwirklicht glauben. Noch ist die Tragödie nicht in Deutschland gedichtet, in der sein Ideal erfüllt wäre.

III. Das neue Drama Lessings

Lessing ist der Dichter der deutschen Aufklärung.

Die europäische Epoche der großen Kunst, deren dichterischer Repräsentant Shakespeare gewesen ist, zeigt eine unbeherrschbare Macht der Leidenschaft und der Phantasie. Sie war aus Bedingungen hervorgegangen, die so nie wiederkehren können. Die Regelung der Welt durch die mittelalterlichen Ordnungen war gefallen. Der imposante Bau der scholastischen Systeme, die mit ihrer Architektonik metaphysischer Begriffe Himmel und Erde umspannt hatten, war zusammengebrochen. Es begann damals eine jener Zeiten, welche das Verständnis des Lebens aus diesem selber schöpfen. Mit einer neuen leidenschaftlichen Liebe versenkte sich der Geist in das diesseitige Dasein, und doch waren ihm noch nicht durch die Wissenschaft die Schauer des Jenseits abgenommen. Das Denken vertiefte sich unmetaphysisch in die Charaktere, die Temperamente, die Leidenschaften und in die Kunst der Lebensführung. So gab es der Phantasie der Poeten eine feste Grundlage in der Sammlung, Zergliederung und Vergleichung der Phänomene der menschlichen Natur — und ließ ihr doch freie Bahn zu ihrem Aufflug in die Regionen der Deutung von Welt, Leben und Schicksal. Die Sprache der Zeit, sogar ihre Prosa war im Norden ungeregelt und von Bildern erfüllt.

Der Niedergang dieser großen Kunst der Phantasie berührte sich in den ersten Jahrzehnten des siebzehnten Jahrhunderts mit dem Aufgang der europäischen Wissenschaft. Das geistige Leben erhielt seinen Mittelpunkt in der wissenschaftlichen Arbeit, welche in der Natur eine Ordnung der Erscheinungen nach Gesetzen erkennen lehrte. Und wie nun die Vernunft sicheren Boden und feste Verfahrungsweisen gewonnen hatte, wendete sie im Verlauf dieses Jahrhunderts und dann seit Beginn des achtzehnten ihre Prinzipien auf jedes Gebiet der Wirklichkeit an. Hierbei gründete sie ihre Schlüsse auf den Begriff einer natürlichen Ordnung der Dinge nach Gesetzen: von ihm aus unterwarf sie alles, was historisch geworden war, der Kritik. Und sie machte sich ans Werk, die höchsten in ihrem Bereich gelegenen Ideale zur Geltung zu bringen: Selbständigkeit der Person, Herrschaft der Menschen über die Natur, Ausbildung nationaler gesetzlich geordneter Staaten, Solidarität und Fortschritt des Menschen. In allen diesen Idealen ist eine Beziehung zu der Verwirklichung der Souveränität des Menschen. Das ist der Affekt der größten Persönlichkeiten der Aufklärung von Locke und Leibniz ab. Das Bewußtsein der Macht des Denkens ist in ihnen eins mit dem seiner Gebundenheit an die Natur der Dinge; denn nur durch die Erkenntnis von Wirklichkeit aller Art wird der Mensch Herr über dieselbe. Die Staatsraison, die natürliche Theologie, das Naturrecht, die dramatischen Einheiten und die klaren Regeln der Dichtung: alles ist desselben Geschlechts.

Aus dieser Lebensverfassung entsprang das neue Ideal der dramatischen Kunst. An die Handlung wird die Anforderung glaubhafter Wahrscheinlichkeit und strenger, ursächlicher Verknüpfung gestellt. Die Charaktere sind nicht wie die Shakespeares gleichsam von ungeheuren Phantomen, die in der Leidenschaft entspringen, vorwärts getrieben, sondern der feste Zusammenhang eines mit den Dingen in geregeltem Rapport stehenden Wollens bleibt auch inmitten der Leidenschaft in den Helden dieser Dramen und Romane durchgehends bestehen. Genaue Psychologie der Charaktere, lückenlose Verkettung aller Teile der Handlung, die darauf gegründete realistische Behandlung des zeitlich kausalen Zusammenhangs überwiegen die von der Phantasie bestimmte Behandlung von Raum und Zeit nach ihren ästhetischen Werten. Die Auslösung der gefühlsarmen Bestandteile des wirklichen Lebens aus dessen dichterischem Bilde findet ihre Grenze an dem Willen, dies Leben in seiner ganzen Realität sehen zu lassen. Die poetische Wertung der Charaktere nach ihrem Verhältnis zur Phantasie wird ersetzt durch das Urteil aus den Forderungen der Gesellschaft. Und die Darstellung der menschlichen Gemütszustände im Drama nimmt eine neue Form an. Denn der Mittelpunkt der tragischen Dichtung ist nicht mehr die Leidenschaft, welche die klaren Beziehungen des Menschen zur Wirklichkeit aufhebt und so ihn regiert wie ein lang andauernder, ununterbrochener und folgerichtiger Traum. Dafür hat die Aufklärung die höchsten Darstellungen jener gehaltenen, die ganze Persönlichkeit umfassenden Emotion geschaffen, welche auf die ideale Person und die idealen Werte der Menschheit gerichtet ist. Der erste große Repräsentant dieser Emotion war Shaftesbury, und darum wirkte er so stark auf die ganze Poesie des achtzehnten Jahrhunderts. So ist der höchste Typus der Aufklärung der vom moralischen Gefühl geleitete und im verstandesmäßigen Zusammenhang mit den Realitäten des Lebens stehende Mensch.

Ich wage es, diesen Grundzug der moralischen Konstitution der Aufklärung in seinen Sonderformen bei den drei großen führenden Nationen zu verfolgen. Die neue große Emotion ist bei Franzosen wie Diderot eine in das Naturwesen Mensch eingewobene Passion. Sie verbindet die vornehmen Seelen miteinander; in den regellosen Wahlverwandtschaften mit begabten Frauen wird das Glück dieser Passion ausgekostet: vor allem aber äußert sich das Genie der Tugend in dem Interesse für die ganze Menschheit und ihren Fortschritt. Die Engländer von Shaftesbury ab gehen vom sittlichen Gefühl aus, und dieses ist ihnen die natürliche Mitgift einer gesunden Seele. Es ist ruhig, stets wirksam, das ganze Leben durchdringend, im Gegensatz zu den partikularen Leidenschaften und Affekten, die aus dem Einzelleben entspringen. Die besonderen sozialen und politischen Verhältnisse Deutschlands gaben nun der moralischen Konstitution unserer Denker und Dichter ihren eigentümlichen Charakter. Von der Religiosität Luthers her war der eigenste Grundzug der deutschen Denkart die Innerlichkeit des moralischen Bewußtseins, gleichsam die Rückkehr der religiösen Bewegung in sich selbst – die Überzeugung, daß in der Gesinnung und nicht in dem äußeren Werk der höchste Wert des Lebens gelegen sei. Die Zersplitterung der Nation, die Einflußlosigkeit der gebildeten bürgerlichen Klassen auf die Regierung mußten diesen Zug verstärken. Und wenn die Disziplin des protestantischen Staates als feste Grundlage des bürgerlichen Lebens Rechtschaffenheit, Pflichterfüllung, das herbe Bewußtsein der Verantwortlichkeit des Subjektes vor dem Gewissen in Geltung erhalten hatte, so löste

nun die Aufklärung nur dies sittliche Bewußtsein los von den christlichen Doktrinen, durch welche es zu einer transzendenten Welt in Beziehung gesetzt worden war. Hierdurch steigerte sich noch die herbe Festigkeit, in welcher die bedeutendsten Persönlichkeiten der deutschen Aufklärung sich der ganzen Welt gegenüber in dem selbständigen Werte ihrer Person behaupteten. So entstand die eigentümliche Form von Heroismus dieser Menschen und der dichterischen Gestalten, die sie schufen. Gegenüber einer politischen Welt, wo staatliche Gebilde, Personen und Ziele zu klein waren, um zu praktischen Idealen werden zu können, in deren Dienst ein starker Charakter sich genugtun konnte, ja selbst von dieser Welt ausgeschlossen durch eine Staatsform, deren Wesen gerade auf der strengen Scheidung des Fürsten und seines Regierungsapparates mit seinen Offizieren und seinem Beamtentum von dem „Bürger" beruhte: flüchteten sich diese Menschen in die abstrakte Welt der moralischen Prinzipien, wie sie das Individuum von innen unabhängig von allen historischen Bedingtheiten bestimmen — ewig gleich, unverbrüchlich und unerbittlich.
Dies ist das große Erlebnis, das in der Dichtung der deutschen Aufklärung seinen Ausdruck findet — den höchsten in dem Drama Lessings. Erlebnisse sind die Quellen, aus denen jeder Teil eines dichterischen Werkes gespeist wird, in eminentem Sinne aber wird das Erlebnis dadurch schöpferisch in dem Dichter, daß es ihm einen neuen Zug des Lebens offenbart. Das Geschehnis, das der Dichter darstellt, wird erst bedeutsam, indem dieser Zug darin sichtbar gemacht wird. Das dichterische Werk erhebt sich zu seiner höchsten Wirkung, wenn in ihm ein solcher Zug des Lebens den Lesern und Hörern aufgeht. Und wenn etwas, das halb, dunkel, teilweise in der Gesellschaft der Zeit empfunden wird oder nur abstrakt zum Ausdruck gekommen ist, durch den Dichter ausgesprochen wird: so wird er zum Führer seiner Nation, und sein Einfluß auf die Zeit wird unermeßlich. So war es mit dem Erlebnis, das Lessing vom Philotas ab ausgesprochen hat, und mit der Wirkung, die davon ausgegangen ist.

1

Dürfen wir Friedrich II., Kant und Lessing als die mächtigsten Persönlichkeiten der deutschen Aufklärung betrachten: so hat Lessing vor beiden voraus, daß er in seinen großen dichterischen Werken das moralische Ideal der Aufklärung zu voller Darstellung gebracht hat. Daher wir aus diesen den letzten Aufschluß über den Menschen Lessing schöpfen, so wie uns dann aus allem, was wir

über diesen Menschen wissen, Minna, Emilia und Nathan nach Gehalt und Struktur deutlicher werden.
Die Dramen Lessings haben ihren Mittelpunkt in seinem Lebensideal. Die Helden derselben, Tellheim, Odoardo, Appiani, Nathan, Saladin, der Tempelherr, sind nicht bewegt von einer partikularen Leidenschaft, die auf die Erlangung eines einzelnen Gegenstandes gerichtet ist, sondern von dem moralischen Affekt. Indem dieser, als die lebendige Sprungfeder ihres Wesens, in Konflikt gerät mit Kräften anderer Art, entstehen die großen Emotionen, welche diese Dramen erfüllen. In Minna von Barnhelm gerät die moralische Konstitution des Helden in Widerspruch mit den zarteren Regungen der Liebe in seiner eigenen Seele, in Emilia Galotti mit dem Eingriff der Selbstherrschaft in das persönliche Leben und im Nathan mit dem zudringlichen religiösen Fanatismus. Der innere Konflikt der Minna ermöglicht eine heitere Lösung, der äußere in der Emilia gestattet keinen Sieg der moralischen Würde – als im Tode, und der im Nathan endigt mit dem Triumph der Humanität über die Herrschsucht der Kirche, den ja die Aufklärung so nahe wähnte. Die Helden dieser Dramen erkennen keine Macht des Schicksals über sich an, und jeder von ihnen behauptet seine persönliche Würde gegenüber dessen Eingriffen in irgendeiner Form. Hieraus ergibt sich eine innere Struktur des Drama, die ebenso verschieden ist von der, die ihm Shakespeare, als von der, die ihm Schiller gegeben hat.
Dem Lustspiel Lessings fehlt die Verwegenheit der Laune. Da sind nicht unverständige, ja tolle Charaktere, keine in der Souveränität der Leidenschaft oder Phantasie mit dem Leben spielenden Personen – nichts von der sorglosen Benutzung des Zufalls bei den Poeten der Phantasiekunst. Wie nüchtern erscheinen nach Shakespeare oder neben dem französischen Lustspiel von Beaumarchais Minna und Franziska, der Wachtmeister oder Just! Und Lessings große Tragödie enthält nicht die innerlich folgerichtige und darum glaubhafte Entwicklung eines großen Wahns, der den Helden zerrüttet. Das Tragische liegt hier vielmehr in der gänzlichen Heterogeneität des moralischen Affektes zu der umgebenden Welt und in der so entstehenden Unmöglichkeit für das sittliche Heldentum, sich ihr gegenüber zu behaupten. Die Gestalten Lessings haben einen festen Kern und realistisches Gepräge. Deutsches Gemüt spricht kräftiger aus ihnen als aus denen irgendeines anderen unserer Dichter. Die Helden Lessings rufen die eigene Rührung hervor, welche jede echte Offenbarung der höheren Natur des Menschen erweckt. Hierzu kommt dann eine aus ruheloser Energie des Denkens stammende Lebendigkeit derselben, die Lessing allein eigen ist. Sie phosphoreszieren von Logik. Lessing ist der Lehr-

meister unseres dramatischen Dialogs. Das Überraschende, Epigrammatische in diesem Dialog stammt nicht aus der Phantasie oder aus bildlichem Denken, sondern aus einer Art von Leibnizscher Kombinationskunst, aus einer rastlosen logischen Energie, die jeden Satz hin und her wendet und auf den Grund des Grundes zurückgeht.

Und Lessing ist vor allem der Lehrmeister einer Technik des Dramas, welche dieses aus lauter für den Nexus der Handlung notwendigen Momenten aufbaut. Durch ihn wurde das Schauspiel des Sturms und Drangs mit seiner freien Folge der Szenen in Zucht genommen. Sein außerordentlicher dramatischer Verstand erkannte, welche Stärke der Illusion, welche Intimität des Zuschauers mit dem Vorgang aus der Festhaltung des Ortes und der Zeit zumal dem bürgerlichen Drama und dem Lustspiel entsteht. Das hat dann auch nach ihm die Technik so manchen modernen französischen Dramas wie die von Ibsen gezeigt. Das Größte aber, was Lessing lehrte, kam ihm aus der Wahrhaftigkeit seines Wesens — der Verzicht auf alle bloßen Theaterfiguren, auf alle herkömmlichen Bühnenkniffe, ein Zusammenhang der Handlung, welcher an jedem Punkte in Sachverhalten und den in ihnen gegebenen Relationen der Menschen untereinander und mit den Verhältnissen gegründet ist. Auch darin ist er der Lehrmeister des heutigen realistischen Dramas.

2

Allmählich und langsam hat sich Lessing zu dieser Höhe seiner Technik erhoben, durch ein unermeßliches Studium der ganzen Theaterliteratur, durch beständige Verbindung des Nachdenkens über die Regeln des Dramas mit Experimenten an den verschiedensten Stoffen. Seine zahllosen Entwürfe sind ebensoviel Versuche, hinter das Verhältnis der Form des Dramas zum regellosen Stoff des Lebens zu kommen. Von früh ab hielt er sich in Verbindung mit der Bühne. Die Lustspiele seiner Jugendjahre überschritten noch das Durchschnittsmaß der Zeit nur durch die zusammengefaßte und lebendige Bewegung der Handlung und die geistreiche Natürlichkeit des Dialogs. Er übertrug dann in Miß Sara Sampson das moderne Schauspiel Diderots nach Deutschland, wo es von Lenz zu Hebbel, Ludwig und den modernsten Realisten breiteste Entwickelung gewinnen sollte. Aber von der rührenden Redseligkeit dieser bürgerlichen Schauspiele wandte er sich sogleich selber ab. In den Zeiten des Siebenjährigen Krieges lockten ihn große, männliche, kriegerische Stoffe, er wählte für sie den fünffüßigen reimfreien Jambus mit stumpfem Ausgang, und seit-

dem begann der Vers der französischen dramatischen Rhetorik, der Alexandriner, zu weichen. Er suchte damals eine zusammengepackte und konzentrierte Tragödie, in der Knochenbau und Muskulatur durchscheinen wie in dem Körper eines Fechters. Das Fragment des Kleonis und der Philotas sind der höchste und vornehmste Ausdruck, welchen die durch den Siebenjährigen Krieg erregte neue Stimmung gefunden hat. In ihnen ist zuerst das Grundgefühl Lessings, die Independenz des Willens, ausgesprochen. Die Bühne starrt von Waffen, aber aller kriegerischer Lärm dient der Manifestation der großen moralischen Person, die eben nur dem Tode gegenüber ihr Wesen erweist. Dieses Grundgefühl findet seinen natürlichen Ausdruck in der gedrungenen dramatischen Form, wie sie dann bei Alfieri wiederkehrt. Dieselbe Kürze findet sich in den Prosafabeln, Liedern und Epigrammen Lessings: er läßt nur so viel Stoff zurück und braucht genau so viel Worte, als die Energie des Gedankens oder als das Erlebnis bedarf um zu existieren.
In der dramatischen Kunst Lessings blieb für die Tragödie diese Form grundlegend. In dem Lustspiel, das die erste Reife seiner Dramatik bezeichnet, ist natürlich dieser Grundzug des Lessingschen Stiles nur unter den anderen Formbedingungen dieser poetischen Gattung sichtbar. So ist in seiner dramatischen Entwickelung die Form der Minna von Barnhelm und die der Emilia Galotti bedingt.

3

Minna von Barnhelm ist seit 1763 in Breslau entstanden, wo Lessing unter Tauentzien als Gouvernementssekretär tätig war: in der weltfreudigsten Periode seines Lebens. Das Stück ist dramatisch angesehen das beste Lessings und mehr als das – es ist unser bestes Lustspiel. Lessing war nun im Vollbesitz aller Mittel für jene realistische Kunst, in welcher bis dahin nur die erzählende Dichtung im englischen Sittenroman mustergültig gewesen war. Es galt Menschen und Lebensbezüge, welche die Gegenwart darbot, wahrhaftig und doch poetisch hinzustellen. Die Handlung muß in dieser neuen Wirklichkeitsdichtung aus lauter dem Leben angehörigen und für dasselbe charakteristischen Bestandteilen zusammengesetzt sein – ohne die üblichen Vertrauten und Kammerjungfern und ohne die Kniffe des Situationsstückes mit seinen Verkleidungen, Verwechselungen und unmöglichen Zufällen. Diese Aufgabe, wie sie Fréron, Marmontel, Diderot hiermit dem Drama stellten, hat erst Lessing in seiner Minna vollständig gelöst. Die Personen und ihre Beziehungen wurzeln hier in einem Gesellschaftszustande, in dessen sozialer Gliederung und in seinen sachlichen Notwendigkeiten.

Das Schicksal fügte glücklich, daß ein bewegtes Stück großen Lebens, das mächtigste, das in diesem Jahrhundert vor der Französischen Revolution zu sehen war, gerade von dem einzigen, der es darzustellen die Kraft hatte, gründlich erlebt und studiert worden ist — die Armee und der Staat des großen Königs. Das Gemeinwesen, dem Tellheim angehört, ist die friderizianische Armee. Was dieses Heer zusammenhält ist der Ehrbegriff als höchster Wertmaßstab und als Beweggrund der Handlungen. Ehre, Bravour, strenge Subordination und doch kameradschaftliches Zusammenhalten, männliche Gewöhnung, das Leben nicht zu hoch zu taxieren — das sind die Grundzüge des Geistes dieser Armee, wie er in dem Major Tellheim und dem Wachtmeister dargestellt wird — in einem gröberen Stoff auch im soldatischen Bedienten Just. Diese Charaktere werden durch die Kontrastfiguren des französischen Abenteurers und des Wirtes erleuchtet. Man gewahrt nur die psychologischen Kräfte, welche dies Gemeinwesen der Armee zusammenhalten. Der Krieg selbst wird nicht in Szene gesetzt; und nichts von den Trommeln, dem Standrecht, den Marketendern und Spionen der späteren Militärstücke ist hier zu vernehmen; kein vorlauter tendenziöser preußisch-patriotischer Zug stört den ruhigen Blick, der ganz auf das Menschliche gerichtet ist; selbst die Bewunderung des großen Königs klingt nur leise. Der Krieg ist vorüber, die Wunden sind geheilt, und eben indem nach dem Frieden in einem Wirtshaus ein verabschiedeter Offizier, sein Wachtmeister und sein soldatischer Bedienter in rein menschlichen Verwickelungen sich darstellen, erlebt man von innen, ohne theatralischen Apparat das Wesen dieser Armee in seinen großen tragischen wie heiteren Zügen.
Tellheim ist die schönste Charakterfigur des deutschen Lustspiels. Er hat jene freie Beweglichkeit des Seelenlebens, welche unter den wechselnden Lebensumständen immer wieder durch ganz neue Seiten überrascht, wie sie nur die Schöpfungen echter Dichter besitzen. Er nähert sich bald der melancholischen Grübelei des Molièreschen Misanthropen, bald steht er wieder steif und hart da — ein echter Typus des friderizianischen Offiziers, dann wieder gibt er sich gütig, liebevoll bis zur weichsten Zärtlichkeit — immer doch derselbe Tellheim oder Lessing oder Kleist. Ihm und denen um ihn treten dann vom Beginn des zweiten Aktes ab die Gegenspielerinnen gegenüber — Minna von Barnhelm, ihr zur Seite Franziska; der Oheim erscheint erst im Schlußakt. Gleich das erste Frühstücksgeplauder Minnas mit ihrer dienstbaren Gefährtin, die Klage über „die verzweifelten großen Städte" und dann das lustige Examen, das der Wirt anstellt, zeigen, daß wir es mit einem vornehmen Landfräulein zu tun haben. Minna erscheint mit der gan-

zen Sicherheit und dem starken Selbstgefühl, das die Gewöhnung der Herrschaft auf einem großen Gute allen Gliedern der Familie mitteilt. Dies macht doch erst ihr übermütiges und allzu hartnäckig verfolgtes Spiel mit Tellheim begreiflich. Die Damen sind aus Sachsen, dem Lande der überlegenen geistigen, ästhetischen und geselligen Bildung, und die heitere, liebenswürdige Minna weiß über den Shakespeare Wielands Bescheid und ist in ihrer weiblichen Dialektik dem grüblerischen Tellheim gefährlich gewachsen. Der Zusatz von Lessingscher Dialektik im Charakter dieses liebenden Mädchens ist etwas stark für ihre zwanzig Jahre. Aber mit tiefer Kunst sind solche aparten und kapriziösen Züge verwoben in ihr Grundwesen, in die heitere Menschlichkeit, welche Güte und Freude ausstrahlt, wo sie auch erscheint. „Ich bin glücklich und fröhlich. Was kann der Schöpfer lieber sehen als ein fröhliches Geschöpf?" Ihre Fröhlichkeit und ihr Wagemut stammen aus der inneren, festen, treuen Sicherheit einer echt deutschen Mädchennatur. Ihre heitere Menschlichkeit ist dann in dem Oheim zu bewußter Humanität erhoben. Sein Ausspruch: „Ein ehrlicher Mann mag stecken, in welchem Kleide er will, man muß ihn lieben" erinnert an ein bekanntes Wort im Nathan.

So treffen hier zwei große geistige Gewalten dieser deutschen Aufklärungszeit aufeinander: der hochgespannte Ehrbegriff der friderizianischen Armee und die heitere Menschlichkeit, dieses schönste Erzeugnis unserer damaligen Literatur. Man könnte sagen, daß jener Ehrbegriff mit dem Machtwillen des jungen preußischen Staates zusammenhängt und diese heitere Menschlichkeit mit der allgemeinen deutschen Literatur und der gebildeten Gesellschaft, wie sie sich unabhängig vom Staat entwickelt hatte. In dem großen König ist die Idee einer allgemein menschlichen Kultur in unausgeglichenem Streit mit seinem preußischen Machtwillen. Und wenn Lessing selbst ganz erfüllt war von den Idealen der Humanität, so mußte doch auch er sich zugleich von dem Heldentum und dem Staatsbewußtsein des großen Königs immer wieder angezogen finden. Derselbe Gegensatz geht durch Klopstocks Seele. Erst in einer viel späteren Zeit sind die Deutschen zu einer Versöhnung dieses in ihrer Geschichte gegründeten Gegensatzes gelangt.

Die Handlung empfängt ihre Wahrscheinlichkeit aus den festeren Formen der Zeit und der dargestellten Lebenssphäre; sie geben dem inneren Verhältnis dieser beiden Menschen eine Distanz, welche die Mißverständnisse zwischen ihnen begreiflich macht. Der in seiner Ehre gekränkte Offizier, der sich vor der Braut verbirgt, weil er sich ihrer nun unwürdig fühlt, wird aufgesucht, gefunden, und da Liebe und Dialektik des mutigen Mädchens abprallen an den edelmütigen Grundsätzen des Geliebten, so wird er durch die Täuschung, daß die Braut verarmt sei, zum vollen Bewußtsein und zur freien Äußerung seiner Liebe gebracht. Die Menschlichkeit von ihm siegt über das Bewußtsein der gekränkten Ehre.

Denn von der Größe des aufgeklärten Königs angezogen, hatte der kurländische Edelmann sich in dessen Dienste begeben, und desto schärfer brennt in seiner Seele das Leid, ohne den großen Beweggrund der Vaterlandsliebe sich durch seinen Dienst der Verletzung seiner Ehre ausgesetzt zu haben. Dies Gefühl gelangt in dem mächtigsten Moment des Stückes zu ergreifendem Ausdruck. Minna sucht mit allen Mitteln ihrer Dialektik ihn zu überzeugen, daß die Ehrenkränkung, die der Lohn seiner menschlichen Handlung gewesen, ihn nicht von ihr trennen dürfe; sie erwähnt Othello zufällig in diesem Zusammenhang: inzwischen bleibt Tellheim vertieft und unbeweglich mit starren Augen: „Hierher Ihr Auge! auf mich, Tellheim! Woran denken Sie? Sie hören mich nicht?" „O ja! Aber sagen Sie mir doch, mein Fräulein, wie kam der Mohr in venezianische Dienste? Hatte der Mohr kein Vaterland? Warum vermietete er seinen Arm und sein Blut einem fremden Staate?" Wie Kleist hat der preußische Major mitten im Krieg dessen Widerspruch mit dem großen Aufklärungsprinzip der Menschlichkeit empfunden. Er hat wie Kleist nie daran gedacht, aus kriegerischem Heldentum ein Handwerk im Frieden zu machen. Auch in seiner Seele ist die Sehnsucht dieser sentimentalen Epoche nach einem stillen inneren Glück. Und mit Lessing selbst hat er erfahren, wie gefährlich die Dienste der Großen sind und wie wenig sie den Zwang und die Erniedrigung lohnen, die sie kosten.

Auf einen solchen Charakter muß das Mitleid mit der Geliebten entscheidend wirken. Und so gelingt die Intrige des tapferen Landfräuleins. Tellheim fühlt plötzlich in ganzer Stärke seine Pflicht gegen die Verlobte, und das Bewußtsein der gekränkten Ehre tritt dagegen zurück. Was die innere Selbstachtung fordert, wiegt ihm schwerer als alles, was mit der Achtung anderer für ihn zusammenhängt. Damit ist der innere Konflikt gelöst. Da aber die Umwandlung in Tellheim doch durch eine Täuschung herbeigeführt ist und er überhaupt nach dem Verlust seiner Ehre zu keiner vollen Befriedigung gelangen könnte: ist zu einem heiteren Abschluß das Handschreiben des Königs nötig. Einige Quälerei, die nachhinkt, ist immer als dem Charakter Minnas unangemessen und ermüdend getadelt worden.

Minna von Barnhelm ist das erste deutsche Muster jener dramatischen Kunst der tiefen idealen Gegensätze, welche in dem Zustand der Gesellschaft oder in der Natur der Menschheit sich geltend machen und schließlich in der Seele des Helden selbst aus-

gekämpft werden müssen. Diese neue dramatische Technik ist gegründet in der Innerlichkeit des deutschen Lebens. Nathan, Tasso, Faust sind hierin desselben Geschlechts.
Die Haupthandlung ist arm an äußeren Begebenheiten. Sie gleicht einem kleinen Stückchen Gold, das auf das zierlichste verarbeitet ist. Sie spielt sich in dem Verlaufe eines Tages ab und an einem Platz — in dem Wirtshaus, das auch den englischen Romandichtern so bequem für die Verwickelung der Begebenheiten lag. Wie die Tiefe dieses Schauspiels in dem fast tragischen Konflikt zwischen den Liebenden besteht, so liegt sein Reichtum, seine Fülle und seine unerschöpfliche Heiterkeit in den Nebenpersonen. Jede Szene macht eine selbständige, starke, bald erhabene, bald rührende, bald komische Wirkung. Der dramatische Dialog hat bis auf die Gegenwart gewirkt. Unzählige glänzende Lichter blitzen in ihm auf. Und auch in der Kraft der Reflexion, in dem Glanze spielenden Witzes ist dies Stück der eigenste Ausdruck des 18. Jahrhunderts.
Zwei Lustspiele von unvergänglichem Werte hat dies Jahrhundert hervorgebracht: die Minna Lessings und den Figaro von Beaumarchais. In dem französischen Stücke regiert der von der Sitte losgelöste grenzenlose Übermut und die maßlose politische Verbitterung des Frankreich vor der Revolution. Beaumarchais spielt mit seinen Figuren, seine Erfindungskraft in Situationen und Späßen ist der Lessings weitaus überlegen, aber keine dieser Figuren ist ein glaubhafter reeller Mensch, und sie treffen sich in einem Stück wie auf einem tollen Maskenball. Das Lustspiel der deutschen Aufklärung ist dagegen das Vorbild jeder reellen auf die tatsächlichen Relationen eines bestimmten gesellschaftlichen Zustandes gegründeten modernen Dramatik.

4

Während die „Minna" die Begeisterung des Theaterpublikums immer wieder neu hervorrief und ein Schwarm von Soldatenstücken hinter ihr herkam, zog ihr Verfasser sich fünf Jahre hindurch von der dichterischen Arbeit für die Bühne zurück. Es war eine Zeit schmerzlicher Erfahrungen über das deutsche öffentliche Leben. Der hervorragende Militärschriftsteller Guichard, der im Gefolge des großen Königs lebte und ihm persönlich nahestand, hatte ihm Lessing für die Leitung der Königlichen Bibliothek empfohlen. Unser Dichter durfte sich sagen, daß niemand für diese Stellung befähigter sein konnte als er. Für den König aber war Lessing nur der junge Mann, der die bedenkliche Sache mit Voltaire gehabt hatte. Es kam zu einer sehr belebten Erörterung der eigenwilligen Majestät mit Guichard, als dieser noch ein zweites Mal auf Lessing zurückgekommen war. Und statt des größten deutschen Schriftstellers der Zeit wurde durch eine seltsame Verwechselung ein törichter Benediktinermönch berufen. Dann folgte Hamburg und die große Enttäuschung dort. Seit 1770 saß er nun in dem stillen Winkel Wolfenbüttel als Bibliothekar, in dem „großen verlassenen, verwünschten Schloß", in dem die Schatten der Welfenfürsten aus der Rokokozeit umgingen und in dem die Erinnerung gar manches sinnlichen Abenteuers wachgerufen wurde. Und wenn er nach Braunschweig fuhr, Menschen um sich zu haben, trat ihm da ein Hof entgegen, von dem auch gar manches zu erzählen war. Immer vollständiger überblickte Lessing den furchtbaren Zusammenhang, in welchem das von der Selbstherrschaft bedingte Hofleben der Zeit mit der Herabminderung der Charaktere und der Abnutzung der Menschen stand. Und um ihn her nahm die Opposition gegen die Kabinettsjustiz, die Üppigkeit der Höfe, die mit der Kunst spielte, und die Unterdrückung der öffentlichen Meinung beständig zu.

In dieser Atmosphäre und aus solchen Erfahrungen Lessings ist Emilia Galotti entstanden. Das erste echt politische Stück, das in Deutschland seit Andreas Gryphius geschrieben worden ist. Sein Mittelpunkt war der innere Gegensatz, in welchem die allmählich herangereifte innere Selbständigkeit der Person zum überlebten Fortbestand der gesetzlosen Selbstherrschaft stand. Aus der Natur dieser Staatsform folgt alles in dieser politischen Tragödie: die Verkettung der Handlung und die innere Form der Charaktere; die Beziehungen der Personen zueinander — das unbestimmte dunkle Grauen, das immer stärker von der Todesunterschrift des ersten Aktes ab den Zuschauer umfängt. Wenn eben noch der Ugolino von Gerstenberg solche tragischen Schauer durch brutale und äußerliche Mittel erreicht hatte, so entspringen sie hier aus dem Gefühl einer unentrinnbaren entsetzlichen Notwendigkeit. Es war die Tragödie des höfischen Lebens.

Unter den Plänen von Römertragödien, welche Lessing in den letzten fünfziger Jahren entworfen hatte, enthielt einer den Keim der Emilia Galotti. Es war eine Virginia. Nach dem Zusammenhang der historischen Begebenheit war die Ermordung der Tochter durch den Vater das einzige Mittel, welches diesem gegenüber dem von seiner Leibwache umgebenen Dezemvirn zur Rettung seines Kindes übrigblieb. Und die Bluttat war verklärt durch den Untergang des Tyrannen, den sie herbeiführte. Lessing versetzte nun den Vorgang in ein kleines italienisches Fürstentum und in die üppigen Zeiten Ludwigs XIV. Wie durch ein Palimpsest schimmern Figuren und Handlung der römischen Sage durch die Bilder des modernen Stückes. Das tragische Motiv selbst mußte sich aber umwandeln.

Die brutalen Verhältnisse fielen weg, welche die Tat des Vaters in jener alten römischen Zeit verständlich machen: keine Art politischer Wirkung durfte an sie geknüpft werden: so wurde die Motivierung der Bluttat der Mittelpunkt des Stückes, und sie mußte die ganze Ordnung der Handlung bestimmen.
Ein solcher dramatischer Plan war wie gemacht zu einem Musterbeispiel der in sich geschlossenen, in allen Gliedern psychologisch determinierten Handlung, wie Lessings Theorie sie forderte. Jeder Satz dieser Theorie fand jetzt seine Anwendung in der Emilia Galotti. Als bürgerliche Tragödie war sie besonders geeignet, jene tragische Furcht hervorzurufen, welche aus der Nähe des Stoffes an das eigene Leben des Zuschauers entspringt. Das Gefüge ihrer Fabel war von solcher Einheit und Kraft, daß es in der bloßen Erzählung wirkt. Das Ganze war so einfach konstruiert wie eine Uhr mit ihren Rädern und Gewichten. Nichts von der billigen Wirkung durch Überraschung und äußere Spannung: der Zuschauer weiß nach der meisterhaften Exposition des ersten Aktes oder vom Beginn des zweiten Aktes ab, was kommen wird: die Opfer der Katastrophe aber tappen sich im Dunkeln über ihr Schicksal vorwärts und rufen eben hierdurch das stärkste Mitleid hervor. Und die Heldin selbst ist unschuldig schuldig. Die fieberhaft vorwärtsdrängende Handlung verläuft in Einem Tage und der Ort ist im ganzen ersten Akt ein Stadtschloß des Prinzen, wo man ihn in seinem Milieu erblickt, im zweiten dann ein Saal im einfachen Hause des Galotti; von da ab spielt sich alles weitere ohne einige Schwierigkeiten und Kunstgriffe in dem Vorsaal auf dem Lustschlosse des Prinzen ab, wo nun Spieler und Gegenspieler sich begegnen. Durch jeden dieser Züge blickt eine Regel der Dramaturgie hindurch.
Die Struktur der Tragödie ist bedingt durch den Gesichtspunkt, unter welchem die Aufklärung die sie umgebende Gesellschaft auffaßte. Wird doch immer die Art, die Tragödie zu formen, von der Seelenverfassung der Zeit abhängig sein, in welcher der Dichter schafft. Das Stück ist aufgebaut auf den Gegensatz zwischen dem Hof, seinem Herrn mit seinen Kreaturen und den unabhängigen Leuten, die ihre Freiheit, ihre Sitte, ihre selbständige Art der Lebensführung behaupten wollen. Das Tragische liegt in der Hilflosigkeit dieser rechtlosen Untertanen gegenüber der Selbstherrschaft. Indem dieselben von der Intrige umgarnt und gleichsam erdrosselt werden, kommt ihre Ohnmacht von Szene zu Szene an den Tag — und damit die Misere der politischen Verfassung, in der sie leben. Diese Form der modernen sozialen Tragödie hat eine Reihe unserer wirksamsten Stücke bestimmt. In Kabale und Liebe stehen sich die höfische Welt und das Bürgerhaus, das die unab-

hängige schwärmerische Natur des Ministersohnes zu sich hinzieht, gegenüber; im Clavigo die Ehrgeizigen, die vom Hof und dessen Wünschen abhängen, und die schlichten Seelen, die nur vom Gemüt Befehle empfangen.

Die Personen sind der Handlung untergeordnet. Dies entspricht der Lehre der Dramaturgie, nach welcher „die Charaktere[14] das Hauptwerk der Komödie sind", dagegen die Wirkungen der Tragödie aus dem Zusammenhang der Handlung und der Eindruckskraft der Situationen entspringen. Die Grundanlage der Charaktere ist daher bestimmt vom Bedrüfnis der Handlung. Die rasende Eile des Verlaufs schränkt jeden Charakter genau auf die Zahl der für sie erforderlichen Worte ein. So entsteht das Maschinenartige, Ausgedachte, das erkältend berührt—das Unlebendige des Ganzen bei höchstem mimischen Leben der Teile. Darin aber liegt nun die germanische Tiefe Lessings, wie trotzdem jeder dieser Charaktere in dem Rahmen der Aufgabe, welche die Handlung ihm zuweist, aus eigener Kraft lebt. Dieser Realismus in der Auffassung des Menschen geht durch die ganze Aufklärung hindurch. Er zeigt sich ebensogut in den Romanen dieser Zeit als in den Zustandsschilderungen Chodowieckis.

Die Charaktere des Prinzen, Marinellis, der Mutter Galotti, der Spitzbuben und Bedienten hat Lessing aus der genialen Beobachtung des Lebens um ihn her geschöpft. Seine Emilia ist eine große wahre Intuition. Sie ist das Geschöpf eines heißen südlichen Naturells, frühreifer Erfahrungen des Beichtstuhls und der Träume, die Guastala und sein Hof in einer so gearteten Natur hervorbrachten —zugleich aber ist sie ein rechtes Kind ihres Vaters: scheu, impressionabel, im ersten Momente widerstandslos und dann doch entschlossen und stark. Appiani, Odoardo empfangen das ihnen eigene Leben aus des Dichters Inneren und aus dem, was er an Freunden wie Kleist und Gerstenberg miterfahren hat. Sie sind von starkem Temperament und lebhaften Gefühlen, aber die feste dauernde Grundlage ihres Wesens ist ihre Rechtschaffenheit. Sie sind zutrauensvoll gegen Menschen ihrer Art und herb verschlossen gegen die Welt. Nach dem Plan seiner Handlung hat dann der Dichter diesen Zügen, die sein persönliches Ideal aussprachen, einen anderen hinzugefügt, der bei edlen Naturen, welche in der Machtsphäre der Selbstherrschaft leben, so leicht sich ausbildet. Der Despotismus übt einen lähmenden Einfluß auf sie. Sie trauen weder sich noch dem Weltlauf. In dieser engen und schlimmen Welt, in der sie existieren sollen, sind sie zur Passivität verurteilt. Sie haben das Handeln verlernt. So zögern sie ungeschickt und handeln vorschnell. Sie sind das, was dies Milieu aus vornehmen Seelen machen mußte.

Seine Technik, die Personen auf der Bühne sehen zu lassen, ist für das ganze deutsche Drama bestimmend gewesen. Sie beeinflußte die Jugenddramen Goethes und Schillers und hat die moderne Bühne vorbereitet. Er stellt seine Personen ins Freilicht, scharf umrissen auf ihrem hellen Hintergrund und in unerbittlicher Deutlichkeit. Jeder Person gibt er eine eigene Energie des Temperamentes und mimische Kraft der Äußerungen mit. Zwischen den Worten ist dem Schauspieler Raum gelassen für unausgesprochene Wendungen, für Mienenspiel und Gebärde. Und der Zuschauer wird durch das knappe Wort beständig angeregt, zu erraten, was nicht gesagt ist. Nur daß der allmählichen Entstehung der Leidenschaften und ihrer breiten Entladung zu wenig Raum gegönnt ist. Die Exposition zwar zeigt dem Zuschauer den Prinzen in wechselnden Zustandsbildern und von allen Seiten, dann aber kommt kein Moment wieder, in dem man von unten auf die Leidenschaft anwachsen sähe — und doch gibt dies allein die Illusion des wirklichen Lebens und den Maßstab für die Stärke der Affekte. Die höchsten Momente des Gesprächs treten hervor, wo die Dialektik der Leidenschaft das Wort nimmt.

Die neuen Typen, die hier Lessing schuf, sollten lange das Theater beherrschen. Der biedere polternde Hausvater, der in Bürgerkleidung und Harnisch gleichmäßig zum Herzen sprach. Das Machtweib Orsina, das dann auch als Lady Milford das gesetzte bürgerliche Publikum mit fremdartigen Schauern erfüllte. Der höfische Intrigant, der als Carlos im Clavigo, als Minister in Kabale und Liebe dem moralischen Urteil sich preisgab. Der im Gefühl der Schönheit lebende und so jedem Eindruck hingegebene vornehme Mensch, der als Clavigo und Weislingen zugleich abstieß und entzückte. Und aus der Verknüpfung der knappen Charakteristik Lessings mit der Breite der Leidenschaft und dem Halbdunkel der Phantasie entstand die Form von Götz, Clavigo und Kabale und Liebe.

Die Handlung selber verläuft im Ineinandergreifen der Intrige des Hofes, die Emilia dem Prinzen in die Hände liefern soll, und den hilflosen Bemühungen der braven Leute, dies abzuwenden: es ist ein höchstes Beispiel von dichterischem Gebrauch der tragischen Ironie wie die, welche Emilia retten wollen, sie verderben, wie die Intrige, durch welche Emilia dem Prinzen ausgeliefert werden soll, sie — dem Tode ausliefert. So drängt alles zur Katastrophe.

Das letzte abschließende Glied in der Verkettung, die zur Katastrophe hinführen sollte, war die Motivierung der Tat des Vaters. Soll man nun sagen, worin die Notwendigkeit derselben gegründet ist, so liegt sie in keinem äußeren Zwang der Lage, sondern in den Charakteren des Odoardo und der Emilia, und eben in dieser inneren Motivation konzentriert sich die tragische Kraft des Stückes. Hier tritt das Lebensideal Lessings in einer neuen Wendung hervor. Der Wert unseres Daseins liegt in letzter Instanz darin, daß wir im Gefühl der Independenz der Person, ihrer von jedem äußeren Schicksal unabhängigen Würde leben. Ein Zusatz zu dieser Charakterform in Odoardo und Emilia macht sie tragisch. In Odoardo ist eine exzentrische Stärke des moralischen Gefühls, wie es Lessing und die ganze Aufklärung erfüllt, verbunden mit einer ganz ungewöhnlichen Hilflosigkeit. Hieraus entspringt seine Fremdheit zu Frau und Tochter und ein ratloses Mißtrauen gegen alles um sich her, gegen jede Chance, die die Zukunft bieten möchte. Durch die Orsina aufs Äußerste gebracht, ist er in einem Fieber, das Wahnbilder erzeugt. In diesem Kopf nimmt die Wirklichkeit nun eine verzerrte Gestalt an. Vielleicht wäre er, auch wenn Emilia nicht spräche, zu einer Gewalttat geschritten. In dieser Verfassung findet ihn die Tochter. Sie hat vor kurzem den Prinzen gesehen und der Zauber dieser Natur hat sich ihrer Einbildungskraft bemächtigt. Aber wie vermöchte sie nun das, was sie sich selbst nicht sagen kann und das sie in den Tod treibt, dem Vater gegenüber auszusprechen! Diese leidenschaftliche und doch schamhafte Seele öffnet sich jetzt ihm so wenig ganz als früher der Mutter.

Doch, auch wenn man Emiliens Worte an den Vater in der Schlußszene so auffaßt, bleibt genug Unbefriedigendes zurück. Das ist immer empfunden worden. Es ist unfaßlich, daß Odoardo nicht in dem Moment, in welchem der Prinz ihn mit der furchtbaren Bitte verläßt, er möge sein Freund, sein Führer und Vater sein, denselben ersticht. Es ist ganz unglaubhaft, daß ihn nachher von solchen Gedanken Emilia durch die künstliche Reflexion abhält: „Dieses Leben ist alles, was die Lasterhaften haben." Und der Entschluß der Emilia konnte nur verständlich gemacht werden, wenn durch eine breite Entfaltung ihres Charakters im Verlauf des Stückes der Zusammenhang so widersprechender Eigenschaften deutlich geworden wäre, wie sie diesem Entschluß zugrunde liegen. Wie er nun heraustritt, bleibt Eines wenigstens unbegreiflich. In diesem Augenblick des höchsten moralischen Entschlusses, dessen ein Mensch fähig ist: der Würde der Person das Leben zu opfern, muß Emilia in einem solchen Bewußtsein ihrer Kraft leben, daß sie eine Verführung nicht fürchten kann. In einem Moment, der noch von Blut trieft, gegenüber einem Manne, der eben die Ermordung ihres Bräutigams, wie sie weiß, verschuldete und sie jetzt gewaltsam, ihren Eltern offen Hohn sprechend, zurückhält, also da nach allen psychologischen Gesetzen das Freiheitsgefühl eines reinen Willens die größte Stärke, ja eine der ganzen Welt trotzende Stärke haben muß: wie sollte Emilia sich da vor der Wärme ihres Blutes, der

Verführbarkeit ihrer Sinne fürchten? Nein, der Dichter fürchtet. Er, welcher hinter ihr steht mit seiner Einsicht in die Natur menschliche Motivation, er flüstert ihr zu, daß kein abstrakter Wille imstande sein werde, diese jetzt jeden Nerv durchdringende heroische Seelenstimmung, wann sie erst einmal vor anderen Eindrücken gewichen sei, so mit dieser ganzen zweifellosen, unerschütterlichen Stärke wieder aufzurufen. Und so entsteht das unsere moralische Empfindung Verletzende dadurch, daß hinter der Maske des reinen und darum seiner Zukunft unbewußten, heroisch bewegten Mädchens der Dichter hervorblickt, welcher auf Grund solcher Einsicht in den Verlauf der Motivation, dem auch unsere am meisten heroischen Entschlüsse nicht entnommen sind, in ihre Zukunft hineinschaut: seine ernste Weisheit – vielleicht hat menschliche Weisheit keine ernstere, ja schmerzlichere Einsicht zu gewinnen als diese – rät ihr, lieber zum Dolch zu greifen als in den Händen des Prinzen zu bleiben, welches auch die festen Entschlüsse dieses Augenblicks sind.

Ein Vergleich drängt sich auf. Die gesetzlose Selbstherrschaft in ihrem Kampf mit der neu erfaßten Würde der Menschennatur ist das Thema der Emilia Galotti von Lessing und des Wilhelm Tell von Schiller. Die „Grenze der Tyrannenmacht" ist für Schiller das ewige Recht der Natur, das die Notwehr gestattet. Lessing findet nur Eine Zuflucht, die dem freien sittlichen Willen immer offen steht – den Tod. Doch stehen Lessing und Schiller nicht so weit auseinander, als hiernach erscheint. Denn das Stück in tyrannos, der Vorgänger von Kabale und Liebe, enthält einen geheimen Kunstgriff. Der Dolch des Odoardo wird gegen das eigene Kind gezückt, nicht gegen den Tyrannen; aber das Publikum erhebt sich gleichsam, um dem Galotti die eigenen Arme zu leihen, die Gerechtigkeit herzustellen und die Unschuld zu befreien.

IV. Der Kampf mit der Theologie

Ein neues Lebensgefühl trug Lessing und rang in seinen Werken nach vollem Ausdruck. Seine vollste zugleich und seine friedlichste Verkörperung wird immer in der Dichtung sein. Aber das deutsche Publikum jener Zeit war so vollgepfropft mit theoretischen Lebensansichten, die auf wissenschaftliche Systeme und religiöse Lehrmeinungen gegründet waren, Moral, Theologie, philosophische Aufklärung waren so in jede Pore unserer Nation gedrungen, daß dies neue Lebensgefühl, wenn es nicht wie in Klopstock sich mit allen wissenschaftlichen Vorurteilen vertragen und so in dumpfe

Enge absperren lassen wollte, sich auseinandersetzen mußte mit den wissenschaftlichen Gründen der herrschenden Weltansicht. Wie wahr dies ist, zeigt die Tatsache, daß das höchste dichterische Werk Lessings, der Nathan, aus der Reife der wissenschaftlichen Begriffe entsprang. Wer Minna von Barnhelm sah, der empfand mit Entzücken, mit vollstem Behagen die neue Zeit; wer Nathan las, der lernte sie begreifen, lernte ihr Mitbürger sein.
Von der Begründung der künstlerischen Form unserer klassischen Epoche durch Lessing wenden wir uns zu der Begründung ihres Gehalts: von seiner ersten Lebenshälfte zu der zweiten.

1

Die sittlichen Begriffe, die Lebensideale, die Weltansicht, welche er vorfand: alles stand unter dem Einfluß der Theologie, der orthodoxen oder der aufgeklärten. Mußte er sich nun mit der vorhandenen wissenschaftlichen Reflexion auseinandersetzen, um sein Lebensideal im Andrang der abstrakten Begriffe zu schützen und frei zu entwickeln, so konnte dies ganz gründlich nur geschehen, indem er sich mit der gesamten Theologie auseinandersetzte. Nur dadurch konnte er die Überzeugungen des Bürgerstandes, die Begriffe der Gelehrten gründlich reformieren, die Nationalbildung selber leiten. Er bebte nicht vor diesem Wagnis, vor der Grenzenlosigkeit dieses Studiums zurück.
Lessings Jugendentwicklung unterscheidet sich von der Goethes und Schillers nicht am wenigsten durch ein starkes theologisches Interesse. Er wuchs in einer Zeit auf, in welcher die ganze deutsche Bildung theologisch war. Er selber ging von der Theologie aus und fand in ihr, wie sie zwischen Geschichte, Philologie und Philosophie gestellt ist, einen kombinatorischen Zug, der seinem Geiste zusagte. Daher einzelne gelehrte Arbeiten aus ihrem Gebiete ihn immer wieder beschäftigten. Aber mehr noch: man mußte sich damals mit ihr auseinandersetzen über die Fragen, welche für die Richtung unseres Lebens entscheidend sind. Diese Auseinandersetzung vollzog Lessing sehr früh. Er selber hat sich einmal darüber ausgesprochen, wie man bald fertig sei mit den Studien, welche die Frage unserer Bestimmung betreffen. Als Merkzeichen dieser Auseinandersetzung sind drei Aufsätze von ihm vorhanden, deren Entstehung in seiner Frühzeit schon Guhrauer nachgewiesen hat: „Gedanken über die Herrnhuter“[15], „Das Christentum der Vernunft“[16], „Über die Entstehung der geoffenbarten Religion“[17]. So erwünscht es wäre, aus ihrer chronologischen Ordnung einen Entwickelungsgang der religiösen Anschauungen Lessings aufzufinden — wir müssen uns mit der Tatsache begnügen: Lessing

forscht bald in den Mysterien des Christentums, um ihren Vernunftgehalt zu gewinnen; bald scheidet er die allgemeine Vernunftreligion von den verschiedenen Zusätzen, durch welche aus ihr positive Religionen entstehen; bald begnügt er sich, einfach auf den praktischen Gehalt des Christentums zu verweisen: hier von Leibniz lernend, dort von der französischen Aufklärung, da von dem Gemütschristentum angeregt — nirgend noch er selber.

Erst in Breslau begann er Spinoza, Leibniz, die Kirchenväter zu studieren, und eine neue Welt tat sich ihm auf. Die entscheidende Tatsache war, daß unter dem Einfluß der beiden großen Denker des siebzehnten Jahrhunderts eine eigene positive Weltansicht sich in ihm ausbildete, welche den Anschauungen der theologischen Aufklärung völlig heterogen war. Hiervon war die nächste Folge, daß er in dem Streit zwischen Orthodoxie und Aufklärung eine ganz neue Stellung einnahm, die seine Freunde mit Erstaunen erfüllte. Er tat das nicht auf Grund religiöser Impulse, sondern vermöge seiner an Leibniz und Spinoza entwickelten philosophischen Einsichten. Lessing ist der erste deutsche Kopf, welcher dem Schema der Welt im Geist der theologischen Aufklärung den Rücken kehrte; er ist der erste, der auf Grund hiervon wie nach ihm Schleiermacher, Schelling, Hegel sich auf eine eigene, tiefere Weise mit dem Christentum auseinandersetzte.

Vor dieser Zeit seines Spinoza- und Leibniz-Studiums finde ich keine Andeutung, daß er der Aufklärung neue Begriffe entgegengesetzt hätte. Und als dieses Studium ihn nun lehrte, gewisse tiefsinnige Anschauungen des Christentums — wie er sich ausdrückte — „wiederzuholen", nachdem er sie gleich seinen Freunden verworfen hatte: war dies keineswegs ein vorübergehendes Liebäugeln mit der Orthodoxie, sondern ein bleibendes, tieferes Verständnis der letzten Motive des christlichen Dogma. Weil er seit jenen beiden Denkern der erste war, welcher aus den tiefsten Beweggründen der menschlichen Natur eine selbständige positive Weltansicht ausbildete, darum verstand er auch, als der erste, die Motive des christlichen Dogma, wie es sich in einer ungeheuren Erschütterung des menschlichen Gemütslebens ausgebildet hatte. Und weil Schleiermacher, Fichte, Schelling, Hegel Fortbildungen dieser positiven Weltansicht unternahmen, darum setzten sie auch dies neue Verhältnis zum christlichen Dogma fort.

Dies ist die geschichtliche Stellung Lessings, welche allein sein Verhältnis zur Aufklärung und Orthodoxie erklärt. Ein moderner freisinniger Theologe[18] bezeichnet dasselbe nicht richtig, wenn er sagt, „daß er für die Orthodoxie nur ein formelles Interesse hatte, sich an diesem großartigen Gebäude aus Einem Stil in seinem antiken Formsinn erfreute, daß er aber ihrem Inhalt völlig ab-

gewandt war". Ja, wenn er meint, Lessing habe sich „nur an die Form der Orthodoxie accommodiert", so weiß ich gar nicht mehr, was das überhaupt sagen will. Das Umgekehrte wäre etwa ebenso richtig oder unrichtig. Die positive Beziehung Lessings zur Orthodoxie geht davon aus, daß er vermöge seiner eigenen Weltansicht die Motive von Lehren, wie die von den ewigen Höllenstrafen oder von der Dreieinigkeit, zu begreifen imstande war. Das ist doch wohl ein Verhältnis zum Inhalt des positiven Christentums. Dagegen wüßte ich wahrhaftig nicht, was dieser große analytische Kopf an der systematischen Gestalt der Orthodoxie gelernt hätte oder hätte lernen dürfen: gelegentlich da sein Bruder dies System als ein Flickwerk von Stümpern bezeichnet, weist er ihn auf den immensen Scharfsinn hin, der hier tätig war; aber folgt hieraus, daß sein „antiker Formensinn" zu diesem Inbegriff falscher Methodik ein Verhältnis hatte? Glücklicherweise nicht. Es wäre dieses großen methodischen Kopfes nicht würdig.
Lessing also verstand vermöge seiner eigenen Weltansicht die Motive christlicher Dogmen, welche die Aufklärung rundweg verworfen und durch andere ersetzt hatte. Dieses aufgeklärte System des Christentums enthielt keine wichtigeren Überzeugungen als die Lehre von Gott und der Unsterblichkeit. Und zwar setzte es an die Stelle des christlichen Mysteriums von dem Dreieinigen den Begriff eines jenseits der Welt befindlichen, dieselbe von außen leitenden vollkommensten Wesens, und, was den Unsterblichkeitsglauben angeht, an die Stelle der von der Orthodoxie einseitig aus dem Christentum der älteren Zeit hervorgehobenen Lehre von der Ewigkeit der Strafen die dem Christentum ebenfalls eigene von der Wiederbringung alles Wissens zum Einklang mit dem ewigen Willen. In beiden Punkten stellte nun Lessing gegen die einstimmigen Urteile der aufgeklärten Theologen seine einsame Stimme. Seine ernste Überzeugung, welche den Kern seiner gegen Eberhard gerichteten Abhandlung von den ewigen Höllenstrafen ausmacht, spricht er brieflich so aus: „Ich würde [19] mich von der Hauptsache gar nicht abbringen lassen, nämlich davon: die Hölle, welche Herr Eberhard nicht ewig haben will, ist gar nicht und die, welche wirklich ist, ist ewig." Das ist genau die Lehre, welche Herbart in seiner Theorie von dem notwendigen zukünftigen Zustande der Seelen erneuert hat. Über die Lehre vom göttlichen Wesen dürfen wir Lessings Überzeugung in dem berühmten § 73 der Erziehung des Menschengeschlechts suchen, welchen spätere Denker für das Tiefste erklärt haben, was Lessing geschrieben habe. In dem Aufsatz über den Streit zwischen Leibniz und Wissowatius ist er sehr zurückhaltend; aber auch hier tritt klar hervor, daß die socinianische Lehre von Christus als einem Mittelwesen ihm als eine

seichte Entstellung erscheint, welche in der Philosophie wie in der Theologie auf halbem Wege stehen bleibt — ein wahres Muster der neuesten theologischen Aufklärung.

Die neue Stellung, welche Lessing einnahm, war nun wie jeder eigene Standpunkt sehr vielseitig. Von seinen praktischen Absichten hing ab, welche Wendung er ihr geben wollte.

Die genannten beiden Schriften, von denen die eine an Leibniz anknüpft und von den ewigen Strafen handelt, die andere von Wissowatius ausgeht und die Dreieinigkeitslehre erörtert, operieren von einer ganz gedeckten, für niemanden übersehbaren Stellung aus gegen die Aufklärung. Den Beweggrund seiner Polemik hat Lessing so klar ausgesprochen als man wünschen kann. Wir haben bemerkt, wie er sich zu einer selbständigen Weltansicht erhoben hatte. Indem er die Weltansicht der theologischen Aufklärung an seine eigene hielt, entdeckte er — und er zuerst — in der Aufklärung einen willkürlichen, vor dem strengen Gedanken unhaltbaren Vertrag zwischen dem christlichen System und der Philosophie. Dieser Vertrag verletzte sowohl die Rechte des Denkens als die des Christentums. War die Orthodoxie ein offener Feind der Wissenschaft gewesen, so drängte sich hier ein heimlicher heran, welcher die Vernunft zu bestechen versuchte. Die Lage der Wissenschaft wird hierdurch, verglichen mit ihrer Stellung zur Orthodoxie, nur verschlechtert. „Mit der Orthodoxie[20] war man, Gott sei Dank, ziemlich zu Rande; man hatte zwischen ihr und der Philosophie eine Scheidewand gezogen, hinter welcher eine jede ihren Weg fortgehen konnte, ohne die andere zu hindern. Aber was tut man nun? Man reißt diese Scheidewand nieder und macht uns unter dem Vorwande, uns zu vernünftigen Christen zu machen, zu höchst unvernünftigen Philosophen." — „Meines Nachbars Haus" (die Orthodoxie) „droht ihm den Einsturz. Wenn es mein Nachbar abtragen will, so will ich ihm redlich helfen. Aber er will es nicht abtragen, er will es mit gänzlichem Ruin meines Hauses" (der Wissenschaft) „stützen und unterbauen. Das soll er bleiben lassen oder ich werde mich seines einstürzenden Hauses so annehmen als meines eigenen."

Diese erste theologische Tätigkeit Lessings auf Grund seiner neuen Stellung zum Christentum enthielt in sich eine große Wahrheit, welche er beibehielt, und ein absichtliches oder unabsichtliches Übersehen von Tatsachen, das er sofort gut machte. Die große Wahrheit war die von der notwendigen Trennung der Theologie und Philosophie. Der Überzeugungsgrund für religiöse Wahrheiten ist ein anderer als der für philosophische Wahrheiten. Diese wichtige Einsicht wurde ihm an dem vernünftigen Christentum der Aufklärung deutlich, von dem er in bitterem Scherz bemerkte, daß man leider eigentlich von ihm weder wisse, wo ihm die Vernunft, noch wo ihm das Christentum sitze. Die übersehene Tatsache war, daß das orthodoxe System mit der Philosophie allen Hauptproblemen des menschlichen Daseins und des Weltzusammenhanges gegenüber kollidiert, daß demgemäß die Wissenschaft dies System niemals jenseits der Scheidewand frei operieren lassen kann. Entweder seine Begriffe sind die richtigen oder die der Wissenschaft. Religion, Christentum stellen sich dem tieferen Studium in solcher Gestalt dar, daß die Wissenschaft frei neben ihnen schaltet, daß beide sich ergänzen; sie sind Lebensmächte, welche einander bedürfen, einander stützen im Kampf gegen den Egoismus des innerlich unerzogenen Menschen, wie die Erziehung[21] des Menschengeschlechts dies mit genialem Tiefblick begründet; aber die Orthodoxie und die Wissenschaft widersprechen sich ewig, ja sie kämpfen einen Kampf um ihr Dasein: nur eine von diesen beiden historischen Gewalten kann leben. Denn sie lösen dieselben Fragen durch einander unmittelbar und überall widersprechende Begriffe.

Ich sagte: er übersah diese Tatsache, absichtlich oder unabsichtlich. Genauer beleuchtet, scheint kaum ein Zweifel, daß das erstere der Fall war. Er wollte mit gedecktem Rücken gegen die theologische Aufklärung kämpfen. Es war eine erlaubte Klugheit, sich nicht zwei Feinde zugleich zu schaffen. Und dieser Klugheit kam seine leidenschaftliche Abneigung gegen die seichte Aufklärung zu Hilfe, welche ihm diese der Orthodoxie gegenüber eine Zeitlang als das größere Übel erscheinen ließ.

2

Wie lange diese Zeit dauerte, wann sie endete, können wir nicht sagen. Als Lessing die Fragmente des großen Werkes von Reimarus herausgab, gab er sich noch den Anschein, die Spitze seines Angriffs sei gegen die neumodischen Theologen gerichtet. Aber glaubte er ernstlich, daß dieser Anschein die Orthodoxie über die Tatsache täuschen werde, daß ihre Existenz selber, wie durch keinen früheren Angriff, bedroht sei? Sicher nicht. Trotzdem dachte er, als er die Fragmente publizierte, an einen Kampf mit der Orthodoxie doch höchstens wie an eine Folge, die sich nicht vermeiden lassen würde. Ihn bewegte etwas ganz anderes. Dieser scharfsinnigste Angriff, der seit Celsus gegen den ganzen Zusammenhang des Christentums gemacht worden war, beschäftigte seinen eigenen Geist unablässig, seitdem er ihn kennengelernt hatte. Von seiner Veröffentlichung hoffte er eine mächtige Förderung der großen Streitfrage des Christentums. So bestimmte ihn zu der Ver-

öffentlichung, ganz seinen feierlichsten Versicherungen entsprechend, das reine Motiv, der Wahrheit damit einen Dienst zu tun. Nicht darum war es ihm damals zu tun, die Orthodoxen über ihre Grenzen auf den Kampfplatz zu locken. Um die große Frage selber handelte es sich für ihn. Achteten aber die Verteidiger des Kirchenglaubens die Grenzen freier wissenschaftlicher Forschung nicht, so war er auch darauf durch jahrelange einsame Studien gerüstet.
Dies war wohl, soweit briefliche Mitteilungen sehen lassen, das wahre Motiv der Herausgabe der Fragmente. Erwogen, unter welchen persönlichen Verhältnissen er diesen Schritt tat, erscheint er als die schönste und männlichste Handlung in diesem großen Leben. Lessing wußte, daß sein ganzes folgendes Dasein unter den Wirkungen dieser Handlung stehen würde, und er war darauf vorbereitet. Der Wille zur Herausgabe stand in ihm schon fest, bevor er noch jene beiden Abhandlungen gegen die Aufklärung geschrieben hatte. Er brachte die Schrift gleich, als er nach Wolfenbüttel ging, von Hamburg mit. Trotz Nicolais und Mendelssohns Abraten war er entschlossen, sie ganz in Berlin drucken zu lassen; auch als die Berliner Zensur die Druckerlaubnis verweigerte, konnte das seinen festen Willen nicht erschüttern; er benutzte die Zensurfreiheit seines Amtes, um wenigstens die einzelnen Bruchstücke ans Tageslicht zu bringen. So erschien 1774 das erste sehr gemäßigte Fragment, das unbeachtet blieb, dann 1777 jene Serie, in welcher ein Fragment die Unmöglichkeit einer Offenbarung, die alle Menschen auf eine gegründete Art glauben könnten, behandelte, ein anderes die Unmöglichkeit, daß die Bücher des Alten Testaments geschrieben seien, eine Religion zu offenbaren, und ein drittes die Unglaubwürdigkeit der Auferstehungsgeschichte. Der Kampf um die wissenschaftliche Haltbarkeit aller Grundlagen der Theologie war damit eröffnet: allen Parteien der bisherigen Theologie war der Fehdehandschuh hingeworfen.
Also soweit wir sehen können, gab die Überzeugung, daß die große Frage des Christentums in freier Forschung ausgetragen werden müsse, Lessing den festen Entschluß ein, auf jede Gefahr den Angriff von Reimarus gegen das Christentum zu publizieren. Dieser Satz bedarf einer Ergänzung. Lessing war nicht ein Kopf unter der staunenden Masse, die wartete, welchem von beiden Ringern der Sieg zuteil werden würde. Er war noch weniger, weit weniger, ein heimlicher Anhänger von Reimarus, der zu Scheinkämpfen herausforderte gegen einen Unverwundbaren. Die gewichtigsten Gründe sprechen dafür, daß er, als die Fragmente gedruckt wurden, bereits in tiefem Studium dieser Schrift, die von ihm jahrelang insgeheim erwogen worden war, eine zusammenhängende Anschauung über Religion, Christentum, Kirche und Rechtgläubigkeit ausgebildet

hatte, welche den Hintergrund seiner nunmehr folgenden Polemik bildete. Diese Tatsache ist von Wichtigkeit, weil sie beweist, daß die lange Polemik, in welche er mit Goeze verwickelt ward, ihm allerdings, wie er das öfter ausspricht, lästig sein mußte: er hatte Ernsteres und Größeres im Hinterhalt, und es war nicht seine Schuld, wenn es im Hinterhalt blieb. Wir sind ferner imstande nachzuweisen, daß diese seine zusammenhängende Ansicht allerdings zu der von Reimarus in scharfem Gegensatze stand.
Die Schrift von Reimarus hat nichts zu tun mit den Begründungen eines aufgeklärten Christentums, wie sie damals den öffentlichen Geist beherrschten, Lessing aber als Halbwahrheiten so scharf abstießen. Sie ist gegen das Christentum und seine Geltung gerichtet, sans phrase.
Offenbarung ist nicht glaubwürdig. Denn es ist undenkbar, daß die Gottheit auf dem Weg, welchen die Offenbarung nimmt, den Menschen Wahrheiten hätte mitteilen wollen, deren sie zu ihrer Seligkeit bedürfen. Dieser Weg ist der einer Mitteilung an einzelne Menschen. Wäre auch diese Mitteilung permanent, so hinge doch ihre Annahme an einer vorsichtigen Prüfung der Zeugen, deren Resultat immer problematisch sein wird. Nun ist aber dieser Weg der einer Mitteilung, die auf gewisse Perioden eingeschränkt ist. Im Lauf der Zeiten müßte daher selbst aus der größten Sicherheit nur Wahrscheinlichkeit und weiter hinaus Sage werden. Und endlich findet sich, daß, inmitten des Anspruches aller möglichen Nationen auf glaubwürdige Offenbarungen, das Christentum als Eine derselben vorliegt, die von Einem Punkt aus sich nur spärlich und in langen Fristen ausgebreitet hat. Ein solcher Weg, gewählt anstatt allgemeiner Mitteilung im Herzen aller Menschen, widerspricht der Güte und der Weisheit Gottes.
Die zweite These: weder das Alte noch das Neue Testament tragen den Charakter der Offenbarung an sich. Das Alte nicht: denn es enthielt nicht einmal die für Tugend und Beseligung der Menschen notwendigsten Einsichten von einem zukünftigen Leben und der Vergeltung. Auch das Neue nicht: denn eine kritische Prüfung der Evangelien ergibt das Resultat, daß Jesus von Nazareth sich in den Grenzen der jüdischen Religion für den Messias der Juden hielt, den Anbruch des messianischen Reiches unter seinem Königtum erwartete, in solchem Sinne in Jerusalem feierlich einzog, gegen die offiziellen Machthaber öffentlich auftrat und in diesem Kampf das Leben verlor; aus der anfänglichen Hoffnungslosigkeit der Jünger erhob sich dann ihre Lehre von dem leidenden geistlichen Erlöser. Die Tatsache der Auferstehung kann dieser Auffassung gegenüber nicht geltend gemacht werden, weil noch Spuren vorhanden sind, daß es mit dieser sehr ntürlich zugegangen.

So viel hat Lessing aus der Schrift von Reimarus veröffentlicht, das Ganze ist später von Strauß im Auszug zugänglich gemacht worden. Nun die Antithese Lessings, wie sie sich im einsamen Studium des Werkes bildete.

Man verzeihe eine vorläufige kritische Bemerkung. Aber warum hat auch niemand hier die nötige kritische Grundlage gegeben? Was wissen wir von Lessings bisherigen theologischen Vorbereitungen? Diese Studien, sofern sie eine ernstliche Beschäftigung mit den Kirchenvätern unnachläßlich fordern, fallen erst in seine Breslauer Epoche. Der sehr zuverlässige Bericht Kloses [22] sagt: „In den letzten Jahren seines Aufenthalts zu Breslau fing er an, mit theologischen Studien sich zu befassen. Er machte einen Entwurf zu einer großen Abhandlung von den Verfolgungen und Märtyrern der Christen und tat einem seiner Freunde den Vorschlag, die Kirchenväter gemeinschaftlich zu lesen." Karl Lessing verlegt die Abhandlung über die Elpistiker [23] in dieselbe Zeit, er bemerkt bereits, daß sie nicht nach 1764 entworfen sein kann, weil Heumanns hier als eines Lebenden gedacht wird; zugleich spricht hierfür die Anekdote, auf welche Weise er den guten Leuschner auf der Breslauer Bibliothek in Verlegenheit brachte, gegen dessen Schrift er früher geschrieben. Ebenso dürfen wir aber dann nach dem obigen Zeugnis die Untersuchung „Von der Art und Weise [24] der Fortpflanzung und Ausbreitung der christlichen Religion" in diese Breslauer Zeit setzen: denn in Kloses Datierung jener „großen Abhandlung" muß sie einbezogen werden. Hiermit stimmt, daß Lessing seinen 1760 geschriebenen Sophokles zitiert, daß dieser ihm damals noch bei einer ganz heterogenen Materie ins Gedächtnis kam, ebenso daß Justin sehr eingehend benutzt ist, von dessen besonderem Studium Klose Erwähnung tut. Demgemäß sehen wir in dieser Breslauer Zeit ihn weitläufige Untersuchungen über das älteste Christentum anlegen, auf dem Grunde eines eingehenden Studiums der Kirchenväter. Und zwar hat die Abhandlung über die Fortpflanzung der christlichen Religion die gleiche Tendenz mit jenen berühmten Kapiteln Gibbons, welche mehr als ein Jahrzehnt später publiziert worden sind und ganz England in Bewegung gesetzt haben; sie will die Ausbreitung der christlichen Kirche pragmatisch erklären und damit der Überzeugung von einer übernatürlichen Macht im Christentum eine ihrer Hauptstützen entziehen. Beide Abhandlungen beschäftigen sich mit der disciplina arcani: einem Problem, das sehr nahe bei dem späteren der regula fidei liegt.

Das ging alles voraus, bevor Lessing die Schrift von Reimarus in Hamburg erhielt. Dann regte diese ihn auf. Seit 1770 lebte er nun in der Wolfenbüttler Einsamkeit unter den Schätzen der ungeheuren Bibliothek und konnte also in Muße die alten Studien fortsetzen, um die neuen, nunmehr soviel tiefer greifenden Zweifel zu lösen. Eine Art von vorläufiger Revue seiner Resultate haben wir in den ungemein merkwürdigen „Theses aus der Kirchengeschichte“[25], mit denen keine bisherige Untersuchung über Lessing etwas zu beginnen wußte. Die eine Hälfte des Inhalts hat diese Schrift mit der „neuen Hypothese über die Evangelisten“, die andere mit den berühmten Thesen in der „notwendigen Antwort“ gemeinsam. Mir scheint nun wahrscheinlich, daß die Theses schon vor Lessing auf dem Schreibtisch lagen, als er die beiden Schriften entwarf. An der „neuen Hypothese“ arbeitete er schon im Dezember 1777[26], die nötige Antwort ist vom folgenden Jahr; also genügt nachzuweisen, daß die Theses aus der Kirchengeschichte älter sind als die Hypothese. Und das können wir. Ihre Theorie zeigt eine bemerkenswerte Eigenheit in der Annahme eines ganz kurzen Urevangeliums, das nichts als eine Auslegung prophetischer Stellen gewesen sei; diese Annahme erinnert sehr an gewisse Ansichten von Reimarus, zeigt also die Lessingsche Hypothese in ihrer Entstehung. Auch die kunstvolle Komposition der „Hypothese“, verglichen mit der einfachen historischen Zusammenstellung der Theses, selbst Differenzen wie die, daß in diesen das älteste Evangelium mindestens 16 Jahre nach Christi Tod angesetzt wird, in der neuen Hypothese aber, wohl auf Grund der historischen Notiz von der Abfassung des Matthäus vor der Missionsreise, mindestens 30 Jahre danach, was dann an einer Stelle der späteren Schriften festgehalten wird — das alles spricht für meine Annahme.

Demgemäß war die historische Grundansicht Lessings von der Entwickelung der ersten christlichen Jahrhunderte so gut als fertig, bevor noch Angriffe ihn nötigten, in ihr einen Schutz gegen das Luthertum zu suchen. Mit dem Anfang 1777 erschienen die Fragmente; gegen Ende des Jahres geht dann die „neue Hypothese“ ihrer Vollendung entgegen; die Angriffe von Schumann und Goeze erschienen erst 1778, und im Juli dieses Jahres veröffentlichte Lessing schließlich den Inhalt der zweiten Hälfte der Thesen in der „nötigen Antwort“, um sich gegen die lutherische Orthodoxie zu schützen. Wir haben es also hier keineswegs mit einer sophistischen Streitwendung zu tun; es war Lessing auch hier sehr ernst mit dem, was er sagte. Eine tief überlegte, aus unbefangenem historischem Studium entsprungene Theorie gab er hin wie einen Fechterstreich, ja behandelte sie in seinen eigenen Briefen[27] so.

Nun endlich also das Resultat: die Antithese Lessings gegen Reimarus, wie sie fertig war, bevor noch irgendein Gegner sich hatte vernehmen lassen, irgendein Angriff auf ihn eingewirkt hatte, irgendein Schrei der Entrüstung ihn hätte einschüchtern können. Diese Antithese ist Verteidigung zugleich und Angriff. Verteidigung des Christentums und Angriff gegen die Gestaltung, welche dasselbe im bisherigen Protestantismus erhalten hat. Es ist durchaus keine rhetorische Wendung, wenn Lessing mehrmals, mit Leidenschaft, den Genius Luthers für sich aufruft gegen die historische Gestalt des Luthertums. In der wahren Tiefe des protestantischen Geistes sucht er ein neues Fundament des Protestantismus, so scharf, so offen und gerade, daß die Aufklärungstheologie seiner Zeit davor erschrak.

3

Für den Christen — so sagt Lessing — hat sein Glaube eine unmittelbare Gewißheit, welche durch keine Gründe verstärkt, durch keine Gründe erschüttert werden kann. „Was gehen den Christen[28] der gelehrten Theologen Hypothesen und Erklärungen und Beweise an? Ihm ist es doch einmal da, das Christentum, welches er so wahr, in welchem er sich so selig fühlet. — Wenn der Paralytikus die wohltätigen Schläge des elektrischen Funkens erfährt, was kümmert es ihn, ob Nollet oder ob Franklin oder ob keiner von beiden Recht hat?" Verstehen wir Lessing recht? Es ist der im Pietismus durchgebildete Gedanke, daß die Evidenz des Glaubens auf der inneren Erfahrung beruhe. Nur daß Lessing der Grenzen dieser Evidenz sich genau bewußt ist. Nie vermag die Erfahrung des einen die eines anderen zu widerlegen, sie treten frei nebeneinander. In dem Hintergedanken des Pietismus, das Beglückende in allen anderen, von den seinigen abweichenden Überzeugungen werde und müsse sich als eine Täuschung erweisen und sei es auch erst in der Todesstunde, übersteigt dieser Überzeugungsgrund sich selber, und im Gemütsleben bildet sich so eine anmaßende Willkür und Subjektivität, die anderen Gemütszuständen gegenüber beleidigend oder lächerlich wird. Wo aber die innere Erfahrung sich der Grenzen ihrer Evidenz bewußt ist, da ist sie in ihrem Rechte. In diesem Sinn hat Goethe[29], ganz übereinstimmend mit Lessing, ihr ewiges Recht in den Bekenntnissen einer schönen Seele ausgesprochen. „Ich kann" — so läßt er den Glauben sich äußern — „von der Realität meines Glaubens überzeugt sein. Warum sollte er nicht einen göttlichen Ursprung, nicht einen wirklichen Gegenstand haben, da er sich im Praktischen so wirksam erweist? Werden wir durchs Praktische doch unseres eigenen Daseins selbst erst recht gewiß."
Es ist wichtig zu erkennen, wie Lessing sich der Macht und der Grenzen dieser der inneren Erfahrung eigenen Evidenz ganz klar

bewußt ist. Er findet, diese Evidenz sei dem Christentum übrig, wenn jede andere Art von Begründung versagen sollte: dann „bliebe dennoch[30] die Religion in den Herzen derjenigen Christen unverrückt und unverkümmert, welche ein inneres Gefühl von den wesentlichen Wahrheiten derselben erlangt haben"; denn ein jeder von diesen „fühle, daß[31] ihn dieser christliche Lehrbegriff beruhigt". Und er charakterisiert die Macht dieser rein subjektiven Evidenz, verglichen mit jeder Begründung durch den Gedanken, wenn er sagt, ein solcher Christ „fühle, wo[32] andere sich zu denken begnügen". Unübertrefflich spricht er Begrenztheit wie Gewalt dieses Überzeugungsgrundes in dem Worte aus, daß unter seinem schützenden Schilde eben nur ein einzelner Mensch, die Religion im Herzen, Raum habe.

Treten wir nun aus diesem Kreis der subjektiven Evidenz heraus: gibt es für das Christentum eine andere? In den Kollektaneen zur Literatur[33] sagt Lessing: „Wider die vielen Werke, welche in neuerer Zeit für die christliche Religion herausgekommen, gilt es, daß sie nicht allein sehr schlecht beweisen, was sie beweisen sollen, sondern auch dem Geiste des Christentums ganz entgegengesetzt sind, als dessen Wahrheit mehr empfunden sein will, als anerkannt; mehr gefühlt als eingesehen. Dieses zu erhärten, müßte man zeigen, daß die für die Religion geschriebenen Werke der Kirchenväter nicht sowohl Behauptungen derselben als bloß Verteidigungen gegen die Heiden gewesen sind. Sie suchten die Gründe *gegen* sie zu entkräften, aber nicht unmittelbar Gründe *für* sie festzusetzen." Also noch einmal die Frage: welchen Gebrauch kann die Begründung des Christentums von der wissenschaftlichen Evidenz, der Evidenz des Gedankens machen? Für die Begründung – scheint die Antwort – keine; nur für die Abwehr wissenschaftlicher Angriffe. Ganz in diesem Sinne sagt dann Lessing bei der Publikation der Fragmente, an Vernunftwahrheiten Offenbarungswahrheiten anfügen, sei nicht anders als die Chiromantie an die Mathematik anfügen; Chiromantie und Offenbarung[34] „gründen sich beide auf Zeugnisse und Erfahrungssätze": ihre Evidenz bleibt in alle Ewigkeit eine andere als die von Vernunftwahrheiten. Ja, da nunmehr weiter alle schriftliche Überlieferung innere Wahrheit nicht ersetzen kann, so bleibt auch nach dieser Äußerung Lessings die ganz subjektive Evidenz der inneren Erfahrung der Überzeugungsgrund für das Christentum. Aber wie? Wir retten das persönliche Christentum, doch lassen wir die Theologie, ja die Kirche, welche eines objektiven Überzeugungsgrundes zu bedürfen scheinen, im Stich! Ich zweifle keinen Augenblick, daß Lessing über die Unmöglichkeit einer wissenschaftlichen Evidenz für die Wahrheit des Christentums schon damals völlig im reinen war. Wenn er der Vernunft offen hielt, eine Demonstration vorzulegen, daß eine Offenbarung sein könne, sein müsse, welche es auch sei: so spielt dabei eine gutmütige Ironie um seine Lippen. Über die Bedingungen einer Kirche in seinem Zeitalter ergab sich ihm wohl auch später durchaus kein positives Resultat, wenigstens findet sich keine Spur davon in Schriften oder Briefen; und wenn Gervinus sagt: hätte Lessing länger gelebt und hätte sein Zeitalter für kirchliche Dinge Sinn gehabt, so würde er vielleicht dem Protestantismus von populärer konstitutiver Seite eine neue Entwickelung gegeben haben — so finde ich keine Stelle, in welcher Lessing irgendein Interesse für die Bedingungen einer Kirchengründung im Zusammenhang mit seiner Reform der Religionsanschauungen zeigte. Nichts lag Lessing ferner als das.

Also er hielt sich auf der Linie der Verteidigung. Seine Verteidigung wollte nur das persönliche Christentum schützen. Es lag ein Angriff vor, welcher die Möglichkeit der Offenbarung überhaupt, die Möglichkeit, daß das Judentum oder das Christentum eine solche enthielten, verneinte. Diesem Angriff gegenüber ersann er die Hypothese von der Erziehung des Menschengeschlechts; auch sie war in ihm fertig, als er die Fragmente publizierte. Gott selber hatte nur die Wahl zwischen den Wegen, die in der Ordnung der Welt Raum hatten: er wählte den besten, nicht den unbedingt guten, einen Weg, auf welchem die Wahrheit allmählich an alle kommt, freilich nur allmählich, nur durch eine Reihe von Entwickelungsstufen, aber endlich doch an alle. Der Grundgedanke des Schlusses der Erziehung, welcher damals noch nicht publiziert war, daß jeder einzelne Mensch die Bahn zu durchlaufen habe, auf welcher das Geschlecht zu seiner Vollkommenheit gelangt, ist die Lösung des Problems, welches Reimarus aufgab und das Lessing hinreißend aussprach: „Weh dem menschlichen Geschlecht[35], wenn in dieser Ökonomie des Heiles auch nur eine einzige Seele verlorengeht. An dem Verlust dieser einzigen müssen alle den bittersten Anteil nehmen, weil jede von allen diese einzige hätte sein können. Und welche Seligkeit ist so überschwenglich, die ein solcher Anteil nicht vergällen könnte?" — die Offenbarung gelangt auch auf dem historisch vorliegenden Weg an alle. Ebenso lösen sich die Zweifel gegen die Offenbarung im Alten Testament durch den Gedanken eines göttlichen Erziehungsplanes, in welchem die Idee der Unsterblichkeit eine spätere Stelle hatte. Es lösen sich die Zweifel gegen die Offenbarung des Christentums — wenn man das Neue Testament als eine historische Quelle nimmt, nicht als ein inspiriertes Ganzes von Offenbarungen.

Denn dies ist nun die notwendige Ergänzung, wenn man Lessings Stellung ganz übersehen will: die innere Wahrheit des Christen-

tums ist in der Erfahrung des Christen begründet; es ist möglich sie zu verteidigen, zu retten den Angriffen der Wissenschaft gegenüber; aber unter einer Bedingung allein: man lasse das orthodoxe System des Protestantismus fahren! Man verzichte auf die Begründung des protestantischen Glaubens auf den Kanon als auf ein inspiriertes Ganzes göttlicher Ordnungen!
Hier liegt der Radikalismus der Lessingschen Theologie, und an diesem Punkt wirkte Lessing unmittelbar auf die theologische Bewegung. Wie das mit schnellwirkenden Ideen der Fall zu sein pflegt, ist er gerade hier getragen von einer Genossenschaft Gleichstrebender, unter welchen Michaelis und Semler hervorragen.
Semler wird immer der Ruhm bleiben, der Reformator der protestantischen Theologie geworden zu sein, indem er die Lehre vom Kanon, das Fundament des altprotestantischen Lehrbegriffes, in den berühmten vier Bänden vom freien Gebrauch des Kanons vernichtete. Wer sich eingehend mit ihm beschäftigt hat, muß hingerissen werden durch diese geniale Spürkraft, welche so wichtige Resultate der neuesten Kritik ahnte. Welch ein Bild diese Männer! Michaelis, wie er als armer pietistischer Student im Halleschen Waisenhause von historischen und geographischen Studien ergriffen wird, wie er dann auf der Bodleianischen Bibliothek hebräische Vokale vergleicht nach dem Verzeichnis seines Vaters, ohne Ahnung von der lächerlichen Nichtigkeit dieser Arbeit, und wie er zugleich in London endlich seine geographischen Interessen vollauf sättigen darf — wie dann aus diesen mächtigen Impulsen das „mosaische Recht" erwächst. Und Semler, auch er ein armer pietistischer Theologe, den Baumgarten in seine ungeheure Bücherwühlerei hereinzieht, wie er bei dem Kanzler von Wolf mit Voltaire zu Tisch sitzt und erstaunt von der Unterscheidung von Theologie und Religion etwas vernimmt, ihm unvergeßlich; wie er in Baumgartens Bibliothek lebt, an dessen Nachrichten von einer Halleschen Bibliothek, an seiner Welthistorie sich bildet, wie nun die Ansichten jener englischen und französischen Forscher sich seiner Seele bemächtigten und er das Chaos der theologischen Meinungen nach seinen neuen Gesichtspunkten durchwühlt, überall ganze Perspektiven neuer Entdeckungen erblickt, solange Baumgarten lebt, ehrerbietig schweigt, dann endlich mit seinen Ansichten heraustritt, welche zuerst im deutschen Geist jenen historisch-kritischen Zug weckten, der sich dann auf allen Gebieten so mächtig erhob.

Was war das Resultat Semlers? Die Lehre von dem Kanon als einer Einheit, als einem Ganzen mit jenem System ihrer Affektionen, d. h. ihrer göttlichen Eigenschaften, ist ein Niederschlag aus den langjährigen Streitigkeiten des Protestantismus mit der katholischen Kirche. Die nähere Untersuchung zeigt vielmehr, daß diese Schriften des Kanon lauter einzelne Mittel waren, bei den beschränkten christlichen Gemeinden einen damaligen Endzweck zu erreichen. Daraus ergibt sich, als Konsequenz für die geschichtliche Theologie, die Aufgabe einer literarhistorischen Untersuchung dieser Schriften, ihres Ursprunges, ihrer schriftstellerischen Absicht. Denn „diese Aufsätze sind so ungleichen Inhalts als die Fähigkeiten der ersten Schule ungleich waren". Aus dem Lokalen und Temporellen müssen sie begriffen werden; die moralische Welt ist wie die physische in verschiedene Klimate eingeteilt. Und so antizipiert denn Semler einen guten Teil der neueren Anschauung von der Entstehung der kanonischen Schriften inmitten eines Parteikampfes, in welchem der „Judaismus", als das geistige „Klima", unter dem das Christentum entstand, mit dessen neuen Ideen im Streite lag. Und hieran schließt sich dann die andere Konsequenz, welche sich gegen die bisherige dogmatische Theologie richtete. Die Bibel enthält ihm nicht mehr die Wahrheit schlechthin; um diese zu gewinnen, bedarf es einer Ausscheidung des Lokalen und Temporellen in ihr. Wenn Bunsen später von einer Übertragung der Bibel aus dem Semitischen in das Japhetische gesprochen hat, so war das ganz in Semlers Anschauung. Die Bibel ist ganz durchdrungen von Judaismus. „Alle Meinungen, welche Christus Endzweck nicht betreffen und nicht eigentlich hindern, hat Christus so wenig widerlegt als er eine Enzyklopädie aller wahren Erkenntnis hat geben wollen."

So war, als Lessing auftrat, bereits die Axt an die Wurzel gelegt von einer mächtigen Hand. Auch Strauß würdigt dies tatsächliche Verhältnis nicht. Jene unsterbliche Axiome Lessings ruhen ganz auf dem Fundament der Untersuchungen Semlers; es ist irrtümlich, lauter damals neue Wahrheiten in ihnen zu finden; diese Wahrheiten bilden vielmehr den Punkt, von welchem Lessing weiterging. Ich stelle die Axiome zusammen, welche nur Resultate von Semler sind: „Die Bibel enthält offenbar mehr als zur Religion gehört. Es ist bloße Hypothese, daß die Bibel in diesem Mehreren gleich unfehlbar sei. Der Buchstabe ist nicht der Geist, und die Bibel ist nicht die Religion. Auch war die Religion, ehe eine Bibel war. Das Christentum war, ehe Evangelisten und Apostel geschrieben hatten. Es verlief eine geraume Zeit, ehe der erste von ihnen schrieb und eine sehr beträchtliche, ehe der ganze Kanon zustande kam." Die einfachen Folgerungen aus diesen Sätzen, sowie die erkenntnis-theoretische Einsicht in die Natur von Geschichtswahrheiten gehören Lessing, und zwar diese in den Axiomen allein.

Aber Lessing hatte, um die bisherige Theorie vom Kanon ganz zu vernichten und in die neuen Untersuchungen einzugreifen, welche eine historisch-kritische Theologie begründeten, eine Anschauung von der ältesten Überlieferung des Christentums aus dem Studium der Kirchenväter entwickelt, die von der höchsten Originalität und zugleich von der größten Tragweite war. Die allerälteste Form der Tradition ist die regula fidei; diese regula fidei beherrschte auch dann noch den Glauben, als andere schriftliche Aufzeichnungen über das Christentum hervortraten; von diesen war die älteste das Evangelium der Nazarener, aus dem sich dann unsere drei ersten Evangelien entwickelt haben. So seine Thesen aus der Kirchengeschichte.

4

Wir überblicken nunmehr die Antithese Lessings gegen Reimarus, gegen jeden gründlichen radikalen Angriff auf das Christentum, der damals vorlag. Die Wahrheit des Christentums ruht für den Christen, mit einer subjektiven, aber unbedingten Evidenz, in seiner inneren Erfahrung. Die Wissenschaft kann jeden Angriff gegen das Christentum in seiner Nichtigkeit aufzeigen. Aber freilich unter der Bedingung, daß diesem Angriff die ganze Breite des Kanons als eines Inbegriffs göttlicher Offenbarung entzogen werde. Erst nachdem das Christentum in einer regula fidei überliefert worden war, entstanden die Evangelien, und zwar die drei ersten als freie, daher vielfach widersprechende Bearbeitungen des Nazarenerevangeliums. Faßt man demgemäß den Kanon historisch-kritisch, so läßt sich sehr wohl ein Gang der Offenbarung als einer Erziehung des Menschengeschlechts verteidigen, in welchem Judentum und Christentum Stufen sind.
Als Lessing die Fragmente edierte, war diese Antithese gegen sie ausgebildet, niedergeschrieben, mit strenger Gelehrsamkeit begründet. Nun begreift man wohl, mit welcher Erwartung, ja mit welcher Ungeduld Lessing nach den Kämpfern aussah, die zu ihm hinab auf den Plan steigen würden.
Goeze kam, ein ziemlich angesehener Theolog. Mit dem Jahre 1778 trat er gegen Lessing auf. Dieser versuchte ihn vermittels der Axiome in den Kreis seiner scharfen Untersuchungsreihen zu bannen. Umsonst! Er sollte eine Polemik durch Mißverständnisse, triviale Einwendungen, die nichts widerlegen, Konsequenzen, die nicht unvermeidlich sind, persönliche Ausfälle, die nicht zur Sache gehören, kennenlernen — die unbesiegbar bleibt, weil man nirgend sie festzuhalten imstande ist. Wer verargt Lessing, wenn er mit einer leidenschaftlichen Ungeduld diesen ergebnislosen Kampf führte? Sein Genie allein war imstande, diesem Kampf, wie er nun nach der Natur des Gegners war, die höchste Wirkung zu geben.

Er erwartete den Mann, welcher ihm Gelegenheit geben würde, die Theorie des orthodoxen Systems durch seine neuen Entdeckungen zu bekämpfen; inzwischen wendete er sich gegen den Charakter, in welchem dies System schon seit Luthers Schülern verteidigt worden war; sein dramatisches Genie schuf in Goeze den Repräsentanten dieser Apologetik und Polemik, und völlig vertieft in diese Schöpfung, begann er mit Goeze eine Komödie zu spielen, in der er den Charakter des alten Systems und den der neuen Forschung als Spieler und Gegenspieler einander gegenüberstellte – die ihn hinriß und in den schmerzlichsten persönlichen Verhältnissen leidenschaftlich beschäftigte. Der Gelehrte war wieder in dem dramatischen Dichter aufgegangen, er bezeichnete diese Blätter geradezu als theatralische Arbeit[36], und es war eine ganz natürliche Wendung, als er diesen Streit auf dem Theater selber in Nathan dem Weisen abzuschließen den Entschluß faßte.

Goeze war in demselben Augenblick verstummt, in welchem Lessing ihn bei einer Reihe von Sätzen festzuhalten unternahm, die seine Theorie von der Tradition historisch-kritisch begründeten. Das geschah gegen Ausgang des Jahres 1778, welches im Kampf gegen Goeze verlief. Seit dem August dieses Jahres hatte nun Lessing an den Nathan zu denken begonnen, den 1. Dezember erhielt sein Bruder schon die erste Sendung für den Druck, und im März 1779, als er eben mit der Ausarbeitung des fünften Aktes beschäftigt war, erschien die Streitschrift Semlers[37] gegen ihn, kam ihm sofort in die Hand und versetzte ihn in eine ungeheure Aufregung. Im April 1779 ward dann auch die lange von ihm erwartete Streitschrift Walchs ausgegeben. Wie er sich ausdrückte: „endlich lassen sich doch die großen Wespen auch aus dem Loche sterlen."

So war der Nathan kaum vollendet, als Lessing sich, schon mit sehr schwankender Gesundheit, leidenschaftlich erregt, in den Kampf mit den gelehrtesten Theologen seiner Zeit warf, und zwar unter allen Anzeichen der Freude, daß nun endlich die Sache ernst werde. Die zweite fruchtbarere Epoche des theologischen Kampfes sollte beginnen, mit würdigen Gegnern, um die Sache selber. Hier, am Schluß seines Lebens, ist es nur der Ton seiner Briefe, der uns Aufklärung gibt, und – der Befund der Sektion.

Vom Sommer 1779 bis zu dem 15. Februar 1781, an welchem er starb, ist von ihm nichts erschienen als ein Bogen Fortsetzung von Ernst und Falk, die Erziehung des Menschengeschlechts, die schon vor dieser Epoche entweder ganz oder fast ganz fertig war, ein paar bibliothekarische Beiträge. Dagegen war schon im Beginn 1778 die neue Hypothese ausgearbeitet worden, für deren Abschluß es kaum noch einer großen Anstrengung bedurfte. Und Les-

sing, der sonst so kurzweg von seinen Arbeiten redete, war selber voll von ihr; „etwas Gründlicheres[38] glaube ich in dieser Art noch nicht geschrieben zu haben, und ich darf hinzusetzen auch nichts Sinnreicheres". Dann im Sommer 1779 hatte er die Ausarbeitung der Briefe über die regula fidei als die älteste Gestalt der formulierten Tradition begonnen. Der wichtigste Brief an Walch fand sich in seinem Nachlaß ebenfalls so gut als fertig und ist an Scharfsinn wie an Gelehrsamkeit eine eminente Arbeit. Dies alles blieb liegen — gelehrte, epochemachende, mit der höchsten Anstrengung des Geistes entworfene Arbeiten. Es kann kein Zweifel sein, daß sich Lessing, körperlich ganz zerrüttet, geistig tief verstimmt, nicht imstande fühlte, sie zu vollenden, wie er gern wollte, und sie gegen die Angriffe aufrechtzuerhalten, die er erwarten mußte.
Ich weiß nichts Tragischeres in der intellektuellen Geschichte als Lessing, in der Enge von Wolfenbüttel, ganz einsam und ohne Genossen in allem, was ihn bewegte, schon seit vielen Jahren, einen ungeheuren Kampf auf den Schultern und die Kraft dieser Schultern versagend — jedes Organ seines Körpers krank, die äußeren Verhältnisse zerrüttet, überall gegen ihn das Mißtrauen der Leute, die mit Gott in Frieden leben, um nicht mit der Obrigkeit in Krieg zu geraten — es ist nicht die Tragödie der Vanini und Galilei, aber eine echt bürgerliche, deutsche Tragödie.

5

Wenden wir uns also zu den Resten seiner Arbeiten über die Überlieferung des Christentums in der ältesten Zeit, nicht wie zu Abfällen seines Lebens, die liegenblieben, sondern als zu einem mächtigen Plan, zu dessen Vollendung ihm die Kraft versagte.
Eine chronologische Notiz ist auch hier unvermeidlich. In die Zeit nach dem Frühjahr 1779, und in Einem Plan, den er nach Vollendung des Nathan faßte, gehören: „Bibliolatrie", „von den Traditoren", „gegen Leß" und „Briefe an Walch". Und zwar wohl eine Schrift über Bibliolatrie gegen Walch der erste Plan. Als dann der Stoff sich häufte — oder wer weiß aus welchen anderen Ursachen? — war er Ende des Jahres zu der Form von Briefen entschlossen. In diesen wollte er auch mit anderen Gegnern sich auseinandersetzen. Einen Aufsatz über die Traditoren hat er ihnen vorausschicken wollen. Eine Auseinandersetzung mit Semler behielt er sich dagegen für später vor. Daß die Schrift von den Traditoren in diese Zeit nach Ausbruch des Streites fällt, läßt sich, einem etwaigen hartnäckigen Skeptiker gegenüber, aus der Beziehung der Anmerkung zu § 1 auf Walch 189.190 beweisen.

Das erste historisch-kritische Resultat Lessings ist: der christliche Glaube, in seinem wesentlichen Gehalt zusammengefaßt, war als regula fidei, Glaubensregel, fixiert, bevor noch ein Buch des Neuen Testaments existierte; ja diese Glaubensregel ist, als die „Anordnung, unter welcher die Gemeinden zusammengebracht wurden", älter als die Kirche; als dann die Schriften des Neuen Testaments nach und nach erschienen, waren sie der Lektüre der Laien nur durch die Erlaubnis des Presbyters, der sie in Verwahrung hatte, zugänglich und wurden in ihrer Geltung nach ihrer Übereinstimmung mit der Glaubensregel beurteilt; aber auch als die biblischen Schriften rezipiert waren, erwies man weder die christliche Religion aus ihnen, noch ließ man sie auch nur als authentischen Kommentar der regula fidei gelten. Dies war die Stellung der Bibel in der Tradition der Glaubenslehre für die ganze Epoche der konstituierenden vier ersten Jahrhunderte. Die kanonischen Schriften waren nicht die Quelle, sondern nur die ältesten Belege der Glaubenslehre. Demgemäß ist die regula fidei der Fels, auf welchem die Kirche Christi erbaut worden, nicht die Schrift, nicht Petrus und Petri Nachfolger.
Die Folgerung ist offenbar. Sowohl die katholische als die protestantische Kirche stützen die Glaubenslehre auf eine falsche Autorität. Semler umkreist in seinem „freien Gebrauch des Kanons" diese Folgerung mit Scheindistinktionen; aber auch seine Schrift hat kein anderes Resultat. Die biblischen Schriften sind ihm Gelegenheitsschriften, welche keineswegs alle für alle Bildungskreise Quelle des Glaubens sein können (so in der Vorrede des ersten Bandes); ihre Kanonizität war nichts als eine Festsetzung der Kleriker, wonach diese und keine anderen Bücher zum Vorlesen und zum verbindlichen Unterricht gebraucht werden durften. Also mit Semler teilt Lessing den Satz, daß die neutestamentlichen Schriften in den ersten Jahrhunderten nicht in solcher Autorität standen, daß die Glaubenslehre aus ihnen geschöpft und begründet werden mußte. Anderseits, und dies muß wohl beachtet werden, seine Theorie, daß diese Glaubenslehre von den Aposteln, ja vielleicht von Christus her in Form einer Glaubensregel überliefert worden sei, fand er in jeder gründlichen katholischen Kirchengeschichte ausgeführt, man vergleiche etwa die dreizehnte Dissertation des Natalis Alexander über die Probleme des ersten Jahrhunderts.
So war in den Thesen der nötigen Antwort von 1778 gar nichts Lessing Eigenes. Ja, man durfte ihm verdenken, daß er eine Theorie erneuert hatte, in ihrem alten unhaltbaren Umfang erneuert, welche Basnage und andere protestantische Forscher mit einleuchtenden Gründen widerlegt hatten. Dort hätte er schon die

jetzt anerkannte Vermutung finden können, daß diese Glaubensformel, wenigstens als fixierte, erst den Kämpfen des zweiten Jahrhunderts angehört. Noch mehr vielleicht durfte man ihm verdenken, daß er die Fragen, ob diese Glaubensregel fixiert gewesen sei bis auf das Wort, zu welcher Zeit, welchen Umfang sie damals gehabt, in einem ihm sonst ganz fremden Halbdunkel gelassen hatte.

Man durfte ihm das verdenken. Obwohl zu seiner Zeit noch niemand die einfache Wahrheit in dieser Frage sah. Die älteste Kirche hielt nicht eine Glaubensregel zusammen, nicht ein Kanon, überhaupt keine geschriebene Lehre, sondern ein lebensvoller religiöser Gemeinbesitz, die apostolische Tradition, die Autorität der Apostel, der Apostelschüler, dann der Kleriker, welche an ihre Stelle traten.

Die Bedeutung der Theorie Lessings liegt in ihrem negativen Teil, und sozusagen in der allgemeinen Richtung des positiven. Die Kirche der ersten Jahrhunderte ist nicht auf die Schrift – sie ist auf Tradition gegründet. Daher läßt sich die Bedeutung dieser Theorie auch erst ganz übersehen in der vortrefflichen Kritik der Walchschen Sammlung der Stellen, durch welche die protestantische Dogmatik die Autorität des Kanons in den ersten Jahrhunderten geschichtlich zu beweisen sich imstande glaubte. Wir würden fürchten, die Geduld unserer Leser zu ermüden, wenn wir auf Lessings geniale Behandlung einzelner Stellen eingingen. Er erscheint kritisch-philologisch Walch durchaus überlegen und hat wenigstens den Gebrauch, welchen Walch von diesen Beweisstellen machte, gänzlich zurückgewiesen.

Wir kommen zum zweiten historisch-kritischen Resultate Lessings, seiner Hypothese über die Evangelien. Der geniale Kritiker selber hat sie für seine gründlichste, bedeutendste historisch-kritische Arbeit erklärt. Auch Strauß[39] sagt: „zwei Bogen, welche die fruchtbaren Keime aller späteren Forschungen über diesen Gegenstand enthalten." Lessing war der erste, der den wahren Ausgangspunkt für alle kritische Evangelienforschung zu nutzen verstand: das merkwürdige Verhältnis der drei ersten Evangelien zueinander, welchem gemäß sie denselben Stoff, oft mit denselben Worten, aber mitten in dem wörtlich Gleichlautenden dann wieder mit vielen bedeutenden und unbedeutenden Abweichungen in der Erzählung des Faktischen und in einer wesentlich verschiedenen Ordnung erzählen. Er zog einen Schluß, auf welchen alle kritischen Versuche in anderer Richtung immer wieder zurückgeführt haben: alle drei Evangelien benutzen eine frühere Fassung des Stoffes. Und er stellte dann die in der Entwickelung der Forschungen über das Urchristentum wirksame und noch heute von einigen Gelehrten

vertretene Hypothese auf, daß diese früheste Fassung in einem nahen Verhältnis zu dem noch zur Zeit des Hieronymus vorhandenen Evangelium der Hebräer stehe.
In der weiteren Ausbildung dieser Hypothese ist einiges problematisch, anderes bedarf der Ergänzung. Lessings Annahmen über die Parteiverhältnisse, unter denen sich die Evangelien bildeten, haben außerordentlich wirksam bis auf Baur und dessen Schule in die Forschung eingegriffen, aber dem gegenwärtigen Stande derselben entsprechen sie doch nicht mehr, und Lessing hatte noch keine Einsicht in das Walten der mündlichen Tradition, welche in der Evangelienbildung tätig war, und in die zeitgeschichtlichen Verhältnisse, welche die Überlieferung der Worte Jesu umbildeten. Er dachte sich auch die Aufzeichnungen nicht mannigfaltig genug: die Fülle des erregtesten Lebens in diesen christlichen Gemeinden war ihm noch nicht so anschaulich, daher er den Vorgang der Evangelienbildung zu einfach konstruierte. Aus diesem Mangel entsprangen dann entschiedene Irrtümer in der Ausbildung der Hypothese. Wenn er Matthäus für den ersten Übersetzer seines Urevangeliums hielt: so machte er dabei aus der Nachricht des Papias ohne Nötigung etwas völlig anderes als sie besagt. Wenn er in der Vorrede des Lukasevangeliums anstatt verschiedenartiger Aufzeichnungen, wie sie da erwähnt sind, sein Urevangelium als Quelle angegeben fand, ja den Titel desselben „Erzählung der unter uns in Erfüllung gegangenen Dinge" mitgeteilt: so tat er hier der Sprache Gewalt an, ebenso ohne Nötigung.
Trotz alledem – wie genial, wie epochemachend der Griff im ganzen und großen war, wie wenig Lessing vorzuwerfen ist, daß er nicht schon sah, was soviel später entdeckt worden ist: das veranschaulicht am besten der erste, welcher seine Hypothese fortbildete und in das Detail der gelehrten Theologie einführte, Eichhorn, der 1794 zuerst mit seiner Theorie vom Urevangelium hervortrat. Eichhorn hatte die Anschauung der Evangelienbildung von Lessing angenommen und unternahm nun, so viele Bearbeitungen des Urevangeliums zu konstruieren, daß Übereinstimmungen und Abweichungen der Evangelien untereinander begreiflich werden: die Geschichte der Evangelienentstehung wurde damit zum Rechenexempel, diese Evangelienbildung selber zu einer eintönigen Fabrikation nach derselben Schablone. Man kann sagen, daß der eminente Scharfsinn Eichhorns durch die Ausführung die Mängel der Lessingschen Voraussetzungen über Evangelienbildung aufdeckte. So ward eine Theorie, die auf Lessings Hypothese gegründet war, zum Knotenpunkt der gesamten synoptischen Kritik – durch ihren wahren methodischen Ausgangspunkt wie durch ihre Einseitigkeit. Und zugleich darf ausgesprochen werden, daß Lessing selber schon

über diese Einseitigkeit hinausgewiesen hatte. Er mit seinem genialen Takt würde die Mängel seiner Hypothese sofort eingesehen haben, hätte er Eichhorns Ausführungen vor sich gehabt; ja er hat Andeutungen über eine mündliche Tradition, welche dann Herder gegenüber Eichhorns apostolischer Kanzlei geltend machte. Erst Gieseler hat 1818 diese mündliche Überlieferung in die Anschauung der Evangelienbildung wirklich eingeführt; aber hätte Lessing bei seiner Untersuchung der von „dem Evangelium" handelnden Stellen, welche Walch für die vorhandenen Evangelien irrtümlich in Anspruch nahm, nicht seine Glaubensregel zu sehr im Sinne gehabt, so würde er die Bedeutung der mündlichen Tradition für die Evangelienbildung hier schon begriffen haben.

Begründete Lessing solchergestalt die Kritik der drei ersten Evangelien, so durchblickte er zugleich die Bedeutung des Johannesevangeliums für die Entwickelung der christlichen Kirche. Die kritische Analyse desselben in bezug auf seine Entstehung begann freilich erst 1820 in Bretschneiders Probabilien. Die Einwirkung der Evangelien auf die Entwickelung der Kirche, ihr inneres Verhältnis, ihre verschiedene Absicht hat bereits Lessing in kühnen aber ganz wahren Grundlinien hingestellt.

Noch in andere Untersuchungen war er, wie sein Nachlaß zeigte, vertieft. Schon die Ansicht über die epochemachende Stellung der Arianer in der Geschichte des Kanon zeigt ihn mit dieser mächtigen Partei des christlichen Altertums beschäftigt; andere Bruchstücke treten hinzu — ebenso solche über die Offenbarung Johannis.

Alles Fragmente, begonnene Untersuchungen! Niemand kann erwarten, daß der Mann, welcher über ihnen hinwegstarb, eine abgeschlossene wissenschaftliche Ansicht vom Christentum hatte. Lessing ist der erste Religionsforscher in großem Stil, der in Deutschland hervortrat. Denn er zuerst vereinigte hier die beiden Bedingungen dieses Studiums, historische und philosophische Forschung. Aber er begann nur. Er war wie ein Belagerer, den schon, während er die ersten Schanzgräben nach allen Regeln der Kunst, mit allen Mitteln des Genies zieht, eine tückische Kugel trifft.

6

Ein anderes sind diese Forschungen, ein anderes die letzten persönlichen Anschauungen, in welchen der Forscher lebte, während er arbeitete.

Als Lessing die Fragmente 1777 veröffentlichte, eröffnete er den Kampf um die Geltung des Christentums selber. Er für sich dachte sich nur als Wärtel bei demselben. Er schied die Sicherheit des

Christentums in der Tiefe des Gemüts wie eine Welt für sich von den Aufgaben wissenschaftlicher Diskussion und Forschung ab. Er bestimmte, was gegenüber dem Angriff fallengelassen werden müßte, nämlich die alte Theorie des Kanon, damit dieser Kanon nicht das Christentum selber in seine Niederlagen verwickle. Er deutete einen Weg an, das Christentum zu retten. Die Gegner kamen, sie griffen ihn selber an, sie wollten schlechterdings von dem Christentum nichts wissen, welches nach Zerstörung der Autorität des Kanon übrigblieb. Er begann nunmehr, um hier eine strenge wissenschaftliche Grundlage zu schaffen, die älteste Tradition des Christentums historisch zu durchforschen, worüber er dann starb. Demgemäß ist seine Anschauung vom wahren Wesen des Christentums nicht zu voller Reife der historischen Einsicht gelangt. Nur wenn man dies nach den angegebenen Gründen begreift, kann man sich in seinen Äußerungen über diesen Punkt zurechtfinden.

In der Hypothese über die Evangelisten sagt Lessing vom Johannes: „Nur sein Evangelium[40] gab der christlichen Religion ihre wahre Konsistenz, nur seinem Evangelio haben wir es zu danken, wenn die christliche Religion in dieser Konsistenz allen Anfällen ungeachtet noch fortdauert und vermutlich so lange fortdauern wird, als es Menschen gibt, die eines Mittlers zwischen ihnen und der Gottheit zu bedürfen glauben: das ist, ewig." Sonach wird hier der Glaube an die Unvergänglichkeit des Christentums, ganz wie später durch Friedrich Schlegel, Schleiermacher und Novalis auf das Bedürfnis eines Mittlers für alle Zeiten gegründet. Diese Anschauung ist dann offenbar in dem Fragment über die Religion Christi[41] (1780) und in den betreffenden Partien der Erziehung des Menschengeschlechts, die ebenfalls erst 1780 abgeschlossen wurde, ganz aufgegeben. Hier wird ausgegangen von dem Unterschied zwischen dem Christentum, insofern es Lehre Christi ist, und dem Christentum als einer Lehre von Christo, also dem Christentum, sofern Christus sein Urheber und sofern er sein Gegenstand ist. Und zwar ist nach dem Fragment die Lehre Christi mit den klarsten und deutlichsten Worten gegeben, seine Person aber ist ein Problem; dem entsprechend ist nach der „Erziehung" diese Lehre Christi das älteste Christentum, und die Lehren, die mit Christi besonderer Würde zusammenhängen, sind ein Zusatz, dessen „Wahrheit weniger einleuchtend, dessen Nutzen weniger erheblich war", und der dann angesichts des neuen Evangeliums verschwinden muß.

Wir fassen Lessings Anschauung vom Christentum nunmehr zusammen. Das echte Christentum ist das älteste. Der Inhalt dieses ältesten Christentums[42] ist: „eine innere Reinigkeit des Herzens

in Hinsicht auf ein anderes Leben zu empfehlen". Dieser Zusatz macht das unterscheidende Wesen der Religion Christi aus, wenn man die Religionen miteinander vergleicht. Also die Frage, in welcher das „Testament Johannis" endigt, ob wir ein Recht haben, eine Liebe christlich zu nennen, welche auf keine christliche Glaubenslehre gegründet wäre, ist durchaus nicht schlechtweg von Lessing bejaht worden. Diese älteste Religion Christi mußte nun wohl den Zeitgenossen desselben als eine bloße jüdische Sekte erscheinen, und sie wäre der Gefahr ausgesetzt gewesen, so in der Flut des jüdischen Sektenwesens wieder zu versinken, wäre nicht die Anschauung des Evangeliums Johannis hervorgetreten, welche die Person des Stifters zum Gegenstand der Religion machte und Christus als einem höheren Wesen ein Mittleramt zwischen Gott und dem Menschen gab. Hierdurch erst erhielt das Christentum innere Festigkeit und ward eine selbständige unabhängige Religion neben dem Judentum. Es erhob sich ein Kreis von Dogmen, welche dann, im Gegensatz zur Religion Christi, die christliche Religion bildeten, die Lessing in der nötigen Antwort als den Inbegriff „der Glaubenslehren" bestimmt, „welche in den Symbolis der ersten vier Jahrhunderte der christlichen Kirche enthalten sind". Solche Glaubenslehren waren die Lehre von der Dreieinigkeit, der Erbsünde, der Genugtuung des Sohnes. Es ist nun ein tiefsinniger und Lessing ganz eigener Gedanke, wie er die historische Bedeutung dieser christlichen Religion, man verstehe wohl, nur diese, gegenüber der Aufklärung verteidigt. Die höchste Reinheit des Herzens, welche das Gute um seiner selbst willen tut, entspringt erst aus der höchsten Aufklärung. Demgemäß ist das menschliche Herz auf niederen Stufen der Vernunftentwickelung selbstsüchtig. In dieser Zeit der Vernunftentwickelung bedarf der menschliche Geist, um nicht einem öden Materialismus zu verfallen, solcher dogmatischen Blöcke, durch deren Formung er zu Höherem geschickt wird. Diese christliche Religion war also notwendig, historisch notwendig, um eine Zeit herbeizuführen, in welcher sie überflüssig wäre.
Kann ein Zweifel sein, wo der unfertige Punkt in Lessings Anschauung vom Wesen des Christentums lag? In der historischen Analyse dessen, was er als die Religion Christi bezeichnet, was ihm das echte, allein gültige Christentum ist. Es ist wunderbar, wie er hier vor der Frage stand, welche für den inneren Gegensatz in der Auffassung des Christentums, in der Stellung zu ihm auch in unserem Jahrhundert so wichtig gewesen ist. Die Religion Christi verkündigt ein Himmelreich, eine jenseitige Seligkeit. Gut, auch Lessing ist von einer Fortdauer der Seele überzeugt, so fest man von unbeweisbaren Wahrheiten überzeugt sein kann. Er ist durchaus nicht der Ansicht von Strauß, welcher dieser Anschauung

des Christentums gegenüber bemerkt, daß nur eingeschränkte religiöse Vorstellung die Aufhebung der Unvollkommenheit, in welche das Dasein vieler einzelnen Menschen unwiderruflich hinabgedrückt ist, von der Zukunft für diese Individuen erwarten könne. Aber das steht Lessing anderseits ganz fest: eine Sittlichkeit, welche dieses künftige Leben zum Beweggrund hat, ist noch unvollkommen. Dieser große echte religiöse Gedanke arbeitet von Spinoza und Pascal ab bis auf Schleiermacher in allen bedeutenden sittlichen Naturen. Und so wird unser Verhältnis zur Religion Christi ein anderes sein, je nachdem wir in Christi innerer Verfassung die Fortdauer als einen Beweggrund seines sittlichen Handelns annehmen zu müssen glauben oder als eine ihn überall gleich seligen Engeln umspielende versöhnende Hoffnung. Vor dieser Frage stand Lessing still. Seine Kritik der Quellen war lange nicht zu der Feinheit gediehen, hier eine zweifellose Antwort zu gestatten. Ist es die unsere? Wer wagt, nicht etwa seinen Glauben hier allein auszusprechen, nein eine wissenschaftliche Überzeugung streng zu begründen?

Diese Lücke in seiner Ansicht wird also überall in ihren Konsequenzen zu spüren sein. Aber auch so, auch ohne daß die historische Untersuchung zu einem Abschluß gediehen war, drängte es ihn zu einer Auseinandersetzung zwischen dem religiösen Glauben und seinen eigenen letzten Überzeugungen. Diese Überzeugungen, wurzelnd in der Tiefe seines modernen Lebensgefühls, wie sie strebten sich frei zu Gedanken zu gestalten, hatten ihn genötigt, eine Auseinandersetzung mit der Theologie zu unternehmen; sie hatten ihn gezwungen, sich von der Autorität der theologischen Orthodoxie wie von der noch peinigenderen der theologischen Aufklärung zu befreien; nun galt es endlich inmitten ihrer dem großen Resultat all dieser Forschungen und Kämpfe seinen Platz zu geben. Nicht mehr den alten Scheidekünstler, der Theologie und Wissenschaft auseinanderhält, haben wir von hier ab vor uns, sondern den religiösen Forscher, welcher diesen gewaltigen Kräften ihre Stellung in dem Universum der moralischen Welt anweist. Wir stehen vor dem Höhepunkt seiner Forschungen, vor Lessings Testament an uns.

V. Die Weltanschauung Lessings

1

Lessings Lebensgefühl, der aus demselben gebildete Charakter stehen vor uns, sooft wir in dies männliche, offene, wie durch seine bloße Klarheit heitere Gesicht blicken, sooft wir uns in den lebendigen, von der Leidenschaft des Denkens erregten Gang seines Stiles versenken, den Affekt der Selbständigkeit mit ihm empfinden, der in seinen Helden lebt, ihre Worte so knapp, ihre Handlungen so auf der Hut gegen die Welt macht.

Die Aufgabe wäre, die veränderten Bedingungen des deutschen Lebens, welche zuerst die Erscheinung eines solchen Charakters möglich machten, in ihrem ganzen Umfang darzulegen. Aber das ist ein Gegenstand, über den man nicht in der Kürze reden kann, weil die fundamentalen Ideen für eine solche Untersuchung erst vorgelegt werden müßten. Hierin ist also die Voraussetzung unserer ganzen Darstellung gelegen.

Die natürliche Form für die Aussprache des neuen Lebensgefühls, das in Lessing hervortrat, war die Dichtung. Demgemäß sahen wir Lessing zunächst um die Begründung einer Dichtung in schöpferischer Arbeit und wissenschaftlicher Begründung bemüht; wir sahen ihn den wahren Gegenstand aller Poesie im handelnden Menschen, das Ideal der Handlung in der freien erschütternden Äußerung der Leidenschaft entdecken. Die anschauliche Auffassung des Lebens in der Dichtung antiquierte damit die bisherigen begrifflichen Fassungen in der von der Theologie beeinflußten Moral. Und sollte dies Lebensideal freie Luft bekommen, in welcher es zu atmen vermöchte, so mußte Lessing es wissenschaftlich rechtfertigen gegenüber den theologischen Begriffen. Hier genügte nicht zwischen ihm und der orthodoxen Theologie eine Wand zu ziehen. Eins nur von beiden konnte leben; denn beider Dasein war die Lösung desselben Problems vom menschlichen Leben durch ganz widersprechende Begriffe. Dieser Kampf hatte damit geendigt, daß der fundamentale Begriff der protestantischen Theologie, die Begründung der Lehre auf einen inspirierten Schriftkanon, vernichtet, daß dagegen das Christentum, dessen historisch-kritische Anschauung sich nunmehr aus diesem Scholastizismus erhob, in seiner ewigen Bedeutung für die moralische Welt gewürdigt ward — nein! doch aber gewürdigt zu werden begann. Und nun war freie Bahn für die positive Gestaltung des neuen Lebensideals und der in ihm gegründeten Weltanschauung.

Hier muß sich unser Gesichtskreis über das Ganze der moralischen Welt erweitern: denn dies ist Lessings Horizont, unter den ihm am Abschluß seines Lebens auch die Religionen, auch das Christentum fallen. Die Gespräche Ernst und Falk, Nathan der Weise und die Erziehung des Menschengeschlechts behandeln ihren Gegenstand in seinem Verhältnis zu dem großen Zusammenhange der menschlichen Dinge — es war das in der allgemeinen Entwickelung vorbereitet.

Nachdem sich die europäische Bildung lange Zeit hindurch abgeschlossen für sich entwickelt hatte, traten zuerst im achtzehnten Jahrhundert die Kulturnationen der anderen Weltteile in unseren Gesichtskreis, ganz oberflächlich und vereinzelt zunächst, wie ja selbst heute noch die unübersehbare Wirkung dieser Erweiterung unseres Gesichtskreises in ihrem Anfang steht. Man bemerkt, wie die Franzosen von dem Gedanken der totalen Verschiedenheit in der moralischen Welt des Orients und des Okzidents ergriffen wurden. Chinesische, persische Briefe, Romane, welche in Asien spielen, veranschaulichen das mit einer oft frivolen Paradoxie. Der Verfasser der persischen Briefe, Montesquieu, wandte sich vom Spiel zum Ernst: er entwickelte den naturgesetzlichen Zusammenhang zwischen dem Boden, dem Klima eines Landes und seinen Sitten, seiner Bildung, seiner Staatsverfassung und Religion.
Die befreiende Macht, welche dieser Erweiterung des Gesichtskreises beiwohnt, macht sich zunächst in den drei ersten Freimaurergesprächen Ernst und Falk (1778) geltend: sie sind geradezu auf die Montesquieuschen Ideen gegründet. „Ein ganz verschiedenes Klima[43], folglich ganz verschiedene Bedürfnisse und Befriedigungen, folglich ganz verschiedene Gewohnheiten und Sitten, folglich ganz verschiedene Sittenlehren, folglich ganz verschiedene Religionen." Und zugleich: „mehrere Staaten: mehrere Staatsverfassungen". Man sieht, daß hier auch das Christentum nicht etwa als künftige Universalreligion ausgenommen ist; es ist die europäische Religion, wie Buddhismus und Mohammedanismus die asiatischen sind. Nicht anders ist im „Nathan" der Zusammenstoß von Religionen gedacht, die sich unter ganz verschiedenen Zonen und Bedingungen ausgebildet haben. Wie eröffnet es den Blick in den großen Zusammenhang der europäischen Kulturgeschichte, daß eine Erfindung aus der Zeit der mittelalterlichen Erweiterung des europäischen Gesichtskreises über die mohammedanische und jüdische Kultur wieder auflebte, als nun im achtzehnten Jahrhundert eine noch umfassendere Erweiterung desselben eintrat, und daß diese Erfindung, welche, als sie am Mittelmeer sich ausbildete, ihren befreienden Sinn klug verbarg, jetzt, im Geiste eines Deutschen zur Reife gelangt, ihn in alle Weltgegenden ausstreute.
Lessing ging sonach von dieser vergleichenden Anschauung der verschiedenen Kulturkreise in der moralischen Welt aus. Er nahm von Montesquieu die große Entdeckung ihrer naturgesetzlichen Ausbildung auf. Aber indem er das tat, bewegte ihn sein eigenes Problem der inneren Bildung. Auf dieses zielen seine über Montesquieu hinausgehenden Folgerungen. „Die bürgerliche Gesellschaft kann die Menschen nicht vereinigen, ohne sie zu trennen; nicht

trennen, ohne Klüfte zwischen ihnen zu befestigen, ohne Scheidemauern durch sie hinzuziehen." „Ja sie setzt die Trennung auch in jedem dieser Teile gleichsam bis ins Unendliche fort", indem sie die ökonomischen, die sozialen, die politischen Verschiedenheiten der Gesellschaft hervorbringt. Jede bürgerliche Gesellschaft tut das; auch die vollkommenste kann nur vereinigen durch Trennungen. Und so entspringt den Gliedern der menschlichen Gesellschaft eine doppelte Aufgabe. Sie sind Bürger, Glieder religiöser Gemeinschaften, und daher ist ihre Aufgabe die Entwickelung der Verfassung, der soziale, politische, religiöse Fortschritt ihres Staates, innerhalb der ihm eigenen Schranken. In diesem Sinne berief sich Lessing darauf, daß in den mittleren Zeiten die Landstände zu allen wichtigen Regierungsgeschäften gezogen wurden, und ihm schien, wir müßten „unaufhörlich gegen die ungerechten Veränderungen protestieren", welche uns dieser Rechte beraubt haben. Aber dieselben Glieder der menschlichen Gesellschaft erheben sich dann über diese Schranken, diese Scheidungen, diese Trennung von Ständen, Nationen, Religionen, und treten als Menschen in eine umfassende Gemeinschaft.

Der Gedanke der Humanität, der einst das Herz der Besten unserer Nation höher schlagen machte, der dann, schon in Herders Alter, später immer mehr, zu einer fadenscheinigen Phrase ward, tritt hier als das Ideal Lessings hervor, von ihm zuerst in dieser scharfen und doch mit der wirklichen Welt versöhnten Fassung durchgedacht. Er ist das Geheimnis des Jahrhunderts. Die tief zerrissene französische Zivilisation brachte Rousseau hervor, welcher diesen Gedanken aller bestehenden Kultur, in schneidiger Verurteilung, entgegenwarf. Die deutsche Bildung, unvollkommen noch, aber durch ihre ganz anderen Bedingungen harmonisch und positiv geartet, hat ihn zu einer mit allen Kulturgestalten versöhnten Weltmacht erhoben. Der ganze Gang unserer Geschichte gab dem deutschen Geiste die Richtung auf Universalität. Melanchthon erfaßte die menschliche Einheit, welche die Bildung der klassischen Völker und das Christentum verknüpft. Leibniz unternahm, die Harmonie der Ideen und der Lebensverfassung herzustellen, in der die größten Mächte der menschlichen Kultur, Altertum, Christentum und moderne Wissenschaft ihre Stelle behaupten. Damit war ein harmonisches und positives Ideal der Humanität vorbereitet, das in jeder geschichtlichen Erscheinung den menschlichen Kern erfaßte.

In zwei Linien setzte sich nun Lessings letzte Lebensarbeit fort. Er gab seiner Anschauung vom Menschen und dem Leben einen letzten und höchsten dichterischen Ausdruck im Nathan, und er unternahm, sein Lebensideal in Begriffen zu verdeutlichen und ihm gemäß den Zusammenhang der Welt zu denken. So hat er in beiden Ausdrucksweisen am Schlusse seines Lebens positiv seine Lebens- und Weltansicht ausgesprochen.

2

Ganz und voll hat uns Lessing sein Ideal nur in der künstlerischen Form des Nathan zurückgelassen, in diesem unvergänglichen Gedicht, das wohl wie Iphigenien kein ernster Erforscher der menschlichen Natur lesen kann, ohne daß sein Auge feucht wird: so leibhaftig, so wahr erscheint da eine reine Seelengröße, welche uns von der menschlichen Natur über alle unsere Erfahrung hinaus höher denken lehrt. In Goethe überhaupt setzt sich diese Verbindung der Poesie, der neuen Lebensideale und der Wissenschaft fort, durch welche Lessing unserer Literatur ihren Charakter gab. Auch Goethes Schöpfungen sprechen, und mit viel größerer Freiheit, dem Lebensgefühl der verschiedenen Epochen seines Daseins folgend, ein neues Lebensideal aus, das im strengen Studium der Wirklichkeit gegründet ist: was keine Dichtung bis dahin getan hatte.

Schon Minna von Barnhelm und Emilia Galotti konnten nur verstanden werden aus der moralischen Seelenverfassung der deutschen Aufklärung; diese ist dann nicht nur die Grundlage, sondern der Gegenstand des Nathan. Schicksalvolle, gedankenschwere Jahre trennen die seelische Lage des Dichters der Minna und Emilia von der, in welcher der Nathan entstand. Lessing war in den Kampf des Jahrhunderts um die religiöse Aufklärung eingetreten. Sein Genie der Kritik und Polemik, das sich in seiner Jugend an geringfügige Gegenstände verzettelt hatte, gelangte zu weltgeschichtlicher Bedeutung; die Nation blickte auf ihn als auf den Führer des freien Geistes. Aber dafür mußte er alles erdulden, was der Weltlauf denen auflegt, die über die Ordnungen der Gegenwart und über die Begriffe der Wohlanständigen hinaus für eine wahrhaftigere Zukunft wirken. Im Sommer 1778 hatte die braunschweigische Geistlichkeit Maßregeln des Herzogs durchgesetzt, die dem Herausgeber der Reimarusfragmente deren weitere Veröffentlichung unmöglich und selbst die Fortsetzung seines theologischen Kampfes sehr schwierig machten. Um ihn her krochen Verleumdung und Verdacht. Seine Gesundheit wurde zerstört, er litt unter mißlichen Geldverhältnissen. Kein Freund war in Wolfenbüttel oder Braunschweig, dem er sich hätte anvertrauen können. In seinem eigenen Hause welch ein Trauerspiel! Ein Jahr hindurch hatte er das höchste Glück im Besitz einer Frau genossen, welche die schönsten Eigenschaften der Aufklärungszeit in sich vereinte, feste Rechtschaffenheit, Güte und Heiterkeit der Seele, und nun hatte er zuerst den

Sohn, den sie ihm geboren, und dann bald danach sie selbst verloren. „Ich bin zu stolz, mich unglücklich zu denken — knirsche eins mit den Zähnen — und lasse den Kahn gehen, wie Wind und Wellen wollen. — Genug, daß ich ihn nicht selbst umstürzen will!“ So schreibt er am 9. August. Und in der Nacht vom 10. auf den 11. kam ihm der Gedanke, den früher niedergeschriebenen Entwurf eines Nathan jetzt auszuführen und so auf dem freien Boden der Poesie seinen Kampf mit der Orthodoxie auszutragen. In der letzten Unterredung Nathans mit dem Klosterbruder ist das furchtbare Erlebnis Nathans dargestellt, in welchem seine Resignation und seine Grundstimmung der allgemeinen Menschenliebe ihre letzte und vollkommenste Gestalt erhielten: ist es nicht, als ob Lessing das im Bewußtsein seines eigenen Schicksals geschrieben hätte? Seine willensmächtige Natur faßte sich zusammen, seine Unabhängigkeit der Welt gegenüber erhielt eine letzte trotzige Stärke, sein Gefühl der Zusammengehörigkeit mit denen, die an seiner Gesinnung und seinem Kampfe teilnahmen, eine letzte zarte Innigkeit. Und wie ihn nun sein Schicksal auf eine einsame Höhe geführt hatte, auf der nur die großen Linien der Welt unter ihm noch sichtbar waren: unternahm er in seiner Dichtung das Ideal des Jahrhunderts auszusprechen. Die Menschen der Zukunft, ihr Verhältnis zum Schicksal, das neue Leben wurden sein Gegenstand, und vielleicht liegt auf dem Stück noch etwas von dem Glanz der Erinnerung an das Glück der Gemeinschaft verwandter Naturen, das er mit der geliebten Frau genossen. Die Stimmungen, die in ihm auf- und niederwogten, verkörperten sich in den Gestalten des Dramas, wie sie nun ihre letzte Ausbildung erhielten; er hatte gelitten und genossen, wie der königliche Saladin, in dem Machtbewußtsein geschichtlichen Wirkens; er sehnte sich doch wie sein Al Hafi nach der Freiheit der Wüste; die Weltverachtung und der Trotz des Tempelherrn waren ihm nur zu vertraut: wie Nathan hatte er sich selbst überwinden müssen, um fortzuleben und fortzuwirken. So war in diesen Charakteren sein eigenstes Leben. Und in den Zusammenhang seines Stückes legte er seinen ganzen Glauben an eine göttliche Ordnung, die vermittels der dem Menschen einwohnenden moralischen Kräfte aus allen Dunkelheiten des Lebens hinausführt ins Helle und Lichte. Dieser Glaube erfüllt seine Dichtung mit einer verklärten Heiterkeit.

Alles, was hinter seiner theologischen Polemik unausgesprochen gelegen hatte, fand nun so im Nathan seinen Ausdruck, und dieser unendliche Gehalt mußte die bisherige Form des Dramas sprengen.

Die Dichter des Zeitalters der Phantasie haben selten religiöse, philosophische oder künstlerische Naturen dargestellt. Und dann wurden diese Grübler tragische Gestalten wie Marlowes Faust, Shakespeares Hamlet und der wundertätige Magus des Calderon, oder sie waren doch, wie Prospero, einsam und ohne Verhältnis zur Welt. Erst die anschwellende Flut der Wissenschaften im siebzehnten und achtzehnten Jahrhundert brachte nun Lehrgedichte, Romane und Dramen mit sich, welche die neuen Ideen verkündigten und ihre Träger in die Dichtung einführten. Besonders wirksam hat dies Voltaire getan. Dieser Hundertarmige stritt gegen die christlichen Kirchen zugleich mit den Waffen der Philosophie, der Historie und der Dichtung, in satirischen Versen, Romanen und Dramen. In zwei Stücken, die einander nach den Titeln ergänzen, hat er seiner großen Tendenz das Drama dienstbar gemacht. Von der Tragödie „Der Fanatismus oder Mahomet der Prophet" sagt er selber in der Widmung an Friedrich den Großen: „Ich habe immer gedacht, daß die Tragödie nicht ein einfaches Schaustück sein darf, welches das Herz rührt, ohne es zu bessern. Was gehen das menschliche Geschlecht die Leidenschaften und die Schicksale eines Helden der alten Welt an, wenn sie nicht dienen, uns zu unterrichten?" Er stellt den furchtbaren Willen zur Macht über die Gemüter, den er in den Stiftern der Religionen findet, an Mohammed als an einem besonders klaren Fall dar: er macht Fanatismus und Aberglauben an den Anhängern des Propheten sichtbar: auf seine Gegenwart will er damit wirken; denn noch immer trennt der religiöse Fanatismus die Glieder der Familie, die Freunde, verfolgt die Philosophen und vereitelt die Arbeit der Philosophie. Eben in dem Jahrhundert, in welchem Friedrich eine Philosophie der Menschlichkeit zur Geltung zu bringen strebt, ist die fanatische Religiosität noch am Werke. Man bemerkt die Ähnlichkeit des Standpunktes und der dichterischen Aufgabe, welche Voltaires Gedankendrama mit dem Lessings verknüpft. Aber wie verschieden haben die beiden Vertreter der Aufklärung dann ihre Aufgabe gelöst! Der Mahomet Voltaires ist ein Tartuffe in weltgeschichtlicher Position oder ein Richard III. mit der ungern getragenen Maske moralisch-religiösen Glaubens; so geht er durch die Tragödie, furcht- und schreckerregend; in einer Handlung voll von Verrat und Blut wirft er mit Hilfe des gläubigen Fanatismus seiner Anhänger den milddenkenden Gegner zu Boden: das war eine regelrechte Tragödie in der Form des Corneille. Näher an Lessings Nathan rückt ein anderes Drama Voltaires heran — „die Gebern oder die Toleranz". Es hat zu seinem Gegenstande die Niederlage eines verfolgungssüchtigen Priestertums und die Verkündigung des Prinzips der Toleranz durch die oberste weltliche Gewalt. Diese gibt einem lange verfolgten Kultus die Freiheit der Ausübung, schützt seine Anhänger in ihren Rechten und Gütern und empfängt dafür den schuldigen Gehorsam ihrer Untertanen. Voltaire hat dies Stück, ganz wie Lessing das seine, als „dramatisches Gedicht“ bezeichnet. Aber es verläuft ebenfalls in einer strengen, zusammengefaßten, spannenden Handlung, die in dem Konflikt des Priestertums mit einem milderen Religionsglauben gegründet ist. So sind diese Dramen Voltaires in ihrem Thema und ihrer Absicht dem Nathan nächstverwandt. Auch finden sich hier und in der „Alzire“ schon bereits die orientalische Färbung, die Idealgestalt Saladins, das Motiv der Geschwisterliebe. Aber Voltaires religiöse Verständnislosigkeit und Lessings pietätvolle innere Freiheit, dort die alte und hier eine neue dramatische Form trennen auch in diesen Gedankendramen die beiden größten Vertreter der Aufklärung im achtzehnten Jahrhundert. Dieselbe Richtung auf die Darstellung großer Ideen und von ihnen erfüllter Menschen macht sich auch in Deutschland schon vor dem Nathan geltend. Goethes Faustentwurf, stärker aber noch sein Prometheus und sein Mahomet sprechen in historischen und sagenhaften Symbolen die ewigen Relationen aus, in denen sich der Mensch zur unsichtbaren Welt befindet. Die Stärke ihres seelischen Gehaltes, ihre Loslösung von den älteren dramatischen Formen rückt diese dramatischen Bruchstücke näher an den Nathan heran. Ungedruckt wie sie damals blieben, haben sie auf Lessing nicht gewirkt, aber sie erweisen Stärke und Umfang der Richtung auf ein Ideendrama.

Auch Lessing hatte einmal, wie Goethe, an der Faustsage sich versucht, er ließ den Gegenstand fallen, der eine andere Art poetischer Begabung forderte: im Nathan aber ist nun zuerst in der modernen Literatur ein Gedankendrama von größtem Gehalt zur Ausführung gelangt.

Wirkung und Wert des Nathan liegen zunächst in der Mitteilung eines Ideengehaltes. Wie die Parabel von den drei Ringen, die Lessing in der Novelle des Boccaccio fand, der Ausgangspunkt des Planes war, so steht sie im Mittelpunkt des ausgeführten Stückes. Auch in der Umgestaltung, die Lessing mit ihr vornahm, deckt sich der symbolische Vorgang nicht mit dem, was Lessing in ihm sagen will. Ein echter Ring wird vom Vater selbst dem Sohn übergeben, und ihm wohnt eine geheime göttliche Kraft bei; zwei andere Ringe sind nachgemacht und haben sonach diese Kraft nicht: man darf hierin wie in anderen Punkten den symbolischen Vorgang nicht pressen! Nur drei Hauptsätze sind in ihm klar gegeben. Keine historische Untersuchung kann dartun, welche unter den drei Weltreligionen die wahre ist. Der einzige mögliche Beweis ist der des Geistes und der Kraft. Da indes alle drei Weltreligionen in ihrer Unduldsamkeit verharren, so kann dieser Beweis selbst heute noch nicht geliefert werden, und ob er je erbracht werden wird, muß die

Zukunft zeigen. Diese Wahrheiten sind aber nur die Vorhalle, durch die man in das Heiligtum des Gedichtes schreitet. Der Eingang zu ihm öffnet sich in dem Schluß der großen Parabelszene: Saladin und Nathan verstehen und befreunden sich auf dem Boden der Freiheit des Geistes. Das Heilige selbst wird erst sichtbar in Nathans Gespräch mit dem Klosterbruder. Nur aus gänzlicher allumfassender Selbstverleugnung entspringt das neue Verhältnis der freien Persönlichkeit zum Unsichtbaren, und dieses macht erst die allgemeine Menschliebe möglich. Das ist Spinozas Lehre. Von einer anderen Seite wird die Entstehung der neuen Religiosität in den drei ersten Freimaurergesprächen Lessings erleuchtet, die dem Nathan unmittelbar vorausgegangen waren, und auch die Ideen dieses Gesprächs durchziehen den Nathan. Jede positive Religion ist geographisch und kulturell bedingt, sonach beschränkt; sie trennt ebenso, als sie verbindet: so kann sich die Solidarität der Menschheit, die allgemeine Menschenliebe nur auf dem Boden der freien Menschlichkeit entwickeln.
Diese Grundgedanken des Gedichtes sprechen dann alle Hauptpersonen desselben einmütig aus. Saladin, Nathan, der Tempelherr, Recha repräsentieren nicht irgendeine liberale Theologie innerhalb ihrer Religion, sie haben diese hinter sich gelassen, und Menschlichkeit ist die Grundlage und der wesentliche Gehalt ihrer Religiosität. Ihr moralischer Religionsglaube ist gegründet in ihrem Bewußtsein von der Würde des Menschen und dieses in dem Erlebnis unserer sittlichen Natur. Immer wieder sagen sie es, daß der Kern des Menschen von den auf ihn eindringenden besonderen Kulturbedingungen ganz unabhängig ist und diese nur seine Umhüllung sind. „Ich weiß, wie gute Menschen denken; weiß, daß alle Länder gute Menschen tragen." — „Mit Unterschied doch hoffentlich?" — „Jawohl; an Farb', an Kleidung, an Gestalt verschieden." Ein Wort Nathans, als dessen energische fürstliche Verwirklichung Saladins Aufforderung erscheint: „Bleibst du bei mir? Als Christ, als Muselmann: Gleichviel! Im weißen Mantel oder Jamerlonk; im Turban oder deinem Filze: wie du willst! Gleichviel! Ich habe nie verlangt, daß allen Bäumen e i n e Rinde wachse." Und auch dem Tempelherrn sind auf dem heiligen Boden, diesem Tummelplatz jeder frommen Raserei, die Schuppen von den Augen gefallen, und er fordert, daß jeder „sich genügen lasse, ein Mensch zu sein". Wie Schiller von Rousseau sagt, daß er „aus Christen Menschen warb", so läßt Lessing Nathan ausrufen: „Ach! wenn ich einen mehr in euch gefunden hätte, dem es g'nügt, ein Mensch zu heißen!"
Die Dichtung Lessings ist, sofern sie ihr nächstens Ziel in der Darstellung dieses ideellen Gehaltes hatte, ein dramatisches Lehrgedicht; als solches war sie von unermeßlicher Wirkung. Wie sie

auf die Novelle des Boccaccio gebaut war, bildete ihren Mittelpunkt die Szene, in der Nathan dem Saladin die Parabel von den drei Ringen erzählt. Die Fäden, die zu dieser Szene hinführen, gehen vom ersten exponierenden Akte in breiter Motivierung bis in den dritten, in dem der bedeutsame Vorgang selber sich ausbreitet, und dessen Ergebnisse erstrecken sich dann durch das ganze weitere Stück. Die dialogische Kunst Lessings hat die Erzählung des Juden in eine lebendige, fortschreitende Handlung umgewandelt. So entstand hier das Vorbild der großen Szenen, die den Mittelpunkt eines Dramas bilden, wie sie für den Bau des Don Carlos, des Wallenstein, der Maria Stuart und des Tell so charakteristisch sind.

Aber der Nathan ist mehr als ein bloßes dramatisches Lehrgedicht. Ein lebendiges Kunstwerk entspringt in der Ganzheit der menschlichen Natur: das Neue, das es erblicken läßt, ist Erlebnis: indem wir nun das Erlebnis, das im Nathan zum Ausdruck kommt, in seinem ganzen Umfang zu erfassen suchen, müssen wir über die bisherige Darstellung von Lessings Verhältnis zur deutschen Aufklärung hinausgehen.

Lessing, wie wir ihn nachzuverstehen versucht haben, mußte das Lebendige, Lebenschaffende, Menschliche und Menschenverbindende, das Glückbringende der deutschen Aufklärung tiefer in sich durchleben als ein anderer Zeitgenosse. Das siebzehnte Jahrhundert vereinigte die großen Denker und Forscher durch die gemeinsame Arbeit an der Begründung der modernen Naturerkenntnis. In ihr entsprang das neue Bewußtsein von der Solidarität des menschlichen Geschlechts und seinem Fortschritt. Das Jahrhundert der Aufklärung entwickelte dann die Folgerungen aus den neuen Ideen. Der menschliche Geist erkannte seine Souveränität gegenüber allen Autoritäten der Vergangenheit; er erfaßte im eigenen Denken sein Verhältnis zum Unsichtbaren; aus ihm leitete er das Verhältnis der Menschen zueinander ab: sie arbeiten gemeinsam unter demselben inneren Gesetz an dem allumfassenden Fortschritt des menschlichen Geschlechts. Hierin war eine neue rationale Ordnung der Beziehungen gegeben, welche die Menschen verbinden. Dieses neue Ideal schuf, wohin es drang, eine Verbindung der freien Geister untereinander; es gab jetzt eine Stelle, an der die äußeren Unterschiede der ständischen Gliederung aufgehoben waren; es entstand ein Charaktertypus, dessen Wesen in der Verwirklichung dieses Ideals lag. Nirgend hat diese Aufklärung so einheitlich, so harmonisch, so stark alle Kreise der Gesellschaft durchdrungen, als in dem protestantischen Norddeutschland. In Berlin, in Hamburg, in anderen größeren Städten fanden sich die Vertreter der Aufklärung in neubegründeten Gesellschaften, in den Zusammenkünften der Freimaurer, bei gelehrten Vorträgen zusammen, und zuletzt wurde die höchste wissenschaftliche Körperschaft Deutschlands, die Akademie der Wissenschaften in Berlin, Sammelplatz und Organ dieser Aufklärung. Das regierende Beamtentum verband sich hier überall mit den Gelehrten. Nie ist das männliche Glück einer auf Übereinstimmung der Gesinnung beruhenden Freundschaft, des gegenseitigen Verständnisses und Vertrauens so empfunden worden als unter diesen Menschen, deren Charakter rational und übereinstimmend bis zur Eintönigkeit sich geformt hatte. Nie war irgendwo eine solche pädagogische Energie, aufgeklärte Charakterfestigkeit mitzuteilen. Dies ist die Atmosphäre, in welcher der Nathan erwachsen ist. Und die neuen Menschen, die wie Freimaurer sich in diesen Erkennungszeichen zusammenfanden, ihr Sichsuchen und Finden, das zuverlässige Glück der Verbindungen, die so entstanden, gegründet in demselben Bewußtsein einer reinen Menschlichkeit: das war der Gegenstand des Nathan. Hier kam die Schönheit, Heiterkeit, Zartheit der Lebensbeziehungen, wie sie unter solchen Charakteren sich bildeten, zum vollkommensten Ausdruck.

Für dies sein höchstes Erlebnis fand Lessing ein Gefäß in den Geschichten und Sagen, die den Saladin umgeben. Jerusalem ist der Boden seines Dramas. Hier waren die drei Weltreligionen einander begegnet. So hatte sich hier tatsächlich die freie Erhebung bedeutender Naturen über die Schranken ihres Bekenntnisses vollzogen. Historische Wirklichkeit, Sage und Tendenz wirkten nun zusammen, die großen Fürsten, die in diesem Milieu sich bewegten, Saladin und den Staufer Friedrich II. zu Repräsentanten der Aufklärung zu machen. So ging Lessing auf den lebendigen, persönlichen und darum höchst dramatischen Ursprung der religiösen Aufklärung zurück, indem er den Ideengehalt seiner Zeit und Umgebung mit erlaubter dichterischer Kühnheit in das zwölfte Jahrhundert zurückübertrug. Und in dem Gegensatz zwischen diesen freien Geistern und dem fanatischen Kirchenglauben fand er nun auch Möglichkeiten dramatischer Spannung. Da ist nun höchst merkwürdig, wie er sie benutzt hat. Er konnte leicht den Konflikt durch die geistliche Herrschsucht des Patriarchen, den törichten Fanatismus der guten Daja und das Ungestüm des Tempelherrn zu der äußersten Schärfe emporführen und ihn dann durch Saladin zu überraschender und glücklicher Lösung bringen. Eine solche Wendung aus äußerster Gefahr zu höchstem Glück hätte recht in der Natur des orientalischen Märchens gelegen. Auch enthielt der erste Entwurf Lessings vom Frühjahr 1776 eine stärkere Spannung der Gegensätze und eine schärfere Konzentration der Handlung. Aber die Ausführung vollzog sich dann in entgegengesetzter Richtung. Sie ließ höchst absichtsvoll nur wie einen ungefährlichen Schatten über die heitere Welt seiner Gestalten den Patriarchen und seine Intrige dahingleiten. Nicht dieser Konflikt war sein Thema, sondern wie mitten im Machtkampf und in den fanatischen religiösen Gegensätzen die freien Geister sich loslösen vom Glauben der Väter, wie sie sich finden, in sich selbst die gleiche Menschlichkeit entdecken, und wie nun eine geistige Solidarität zwischen ihnen sich bildet: der ähnlich, welche Lessing in sich erlebte und um sich sah.

Diese freien Menschen sehen lassen, das ist sonach das andere Moment, auf das Lessing die Wirkung seines Dramas gründet. Es will mehr als lehren. Das Publikum kommt in das Theater mit dem geheimnisvollen Triebe, sein Leben, die Menschen um sich, die Schicksale über ihnen anzuschauen als ein Fremdes und doch das Seine. Lessing hat in den drei Stücken seiner reifen Jahre eine ganze Anzahl von Charakteren geschaffen, die im Gedächtnis unserer Nation fortleben. Unter ihnen erheben sich die des Nathan in eine Religion, in welcher der Mensch in seinem Verhältnis zum Unsichtbaren und in den höchsten Bezügen zu den Mitmenschen sich erfaßt. Der Realismus der Kunst der Aufklärung gibt hier den höchsten Charaktertypen dieser Zeit klare Umrisse und faßlichen inneren Zusammenhang. Noch einmal läßt der Dichter im Nathan den alten Gegner vor dem Publikum auftreten. Wie in seiner theologischen Polemik Goeze zu einer dramatischen Figur herausgearbeitet war, bedurfte es nur noch einen Schritt, und er erschien unter der durchsichtigen Hülle des Patriarchen auf dem Theater selbst. Das ist Goeze, der soviel von Lessings Theaterlogik gewitzelt hatte und der nun als Patriarch des zwölften Jahrhunderts den Tempelherrn mit dessen „vorgetragenem Fall" auf das Theater verweist. Goeze, der die Vernunft auf das Gebiet einschränken wollte, in das sie nach geistlichem Ermessen gehört, und der gegen sie mit lautem Geschrei und noch wirksamer auf stillen Schleichwegen alle Obrigkeiten in Bewegung setzte. Selbst äußerlich erinnerte der Patriarch an den Hauptpastor. Ihm gegenüber stehen die freien Geister. Eine Abstufung von Graden führt vom Klosterbruder, der nun frei ist durch die weltabgewandte Innerlichkeit seines Glaubens, bis zu dem souveränen Bewußtsein des Nathan, das in der Macht des wissenschaftlichen Gedankens gegründet ist. Alle diese Gestalten aber sind geformt unter dem Gesichtspunkt des Grundgedankens, der das Drama beherrscht. Sie stellen den Fortgang des Geistes zu einer religiösen Freiheit dar, welche jede Einzelreligion unter sich zurückläßt. Nathan, Saladin, der Tempelherr, Recha sind nirgend und in keinem Punkte ihres Denkens und Handelns Repräsentanten des Glaubens, in dem sie erzogen sind. Der Wert ihrer Persönlichkeit hat nichts zu tun mit dem Wert der

historischen Religion, welcher sie äußerlich angehören. Die Form ihres moralischen Charakters ist ebensosehr als durch diese historische Religion bedingt durch Rasse, Klima und Lebensart. Und wenn diese Charaktere auf verschiedenen Stufen der Reife, der gedankenklaren Aufklärung sich befinden, so haben doch die Charakterformen selber, zu denen sie angelegt sind, jede ihren eigenen Wert, und keine hat einen höheren Wert als eine andere: Individualität ist eben unvergleichbar. Der Wirklichkeitssinn, mit welchem Lessing diese Menschen hingestellt hat, zeigt in jedem von ihnen die Stärken untrennbar verbunden mit den Schranken.
Die königliche Natur des Saladin lebt sich aus in einem Machtwillen, den die Staatsräson leitet, der kühl die gefangenen Tempelherren zur Hinrichtung sendet und die herabgedrückte, unkriegerische jüdische Rasse verachtet. Er zahlt seinen Tribut an orientalisches Fürstenwesen, wenn er die Untertanen aussaugt, um Bettler zu bereichern. Aber in diesem fürstlichen Walten hat er auch lange gelernt, hinter allen Hüllen religiöser Bekenntnisse denselben Menschen zu erkennen und zu würdigen, und Nathan legt ihm nur in der Reflexion das zurecht, dessen sein einfacher, starker, heroischer Geist längst sicher gewesen ist. — Der weise Nathan gibt dem Stück nicht nur den Namen, sondern in ihm liegt auch die Kraft aufzuklären, zu erziehen, zusammenzuführen, durch welche das Ziel der dramatischen Handlung erreichbar wird. Das war schon durch die Stellung der Parabel von den drei Ringen im Stücke gegeben. Es mag sich darin auch eine Tendenz Lessings äußern, welche durch die damalige Lage der Juden bedingt war. Aber das ist doch die Hauptsache, daß Nathan, weil in ihm die religiöse Anlage seines Volkes wirksam ist, doppelt wirksam unter äußerem Druck und in der Beschränkung auf bloßes Privatdasein, besonders dazu taugt, den Vorgang totaler Selbstverleugnung faßlich zu machen, der zur universalen Menschenliebe führt, und ebenso dann die unablässige Abstraktion, welche das Erlebte denkend zerlegt und sich so zur Souveränität der Vernunft erhebt. Aber auch Nathan zahlt für die Bewußtheit, die in sich und anderen nichts Dunkles lassen will, für das alles betastende, ruhelose Denken mit der Eintönigkeit eines Charakters, in welchem keine naiven Kräfte im Rückhalt sind; die Mutter alles Großen ist eben die Leidenschaft. Seine Weisheit ist zurückgezogen aus der Welt allgemeiner, bedeutender Wirkungen. Es ist die Weisheit Spinozas. — Der Tempelherr, diese herrliche Jünglingsgestalt von stärkster dramatischer Wirkung ist ebenfalls jenseits jeder positiven Religion. Er hat das aber nicht erreicht in einem religiös-intellektuellen Vorgang wie Nathan, oder auch kraft eines großen Überblicks über die Welt wie Saladin; sondern wie sein trotziger, rücksichtsloser Wahr-

heitssinn hineingestellt war in diese Mischung der Bekenntnisse und der Rassen, lernte er jeden Anspruch der Gläubigen, eine wahre Religion zu besitzen, verachten, gering denken von der Menge und doch Menschenwert voll anerkennen, wo er auf ihn traf. Aber – darin erscheint nun seine Grenze – seine Kraft, aus dem Ganzen in Liebe und Haß, in stolzer Sicherheit der Welt gegenüber zu leben, hat noch nicht gelernt, der Vernunft sich zu unterwerfen: er erlebt vor unseren Augen die Umwandlung, die auch ihn durch Schmerz und Resignation hindurchführt und ihn reif macht. – Aus demselben Geschlecht der Staufer und der vornehmsten mohammedanischen Fürstenfamilie, zeigt seine Schwester Recha das nämliche Ungestüm, gibt sich ebenso stark den leidenschaftlichen Regungen ihres Gemütslebens hin: ihr aber ward das Glück, ohne inneren Kampf durch die Erziehung des Weisen in die Freiheit des Geistes geführt zu werden.

Und welche ist nun die Handlung, mittels deren diese freien Geister miteinander verbunden sind? Sie beruht auf dem dargelegten Moment, das dem Drama Lessings erst sein eigenstes Gepräge gibt. Es erweitert die Seele durch große Wahrheiten; es erhebt durch die Anschauung freier Charaktere, welche ohne die Beweggründe des positiven Religionsglaubens das Gute tun: seine letzte und höchste Wirkung liegt doch in der Rührung, welche die Verbindung dieser menschlichen zu einer neuen Gemeinschaft hervorruft. Nicht Leidenschaft vereinigt sie. Wohl macht sie sich in den Beziehungen zwischen dem Tempelherrn und Recha zunächst geltend, sie schürzt den Knoten des Stückes, aber sie wird aufgelöst in das starke, ruhige Gefühl geschwisterlicher Zusammengehörigkeit. Hier herrschen die universalen Stimmungen, die aus den höchsten Relationen zur unsichtbaren Welt entspringen, aus dem Verhältnis derer, die gemeinsam in dieser Region leben. Leise, feine Fäden gehen zwischen diesen Personen hin und her – ein Entdecken verwandter Naturen, ein Sichbefreunden, ein reinstes Glück, das von da ausgeht. Die Gemeinschaft, die so entsteht, ist eine innere, unabhängig von Nation, Bekenntnis, Stand und Wirken in der Welt. Wir alle sind durch die Ziele, die wir im Leben verfolgen, mit anderen zu einem Gefüge von Handlungen und Schicksalen verknüpft, das unsere äußere Welt ausmacht. In ihr siegen oder unterliegen wir, leiden oder triumphieren. Ihr gehören zunächst auch die Personen des Stückes an: sie leben in Staatsgeschäften, führen Krieg, treiben Handel, vollziehen fromme Pflichten. Aber jenseits dieses äußeren Lebensgefüges dulden und genießen sie ein von diesem äußeren Schicksal Unabhängiges. Dieses macht sie in letzter Instanz, in einer rein innerlichen Welt, gebunden oder frei, glücklich oder elend. Mag nun der Mensch wie der Klosterbruder und

Al Hafi die Welt verlassen, oder mag ihm wie dem Nathan ein eingeschränktes Geschick in ihr beschieden sein, oder wie dem Saladin ein königliches Wirken — gemeinsam ist ihnen nach Lessing die Anlage sich zu vollendeter Menschlichkeit zu entwickeln. Und das verbindet sie miteinander. So schildert das Gedicht, in Übereinstimmung mit dem eigensten und höchsten Zug der deutschen Aufklärung, wie aus der freien Menschlichkeit eine Gemeinschaft entsteht, ein Bewußtsein, zusammen fortzuschreiten einer besseren Gesellschaft entgegen, sicheres Vertrauen, Seelenruhe, eine große Lebensfreude, Heiterkeit.

Hiermit spricht Lessings Dichtung einen der höchsten Züge des Lebens aus, einen Zug, der in dem Drama bis dahin nie ausgedrückt worden war. Das Einverständnis mit dem Gleichgesinnten begleitet unser Leben wie eine unsichtbare Harmonie: nicht Abwesenheit noch Tod vermag sie aufzuheben. Töne von verschiedener Höhe und Tiefe, Stärke und Lindigkeit fügen sich zu ihr zusammen, immer klingt sie um uns.

Wie die Vernunftreligion, in der für Lessing diese Beziehungen gegründet sind, im Denken beruht, so nähern sich auch die Personen einander durch das Denken — fragend, antwortend, dialektisch ihre Verständigung suchend, aus der dann erst das gehaltene Gefühl des Einverständnisses und der Befreundung hervorbricht. Diese Vorgänge sind zusammengefaßt zu einer Handlung, die in einem äußeren Symbol die erreichte Gemeinschaft der freien Geister zum tiefsten Ausdruck bringt. Nicht durch Affekt, welcher die Kluft der Geburt, des Blutes, ja des religiösen Glaubens selber überspringt, wird im Verlauf der Handlung zwischen Judentum und Christentum das Band geknüpft; vielmehr blutsverwandt sind die Nationen, sind die großen Religionen, welche sich in die Erde teilen. Fremd, ja feindlich einander gegenübertretend, entdecken sie, daß sie *eine* Familie bilden. Das ist das große Geheimnis, welches der Schluß symbolisch ausdrückt. Auf *einem* Stamm sind die religiösen Ideen gewachsen, entsprossen aus *einer* Einheit des ersten Glaubens; sie bilden *eine* Entwickelung der religiösen Vernunft.

Von Lessings Gedankendrama gehen Linien der Wirkung zu Schillers Don Carlos, zu Kants Religionsschrift, zu Herders Humanität, zu Goethes Plan der Geheimnisse, ja selbst zu Hegels ersten theologischen Schriften. Zu mächtigem Ausdruck aber gelangte der Gehalt dieses Gedichtes in der neunten Sinfonie Beethovens. Auch sie führt hindurch durch die partikulare Leidenschaft und ihre Schmerzen zu der universalen Stimmung, in der sich ganz im Geiste der Lessingschen Aufklärung die Harmonie der Welt, die Güte des göttlichen Wesens, die allgemeine Menschenliebe und eine das ganze Leben durchdringende, verklärte Heiterkeit verbinden.

So hat Beethoven den Gehalt dieser Dichtung, losgelöst von allem Endlichen und Vergänglichen, das ihr anhaftet, in die Ewigkeit erhoben.

Das neue Ideendrama fordert auch eine eigene Form. Die straffe Handlung der Emilia Galotti, in der jeder Satz der Katastrophe zuzueilen scheint, mußte der freien Vergegenwärtigung einer Welt von Ideen und Idealen Platz machen. So erhält jede Szene einen selbständigen Gehalt. Der Zuschauer kann sich der Auffassung desselben in gelassener Stimmung hingeben. Der Dialog geht lässig wechselnd, auf verschlungenen Wegen wie ein Spaziergänger vorwärts und wird doch jedesmal durch eine innere dramatische Bewegung dem Ziel, das der Zusammenhang fordert, entgegengeführt. Und welchen Hintergrund für diese Szenen bilden das weiträumige Kaufhaus Nathans, vor ihm der Platz mit den Palmen, die das Grabmal des Erlösers umgeben, die Kreuzgänge des Klosters, durch die man den Patriarchen mit seinem geistlichen Pomp ziehen sieht, der Palast des Sultans mit seiner phantastischen Architektonik! Sie unterscheiden und charakterisieren gleichsam die Hauptpersonen, wie deren Tracht. Ihr fremdartiger Glanz beschäftigt das Auge, die südliche Heiterkeit der Szenerie macht die Seele leicht und frei. Zugleich faßt doch die Einheit derselben Stadt räumlich die Szenen zusammen. Die Einheit der Zeit ist streng gewahrt. Ein Tag umschließt die Handlung. In ihm vollzieht sich die ganze innere Wandlung in Recha, dem Tempelherrn, Saladin und die Befreundung der Hauptpersonen zueinander. Durch eine Art von perspektivischer Kunst blicken wir weiter rückwärts in die Geschichte der Personen und in die Vorbedingungen dessen, was der Tag umfaßt. So setzt sich in diesem deutschen Drama Racines Seelendarstellung fort, welche auf der Bühne selbst den ganzen Zusammenhang inneren Geschehens sehen läßt; dabei gestattet der Wechsel des Ortes doch, ohne die Vertrauten und die Berichte der französischen Tragödie, diese Vollständigkeit des inneren Zusammenhanges zu erreichen. Auf diesem Wege ist Goethes Seelendrama weitergegangen.

So große Vorzüge der Form des Nathan sind freilich mit einem offenkundigen Mangel verbunden. Die Verknüpfung der inneren Vorgänge zu einer dramatischen Einheit neuer Art ist nur sehr unvollkommen gelungen. Im Heiligen Lande finden sich der Sohn des Sultans und eine vornehme Christin. Im Überschwang der Leidenschaft verläßt der Prinz Vaterland und Religion. Sie vermählen sich. Ihre Tochter wird Nathan anvertraut. Der in Deutschland geborene Sohn kehrt als Tempelherr ins Heilige Land zurück, begegnet der Schwester, rettet sie, und das Irrsal, das die Leidenschaft des Vaters verschuldete, kommt nun über den heißblütigen

Sohn. In diesem Zustand von Verwirrung und Dunkelheit, da alle Verhältnisse dieser Vorgeschichte unbekannt sind, setzt das Stück ein. In seinem analytischen Gang führt es durch den Verlauf der Leidenschaft im Tempelherrn zu dessen innerer Läuterung und zu der Aufklärung über die Verwandtschaft desselben mit Recha und beider mit Saladin — aus Nacht zu Licht und Klarheit. Ein unendlicher Gehalt ist hier, wie im Faust, an einen endlichen Vorgang gebunden, die Symbolik der Verwandtschaft der freien Geister aller Nationen an eine Wirklichkeitsdarstellung. Eine solche Rechnung kann nie rein aufgehen. Der Zuschauer wird durch die starke Wirklichkeit der Liebe des Tempelherrn zu innerem Herzensanteil bewegt, und so muß ihn am Schluß die bloße Symbolik für ein Erhabenes und Heiliges, die im Geschwisterverhältnis liegt, erkälten. Er bemerkt das Rätsel, das über der Beziehung der Personen schwebt; da er aber dessen Zusammenhang mit dem Liebesvorgang nicht ahnt, erregt es in ihm doch kein stärkeres Interesse. Und nun ist mit dieser Haupthandlung die Linie, die zur großen Ringszene führt, nur lose verbunden. Die Stellung, die Nathan tatsächlich im Mittelpunkt des Stückes einnimmt, verträgt sich schlecht mit der Gleichwertigkeit der freien Geister, die doch in der Grundidee liegt. Wo in der symbolischen Schlußszene der Grundgedanke zu höchstem Ausdruck gelangen soll, fühlt man sich enttäuscht; knapp und beinah hastig eilt die Handlung zum Schluß: was man hier entbehrt, mag der Hinweis auf den mächtigen Ausklang des „Fidelio" verdeutlichen, in welchem sich an das Persönliche die höchsten universalen Gefühle knüpfen. In diesen und vielen anderen Punkten ist so der Nathan ein Beleg dafür, daß die großen Gedankendichtungen die Vollkommenheit der dramatischen Ausführung dem unendlichen Gehalt und der universalen Bedeutung opfern müssen. Ähnliche Unangemessenheiten zwischen dem Ideengehalt und seinem Symbol durchziehen selbst Goethes Faust.

Die Form des Gedankendramas empfängt im Nathan ihren besonderen Charakter aus dem Geist der Aufklärungszeit und ihres Dichters. Es weht uns aus diesem Drama an, als befänden wir uns auf hohem Alpengipfel, so einsam fern sind wir vom Lärm des Tages, so weit ist der Horizont, so kühl die Luft um uns. Der Realismus der Aufklärungszeit, wie er in dem Roman, in den Bildern und Kupferstichen Chodowieckis auf die intime Schilderung des Privatlebens gerichtet war, hat sich hier eines großen Stoffes bemächtigt. Die höchsten Dinge erscheinen nicht im Pomp der Rede, und die erhabenen Menschen schleppen keine tragischen Gewänder hinter sich her. Lessings Stil läßt die Bewegungen in ihren Seelen schlicht heraustreten. Eine ruhelose Dialektik, rasches Fragen und behendes

Antworten, scharfsinniges und witziges Umwenden der Worte und der Gedanken, das Spiel mit Bildern gehen durch das ganze Stück, und selbst die universale Gottes- und Menschenliebe des Spinoza und Leibniz redet in ihm die Sprache der Reflexion. Sein fremdartiger und erhabener Stoff fordert den Vers; aber wie schwebt nun dieser zwischen Poesie und Prosa! Diese Jamben wollen nicht deklamiert, sondern gesprochen werden. Der Schauspieler kann nicht die einzelne Verszeile als ein metrisches Ganzes zum Ausdruck bringen. Die Zäsur, die den Einzelvers gliedert, verliert hier ihre Bedeutung. In der zusammenhängenden Rede treten große rhythmische Perioden auf, deren Glieder nicht durch die Verse abgegrenzt sind, sondern rückwärts das Ende des vorhergehenden Verses mitziehen oder vorwärts in den Anfang des folgenden sich hineindrängen. Rhythmische Systeme von großem Umfang treten auf. Sie bringen die anstürmende Bewegung in der Sprache ganz zum Ausdruck. Sie fordern die geschwinde Sprechweise moderner Schauspieler. Im Dialog beginnen und enden die einzelnen Personen ihre Rede mitten im Vers. So geht der fünffüßige Jambus, wo nicht der abklingende Ausgang zwei unbetonte Silben aneinanderfügt, in eine freie Folge von Jamben über, und der Vers begleitet den Rhythmus nur wie eine leise Wellenbewegung. Wie nun auch im Fortgang unseres Dramas zu einer idealen Form vom Don Carlos bis zu Iphigenie und Wallenstein die Versmelodie zunahm: der Jambus blieb fortan unser dramatischer Vers. Lessing war nicht der erste in Deutschland, der zu ihm griff, aber sein Stück entschied die Herrschaft desselben im Drama, und so war auch für die äußere dramatische Form der Nathan epochemachend.

3

Was im Nathan dichterisch ausgesprochen war, hat Lessing auch begrifflich darzustellen unternommen. Es bezeichnet die Grenze in Lessings geschichtlicher Stellung, daß auch hier der Gesichtspunkt einer Auseinandersetzung mit der Theologie die positive Darstellung beeinflußte und die Probleme und Resultate der anderen Wissenschaften ihm ferner standen. Niemand vielleicht in Deutschland, auch Goethe nicht, hatte diesen Geierblick, Welt und Menschen zu durchschauen, der Lessing eigen war. Aber sein geschichtliches Studium und seine Analyse der moralischen Begriffe blieben eingeschränkt. Daher denn Kants Lebensideal, obwohl es viel einseitiger, viel weniger auf eine volle reife Menschennatur gegründet war, doch in der Philosophie eingreifender gewirkt hat: er war der Begriffe mächtig. Erst unserer Generation kann es gelingen, die moralischen Untersuchungen über Kant hinauszuführen: denn wir sind zugleich der Geschichte mächtig.

Wenn die folgende Darstellung hier und da zu stammeln scheint, so ist es also darum, weil Lessing nicht überall die Sprache fand, in welcher allein wissenschaftliche Wahrheiten ausgedrückt werden können, die Sprache der Begriffe.

Der Nathan ist erfüllt vom Ideal der Menschlichkeit — wie entwickele ich nach Lessing den Kern dieses Wortes? Das Wesen des Menschen ist, nach einer Reihe von Äußerungen, die von dem Aufsatze über die Herrnhuter bis zum „Nathan" reichen — Handeln. Die menschliche Bestimmung ist nicht Spekulation, nicht künstlerische Anschauung, sondern Praxis.

Für den Fortschritt des handelnden Menschen ist der große Hebel die intellektuelle Entwickelung. Lessing geht so weit, die bürgerliche Gesellschaft gegenüber den Übeln, welche aus ihr notwendig folgen, in erster Linie daraus zu rechtfertigen, daß in ihr allein die Vernunft angebaut werden, d. h. ein zusammenhängender intellektueller Fortschritt vor sich gehen kann. Er geht so weit, den zu seiner völligen Aufklärung gelangten Verstand als den hervorbringenden Grund der vollendeten Form moralischer Handlungen darzustellen. Während er also in dem intellektuellen Fortschritt den Hebel alles Fortschritts überhaupt sieht, ordnet er ihn doch dem moralischen unter. Diese Unterscheidung, welche dem wissenschaftlichen Denken zugesteht, daß es allein eine gleichmäßig wachsende Macht ist, die einen Fortschritt zu bewirken imstande ist, und doch zugleich dem Handeln seine volle Würde sichert, enthält den Keim zu jeder tieferen Einsicht in die Geschichte.

Wir fragen weiter: Auf welchem Wege bereitet nach Lessing die intellektuelle Entwickelung die höchste Form des Handelns vor? Nirgends wirkt der theologische Gesichtspunkt der Lessingschen Studien so nachteilig als gegenüber dieser Frage nach den Grundelementen des intellektuellen Fortschritts, welche den moralischen Fortschritt bedingen. Eins aber tritt bedeutsam hervor: die große Rolle, welche nach Lessing der Skeptizismus in diesem Vorgang hat. Die positiven Religionen sprechen nicht nur religiöse Ideen aus, sondern gründen sie auf Geschichte. Solche Begründung ist aber schlechterdings keiner Evidenz fähig. Denn was heißt, eine historische Tatsache glauben? Sie sich gefallen lassen, gestatten, daß andere historische Wahrheiten darauf gebaut werden; nichts anderes, nicht mehr. Kann doch eine erlogene Geschichte unter gewissen Umständen genau ebensogut als historisches Faktum mitlaufen wie eine wahre. Sicher sind unter den tausend historischen Fakten, an denen zu zweifeln uns weder Vernunft noch Geschichte

Anlaß geben, ungeschehene Dinge. „O Geschichte[44], o Geschichte, was bist du!", ruft Lessing aus. Aus dieser Natur unseres geschichtlichen Wissens folgt, daß es schlechterdings keinen historischen Beweis für das Christentum oder eine andere Religion gibt. Eine wichtige methodische Einsicht, die bekanntlich schon bei Hume vorbereitet ist. Demgemäß sieht alle Religion sich für ihre über die Vernunftwahrheit hinausgehenden Teile auf das innere Zeugnis der Erfahrung angewiesen. Nun ist dasselbe aber schlechterdings subjektiv: indem dieser Charakter der religiösen Erfahrung verkannt wird, entsteht sonach eine zweite Klasse falscher Begründungen, die schwärmerische. „Den allgemeinen einzig wahren Weg nach Gott zu wissen wähnen" – hier liegt die Überschreitung einer berechtigten persönlichen Erfahrung, welche ihren Weg zu ihm gefunden zu haben die glückliche Gewißheit besitzt. So bereitet die wissenschaftliche Skepsis die moralische Selbständigkeit des Menschen vor, welche der höchsten Form seines Handelns wesentlich ist.

Und welche ist – das ist unsere letzte Frage – diese höchste Form der menschlichen Handlungen? Den Wert oder Unwert einer Handlung bestimmen ihre Beweggründe. Der Beweggrund der vollkommen guten Handlung ist das Gute selber. „Nein, sie wird kommen[45], sie wird gewiß kommen, die Zeit der Vollendung, da der Mensch, je überzeugter sein Verstand einer immer besseren Zukunft sich fühlt, von dieser Zukunft gleichwohl Bewegungsgründe zu seinen Handlungen zu erborgen nicht nötig haben wird; da er das Gute tun wird, weil es das Gute ist, nicht weil willkürliche Belohnungen darauf gesetzt sind, die seinen flatterhaften Blick ehedem bloß heften und stärken sollten, die inneren besseren Belohnungen desselben zu erkennen" – sie wird gewiß kommen, „die Zeit eines neuen, ewigen Evangeliums".

Dieser Gedanke erst bricht völlig mit der theologischen Aufklärung; er erst spricht den Kern des neuen Lebensgefühls aus, welches in Deutschland mit Lessing heraustrat. Gegenüber einer jenseitigen Lebensansicht, welche den gegenwärtigen Augenblick zum Mittel für einen künftigen macht, welche unsere Empfindungen hinausreißt in eine ungewisse Zukunft, ist es der selbständige Wert jedes Tages in unserem Dasein, der so nicht wiederkehrt, von dem Lessing erfüllt ist. Man kann nicht schneidiger das Hangen und Bangen um eine jenseitige Welt verurteilen als Lessing tut – derselbe Lessing, welcher von dem Wert wie von der Fortdauer der Seele in irgendeiner Form völlig überzeugt war. „So viel fängt man ziemlich an zu erkennen, daß dem Menschen mit der Wissenschaft des Zukünftigen wenig gedient sei; und die Vernunft hat glücklich genug gegen die törichte Begierde der Menschen, ihr Schicksal in diesem Leben voraus zu wissen, geeifert. Wann wird es ihr gelingen, die Begierde, das Nähere von unserem Schicksal in jenem Leben zu wissen, ebenso verdächtig, ebenso lächerlich zu machen? Über die Bekümmerungen um ein künftiges Leben verlieren Toren das gegenwärtige. Warum kann man ein künftiges Leben nicht ebenso ruhig abwarten als einen künftigen Tag? Wenn es auch wahr wäre, daß es eine Religion gebe, die uns von jenem Leben ganz ungezweifelt unterrichtete, so sollten wir lieber dieser Religion kein Gehör geben."

Also um des Guten willen das Gute tun, um der Forschung selber willen die Wahrheit suchen, inmitten der energischen Betätigung unserer Kräfte nie auf ein abstraktes Ziel sehen, sondern auf das lebendige innere Wachstum des Menschen selber! Der von diesen Gesinnungen erfüllt war, erscheint in der intellektuellen Geschichte Deutschlands als der erste ganz mündige Mensch. Goethe, Hegel, Schleiermacher haben diese Gesinnung weiter entwickelt. Es bleibt Lessing, daß er zuerst, indem er sein Leben der Unruhe, dem Kampf, der Geldnot, der totalen Einsamkeit preisgab, die Mündigkeit des Geistes erkämpft hat. Sein Charakter wie sein Lebensideal tragen unverkennbar die Spuren dieses Kampfes. In seiner Selbständigkeit ist etwas der Welt Trotzendes. Zuweilen rüttelt er doch wie Rousseau an ihren gesellschaftlichen Bedingungen wie an eisernen Stangen. „Am Ganges, am Ganges nur gibt's Menschen." „Der wahre Bettler ist doch einzig und allein der wahre König." „Ordnung muß also doch auch ohne Regierung bestehen können? Ob es wohl mit den Menschen dahin kommen wird?" „Wohl schwerlich." „Schade." „Jawohl." Diese trotzige Männlichkeit ist der höchste Zauber in Lessings Stil, in den Helden seiner Dramen, in der Art, wie er auf dem Boden der Erde stand und sich umsah. Ein volles Behagen an Lessing wird immer nur männlichen Naturen möglich sein.

So scheiden sich die Zeiten! Welch ein Kontrast bildet dieses Lebensideal Lessings zu dem Glauben des Reformationszeitalters. Analysiert man die zentrale Überzeugung jener großen Epoche von Luther, Zwingli und Melanchthon, die Lehre von der Rechtfertigung allein durch den Glauben, so ist die Bedingung für diese das alldurchdringende Gefühl der Ohnmacht zu guten Handlungen, die gänzliche Jenseitigkeit des Weltschöpfers und Weltrichters, dessen absolutes Recht, die aus seiner Heiligkeit stammenden Ansprüche an seine Kreatur trotz der ihr mitgegebenen Ohnmacht durchzusetzen. Diese ganze Lebensverfassung, welche die Voraussetzung der protestantischen Rechtfertigungslehre bildet, ist vergangen, und damit hat die Rechtfertigung durch den Glauben keinen Sinn mehr für uns. Und wenn nun weiter alle religiösen

Kämpfe jener Tage die Mittel und Wege betreffen, Versöhnung mit Gott zu erlangen, so haben auch diese für uns nur noch ein historisches Interesse. Schon im Zeitalter der Reformation entstanden auf Grund der vielseitigen europäischen Kultur die Bewegungen, welche diese protestantischen Dogmen überwunden haben. Allmählich vollzogen die religiösen Vorgänge, die vornehmlich in den Sekten verliefen, in folgerichtiger innerer Dialektik von innen die Auflösung der einzelnen Dogmen, und von außen wirkte dann die neue europäische Kultur, die von der Wissenschaft des siebzehnten Jahrhunderts ausging und die Voraussetzungen selber zerstörte, unter denen diese Dogmen sich gebildet hatten. So entstand die religiöse Aufklärung. Die englischen Freidenker, die französischen Zweifler und die deutschen Aufklärer zeigen eine sehr verschiedene Physiognomie; aber in Einem stimmen sie überein: der Gedanke der Unabhängigkeit des moralisch-religiösen Prozesses im Individuum gelangte nun zu vollständigem Sieg.
Die deutsche Form dieser neuen Seelenverfassung tritt uns am tiefsten entgegen in Lessing und in dem Kant der jugendlichen und ersten männlichen Zeit, soweit es gelingt, diesen wieder herzustellen. Beide stehen mit Friedrich dem Großen zusammen in den Sätzen: der Mensch ist zum Handeln geboren; der Weg des Menschen führt aus der Dämmerung in die Dämmerung, und während des Tages, der dazwischen liegt, ist unser Pfad nur erleuchtet durch das moralische Bewußtsein. In diesem Zusammenhang hat sich nun Lessing mit der protestantischen Theologie auseinandergesetzt und so seine auch für uns heute gültigen Resultate gewonnen. Das Bleibende der Reformation ist die Befreiung von der Knechtschaft der Hierarchie und die Begründung der religiösen Überzeugung aus der inneren Erfahrung. Vergänglich aber ist die neue Knechtschaft unter dem Buchstaben. Ihr gegenüber ist die alte Sektenlehre vom inneren Licht durch Lessing und sein Zeitalter in die Wissenschaft eingeführt worden.

4

So entwickelte sich aus dem Lebensgefühl Lessings ein Ideal, welches den Charakter aller Motive des vollkommenen Handelns bestimmte. Es entwickelte sich aber in ihm zugleich eine Anschauung von der N a t u r d e r M o t i v a t i o n selber. Die Selbständigkeit des mündigen Menschen bildete Lessings Lebensideal; die strengste Notwendigkeit im Zusammenhang der Handlungen bildete seine Anschauung von der Natur des Willens, welcher dieses Lebensideal verwirklichen soll. Das war kein Widerspruch. Nur die Zweideutigkeit des Wortes Freiheit kann hier einen solchen hervorbringen.

Der D e t e r m i n i s m u s Lessings, d.h. seine Lehre, daß die Vorgänge im Inneren des Menschen ebenso unabwendbar nach dem Satze vom Grunde verlaufen als der Lauf der Gestirne oder der Fall eines geschleuderten Körpers, und daß demgemäß für einen freien Willen, der auf Grund der nämlichen Motive so und auch anders entscheiden könnte, hier nirgends ein Raum sei — der Determinismus Lessings stammt nicht aus einer allgemeinen Weltansicht, sondern aus dem freien, genialen Studium der moralischen Welt, in welchem bei Lessing der Denker und der Dichter sich begegneten. Dies erwiesen wir daraus, daß er schon in den Dramen und in seiner Theorie des Schauspiels ausgesprochen ist, in der letzteren mit ganz klaren und planen Worten.
Die ganze Dramaturgie ist durchdrungen von dem Gedanken, daß das Gesetz der Kausalität auch im Inneren des Menschen ganz ausnahmslos und universell herrsche. „Das Genie[46] können nur Begebenheiten beschäftigen, die ineinander gegründet sind, nur Ketten von Ursachen und Wirkungen. Diese auf jene zurückzuführen, jene gegen diese abzuwägen, überall das Ungefähr auszuschließen, alles was geschieht so geschehen zu lassen, daß es nicht anders geschehen könne, das, das ist seine Sache." „Das Lehrreiche liegt nicht in den bloßen Faktis, sondern besteht in der Erkenntnis, daß diese Charaktere unter diesen Umständen solche Fakta hervorzubringen pflegen und hervorbringen müssen." Unter dieser Voraussetzung allein kann der Zweck der Tragödie erreicht werden, durch welchen sie philosophischer ist als die Geschichte selber: „Auf dem Theater[47] sollen wir nicht lernen, was dieser oder jener Mensch getan hat, sondern was ein jeder Mensch von einem gewissen Charakter unter gewissen gegebenen Umständen tun werde." In dem genialen Kopf spiegelt sich die moralische Welt als ein unbedingt geschlossener Zusammenhang von Ursachen und Wirkungen, und diesen Zusammenhang macht die Tragödie anschaulich. Ist es nötig, sich bei einem Manne von Lessings Wahrheitssinn gegen die Annahme zu verwahren, daß das dramatische Genie ein falsches Bild der moralischen Welt entwerfe? Er wäre der erste gewesen, alsdann die Schließung aller Theater zu verlangen.
In Wolfenbüttel hat dann Lessing auch seinen Determinismus zum theoretischen Abschluß gebracht. In Anmerkungen zu den philosophischen Aufsätzen von Jerusalem bespricht er das in seiner Bedeutung gar nicht hoch genug anzuschlagende Problem. Die Worte Lessings sind kurz und zum Teil rätselhaft. Es kommt darauf an, ihnen den möglichsten Ertrag abzugewinnen, indem man ihre Beziehung zu dem Aufsatz Jerusalems über die Freiheit ins Auge faßt. Zu diesem Zweck müssen wir sie zunächst dem Leser ins Gedächtnis zurückrufen.

„Der Aufsatz" — so urteilt Lessing — „zeigt, wie wohl der Verfasser ein System" (das deterministische) „gefaßt hatte, das wegen seiner gefährlichen Folgen so verschrien ist und gewiß weit allgemeiner sein würde, wenn man sich so leicht gewöhnen könnte, diese Folgerungen selbst in dem Lichte zu betrachten, in welchem sie hier erscheinen. Tugend und Laster, so erklärt, Belohnung und Strafe hierauf eingeschränkt: was verlieren wir, wenn man uns die Freiheit abspricht? Etwas — wenn es etwas ist — was wir nicht brauchen, was wir weder zu unserer Tätigkeit hier, noch zu unserer Glückseligkeit dort brauchen. Etwas, dessen Besitz weit unruhiger und besorgter machen müßte, als das Gefühl seines Gegenteils nimmermehr machen kann. — Zwang und Notwendigkeit, nach welchen die Vorstellung des Besten wirkt, wieviel willkommener sind sie mir als kahle Vermögenheit, unter den nämlichen Umständen bald so bald anders handeln zu können! Ich danke dem Schöpfer, daß ich muß, das Beste muß. Was würde geschehen, wenn ich einer blinden Kraft überlassen wäre, die sich nach keinen Gesetzen richtet, und mich darum nicht minder dem Zufall unterwirft, weil dieser Zufall sein Spiel in mir selbst hat? — Also von der Seite der Moral ist dieses System geborgen. Ob aber die Spekulation nicht noch ganz andere Einwendungen dagegen machen könne? Und solche Einwendungen, die sich nur durch ein zweites, gemeine Augen ebenso befremdendes System heben ließen? Das war es, was unser Gespräch so oft verlängerte und mit wenigem hier nicht zu fassen steht."

Jerusalems Aufsatz war eine Verteidigung des Determinismus. Lessing stellt nun als das Verdienst des Aufsatzes hin, die Folgerungen aus der Leugnung der Freiheit beseitigt zu haben, welche diese so verschrien machen. Dies Verdienst betrifft nach ihm zwei Punkte: eine Erklärung von Tugend und Laster und eine Einschränkung von Lohn und Strafe. Es bezieht sich also auf die beiden ersten unter den falschen Konsequenzen aus der Leugnung der Willensfreiheit, welche Jerusalem zurückzuweisen unternommen hatte. Mit solcher Leugnung, so sagt man, soll der Unterschied von Tugend und Laster aufhören; mit ihr soll alle Verbindung zwischen unserem gegenwärtigen Zustande und unserem Zustande nach dem Tode aufgehoben sein. Indem nun Jerusalem die Tugend als Beherrschung unserer Leidenschaften (d. h. der dunklen Vorstellungen) durch die Vernunft erklärt, so erkennt man, wiefern die Tugend, gleichviel wie es mit der Freiheit stehe, eine Vollkommenheit bleibt: sie ist die Stärke der Vorstellungskraft. Indem dann Jerusalem Belohnungen und Strafe auf die verschiedenen Vollkommenheitsgrade der Seele in ihrer weiteren Entwicklung einschränkt, wird die Verbindung dieser künftigen Zustände mit den

gegenwärtigen sittlichen Zuständen erst vollkommen aufgeklärt. Die beiden Einwendungen, welche die Moral macht, hat demgemäß Jerusalem zur Zufriedenheit Lessings abgewiesen. Lessing selbst fügt noch einen tiefen und bedeutenden Gedanken über diese moralische Seite des Determinismus hinzu. Ein gesetzlicher Zusammenhang, welcher auf die Verwirklichung des Weltbesten gerichtet ist, ist überall eine Vollkommenheit, auch in unserer Seele; denn wo er endigt, erscheine ich schlechterdings dem Zufall unterworfen, und es ist völlig gleichgültig, ob dieser Zufall in mir selber sein Spiel hat oder in der äußeren Welt. Dem wohltätigen Zusammenhang eines unsere Laster mitumfassenden Planes werde ich entnommen und einem Zufall in mir preisgegeben.
Jerusalem hat nun aber noch eine dritte Konsequenz behandelt, die aus dem Determinismus gezogen wird, und über die Art, wie er diese behandelt, schweigt Lessing. Warum? „Es wäre unpolitisch gewesen" — läßt er Mendelssohn einen anderen Punkt betreffend sagen — „wenn ich auf alle Blößen meines Verfassers so deutlich gewiesen hätte." Die Art, wie Jerusalem den Vorwurf behandelt, bietet freilich eine starke Blöße. Die dritte Konsequenz war nämlich die, daß Gott selber auf solche Art zur Ursache alles moralischen Bösen werde. Jerusalem gesteht das zu und fährt fort: „Es scheint mir für den Schöpfer nicht unanständiger zu sein, Wesen zu erschaffen, die aus Mangel von deutlichen Begriffen die Leidenschaften nicht besiegen, als solche, die aus einer gleichen Ursache ein Newtonsches Problem nicht auflösen können." Das war keine Antwort für einen Lessing, welcher die ernste Erkenntnis gewonnen hatte, daß, gleichviel welche unsere Spekulation, unsere Kenntnisse seien, die Beweggründe unserer Handlungen ausschließlich unseren Wert ausmachen. Aber hatte er eine andere? In der Kürze gewiß nicht. Der Determinismus bedarf überall einer Theodizee. Zu einer solchen also drängte Lessing sein Determinismus, wenn er die schrille Dissonanz von völligem Unwert, von grenzenlosem inneren Unglück ohne alle Schuld irgendwie versöhnen wollte. An diesem Punkte sonach trennte sich Lessing von Jerusalem. „Ein zweites, gemeine Augen ebenso befremdendes System" gab es für ihn, welches die Theodizee des Determinismus enthielt.

5

Welche war seine Theodizee? Wir können hierauf definitiv erst antworten, indem wir nun in die allgemeine Untersuchung eintreten: welche war die Anschauung Lessings von der Stellung des Menschen, wie er ihn ansah, zu dem Zusammenhang, zu dem Plane der Welt?

Alles Bisherige wäre verlorene Mühe, falls nicht dies ganz klar geworden wäre: wie auch Lessing gelegentlich über diesen oder jenen Punkt philosophieren mochte, mit Hilfe der metaphysischen Begriffe bald von Spinoza, bald von Leibniz, bald von Wolff – den bleibenden und ihm selber ganz gewissen Kern seiner Gedanken besaß er in seinem Studium der moralischen Welt und in den Folgerungen, welche sich aus diesem für die Anschauung des Weltganzen ergaben. Er war weder Gelegenheitsdenker wie die einen, noch ein spekulativer Philosoph wie die anderen sagen. Wenn er hie und da metaphysische Begriffe entlieh, so geschah das, um den großen Zug seiner wahren Forschungen auch von anderen Seiten her zu begründen. Man findet keine Spur, daß er die falschen Leibniz-Wolffschen Begriffe untersucht hätte; er bediente sich eben der Metaphysik seiner Zeit; aber hätte er ihren Zusammenbruch erlebt, so wäre damit für ihn nichts berührt worden von dem Kern seiner Gedanken, der seine Bedeutung als eines schöpferischen Denkers ausmacht. Dieser lag in seiner Anschauung und seinem analytischen Studium des Menschen.

Dies ganz verstanden, sind wir gerüstet, jene Nachricht von dem Gespräch zwischen Lessing und Jacobi[48] im Jahre 1780 kritisch zu würdigen, welches Jacobi aufgezeichnet hat, als das philosophische Testament Lessings, und über welches dann der denkwürdige Streit entstand.

Jacobi hatte sich Lessing angekündigt, um in ihm „die Geister mehrerer Weisen zu beschwören, die er über gewisse Dinge nicht zur Sprache bringen könnte". Es war also auf eine Diskussion abgesehen, in welcher jedenfalls Spinoza eine hervorragende Rolle spielen sollte. Ich lasse Jacobi erzählen: „Meine Reise kam zustande und den 5. Juli nachmittags hielt ich Lessing zum erstenmal in meinen Armen." Er blieb zu Wolfenbüttel als Lessings Gast. Wie dieser am folgenden Morgen auf sein Zimmer trat, gab Jacobi ihm Goethes „Prometheus" zu lesen. Lessing: „Ich habe kein Ärgernis genommen; ich habe das schon lange aus der ersten Hand. Der Gesichtspunkt, aus welchem das Gedicht genommen ist, ist mein eigener Gesichtspunkt. Die orthodoxen Begriffe von der Gottheit sind nicht mehr für mich. *Ἓν καὶ πᾶν*. Ich weiß nichts anderes. Dahin geht auch dies Gedicht und ich muß bekennen, es gefällt mir sehr." Da hatte ihn Jacobi offenbar, wo er wollte. Er machte einen Sprung, um bei seinem Spinoza anzulangen. „Da wären Sie ja" – sagt er – „mit Spinoza ziemlich einverstanden?" Lessing: „Wenn ich mich nach jemand nennen soll, ich weiß keinen anderen." Aber dann gleich – als Jacobi hervorbricht, ein wie schlechtes Heil in Spinoza sei – mit der großartigen Nachlässigkeit, die sein Verhältnis zu metaphysischen Begriffen bezeichnet, so oft er sich metaphysischen Schwärmern gegenüber sah: „Ja, wenn sie wollen — und doch! wissen Sie etwas Besseres?“ Das heißt doch wohl: solange wir keine gute Metaphysik haben — und wer weiß, ob der menschliche Kopf für eine solche gemacht ist? — dünkt mich die Spinozas die beste.

Sie wurden unterbrochen. Am folgenden Tag nahmen sie in Jacobis Zimmer das Gespräch wieder auf. Ich glaube nicht, daß Jacobis Bericht über den Anfang desselben genau ist: „Ich bin gekommen“ — sagt Lessing — „über mein Ἓν καί πᾶν. mit Ihnen zu reden. Sie erschraken gestern.“ Im Verlauf sagt er weiter: „Es gibt keine andere Philosophie als die Philosophie des Spinoza“, und als Jacobi bemerkt: „Der Determinist, wenn er bündig sein will, muß zum Fatalisten werden: hernach gibt das übrige sich von selbst“, fährt Lessing fort: „Ich merke, wir verstehen uns.“ Wie er selber aber sich zum Determinismus verhielt, spricht er aufs stärkste aus: „Ich merke, Sie hätten gern Ihren Willen frei. Ich begehre keinen freien Willen.“ Und dann, als Jacobi sich scharf gegen den Determinismus wendet: „Sie drücken sich beinahe so herzhaft aus wie der Reichstagsschluß zu Augsburg; aber ich bleibe ein ehrlicher Lutheraner und behalte den mehr viehischen als menschlichen Irrtum und Gotteslästerung, daß kein freier Wille sei.“

Also die weitere Frage an das Gespräch ist, wie Lessing sich dieses aus der Einsicht in die Unfreiheit des Menschen folgende „All-Eine“ dachte. Seine Äußerungen sind: „Spinoza war weit davon entfernt, unsere elende Art nach Absichten zu handeln für die höchste Methode auszugeben und den Gedanken obenanzusetzen.“ „Es gehört zu den menschlichen Vorurteilen, daß wir den Gedanken als das Erste und Vornehmste betrachten und aus ihm alles herleiten wollen; da doch alles, die Vorstellungen mit einbegriffen, von höheren Prinzipien abhängt. Ausdehnung, Bewegung, Gedanke sind offenbar in einer höheren Kraft gegründet, die noch lange nicht damit erschöpft ist.“ Dazu Jacobis Bericht: „Wenn sich Lessing eine persönliche Gottheit vorstellen wollte, so dachte er sie als die Seele des Alls und das Ganze nach der Analogie eines organischen Körpers. Man könnte sich von der innerlichen Ökonomie eines solchen Wesens mancherlei Vorstellungen machen.“ So spielte Lessing mit dem Gedanken, Leben und Tod der Individuen wie Expansion und Kontraktion vorzustellen. „Mit der Idee eines persönlichen, schlechterdings unendlichen Wesens, in dem unveränderlichen Genusse seiner allerhöchsten Vollkommenheit, konnte sich Lessing nicht vertragen. Er verknüpfte mit derselben eine solche Vorstellung von unendlicher Langeweile, daß ihm angst und weh dabei wurde. Eine mit Persönlichkeit verknüpfte Fortdauer des Menschen nach dem Tode hielt er nicht für unwahrscheinlich. Er sagte mir, er hätte im Bonnet, den er eben jetzo nachläse, Ideen angetroffen, die mit den seinigen über diesen Gegenstand und überhaupt mit seinem System sehr zusammenträfen."

Dies der Inhalt des Gespräches. Derselbe war so abweichend von den bisherigen Vorstellungen über Lessings Philosophie, daß gerade seine nächsten Freunde, Mendelssohn voran, am schärfsten abgestoßen wurden. Konnte er echt sein? Niemand zweifelte; gerade Mendelssohn bezeugte, es sei als höre man die beiden reden. Aber vielleicht sprach hier Lessing gar nicht seine wahre Meinung aus? Mendelssohn berief sich auf Lessings Paradoxie; ihm erschienen dessen Äußerungen als „witzige Einfälle", mit denen er Jacobi unterhalten und von denen „schwer zu sagen, ob sie Schäkerei oder Philosophie sein sollen".

Wie also sollen wir uns zu diesem seltsamen Dokument verhalten? Keinesfalls dürfen wir uns die abstrakte Frage, ob Lessing wirklich ein Spinozist gewesen, wie Jacobi behauptete, vorlegen. Auf diese wird man unter allen Umständen mit nein antworten müssen. Wir werden vielmehr die einzelnen, mit besonnener Kritik im Geiste eines Gespräches verstandenen Äußerungen, die Jacobi überliefert, mit Lessings sonstigen Ansichten vergleichen müssen.

Ich gehe von einer Nachricht, welche noch nicht methodisch ausgebeutet worden ist, aus, da sie zunächst den ganzen Zusammenhang des Gespräches, also die Hauptsache in überraschender Weise bestätigt. In der Biographie Lessings von seinem Bruder findet sich der erwähnte treffliche Bericht von Klose über den Breslauer Aufenthalt desselben. „Desgleichen" – heißt es darin – „wurde Spinozas Philosophie der Gegenstand seiner Untersuchungen. Er las diejenigen, welche ihn hatten widerlegen wollen, worunter Bayle nach seinem Urteil derjenige war, der ihn am wenigsten verstanden hatte. Dippel[49] war ihm der, welcher in des Spinoza wahren Sinn am tiefsten eingedrungen. Doch hat er hier nie das mindeste wie gegen Jacobi auch gegen seine Vertrautesten geäußert."

Und wie verstand Dippel den Spinoza, er, der nach Lessings Urteil von allen Gegnern des Philosophen – und das hieß ja damals so viel als von allen so ziemlich, die über Spinoza geschrieben hatten – ihn am besten verstand? Man sollte denken, diese Frage hätte sich, angesichts des leidenschaftlich verhandelten Problems vom Spinozismus Lessings, sofort aufgedrängt. Niemand hat sie gestellt. Dippel erklärt: Die Leugnung der menschlichen Freiheit ist der springende Punkt, aus dem, Konsequenz an Konsequenz geschlossen, der Spinozismus sich bilden muß. Diese Leugnung trat zuerst in dem prädestinatianischen Dogma der reformierten Kirche hervor, damals als eine Sekte derselben die Notwendigkeit noch über den Sündenfall hinausschob. „So weit hatte die Lehre von der fatalen Notwendigkeit die Stufen einer unvermeidlichen und fatalen Konfusion erreicht, da schärfere Vernunftgeister diese pedantischen Dispute der Priester in reifere Überlegung zogen." Diese schlossen: da die zweite Ursache, der menschliche Wille, aller Aktivität sich selbst zu determinieren beraubt sei, so müsse man Gott in Rücksicht seiner Gebote der Heuchelei beschuldigen, indem man ihn jenes Böse eifrig verbieten lasse, dessen Urheber er sei, oder man müsse glauben, daß die Religion sowie alle Gesetze der Politik der Fund kluger Leute gewesen. So sei der Religionsbegriff von Hobbes und Spinoza entstanden. Und zugleich der Gottesbegriff. Denn auf diesen Gutes wie Böses hervorbringenden Gott könne „das Denkbild, daß er heilig und gut sei", nicht mehr angewandt werden. Die letzte Konsequenz zog „der dritte Gaukler" — Spinoza. „Dieser Dornbusch oder Spinoza sah alsobald, daß es gleichviel gesagt sein würde, Kreaturen zu denken, welche unter der leitenden fatalen Direktion der ersten bewegenden Ursache ständen oder die erste bewegende Ursache selbst als das Wesen aller sogenannten Kreaturen anzugeben." Demnach erkannte er in diesen Kreaturen nichts als „Weisen und Stellungen des göttlichen Wesens".

Also der Hauptgedanke des Gespräches zwischen Jacobi und Lessing ist anderweitig begründet. Es ist dargetan worden, daß Lessing Determinist war; als solcher stellt er sich in den Zusätzen zu den Aufsätzen Jerusalems wie im Gespräch mit Jacobi offen dar. Es ist dargetan worden, daß Lessing den Schluß Dippels aus der Notwendigkeit der menschlichen Handlungen darauf, daß dieselben in der ersten Ursache gegründet seien, und hieraus auf eine veränderte Anschauung dieses ersten Grundes, welcher die Aktionen aller einzelnen Menschen in sich faßt, für das wahre Fundament des Spinozismus hielt: das ist derselbe Gedankengang, in welchem Jacobi und Lessing bei jenem Gespräch zusammentreffen. Ja, wenn man bisher wohl geneigt war zu glauben, Jacobi habe Lessing diesen seinen Gedankengang untergeschoben, so könnte man nunmehr eher dem Gedanken Raum geben, Lessing habe auf diesen Gedankengang Jacobis einen bestimmenden Einfluß ausgeübt, da derselbe vor diesem Gespräch nirgend in Jacobis Schriften zu finden ist. Doch diese Frage würde hier zu weit führen, zumal dabei auch die Einwirkung von Hemsterhuys eingreift. Für uns fragt sich vielmehr weiter: welches ist die genauere Vorstellung Lessings von diesem alle Aktionen der einzelnen Menschen umfassenden und determinierenden Grunde der Dinge?

Und hier bieten sich einige ineinandergreifende Äußerungen dar, welche die eben hingestellte Anschauung bestätigen und ihre nähere Bestimmung gestatten. Es ist ein kleiner Aufsatz Lessings vorhanden: „Über die Wirklichkeit der Dinge außer Gott"[50], welcher eine Widerlegung der dualistischen Weltansicht aus den Voraussetzungen von Leibniz versucht; er ist wohl aus der Breslauer Zeit; aber seine Übereinstimmung mit § 73 der „Erziehung" und mit dem Bericht Jacobis über sein Gespräch versichern uns, daß die hier geäußerten Überzeugungen auch die seines letzten Lebensjahres waren. Hören wir ihn also.

Nichts ist außer Gott. Es gibt kein Dasein, das von Gott unterschieden wäre. „Alle Dinge sind in ihm wirklich." Und zwar läßt sich das Verhältnis des einzelnen Dinges zu diesem „All-Einen" folgendermaßen vorstellen: „Die Begriffe, die Gott von den wirklichen Dingen hat, sind diese wirklichen Dinge selbst." „Sagen, daß das Ding auch außer seinem Urbild in Gott (der Vorstellung desselben in Gott) existiere, heißt dessen Urbild auf eine ebenso unnötige als ungereimte Weise verdoppeln." So entsteht ein ganz veränderter Begriff der Einheit Gottes: diese Einheit muß eine transzendentale sein, welche eine Art von Mehrheit nicht ausschließt. Lessing stellt das Verhältnis der Dinge zu Gott nach der Analogie des Verhältnisses unserer Vorstellungen zu unserem vorstellenden Ich vor. Es ist dieselbe Analogie, durch welche noch das System Lotzes das Verhältnis Gottes zu den wirklichen Dingen aufzuklären unternahm.

Dieser Panentheismus Lessings ist ganz verschieden von der Lehre, welche Jacobi dem Spinoza zuschrieb. Lessing war nicht Spinozist im Verstande Jacobis, sondern, soweit er es überhaupt war, in seinem eigenen und — in einem richtigeren und tieferen. Aus Jacobi selber sind wir das zu beweisen imstande. Er gibt die Notiz, daß „Lessing als das dunkelste im Spinoza erwähnte, was auch Leibniz so gefunden und ganz so verstanden hätte, Theodizee § 173". Und was ist dieses? Ich übersetze: „Spinoza scheint ausdrücklich eine blinde Notwendigkeit gelehrt zu haben, indem er dem Grund der Welt Verstand und Willen absprach. Es ist wahr, daß Spinozas Meinung über diesen Punkt etwas Dunkles hat. Denn er spricht Gott das Denken zu, nachdem er ihm den Verstand abgesprochen hat." Spinoza scheint in der Tat einen von der Totalität der denkenden Individuen unterschiedenen unendlichen Intellekt in Gott anzunehmen, so hat ihn denn auch Lessing aufgefaßt. Und daher möchte auch das Mißverständnis Spinozas, wie es in der obigen angeblichen Äußerung Lessings liegt: „Ausdehnung, Bewegung, Gedanke sind offenbar in einer höheren Kraft gegründet" vielmehr eine falsche Erinnerung Jacobis, mit dessen bekannten ersten Thesen über Spinoza es übereinstimmt, als ein echtes Wort Lessings sein.

An diesem Punkt läßt sich überhaupt der Bericht Jacobis nicht mehr mit den sonstigen Äußerungen Lessings in Zusammenhang bringen, und so läßt sich ein sicheres Verständnis der Worte Lessings über die Expansionen und Kontraktionen, die höhere Kraft usw. nicht gewinnen. Ja, indem man bemerkt, daß Lessing Jacobi ruhig sich hinsichtlich des Ursprungs der prästabilierten Harmonie in Spinoza auf Mendelssohn berufen läßt, während er selber doch diesem Mißverständnis gegenüber den wahren Spinoza längst hergestellt hatte, wenn man bemerkt, daß er den in dem oben benutzten Aufsatz versuchten Beweis des Panentheismus aus den Begriffen von Leibniz ebensowenig geltend macht: so entsteht der Verdacht, daß er hier sich nicht mehr von Jacobi ausholen ließ, sondern ihn ausholte, und daß Jacobi aus hingeworfenen Wendungen hier mit seiner lebhaften Darstellungsgabe ganz anderes gemacht hat, als er durfte. Wir gehen weiter.
Indem wir uns diese allumfassende Gottheit vorstellen, in welcher die einzelnen Individuen wie Begriffe in einem Geiste enthalten sind, erhebt sich von neuem jene Frage, welche sich schon gegenüber der Annahme eines unfreien Willens hervordrängte; wir bedürfen einer Theodizee; wie sollen wir das Böse begreifen in einer Welt, die keinen Teil hat, der nicht in Gott ist? Das Problem, welches der Determinismus aufgibt, hat sich noch geschärft. Und wenn Lessing in den Bemerkungen zu Jerusalem von einem „zweiten, gemeine Augen befremdenden System" sprach, welches dieses Problem löse: nun ist die Zeit zu erklären, welches System er damit gemeint haben kann.

6

Ich denke, in diesem Zusammenhang kann kein Zweifel darüber bestehen. Der Spinozismus ist diese Lösung nicht; er gerade gibt ja vielmehr dem Problem seine ganze Schärfe. Die Lösung liegt in Lessings merkwürdiger Theorie der Seelenwanderung, welche nunmehr als ein weiterer kritisch gesicherter Zug in seinem Weltbilde hinzutritt. Und zwar als ein Zug von der tiefgreifendsten Bedeutung.
Lessing dachte sich die Gottheit wie ein unendliches vorstellendes Wesen, in welchem alle realen Dinge den unendlich vielen einzelnen Vorstellungen zu vergleichen wären. Es gab hier nichts außerhalb der göttlichen Notwendigkeit, nichts, dem eine Willkür beiwohnte. Aber das Lebensideal Lessings, der selbständige Mensch, welcher in wachsender Aufklärung zu steigender Vollkommenheit des Handelns voranschreitet, sucht in diesem allumfassenden göttlichen Wesen seinen Platz. Es ist völlig entgegengesetzt dem spinozistischen Lebensideal des in der adäquaten Er-

kenntnis der Substanz alles unter dem Gesichtspunkt der Ewigkeit anschauenden und so von allen Affekten befreiten Menschen. Das Ideal Spinozas gehört noch dem pantheistischen System des Orients an, als dessen große, auf den Gedanken gegründete okzidentale Zusammenfassung. Lessing eröffnet die lebensfreudige, vom Drang des Handelns bewegte Weltansicht, die in Hegel und Schleiermacher ihren ersten systematischen Abschluß erhielt. In der Einheit des Weltganzen bewahrt sie doch zugleich das volle Recht der Individualität. Und zwar vermittels des Gedankens der Entwickelung, durch welchen Leibniz diese große deutsche Bewegung wissenschaftlich vorbereitet hat.

An die Stelle des Dualismus zwischen Welt und Gott, gut und böse, diesseits und jenseits, Himmel und Hölle stellt Lessing, er zuerst ganz offen und ganz konsequent, den Gedanken einer stetigen Entwickelung. Kein denkendes Individuum in diesem Weltganzen darf, ohne Schuld an seiner Determination wie es ist, verloren gehen. Eben dieselbe Bahn einer stetigen Entwickelung, welche das Menschengeschlecht durchläuft, ist auch die jedes einzelnen Individuums. Unser Auge, das seine von Geburt und Tod umgrenzte Erscheinung umfaßt, sieht so nur e i n e n Punkt seiner Bahn. Aber diese Bahn verläuft nicht in ein Jenseits; ihre Punkte liegen alle nebeneinander in diesem Weltall, ja vielleicht auf dieser Erde selber. „Warum sollte ich nicht so oft wiederkommen, als ich neue Kenntnisse, neue Fertigkeiten zu erlangen geschickt bin? Bringe ich auf e i n m a l so viel weg, daß es der Mühe wiederzukommen etwa nicht lohnet? Darum nicht? — Oder weil ich es vergesse, daß ich schon dagewesen? Wohl mir, daß ich das vergesse. Die Erinnerung meiner vorigen Zustände würde mir nur einen schlechten Gebrauch des gegenwärtigen zu machen erlauben. Und was ich auf itzt vergessen m u ß, habe ich denn das auf ewig vergessen? Oder weil so zuviel Zeit für mich verloren gehen würde? — Verloren? — Und was habe ich denn zu versäumen? Ist nicht die ganze Ewigkeit mein?"

Hiermit stehen wir an Lessings letztem Wort gegenüber dem abstrakten Dualismus der theologischen Aufklärung. Man mag auch hier gegenwärtig einflußreiche Systeme vergleichen, um zu erkennen, daß Lessing schlechterdings uns noch ein Gegenwärtiger ist. Schopenhauer hat die Seelenwanderungslehre wieder aufgenommen. Und Lotze sagt[51]: „Die Ahnung, daß wir nicht verloren sein werden für die Zukunft, daß die, welche vor uns gewesen sind, zwar ausgeschieden sind aus dieser irdischen, aber nicht aus aller Wirklichkeit, und daß, in welcher geheimnisvollen Weise es auch sein mag, der Fortschritt der Geschichte doch auch für sie geschieht: dieser Glaube erst gestattet uns von einer Menschheit so zu sprechen, wie wir es tun." Also auch hier der Grundgedanke Lessings, nur mit ausdrücklicher Ablehnung, das Mitfortleben des Individuums mit dem stetigen Fortschritt der Menschheit als Seelenwanderung auf unserer Erde zu denken.

Wie begründete Lessing diese Notwendigkeit, die unendliche, stetige Entwickelung der Individuen als ein Wiedererscheinen unter körperlichen Bedingungen, in Geburt und Tod, zu denken? Warum können diese Individuen nicht in ganz anderer Form an der Entwickelung der Menschheit teilnehmen? Auch hier ist eine wichtige Notiz vorhanden, die niemand benutzt hat. Lessing sagt[52], er habe im Bonnet Ideen angetroffen, die mit den seinigen über eine mit Persönlichkeit verknüpfte Fortdauer des Menschen und überhaupt mit seinem System sehr zusammenträfen. Es ist sonderbar, wie man Bonnets Palingenesie kennen kann und Lessings Aufsatz „daß mehr als fünf Sinne[53] für den Menschen sein können" lesen, ohne erstlich die sehr ernstliche Meinung des letzteren Aufsatzes nunmehr klar zu verstehen, dann aber auf eine Vermutung zu geraten, die freilich unbeweisbar ist, die aber mir wenigstens erst diesen Aufsatz erklärt. Lessing hat Bonnet gelesen. Er hat eine Theorie der Sinne aufgestellt, welche mit der Bonnets genau übereinstimmt. Es ist bisher immer als eine sonderbare Paradoxie erschienen, wie Lessing gerade auf diesen ihm so fern liegenden Gedanken geraten sei, der bei ihm völlig in der Luft schwebe. Die Lösung ist einfach: mit seinen Ideen über Seelenwanderung las er Bonnet, und er fand hier, mit dem ganzen Apparat der Naturforschung ausgerüstet, einen Gedanken, welcher dieser Lehre einen wissenschaftlichen Halt zu geben versprach. So erlangte der Gedanke Einfluß auf die nähere Ausbildung seiner Hypothese. Und da Bonnet eben wie er selber ein Schüler von Leibniz war, so verschmolzen sich die Gedanken beider leicht genug. So entstand jener paradoxe Aufsatz. Er gehört also wohl Lessings letzter Zeit an.

Nur e i n Gedanke — möge man dies doch klar fassen! — kann uns zwingen, über die durch ethische Motive begründete Anschauung einer unendlichen Bahn des voranschreitenden Individuums, welche mit der des Menschengeschlechts nicht außer Berührung steht, fortzugehen zu der Idee eines Wiedererscheinens der Seele in immer neuen Lebensläufen: der Gedanke, daß die Empfindungs- und und Denkprozesse unweigerlich an physiologische Bedingungen geknüpft sind. Wenn dies bewiesen wäre, so könnte zugleich künftig von Fortdauer der Seele nur noch in dieser Form die Rede sein. Und das ist nun die Voraussetzung, von welcher Bonnet ausgeht. Physiolog von Metier, mitten in der Entwickelung des französischen Materialismus stehend, leugnete er nicht die Voraussetzung, daß die Funktionen des Denkens und Empfindens an die physiologischen

Vorgänge im Gehirn gebunden erscheinen, aber er entzog sich der materialistischen Konsequenz dieses Satzes, indem er auf eine alte Anschauung zurückging, welche ebenfalls in dem Bedürfnis, das Fortleben der Seele anschaulich mit den Organisationen unserer Erde verknüpft zu sehen, gegründet war. Und in demselben Geiste sagt Lessing, daß die Seele, erst wenn sie mit Materie verbunden ist, wenn sie einen Sinn hat, fähig ist Vorstellungen zu haben.

An diese Grundlage der modernen Seelenwanderungslehre schließt sich konsequent der folgende Gedanke Bonnets. Empfindung und Vorstellung ist an einen Körper gebunden und schlechthin nur durch diese Verbindung möglich. Ihre Höhe dependiert zunächst von der Zahl der Sinne. Denn von ihnen ist die Zahl der empfindbaren Qualitäten, die Zahl und Dauer der Empfindungen abhängig. „Wir haben nur durch die Sinne Ideen. Das Maß unserer Erkenntnisfähigkeit ist demnach begrenzt durch unsere Sinne; unsere Sinne sind es durch ihre Struktur, und diese ist es wiederum durch die Stelle, welche wir im Weltganzen einnehmen." Und so enthält jedes animalische Wesen eine Möglichkeit der Perfektibilität in der Zahl und der Natur seiner Sinne. Diese wachsend denken, das heißt die Vervollkommnung wachsend denken. „Der Keim eines neuen Körpers in uns kann die organischen Elemente ganz neuer Sinne enthalten. Diese neuen Sinne werden erscheinen in Körpern von einer uns bisher unbekannten Beschaffenheit. Wir kennen die in der Natur verbreiteten Kräfte nur durch ihre Beziehung zu den einzelnen Sinnen, auf welche sie wirken. Wieviel Kräfte mag es geben, deren Existenz wir nicht einmal ahnen, weil es keine Beziehung zwischen den Ideen gibt, die wir durch unsere fünf Sinne erlangen, und denen, welche wir durch andere Sinne erlangen könnten." Nicht in diesem Zusammenhang, aber an anderer Stelle spricht Bonnet auch bereits die Phantasie Lessings von der elektrischen und magnetischen Materie aus.

Das war der Gedanke, welchen Lessing in sein System aufnahm. „Jedes Stäubchen der Materie kann einer Seele zu einem Sinne dienen." „Stäubchen, die der Seele zu einerlei Sinn dienen, machen homogene Urstoffe." „Ein organischer Körper ist die Verbindung mehrerer Sinne." „Wenn man wissen könnte, wie viele homogene Massen die materielle Welt enthielte, so könnte man auch wissen, wie viele Sinne möglich wären." Und nun führt er aus, wie z.B. die elektrische, wie die magnetische Materie homogene Massen seien, denen gegenwärtig kein Sinn entspräche, wie also eine Erweiterung der Erscheinungswelt durch die herrlichsten Phänomene dem weiter entwickelten Individuum bevorstehe.

Träumereien? Sicher! Sie haben nur eine sehr reale Grundlage an dem Gedanken, daß menschliches Empfinden und Vorstellen

physiologisch bedingt sei, daß eine wachsende Erkenntnis für diese menschliche Seele daher nur durch neue, erweiterte physiologische Bedingungen des Fortlebens möglich sein würde.
Dies also ist die Lehre Lessings von der Palingenesie als der einzigen Form, in welcher Menschenseelen ihre Bahn vollenden können. Man gebe ihr diese ihre ernste Begründung wie sie vor Lessings Geiste stand: dann spotte man, wenn man kann. Wenn auch nur in *einem* ernsten Forscher, der sich von dem notwendigen Rapport unserer intellektuellen Prozesse mit physiologischen Prozessen überzeugt hat, das Gefühl geweckt würde, daß die göttliche Ökonomie der Welt auch noch so unzählige, unbegreifliche Wege habe, das unglücklichste, körperlich und geistig verwahrloseste Individuum seine unendliche Bahn zu innerem Frieden durchlaufen zu lassen: wer dürfte dann spotten?
Wir kommen zum letzten Zug in Lessings Weltbilde: dem sich nunmehr ergebenden Zusammenhang dieser in Gott gegründeten, von ihm umfaßten unendlichen Fülle sich entwickelnder Wesenheiten. Lessing scheut sich nicht, wenigstens in der älteren Dramaturgie, hier von einem Plan zu reden, von dem wir nur wenige Glieder kennen, ja die Gottheit mit einem schöpferischen Genie zu vergleichen. In diesem Sinne ist es dann gedacht, wenn er sich das Tier aus der Zusammenstellung seiner Sinne in einer bestimmten Art konstruiert vorstellt. Wenn er es wagt, dem Plan dieses „Schöpfers ohne Namen" in dem Fortschritt der religiösen Ideen nachzuspüren. Wenn er im „Nathan" die Form, in welcher die Gottheit in ihrem Plane das Schicksal des Individuums vorgesehen hat, so ausdrückt:

> Sieh! eine Stirn, so oder so gewölbt;
> Der Rücken einer Nase, so vielmehr
> Als so geführet; Augenbrauen, die
> Auf einem scharfen oder stumpfen Knochen
> So oder so sich schlängeln; eine Linie,
> Ein Bug, ein Winkel, eine Falt', ein Mal,
> Ein Nichts, auf eines wilden Europäers
> Gesicht: — und du entkommst dem Feu'r, in Asien!
> Das wär' kein Wunder, wundersücht'ges Volk?

Wir sind am Ende. Ich denke der Leser wird uns Dank wissen, daß er nicht mit der Streitfrage geplagt wird, wieweit Lessing Leibnizianer, wieweit Spinozist war. Es ließe sich darüber sehr gelehrt reden. Es genügt zu wissen, daß Lessing Leibniz den Gedanken der Entwickelung, der Stetigkeit des Weltzusammenhanges, der Verknüpfung vorstellender Monaden mit materiellen Monaden, eines Zusammenhangs kleinster Teile, in welchem das Gute verwirklicht wird, verdankt, von Spinoza dagegen die strenge Konsequenz des

Monismus hat. Und auch mit der Frage, ob Lessing Pantheist war, bemühen wir den Leser nicht; mag es gelten, wenn man ihn lieber einen Panentheisten heißt. Unser Lessing ist ein Kopf, der vom Studium der moralischen Welt aus in strengem Zusammenhang ein neues Lebensideal entwickelte und den Zusammenhang der Welt dementsprechend formte. Dieser Lessing war auch Leibniz gegenüber selbständig.

Noch sei eine Bemerkung gestattet. Die Untersuchung über Lessing hat zugleich ein über das Studium dieses Mannes hinausgehendes Ziel vor Augen gehabt. Ein Ziel, größer als daß Einzelforschung mehr als einen Beitrag es zu erreichen geben könnte. Es handelt sich um einen notwendigen Fortschritt in der Analyse der Entstehung unserer neueren deutschen Literatur über die bisherigen Behandlungen hinaus.

Denn man untersuche diese Behandlungen doch, ob sie, auch die besten, mehr als ein Chaos zusammenstoßender Einwirkungen geben, deren Produkt dann unsere neuere Literatur sein soll. Da war ein sogenanntes kritisches reformatorisches Genie, da war ein Genie lyrischer Empfindung, ein Kopf von anmutiger Sinnlichkeit, allerhand inferiore Köpfe: man sieht das durcheinanderwirbeln: unsere Literatur entstand. Von dem so interessanten Gottsched-Bodmerschen Streit zu schweigen, welcher sonderbarerweise die größten Folgen gehabt haben soll.

Nicht so ist unsere Literatur entstanden, die schon heute von Lessings Geburt bis zum Tode Hegels und Schleiermachers als ein Zusammenhang uns erscheint. Sie entsprang aus einem schöpferischen Trieb, welcher ihren Charakter bestimmte. Dieser lag in dem Drang der Nation, ein neues Lebensideal zu gestalten, der in einer Reihe historischer Bedingungen gegründet war. Dieser Drang war die stetig fortwirkende schöpferische Macht in dem Chaos von Kräften, welche entbunden wurden. Hieraus folgt nun, daß Lessing der wahre Träger des fortschreitenden Geistes unserer Literatur ward, so mächtige Wirkungen auch von Klopstock und Wieland ausgingen auf die Fortbildung unserer Sprache, die Steigerung des poetischen Gefühls und der Phantasie, auf die dichterische Form, die Lyrik und den Roman. Es ergibt sich weiter, daß die großen dichterischen Konzeptionen von bleibender Art zunächst Darstellungen dieses neuen Lebensideals waren, daß sie als solche, inhaltlich, wie eine neue Philosophie wirkten. So die „Minna von Barnhelm“, „Emilia“, „Nathan“, dann „Götz“, die „Räuber“, „Werther“, weiterhin „Faust“, „Wilhelm Meister“, „Iphigenie“. Es folgt dann, daß dies Lebensideal, wie es unter den Bedingungen einer überreifen Begriffskultur auftrat, sich zugleich in einer wissenschaftlichen Literatur aufzuklären und zu verteidigen unternahm. Daher der eigene Charakter unserer Literatur, daß die Dichter zugleich als wissenschaftliche Forscher auftreten, daß ihre poetische Entwickelung zugleich durch die Entwickelung ihrer Forschungen bedingt ist.

Die Schranken, in denen Lessings Wirken verlaufen ist, waren die seiner Zeit. Das Geschichtliche war dem Sohne der Aufklärung nur wechselndes Gewand der überall und immer gleichen Menschennatur. So sah er noch in allen Religionen nur Stufen, in denen sich die ideale Religion der Menschlichkeit realisiert, die einst alle echten wahrhaftigen Menschen unter sich vereinigen wird. Er sah noch nicht, daß jeder positive Glaube, als Symbol des religiösen Erlebnisses, seinen bodenständigen Eigenwert hat. Sein Lebensideal war einförmig und abstrakt-moralisch, seine Auffassung der Dichtung verstandesmäßig und regelhaft. Die Aufgabe war, und sie ist es noch heute, die Wahrheit, die in diesem Standpunkt der Aufklärung liegt, zu versöhnen mit der historischen Weltansicht, mit der Erkenntnis der Relativität alles Daseins. Das Menschliche ist nirgend ganz, und es ist doch überall. Es kann nie durch Begriffe erschöpft werden, und doch gewahren alle Ideale der Menschheit, alle Lebensansichten irgendeine Seite dieses Unergründlichen.

Das sind die Momente, welche Lessings geschichtliche Stellung bestimmen. Lessing ist der unsterbliche Führer des modernen deutschen Geistes. Der große König, Lessing und der jugendlich-männliche Kant stehen nebeneinander. Ein heiter-klares kühles Morgenlicht umgibt sie. Verstandesheller Wille hat in ihnen den gelehrten, theologischen, pietistischen Dunstkreis des deutschen geistigen Lebens zerstreut. Und wer weiß, ob wir nicht aus der Gefühlsproblematik Rousseaus, Goethes und der Romantik, der alten wie der neuesten, zu einer männlicheren, härteren und verstandeshelleren Art, über Arbeit, Pflicht, Liebe, Ehe, Religion und Staat zu denken, bald fortschreiten werden, fortschreiten müssen? Ob wir nicht manches von dem zurückholen müssen, was wir von den Idealen der Aufklärung aufgegeben haben? Dann werden der König, der Philosoph und der Dichter-Schriftsteller der Aufklärung von uns tiefer verstanden, wärmer geliebt und besser genützt werden, als seit Herder, Goethe und Schiller geschehen ist.

GOETHE UND DIE DICHTERISCHE PHANTASIE

Welcher Unsterblichen
Soll der höchste Preis sein?
Mit niemand streit' ich,
Aber ich geb' ihn
Der ewig beweglichen
Immer neuen,
Seltsamen Tochter Iovis,
Seinem Schoßkinde
Der Phantasie.

Goethe

Die Phantasie des Dichters, ihr Verhältnis zu dem Stoff der erlebten Wirklichkeit und der Überlieferung, zu dem, was frühere Dichter geschaffen haben, die eigentümlichen Grundgestalten dieser schaffenden Phantasie und der dichterischen Werke, welche aus solcher Beziehung entspringen: das ist der Mittelpunkt aller Literaturgeschichte. An keinem neueren deutschen Dichter wird diese zentrale Stellung der Phantasie im dichterischen Schaffen so deutlich als an Goethe, und keiner fordert zu seinem Verständnis so die Einsicht in das Wesen der Phantasie. Dies ist in der Stellung begründet, die Goethe im Zusammenhang der europäischen Literatur einnimmt.

Ich habe am Eingang dieses Bandes die Bewegung der europäischen Literatur geschildert, die von der Entstehung der modernen Wissenschaft bestimmt war. Beinahe anderthalb Jahrhunderte hatte dieselbe gedauert, als Goethe geboren wurde. Unter ihrem Einfluß ist er aufgewachsen, und die Summe ihrer Ergebnisse wirkte in ihm fort. Und nun umgab ihn die deutsche Aufklärung; als er zu dichten begann, stand Lessing auf der Höhe seines Wirkens. Auch ihre eigenste Richtung, die durch unsere ganze Geschichte bestimmt war, hat er in sich aufgenommen: die Vertiefung des Menschen in sich selbst und in das Ideal seines allgemeinen Wesens. Aber darin lag nun seine geschichtliche Mission, daß er, festwurzelnd in den großen Errungenschaften der Aufklärung, ein neues Zeitalter der Dichtung heraufführen sollte. In Deutschland entstand diese neue Zeit; Goethe und die Romantik als ein Unzertrennliches halfen überall bei der Befreiung der dichterischen Phantasie von der Herrschaft des abstrakten Verstandes und des von den Kräften des Lebens isolierten guten Geschmacks. Wer kennt nicht die Vorbereitungen dazu in den verschiedenen Ländern, die englische Genielehre, Rousseau, Hamann, Herder, Sturm und Drang? Goethe wurde vorwärts getragen von dieser Bewegung. Aber die neue Dichtung selbst war sein Werk. Und der Kampf seiner dichterischen Phantasie mit der Aufklärung, ja mit dem Geist der damaligen Wissenschaft selbst ist ein Schauspiel ohnegleichen in der Geschichte der Literatur.

Es ist daher nach so mannigfachen und bedeutenden Versuchen, Goethe zu verstehen, vielleicht nicht unberechtigt, wenn ich, von allgemeinen Sätzen ausgehend, in die Kraft und Eigenheit der dichterischen Phantasie Goethes zunächst einzudringen suche und erst von den so erworbenen Gesichtspunkten aus dann sein Lebenswerk betrachte.

Wissenschaftliche Arbeit, philosophisches Sinnen, Tätigkeit in der Verwaltung nahmen in diesem Lebenswerk einen breiten Raum ein. Sie füllten nicht nur die langen Pausen seines dichterischen Schaffens aus: sie waren ihm unentbehrlich für die Auseinandersetzung mit dem Leben und der Welt, deren er zur Erfüllung seiner dichterischen Mission bedurfte, und nur die wissenschaftliche Überwindung der Aufklärung konnte ihm für seine poetische Welt freie Bahn schaffen.

Seine allseitig schaffende Kraft hatte in seiner Phantasie ihren Mittelpunkt. Dies hat er selber öfters ausgesprochen, am deutlichsten, als er durch den Aufenthalt in Italien und den Verkehr mit Schiller zu klarem Bewußtsein über sich selbst gelangt war. „Ich habe mich", so drückt er 1788 den Inbegriff seiner römischen Erfahrungen über sich selbst aus, „in dieser anderthalbjährigen Einsamkeit selbst wiedergefunden; aber als was? — Als Künstler." Und in der Periode des gemeinsamen Schaffens mit Schiller entstand dann seine denkwürdige Selbstcharakteristik. „Immer tätiger, nach innen und außen fortwirkender poetischer Bildungstrieb", so sagt er von sich, „macht den Mittelpunkt und die Base seiner Existenz. Hat man den gefaßt, so lösen sich alle übrigen anscheinenden Widersprüche. Da dieser Trieb rastlos ist, so muß er, um sich nicht stofflos selbst zu verzehren, sich nach außen wenden." Aus solchem Streben seiner Bildungskraft, nach außen zu wirken, leitet dies Selbstbekenntnis seine Beschäftigungen mit der bildenden Kunst, dem tätigen Leben, den Wissenschaften ab. Sie erschienen ihm damals, da er glaubte endlich seines wahren Berufs ganz sicher zu sein, als „falsche Tendenzen". Der objektive Zuschauer wird mit Schiller lieber sagen, sie waren das breite Fundament für ein dichterisches Lebenswerk von ganz neuer Art, das mit der Gestaltung der Persönlichkeit unzertrennlich verbunden war. So ist der Platz Goethes nicht unter den großen Naturforschern, Philosophen oder Staatsmännern, er ist neben Äschylos, Dante und Shakespeare.

Das Leben

Poesie ist Darstellung und Ausdruck des Lebens. Sie drückt das Erlebnis aus, und sie stellt die äußere Wirklichkeit des Lebens dar. Ich versuche die Züge des Lebens in der Erinnerung meiner Leser wachzurufen. Im Leben ist mir mein Selbst in seinem Milieu gegeben, Gefühl meines Daseins, ein Verhalten und eine Stellungnahme zu Menschen und Dingen um mich her; sie üben einen Druck auf mich oder sie führen mir Kraft und Daseinsfreude zu, sie stellen Anforderungen an mich und sie nehmen einen Raum in meiner Existenz ein. So empfangen jedes Ding und jede Person aus meinen Lebensbezügen eine eigene Kraft und Färbung. Die Endlichkeit des von Geburt und Tod umgrenzten, vom Druck der Wirklichkeit eingeschränkten Daseins erweckt in mir die Sehnsucht nach einem Dauernden, Wechsellosen, dem Druck der Dinge Entnommenen, und mir werden die Sterne, zu denen ich aufblicke, zum Sinnbild einer solchen ewigen, unanrührbaren Welt. In allem, was mich umgibt, erlebe ich nach, was ich selbst erfahren habe. Ich sehe in der Abenddämmerung hinab auf eine stille Stadt zu meinen Füßen; die Lichter, die in den Häusern nacheinander aufgehen, sind mir der Ausdruck eines geschützten friedlichen Daseins. Dieser Gehalt an Leben in meinem eigenen Selbst, meinen Zuständen, den Menschen und Dingen um mich her bildet den Lebenswert derselben, im Unterschied von den Werten, die ihnen durch ihre Wirkungen zukommen. Und dies und nichts anderes ist es, was die Dichtung zunächst sehen läßt. Ihr Gegenstand ist nicht die Wirklichkeit, wie sie für einen erkennenden Geist da ist, sondern die in den Lebensbezügen auftretende Beschaffenheit meiner selbst und der Dinge. Hieraus erklärt sich, was uns ein lyrisches Gedicht oder eine Erzählung sehen läßt — und was für sie nicht existiert. Die Lebenswerte stehen aber in Beziehungen zueinander, die in dem Zusammenhang des Lebens selbst gegründet sind, und diese geben Personen, Dingen, Situationen, Begebenheiten ihre Bedeutung. So wendet sich der Dichter dem Bedeutsamen zu. Und wenn nun die Erinnerung, die Lebenserfahrung und deren Gedankengehalt diesen Zusammenhang von Leben, Wert und Bedeutsamkeit in das Typische erheben, wenn das Geschehnis so zum Träger und Symbol eines Allgemeinen wird und Ziele und Güter zu Idealen, dann kommt auch in diesem allgemeinen Gehalt der Dichtung nicht ein Erkennen der Wirklichkeit, sondern die lebendigste Erfahrung vom Zusammenhang unserer Daseinsbezüge in dem Sinn des Lebens zum Ausdruck. Außer ihr gibt es keine Idee eines poetischen Werkes und keinen ästhetischen Wert, den die Dichtung zu realisieren hätte.

Dies ist das Grundverhältnis zwischen Leben und Dichtung, von dem jede historische Gestalt der Poesie abhängt.

Da ist es nun die erste und entscheidende Eigenschaft der Dichtung Goethes, daß sie aus einer außerordentlichen Energie des Erlebens erwächst. So tritt er in die Aufklärungsdichtung als ein ganz fremdartiges Element, so daß auch Lessing ihn nicht zu würdigen vermochte. Seine Stimmungen schaffen alles Wirkliche um, seine Leidenschaften steigern Bedeutung und Gestalt von Situationen und Dingen ins Ungemeine, und sein rastloser Gestaltungsdrang wandelt alles um sich in Form und Gebilde. Sein Leben und seine Dichtung sind hierin nicht unterschieden, seine Briefe zeigen diese Eigenschaften gerade so wie seine Gedichte, und dieser Unterschied muß jedem deutlich werden, der diese Briefe mit denen Schillers vergleicht. So trennt sich schon hier Goethes Poesie ganz von der Aufklärungsdichtung.

Im Leben sind die Kräfte enthalten, welche nun in der Phantasie wirken.

Dichterische Phantasie

1

Die Phantasie tritt uns als ein Wunder, als ein von dem Alltagstreiben der Menschen gänzlich verschiedenes Phänomen gegenüber, ist aber doch nur eine mächtigere Organisation gewisser Menschen, welche in der seltenen Stärke bestimmter elementarer Vorgänge gegründet ist; von diesen aus baut sich dann das geistige Leben seinen allgemeinen Gesetzen gemäß zu einer ganz von dem Gewöhnlichen abweichenden Gestalt auf.

Schon wenn die Wahrnehmung aus gleichzeitigen Empfindungen Gestalten im Raum oder aus ihrer Abfolge Rhythmen, Melodien, Lautgebilde aufbaut, macht sich dabei die Eigenart des Dichters geltend; vor allem wirken in ihm auf die Wahrnehmungsbildung mit ursprünglicher Macht seine Lebensbezüge, Stimmungen, Leidenschaften.

Die Erinnerungsbilder haben dann in verschiedenen Individuen unter sonst gleichen Bedingungen einen ganz verschiedenen Grad von Helle und Stärke, von Sinnfälligkeit und Bildlichkeit. Von den Vorstellungen als farb- und lautlosen Schatten bis zu den im Sehraum bei geschlossenen Augen projizierbaren Gestalten der Dinge und Menschen erstreckt sich eine Reihe ganz verschiedener Formen von Reproduktion. Mit der Begabung für darstellende Poesie ist nun eine außerordentliche Fähigkeit, reproduzierten oder frei gebildeten Vorstellungen Augenscheinlichkeit und hellste Sinnfälligkeit zu erhalten oder zu verleihen, verknüpft. Bedarf doch das in Gestalten Denken des Dichters überall des Sinnfälligen, der Bewegung von scharf umrissenen Bildern als seiner Grundlage. Zugleich verlangt es Fülle der erworbenen Eindrücke und Vollständigkeit der Erinnerungsbilder: daher sind auch Dichter meist gewaltige Erzähler.

Welches ist nun das Verhältnis zwischen der angesammelten Erfahrung und der frei schaffenden Phantasie, zwischen der Reproduktion von Gestalten, Situationen und Schicksalen und ihrer Schöpfung? Die Assoziation, welche gegebene Elemente in einer gegebenen Verbindung zur Vorstellung wieder zurückruft, und die Einbildungskraft, welche aus den gegebenen Elementen neue Verbindungen herstellt, scheinen voneinander durch die klarste Grenzlinie getrennt. Indem man die wirkliche Beziehung dieser beiden großen psychischen Tatsachen untersucht, gilt es, die deskriptive Methode ohne jede Einmischung erklärender Hypothesen anzuwenden. So allein kann dem Historiker der Poesie Zutrauen entstehen, sich der feineren Einsichten der Psychologie anstatt der grobkörnigen Vorstellungen des gemeinen Lebens für seine Auffassung der Literatur zu bedienen.

In dem von uns auffaßbaren seelischen Verlauf kehrt dieselbe Vorstellung so wenig in einem Bewußtsein zurück, als sie in einem zweiten Bewußtsein als ganz dieselbe wieder vorkommt. So wenig als der neue Frühling die alten Blätter auf den Bäumen mir wieder sichtbar macht, so wenig werden die Vorstellungen eines vergangenen Tages an dem heutigen wiedererweckt, etwa nur dunkler oder undeutlicher. – Wenn wir, in derselben Lage verharrend, das Auge, das einen Gegenstand in sich gefaßt hat, schließen, und so die Vorstellung, in welche die Wahrnehmung übergegangen ist, ihre höchste Stärke und Sinnfälligkeit noch besitzt: so wird in diesem Erinnerungsnachbilde nur ein Teil derjenigen Elemente vorgestellt, welche in dem Wahrnehmungsvorgang enthalten waren; und schon hier, wo doch nur eine seelenlose, tote Erinnerung stattfindet, ist bei lebhafter Anstrengung, das ganze Bild zurückzurufen, eine versuchende Nachbildung unverkennbar. – Wenn aber zwischen die Wahrnehmung und die Vorstellung andere Bilder sich eingedrängt haben und wir nun die Wahrnehmung vollständig zurückzurufen streben, so baut sich die erinnerte Vorstellung von einem bestimmten inneren Gesichtspunkte aus auf; sie nimmt dabei nur so viel Elemente aus dem Tatbestande, der von der Wahrnehmung zurückblieb, als Baumaterial auf, als die nunmehr gegenwärtigen Bedingungen mit sich bringen, und diese erteilen dem Bilde seine Gefühlsbeleuchtung durch die Beziehung zu dem gegenwärtigen Gemütszustand in Ähnlichkeit oder Kontrast; wie denn in Zeiten schmerzlichster Unruhe das Bild eines ehemaligen ruhigen, doch freudlosen Zustandes wie eine selige Insel sonnigsten Friedens vor uns auftauchen kann. Ja, es baut sich nicht selten eine ganz falsche Vorstellung auf. – Und wenn wir nun endlich doch zumeist nicht Einzeleindrücke uns zurückzurufen streben, deren Erinnerung auf einen bestimmten Wahrnehmungsakt als ein Augenblicksbild sich bezieht, sondern Vorstellungen oder Vorstellungsverbindungen, deren jede den Gegenstand in allen seinen von uns wahrgenommenen Lagen repräsentiert: dann steht der Aufbau einer solchen Vorstellung noch viel weiter ab von toter Reproduktion und nähert sich noch viel mehr dem der künstlerischen Nachbildung. – Kurz: wie es keine Einbildungskraft gibt, die nicht auf Gedächtnis beruhte, so gibt es kein Gedächtnis, das nicht schon eine Seite der Einbildungskraft in sich enthielte. Wiedererinnerung ist zugleich Metamorphose. Und diese Erkenntnis läßt den Zusammenhang zwischen den elementarsten Vorgängen des psychischen Lebens und den höchsten Leistungen unseres schöpferischen Vermögens sichtbar werden. Sie läßt in die Ursprünge jenes mannigfachen, an jedem Punkte ganz individuellen und nur einmal so vorhandenen, beweglichen geistigen Lebens blicken, dessen glücklichster Ausdruck die unsterblichen Geschöpfe der künstlerischen Phantasie sind. Die Reproduktion selber ist ein Bildungsprozeß.

So läßt sich die Organisation des Dichters nach dieser Seite schon in der Mächtigkeit der einfachen Vorgänge von Wahrnehmung, Gedächtnis, Reproduktion aufzeigen, mittels deren sich Bilder mannigfachster Art, Charaktere, Schicksale, Situationen in dem Bewußtsein bewegen. Im Erinnern selber entdecken wir dann eine Seite, durch welche es der Einbildungskraft verwandt ist: die Metamorphose durchwaltet das ganze Leben der Bilder in unserer Seele. Dies zeigt sich auch in den merkwürdigen Phänomenen der Gesichtserscheinungen. Wer hätte nicht, vor dem Einschlafen, geschlossenen Auges, sich an den einfachsten Phänomenen ergötzt, die hier sich darbieten? In dem ruhenden reizbaren Gesichtssinn erscheinen die inneren organischen Reize nunmehr als Strahlen, wallende Nebel, und aus ihnen formen und entfalten sich, ohne jede Mitwirkung einer Absicht, da wir im Gegenteil in reines ruhigstes Anschauen versenkt sind, leuchtende farbige Phantasiebilder, die in beständiger Abwandlung begriffen sind.

Die Umformung der Bilder und bildlichen Zusammenhänge, wie sie in dem Erinnern stattfindet, ist indes nur der einfachste und darum am meisten unterrichtende Fall der Bildungsprozesse, welche die Phantasie charakterisieren. Steigernd, mindernd, einordnend, verallgemeinernd, Typen bildend, gestaltend-umgestaltend, unbewußt bald und bald willkürlich – so bringen diese Prozesse neue anschauliche Gebilde ohne Zahl hervor. Züge der Bilder werden ausgeschaltet, andere gesteigert und aus Erinnerungen werden Anschauungen ergänzt. Und dieselbe Umbildung zu einem Neuen, welches das in Erleben und Gewahren Enthaltene oder aus ihm Erschließbare überschreitet, vollzieht sich auch an den Zusammenhängen der Vorstellungsbilder. Ein Denken in Bildern entsteht. In ihm erreicht die Phantasie eine neue Freiheit. Wir versuchen, die Vergangenheit umzudenken. Wir bilden Möglichkeiten der Zukunft vor. Ersinnen freie Geschehnisse und versenken uns in sie. Fühlen uns in Lebloses ein und erhöhen es zu unerhörten beseelten Vorgängen. Und all dies steigert sich, wenn die hier waltende Selbsttätigkeit in bewußter Absicht zweckmäßig wirksam wird. Die Kräfte, welche diese Reihe von Bildungsvorgängen hervorrufen, stammen aus den Tiefen des Gemüts, das vom Leben mannigfach zu Lust, Leid, Stimmung, Leidenschaft, Streben bewegt wird.

In diesem allen liegt ein großer Zug, der von den untersten Vorgängen des Seelenlebens aufwärts Naturen, die dazu organisiert sind, zum dichterischen Schaffen vorwärtszieht. Er wirkt mit höchster Stärke im Kind, im Naturmenschen, in den Menschen des Affekts und der Träume, in den Künstlern. So ist er unterschieden von der regulierten Phantasie im politischen Kopf, dem Erfinder, dem Forscher, deren beständige Selbstkontrolle die Bildungsprozesse am Maß der Wirklichkeit festhält.

2

Wie entsteht nun aus diesem Zug der Phantasie, der dem poetischen Schaffen entgegenführt, die dichterische Phantasie selber, und welche sind ihre unterscheidenden Merkmale?

Phantasie ist – so sahen wir – in den ganzen seelischen Zusammenhang verwoben. Jede im täglichen Leben stattfindende Mitteilung bildet unwillkürlich das Erlebte um; Wünsche, Befürchtungen, Träume der Zukunft überschreiten das Wirkliche; jedes Handeln ist bestimmt durch ein Bild von etwas, das noch nicht ist: die Lebensideale schreiten vor dem Menschen, ja der Menschheit her und führen sie höheren Zielen entgegen: die großen Momente des Daseins, Geburt, Liebe, Tod werden verklärt durch Bräuche, die die Realitäten umkleiden und über sie hinausweisen.

Ich unterscheide nun zunächst hiervon das Wirken der Phantasie, in welchem sich eine von der Welt unseres Handelns unterschiedene zweite Welt aufbaut. So äußert sich die Einbildungskraft unwillkürlich in den Gebilden des Traumes, welcher der älteste aller Poeten ist. Sie erschafft dann im Leben selber willkürlich da eine solche zweite Welt, wo der Mensch sich von der Bindung durch die Wirklichkeit zu befreien strebt: im Spiel, vor allem aber, wo festliche Steigerung des Daseins in Maskenscherz, Verkleidung, festlichem Aufzug eine vom Leben des Tages gesonderte Welt hervorbringt. Die ritterliche Zeit und die höfische Kultur der Renaissance zeigen, wie die vom Leben ganz abgelöste Schöpfung einer poetischen Welt in diesem selber sich schon vorbereitet. Und ebenso baut sich eine von der erfahrenen Wirklichkeit unterschiedene Welt in den Gebilden der religiösen Phantasie auf. In dem Verkehr mit den unsichtbaren Kräften entstehen hier die Anschauungen von göttlichen Wesen. Sie sind eingewoben in das Leben, sein Leiden und Wirken. So ist zunächst diese religiöse Einbildungskraft in Mythos und Götterglaube gebunden an das Bedürfnis des Lebens. Im Verlauf der Kultur sondert sie sich allmählich von den religiösen Zweckbeziehungen, und sie erhebt nun jene zweite Welt zu einer unabhängigen Bedeutsamkeit, wie Homer, die griechischen Tragiker, Dante, Wolfram von Eschenbach das zeigen. Sonach löst erst die Poesie die übersinnliche religiöse Welt ganz von der Bindung los, die in unseren Lebensbedürfnissen und Zweckbeziehungen enthalten ist.

Jetzt erst erfassen wir die Natur der dichterischen Phantasie. Alles bisher Gesagte enthält nur die allgemeinen Bedingungen derselben. Sie ist der Inbegriff der Seelenprozesse, in denen die dichterische Welt sich bildet. Die Grundlage dieser Seelenprozesse sind immer Erlebnisse und der durch sie geschaffene Untergrund des Auffassens. Lebensbezüge beherrschen die poetische Phantasie und kommen in ihr zum Ausdruck, wie sie schon die Bildung der Wahrnehmungen im Dichter beeinflussen. Unwillkürliche, unmerkliche Vorgänge walten hier überall. Sie arbeiten beständig an Farbe und Form der Welt, in welcher der Dichter lebt. Hier ist der Punkt, an welchem sich uns der Zusammenhang von Erlebnis und Phantasie im Dichter aufzuschließen beginnt. Die dichterische Welt ist da, ehe dem Poeten aus irgendeinem Geschehnis die Konzeption eines Werkes aufgeht und ehe er die erste Zeile desselben niederschreibt. Der Vorgang, in dem vermittels dieser Seelenprozesse die poetische Welt entsteht und ein einzelnes dichterisches Werk sich bildet, empfängt sein Gesetz aus einem Verhalten zur Lebenswirklichkeit, das vom Verhältnis der Erfahrungselemente zum Zusammenhang der Erkenntnis ganz verschieden ist. Der Dichter lebt in dem Reichtum der Erfahrungen der Menschenwelt, wie er sie in sich findet und außer sich gewahrt, und diese Tatsachen sind ihm weder Daten, welche er zur Befriedigung seines Systems von Bedürfnissen benutzt, noch solche, von denen aus er Generalisationen erarbeitet; das Dichterauge ruht sinnend und in Ruhe auf ihnen; sie sind ihm bedeutsam; die Gefühle des Dichters werden von ihnen angeregt, bald leise, bald mächtig, gleichviel wie fern dem eigenen Interesse diese Tatsachen liegen oder wie lange sie vergangen sind: sie sind ein Teil seines Selbst.

An dem bunten Teppich der darstellenden Dichtung mit seinen Figuren weben alle Kräfte des ganzen Menschen. Das Gemüt ist der Lebensgrund aller Poesie. Sie ist aber zugleich von dem Gedanken durchdrungen. Gibt es doch im entwickelten Menschen nur wenige Vorstellungen, die nicht allgemeine Elemente in sich faßten, und in der Menschenwelt ist vermöge der Wirkung allgemeiner sozialer Verhältnisse und psychologischer Verhaltungsweisen kein Individuum, welches nicht zugleich unter den verschiedenen Gesichtspunkten repräsentativ wäre, kein Schicksal, welches nicht einzelner Fall eines allgemeineren Typus von Lebenswendungen wäre. Diese Bilder von Menschen und Schicksalen werden unter dem Einfluß der denkenden Betrachtung so gestaltet, daß sie, ob sie gleich nur einen einzelnen Tatbestand darstellen, doch von dem Allgemeinen ganz gesättigt und solchergestalt repräsentativ für dasselbe sind. Hierzu bedarf es durchaus nicht der in das dichterische Werk eingestreuten allgemeinen Betrachtungen, deren Funktion vielmehr vorwiegend ist, den Auffassenden zeitweise von dem Bann des Affekts, der Spannung, der fortreißenden Mitempfindung zu befreien, indem sie zu beschaulicher Stimmung erheben. Endlich zeigt alle Poesie das Gepräge des Willens, aus dem sie entsprang. Schon Schiller verfolgte überall in der Schönheit den Widerschein des Sittlichen; Goethe äußerte sich: „Der persönliche Charakter des Schriftstellers bringt seine Bedeutung beim Publikum hervor, nicht die Künste seines Talents." Die Form des Willens, welche in der Hervorbringung des Kunstwerks wirksam war, äußert sich in der Führung der Handlung.

Das Verhältnis der Phantasie zu ihren Gestalten gleicht innerhalb gewissen Grenzen dem zu wirklichen Menschen. So lebte Dickens mit seinen Gestalten als mit seinesgleichen, litt mit ihnen, wenn sie der Katastrophe sich näherten, fürchtete sich vor dem Augenblick ihres Untergangs. Balzac sprach von den Personen seiner comédie humaine als ob sie lebten; er analysierte, tadelte, lobte sie, als gehörten sie mit ihm zu derselben guten Gesellschaft; er

konnte lange Debatten darüber führen, was sie in einer Lage, in der sie sich befanden, am besten tun würden. Wie Goethe von den tragischen Affekten seiner Poesie im Vorgang der Dichtung bewegt wurde, kann man erschließen aus seiner Äußerung an Schiller, er wisse nicht, ob er eine wahre Tragödie schreiben könne, jedoch erschrecke er vor dem Unternehmen schon und sei beinahe überzeugt, daß er sich durch den bloßen Versuch zerstören könne.
So weicht also der Dichter in einem weit höheren Grade von allen anderen Klassen von Menschen ab, als man anzunehmen geneigt ist, und wir werden uns, einer philisterhaften Auffassung gegenüber, welche sich auf biedere Durchschnittsmenschen vom dichterischen Handwerk stützt, daran gewöhnen müssen, das innere Getriebe und die nach außen tretende Handlungsweise solcher dämonischen Naturen von ihrer Organisation aus aufzufassen, nicht aber von einem Durchschnittsmaß des normalen Menschen aus. Von diesem gewaltigen ganz unwillkürlichen Bautrieb aus will auch Goethes Leben und Schaffen verstanden werden.

Die dichterische Phantasie Goethes

Goethes Phantasie ist das klassische Beispiel für den dargelegten Zusammenhang, in welchem aus den elementaren Prozessen mit innerer Gewalt die dichterischen Gebilde emporsteigen. Im Gespräch und in den Dichtungen des Jünglings ist alles vom stärksten Gefühl des Lebens durchdrungen, jeder Zustand wird mit einseitiger Energie ausgedrückt; Bilder treten auf, die wie in Symbolen denselben versinnlichen. Alles, was Goethe damals sprach oder schrieb, war erfüllt von Keimen werdender Dichtungen, die sich ans Licht drängten.
Aus dieser Kraft, Zustände auszudrücken, entsteht nun seine unvergleichliche Phantasiebegabung in der Sphäre des Wortes. Die Sprache ist das Material des Dichters. Sie ist aber mehr als das, denn die sinnliche Schönheit der Dichtung in Rhythmus, Reim und Sprachmelodie bildet ein eigenes Reich höchster Wirkungen, die ablösbar sind von dem, was die Worte bedeuten. Wer brächte sich den Sinn der Worte ganz zum Bewußtsein, wenn er etwa Goethes Gedicht „An den Mond" vor sich hinspricht! Nur leise und geheimnisvoll klingen ihre Bedeutungen mit an. Darin beruht nun die Sprachphantasie des Dichters, daß er an diesen Wirkungen anhaltend mit starker Fixierung der Aufmerksamkeit bildet und formt, wie der Maler an denen seiner Linien und Farben. Goethe waltete königlich in diesem Reich der Sprache. Es

entsprang dies eben daraus, daß Erlebnis in ihm überall und unmittelbar mit dem Drang zum Ausdruck verbunden war. Sein Gespräch sprang in seiner Jugend nicht selten von der Prosa zum Zitieren seiner Verse über. Auf seinen Wanderungen sang er damals wohl „seltsame Hymnen und Dithyramben" vor sich hin, in denen der Rhythmus seiner inneren Bewegung in Tönen sich äußerte. So kam ihm von innen die Kunst der großen freien rhythmischen Gefüge mit ihrem natürlichen Verlauf und ihrer Lebendigkeit: nie ist ein solcher Wille zur Macht über das Leben in solchen Rhythmen ausgesprochen worden! Er durchbrach in seiner Jugend die ganze überlieferte Sprache. Auf der Grundlage Klopstocks schuf er einen neuen poetischen Stil. Er griff dabei zurück auf seinen heimischen Dialekt. Er verwertete die lebendige Energie der Verba. Er wirkte durch unerhörte Wortbildungen. In diesen verband er Zeitwörter neu mit Vorsilben, er nahm das Hauptwort mit einer Partikel und das Zeitwort mit seinem Objekt zusammen, oder er verstärkte dem Zeitwort durch den Wegfall der Partikel die sinnliche Energie. Er setzt Hauptwörter zu neuen breiten Wortgebilden zusammen, er steigert den Ausdruck durch die Wiederholung bedeutsamer Worte, er durchläuft Frage, Antwort, Ausruf, um die innere Bewegung nachzubilden. Jeder innere Zustand drückt sich in einer eigenen Melodie der Sprache aus. Allmählich mildert er dann in den ersten Weimarer Jahren die Verwertung des heimischen Dialekts. Er mäßigt den heftigen Ausdruck, er gibt der Darstellung der seelischen Bewegung Vollständigkeit, er erhebt durch neue Mittel wie die vermehrte Benutzung bedeutsamer Eigenschaftswörter das Gegenständliche zu ruhiger Anschaulichkeit, und so entsteht auf dem Boden, auf dem einst Luther unsere Schriftsprache durch seine Bibelübersetzung begründete, im Zusammenwirken mit Schiller die klassische Ausbildung unserer Schriftsprache. Auf dieser Grundlage bildet sich nun sein großer Stil. In solchen Leistungen offenbart sich die einzige Sprachphantasie Goethes. So unumschränkt ist ihre Macht, daß unsere ganze folgende Dichtung von ihr beherrscht ist, und daß seine dichterische Sprache noch heute im Leser jede Stimmung hervorzurufen vermag.

Diese Sprachphantasie Goethes, die aus Drang und Gabe, Erlebnis auszudrücken, sich entwickelte, ist nun verbunden mit einer erstaunlichen Einbildungskraft in der Sphäre des ganzen sichtbaren Scheins der Dinge. Über den bewegten Seelenzuständen breitet sich so die bildhafte Schönheit der gegenständlichen Welt aus.

Auf die Naturgrundlagen solcher Begabung, in der Gesichtssphäre zu gestalten, wirft folgende Stelle der Beiträge zur Morphologie ein Licht: „Ich hatte die Gabe, wenn ich

die Augen schloß und mit niedergesenktem Haupte mir in die Mitte des Sehorgans eine Blume dachte, so verharrte sie nicht einen Augenblick in ihrer ersten Gestalt, sondern sie legte sich auseinander, und aus ihrem Inneren entfalteten sich wieder neue Blumen aus farbigen, auch wohl grünen Blättern; es waren keine natürlichen Blumen, sondern phantastische, jedoch regelmäßig wie die Rosetten der Bildhauer. Es war unmöglich die hervorsprossende Schöpfung zu fixieren, hingegen dauerte sie so lange als mir beliebte, ermattete nicht und verstärkte sich nicht. Dasselbe konnte ich hervorbringen, wenn ich mir den Zierat einer buntgemalten Scheibe dachte, welche dann ebenfalls aus der Mitte gegen die Peripherie hin sich immerfort veränderte, völlig wie die in unseren Tagen erst erfundenen Kaleidoskope." Wenn vor dem Einschlafen unter günstigen Bedingungen dem Beobachter, wie ich selbst erprobt habe, gelingt, in dem dunklen Sehraum die aufsteigenden farbigen Nebel zu Gestalten sich formen und abwandeln zu sehen, so erblicken wir bei Goethe höchste Leichtigkeit und Schönheit dieser Schöpfungen einer unwillkürlich bildenden Einbildungskraft. Diese Gabe, in einer modifizierten Form, überträgt er in den Wahlverwandtschaften, welche ja ganz von den Darlegungen unserer physiologischen Bedingtheit auch in den höchsten Offenbarungen des Gemütslebens durchdrungen sind, auf die von ihm so geliebte Gestalt der Ottilie; die Darstellung erinnert hier an das, was Cardanus von sich erzählt; zwischen Schlaf und Wachen blickt sie in einen mild erleuchteten Raum, in dem sie den im Krieg abwesenden Eduard gewahrt. Die Gewalt, die die Gebilde der Phantasie über den Dichter selber üben, ist in mehreren Stellen des Tasso mit tiefer Kenntnis ausgesprochen, so: „Ich halte diesen Drang vergebens auf, der Tag und Nacht in meinem Busen wechselt" usw.; dann wie er Leonore den künftigen Weg des Verbannten nach Neapel schildert: „verkleidet geh ich hin, den armen Rock des Pilgers oder Schäfers zieh ich an" usw. — man teilt den Schauder Leonorens, die ihn unterbricht, wie um den unheimlichen Zauber zu lösen, mit welchem ihn dies Phantasiebild umfängt. Und in der Pandora hat Goethe die allseitigste und stärkste poetische Darstellung von dem allem gegeben.
Goethe hat auch die Einsicht in die Natur des Dichters, welche ihm aus solchen Erfahrungen sich ergeben hatte, folgendermaßen generalisiert: „Man sieht deutlicher ein, was es heißen wolle, daß Dichter und alle eigentlichen Künstler geboren sein müssen. Es muß nämlich die innere produktive Kraft jene Nachbilder, die im Organe, in der Erinnerung, in der Einbildungskraft zurückgebliebenen Idole, freiwillig, ohne Vorsatz und Wollen lebendig hervortun, sie müssen sich entfalten, wachsen, sich ausdehnen, zu-

sammenziehen, um aus flüchtigen Schemen wahrhaft gegenwärtige Bilder zu werden.“ „Ich bin“, erzählte er dem Kanzler Müller, „hinsichtlich meines sinnlichen Auffassungsvermögens so seltsam geartet, daß ich alle Umrisse und Formen aufs schärfste in der Erinnerung behalte, dabei aber durch Mißgestaltungen und Mängel mich aufs lebhafteste affiziert finde.“ „Ohne jenes scharfe Auffassungs- und Eindrucksvermögen könnte ich ja auch nicht meine Gestalten so lebendig und scharf individualisiert hervorbringen. Diese Deutlichkeit und Präzision der Auffassung hat mich früher lange Jahre hindurch zu dem Wahn verführt, ich hätte Beruf und Talent zum Zeichnen und Malen.“ In demselben Sinn faßt Goethe in seinen Sprüchen das Ziel der Poesie: „Der Dichter ist angewiesen auf Darstellung. Das höchste derselben ist, wenn sie mit der Wirklichkeit wetteifert, d.h. wenn ihre Schilderungen durch den Geist dergestalt lebendig sind, daß sie als gegenwärtig für jedermann gelten können.“

Indem nun diese beiden Arten dichterischer Phantasie mit höchster Stärke in Goethe zusammenwirken, entsteht eine Universalität der poetischen Begabung, die in der modernen Zeit ohnegleichen ist. Er hat Macht und Eigenart derselben in der Darstellung seiner letzten Frankfurter Jahre selbst geschildert. „Mein produktives Talent verließ mich seit einigen Jahren keinen Augenblick; was ich wachend am Tag gewahr wurde, bildete sich sogar öfters nachts in regelmäßige Träume, und wie ich die Augen auftat, erschien mir entweder ein wunderliches neues Ganze oder der Teil eines schon Vorhandenen.“ In der Einsamkeit wie mitten in der Gesellschaft war diese Naturgabe in ihm wirksam. Damals hat er im Prometheus das selbstherrliche Bewußtsein solcher schöpferischen Kraft zum Ausdruck gebracht. Er mußte diese Gabe „ganz als Natur betrachten“. Sie trat „unwillkürlich, ja wider Willen“ hervor. Sie ruhte zuweilen lange Zeit, und er konnte selbst mit Willen nichts hervorbringen, dann wieder vermochte die Feder seinem „nachtwandlerischen Dichten“ kaum zu folgen. Auch größere Werke sind damals, nachdem er sie lange mit sich herumgetragen und an ihnen gebildet hatte, wie in einer Inspiration entstanden; er schrieb den Werther in vier Wochen, „ziemlich unbewußt“ und wie von einem Traum geleitet, ohne daß er ein Schema des Ganzen oder die Behandlung irgendeines Teiles vorher zu Papier gebracht hätte; kaum fand er dann etwas daran zu ändern: so ist sein vollkommenstes, einheitlichstes Kunstwerk vor Hermann und Dorothea entstanden. In dem allem treten uns die Eigenschaften der dichterischen Phantasie in äußerster Stärke entgegen: ein unwillkürlich gesetzmäßiges, vom gewöhnlichen Leben und dessen Zwecken losgelöstes Schaffen aus der Fülle der seelischen Kräfte.

Diese Eigenart seines jugendlichen Dichtens erhält sich bis in späte Jahre, nur abgewandelt durch Gelassenheit, Bedachtsamkeit und abnehmende Phantasiekraft. Langen Vorbereitungen folgen Zeiten intensivsten Schaffens; der allmählich zusammengetragene und gestellte Holzstoß — so berichtet er 1795 bei der Arbeit an Wilhelm Meister — „fängt endlich an zu brennen". Er schafft um sich Einsamkeit, besonders gern auf dem Schloß in Jena, um die dichterische Stimmung und den inneren Zusammenhang des Schaffens festzuhalten. Alles Wollen fördert dabei glückliches Gelingen nicht, und das Beste kommt ihm immer freiwillig. So entwickeln sich seine Schöpfungen in langen Zeiträumen. „Mir drückten sich gewisse große Motive, Legenden, uraltgeschichtlich Überliefertes so tief in die Seele, daß ich sie vierzig bis fünfzig Jahre lebendig und wirksam im Inneren erhielt; mir schien der schönste Besitz, solche werte Bilder oft in der Einbildungskraft erneut zu sehen, da sie sich dann zwar immer umgestalteten, doch, ohne sich zu verändern, einer reineren Form, einer entschiedeneren Darstellung entgegenreiften." In anderen Dichtern wie in Schiller ist die Entstehung jedes darstellenden Werkes gewaltige und bewußte Arbeit gewesen. Vielleicht teilt sich diese vorandrängende Macht des Willens auch der Handlung mit und gibt ihr die starke Bewegung, die wir in Schillers Dramen bewundern, während auch Goethes höchste Darstellungen diese Eigenschaften nicht zeigen. Goethe war ferner während der Arbeit nicht ganz unabhängig von dem Urteil der Freunde über das Begonnene. Besonders von Schiller empfing er entscheidende Einwirkungen in bezug auf die Fortsetzung von Wilhelm Meister und von Faust. In anderen Fällen bestimmten Urteile ihn, den Plan einer Dichtung fallen zu lassen. Auch er konnte wie andere große Erzähler durch die bloße Vergegenwärtigung der Gebilde seiner Phantasie tief bewegt und erschüttert werden. Als er sich das ganze Detail einer Situation des Wilhelm Meister ausmalte, „fing er zuletzt bitterlich zu weinen an". Bei der Vorlesung eines eben geschriebenen Teiles von Hermann und Dorothea geschah ihm dasselbe; „so schmilzt man bei seinen eigenen Kohlen", sagte er, indem er sich die Augen trocknete.

Die vollkommenste Anschauung von Macht und Eigenart dieser Phantasie entsteht aber erst, wenn man verfolgt, wie sie auf jeden Teil des Organismus Goethe ihre Wirkungen erstreckte. Ihr Einfluß durchdrang sein Leben, seine Weltansicht, seine Ideale. Phantasie regierte in dem Jüngling inmitten der reichsten noch ungeregelten Kräfte. Sie steigerte ihm in den Jahren brausender Jugendkraft Freuden und Schmerzen ins Unendliche; alles Wirkliche hüllte sie für ihn in die Schleier der Schönheit und verlieh ihm selber die Gabe zu bezaubern und mit sich fortzureißen — Männer wie Frauen; aber indem sie ihm bald das Gegenwärtige idealisierte, bald dann wieder, was beengend in jedem Lebensverhältnis liegt, ins Unerträgliche vergrößerte und durch neue Bilder ihn in grenzenlose Fernen zog, steigerte sie die Ruhelosigkeit, die Unbefriedigung der Jugend und des genialen Bewußtseins in ihm — bis zum Spiel mit dem Selbstmord, bis zu jeder Unbeständigkeit in Freundschaft, Liebe, Arbeit, Lebenszielen, bis zum Dämonischen des Übermenschentums, wie es im Urfaust sich ausspricht. Er ist damals Jacobi als ein Besessener erschienen, dem es fast in keinem Fall gestattet sei, willkürlich zu handeln. Phantasie gewährte ihm immer wieder in der Dichtung zeitweilige Befreiung von der Unruhe seines Lebens, indem sie dies Leben in die Welt des Scheins erhob. Er erleichterte sich die Seele, indem er aussprach, was ihn bewegte. Er löste sich von seinen eigenen Lebenszuständen los, indem er sie außer sich hinstellte — als ein ihm Fremdes, das nun im Reich der dichterischen Einbildungskraft seinen Platz hatte und hier, losgelöst von der Bedingtheit in ihm selbst, sich in seinen Konsequenzen entfaltete. Und eben sie war ihm auch hilfreich, als er sich selbst überwand und zum reifen Ideale seiner männlichen Jahre fortging. Denn dies Ideal beruhte auf der Erhebung des Lebens in seiner Totalität zu der höchstmöglichen in ihm enthaltenen Bedeutung: so war das Erfassen desselben und seine Verwirklichung, im Gegensatz zu der von abstrakten sittlichen Regeln, an die Phantasiebilder des Vergangenen, Künftigen, Möglichen gebunden: denn das Leben in diesen Bildern liegt jeder Idealvorstellung des eigenen Selbst zugrunde. Endlich hat die dichterische Phantasie Goethe das Geheimnis der Natur und der Kunst aufgeschlossen. Wie sein interesseloses Anschauen der Natur dem künstlerischen Schaffen verwandt war, so eröffnete sich ihm auch dessen Gegenstand, die Natur, in dem Erlebnis der Kraft der Phantasie, die in ihm selber schöpferisch wirksam war. Natur erschien ihm als gesetzlich, zweckmäßig wirkende Kraft, die in Metamorphose, Steigerung, in der Architektonik typischer Formen, in der Harmonie des Ganzen sich äußert. Und daher mußte die Kunst ihm die höchste Manifestation solchen Wirkens der Natur sein.

Erlebnis und Dichtung

Aus dem Verhältnis von Leben, Phantasie und Gestaltung des Werks folgen alle allgemeinen Eigenschaften der Poesie. Jedes poetische Werk macht ein einzelnes Geschehnis gegenwärtig. Es gibt daher den bloßen Schein eines Wirklichen durch Worte und deren Verbindungen. So muß es alle Mittel der Sprache anwenden, um Eindruck und Illusion hervorzubringen, und in dieser künstlerischen Behandlung der Sprache liegt ein erster und höchst bedeutender ästhetischer Wert desselben. Es hat nicht die Absicht, Ausdruck oder Darstellung des Lebens zu sein. Es isoliert seinen Gegenstand aus dem realen Lebenszusammenhang und gibt ihm Totalität in sich selber. So versetzt es den Auffassenden in Freiheit, indem er sich in dieser Welt des Scheines außerhalb der Notwendigkeiten seiner tatsächlichen Existenz findet. Es erhöht sein Daseinsgefühl. Dem durch seinen Lebensgang eingeschränkten Menschen befriedigt es, die Sehnsucht, Lebensmöglichkeiten, die er selber nicht realisieren kann, durchzuerleben. Es öffnet ihm den Blick in eine höhere und stärkere Welt. Und es beschäftigt im Nacherleben sein ganzes Wesen in einem ihm gemäßen Ablauf der seelischen Vorgänge, von der Freude an Klang, Rhythmus, sinnlicher Anschaulichkeit bis zum tiefsten Verständnis des Geschehnisses nach dessen Beziehungen zur ganzen Breite des Lebens. Denn jedes echte poetische Werk hebt an dem Ausschnitt der Wirklichkeit, den es darstellt, eine Eigenschaft des Lebens heraus, die so vorher nicht gesehen worden ist. Indem es eine ursächliche Verkettung von Vorgängen oder Handlungen sichtbar macht, läßt es zugleich die Werte nacherleben, die im Zusammenhang des Lebens einem Geschehnis und dessen einzelnen Teilen zukommen. Das Geschehnis wird so zu einer Bedeutsamkeit erhoben. Es gibt keine große naturalistische Dichtung, die nicht solche bedeutsamen Züge des Lebens ausspräche, wie trostlos, bizarr, einer blinden Natur angehörig sie auch sein mögen. Es ist dann der Kunstgriff der größten Dichter, das Geschehnis so hinzustellen, daß der Zusammenhang des Lebens selbst und sein Sinn aus ihm herausleuchtet. So erschließt uns die Poesie das Verständnis des Lebens. Mit den Augen des großen Dichters gewahren wir Wert und Zusammenhang der menschlichen Dinge.

So sind in dem Untergrund dichterischen Schaffens persönliches Erleben, Verstehen fremder Zustände, Erweiterung und Vertiefung der Erfahrung durch Ideen enthalten. Der Ausgangspunkt des poetischen Schaffens ist immer die Lebenserfahrung, als persönliches Erlebnis oder als Verstehen anderer Menschen, gegenwärtiger wie vergangener, und der Geschehnisse, in denen sie zusammenwirkten. Jeder der unzähligen Lebenszustände, durch die der Dichter hindurchgeht, kann in psychologischem Sinne als Erlebnis bezeichnet werden: eine tiefer greifende Beziehung zu seiner Dichtung kommt nur denjenigen unter den Momenten seines Daseins zu, welche ihm einen Zug des Lebens aufschließen.

Und was nun auch dem Dichter aus der Welt der Ideen zufließen mag – und der Einfluß der Ideen auf Dante, Shakespeare, Schiller war sehr groß: alle religiösen, metaphysischen, historischen Ideen sind doch schließlich Präparate aus vergangenen großen Erlebnissen, Repräsentationen derselben, und nur sofern sie die eigenen Erfahrungen dem Dichter verständlich machen, dienen sie ihm, Neues am Leben zu gewahren. Der Idealismus der Freiheit, wie ihn Schiller von Kant aufnahm, klärte ihm doch nur das große innere Erlebnis auf, in welchem seine hohe Natur im Konflikt mit der Welt ihrer Würde und Souveränität gewiß wurde.

Welche Mannigfaltigkeit von Modifikationen dichterischer Erfahrung muß sich hieraus entwickeln! Indem die griechischen Tragiker die innere religiöse Welt in dramatische Sichtbarkeit herausversetzten, entstand ein Ausdruck tiefsten Erlebens, der doch zugleich Darstellung einer mächtigen äußeren Tatsächlichkeit war, und eine Wirkung ohnegleichen muß hiervon ausgegangen sein. Wir erfahren etwas von diesen Wirkungen noch in den Oberammergauer Spielen und in unseren Oratorien. Shakespeare gibt sich einem von außen gegebenen Vorgang verstehend völlig hin; er legt sein eigenes Leben hinein, und so entstehen seine Menschen, die so mannigfaltig sind, wie die Natur sie darbietet, und so tief, wie Erleben reicht. Goethe bringt das persönliche Erlebnis, die bildende Arbeit an ihm selbst zum Ausdruck, und in diesem Verhältnis von Erlebnis und seinem Ausdruck tritt das der Beobachtung immer Verborgene am Seelenleben, sein ganzer Verlauf und seine ganze Tiefe heraus. Überall ist hier das Verhältnis von persönlichem Erlebnis und Ausdruck mit dem von äußerem Gegebensein und Verstehen in verschiedener Mischung miteinander verwebt. Denn im persönlichen Erlebnis ist ein seelischer Zustand gegeben, aber zugleich in Beziehung auf ihn die Gegenständlichkeit der umgebenden Welt. Im Verstehen und Nachbilden wird fremdes Seelenleben erfaßt, aber es ist doch nur da durch das hineingetragene eigene. Nur die Stärke und die Verbindung dieser Momente ist in den verschiedenen Modifikationen der dichterischen Erfahrung immer wieder eine andere. Auf diesen Grundlagen entwickelt sich die seherische Gabe des Dichters, die uns über uns selbst und die Welt, über die letzten erreichbaren Tiefen der Menschennatur und über die Fülle der Individualitäten belehrt. Es entstehen die zahllosen Formen dieser seherischen Begabung.

Indem auf dieser Grundlage ein Geschehnis zur Bedeutsamkeit erhoben wird, entsteht ein dichterisches Gebilde. Wie wir nun an einem Naturkörper seine chemische Zusammensetzung, seine Schwere, seinen Wärmezustand unterscheiden und für sich studieren, so sondern wir in dem darstellenden dichterischen Werke, dem Epos, der Romanze oder Ballade, dem Drama oder dem Roman voneinander Stoff, poetische Stimmung, Motiv, Fabel, Charaktere und Darstellungsmittel. Der wichtigste unter diesen Begriffen ist der des Motivs: denn im Motiv ist das Erfahrnis des Dichters in seiner Bedeutsamkeit aufgefaßt: in ihm hängt dieses daher zusammen mit der Fabel, den Charakteren und der poetischen Form. Es schließt die bildende Kraft in sich, welche die Gestalt des Werkes bestimmt. Wie in organischem Wachstum entwickeln sich von der Lebenserfahrung aus diese einzelnen Momente, die an der Dichtung unterschieden werden können: jedes derselben vollzieht eine Leistung im Zusammenhang des Werkes. So ist also jede Dichtung ein lebendiges Geschöpf eigener Art. Das höchste Verständnis eines Dichters wäre erreicht, könnte man den Inbegriff der Bedingungen in ihm und außer ihm aufzeigen, unter denen die sein Schaffen bestimmende Modifikation des Erlebens, Verstehens, Erfahrens entsteht, und den Zusammenhang umfassen, der von ihr aus Motiv, Fabel, Charaktere und Darstellungsmittel gestaltet.

Indem ich nun das Verhältnis von Leben, Lebenserfahrung, Phantasie und dichterischen Werken in Goethe auszusprechen suche, ergreift mich wieder vor allem die wunderbare Einheit und Harmonie in diesem Dasein. Es gibt in ihm kaum Rätsel und Dissonanzen. Dies Leben ist ein Wachstum nach einem inneren Gesetz, und wie einfach ist dies Gesetz, wie regelmäßig und stetig wirkt es! Aus seiner Anschauung von der bildenden Kraft der Natur schafft Goethe ihr das Leben nach, das der Gegenstand der Dichtung ist, und nach der hier gefundenen inneren Gesetzlichkeit formt er seine dichterische Welt und gestaltet sich selbst — dies beides in einem untrennbaren Zusammenhang.

Die Bedingung für dies außerordentliche Phänomen lag in der Geschichte des deutschen Geistes; von Luther und Leibniz ab arbeitete sie an einer inneren Harmonie von Religion, Wissenschaft und Dichtung, die auf der Vertiefung des Geistes in sich selbst und seiner Gestaltung aus dieser Tiefe beruht. So ist die weltgeschichtliche Kraft entstanden, deren einheitliche Wirkungen sich vom 18. Jahrhundert ab von Deutschland aus über Europa verbreitet haben. Diese Kraft erfüllte alle Schöpfungen der Zeit Goethes. In dem Herausholen eines Allgemein-Menschlichen aus den unbewußten Tiefen unseres Daseins war Goethe verbunden mit der Transzendentalphilosophie von Kant, Fichte und Hegel und mit der Instrumentalmusik Beethovens, und in dem Ideal der Gestaltung des Menschen aus dem inneren Gesetz seines Wesens war er eins mit denselben Philosophen und mit Schiller, Humboldt und Schleiermacher. Auf dem Boden dieser neuen Kultur

entstand die dichterische Welt, die Goethe, Schiller und Jean Paul schufen, und die von Novalis und Hölderlin ab forgebildet wurde.
Die ganze geistige Entwicklung Europas trat dann unter den Einfluß der neuen weltgeschichtlichen Kraft. Von dieser Stellung aus hat Goethe die höchste dichterische Aufgabe gelöst, das Leben aus ihm selber zu verstehen und so in seiner Bedeutsamkeit und Schönheit darzustellen. Die Dichtergabe ist in ihm nur die höchste Manifestation einer schaffenden Gewalt, die in seinem Leben selber schon wirksam war. Leben, Bilden und Dichten werden in ihm zu einem neuen Zusammenhang, der im wissenschaftlichen Studium seine Grundlage hat. Aus diesem Zusammenhang entspringt die Wahrheit, die reine Natürlichkeit, das lautere Sehen, die unbefangene Auslegung unseres Daseins, welche zum Vorbild aller nachkommenden Denker, Dichter und Schriftsteller geworden ist.
Ich greife zu einem vergleichenden Verfahren, um das Wesen dieser Poesie durch Verwandtschaft und Gegensatz sichtbar zu machen. Shakespeare und Goethe treten heute für uns als die beiden höchsten Kräfte der modernen Weltliteratur nebeneinander. Und eben sie repräsentieren, wie wir sahen, besonders bedeutsame Modifikationen der dichterischen Erfahrung und folgerecht der Menschendarstellung. Die beiden großen germanischen Seher, die am tiefsten dem Leben in sein unergründliches Antlitz geblickt haben, ergänzen einander, verwandte Naturen stehen ihnen zur Seite.

Shakespeare

Die Briefe von Dickens und die Lebensnachrichten von ihm gestatten uns einen Einblick in die Werkstatt eines Dichters. Er erscheint als ein Genie, dessen ganzes Leben in tatsächlicher Erfahrung, in genauester unwillkürlicher Beobachtung dessen, was immer neue Erfahrungskreise ihm bieten, verläuft, der so viel Beschäftigungen und Lebenslagen durcheilt, als Lehrjunge, Advokatenschreiber, Reporter im Parlament und im Lande, so viel Tatsachen seiner Beobachtung zu unterwerfen in der Lage ist, die Gefängnisse und Irrenhäuser der meisten Länder Europas wie ihre gute Gesellschaft so gründlich studiert, daß in Deutschland kein Leben eines Poeten damit vergleichbar ist; damit verbinden sich sein Ungestüm, die ungeheuren Fehlgriffe seines fieberhaft tätigen Naturells, seine Gleichgültigkeit gegen jede höhere Ausbildung der eigenen Persönlichkeit, gegen jede höhere intellektuelle Beschäftigung; und dies alles ist Außenseite für ein Leben voll Seligkeit und Leid im Mitleben mit den Gestalten, welche aus diesem Er-

fahrungsmaterial geformt sind: er ist dem, was er außer sich gewahrt hat, ganz hingegeben.
Indem wir das dichterische Schaffen des Zeitgenossen von Stuart Mill aus so genauen Mitteilungen studieren, fällt von dieser Erkenntnis aus auch ein Licht auf das uns anscheinend ganz unbegreifliche innere Leben und Bilden in dem Zeitgenossen des Lord Bacon.
Shakespeare scheint in ein undurchdringliches Dunkel gehüllt. Eifrigste Sammlung hat nur eine Anzahl Urkunden von kirchlichen Akten und Rechtsgeschäften und ein paar polemische Stellen zeitgenössischer Schriftsteller als wirklich authentisches Material gewonnen. Es scheint, daß seine Person nicht in hohem Grade die Aufmerksamkeit der Zeitgenossen auf sich zog. Seine Dramen können nur mit großer Vorsicht zu Schlüssen auf seine Denkart, seine religiösen oder philosophischen Überzeugungen und seinen Charakter benutzt werden. Seine Sonette sind selber ein Geheimnis, da wir weder wagen, sie beim Wort zu nehmen wegen der ungeheuren Paradoxie der Gefühlsweise in ihnen, noch zaghaft darauf verzichten können, einen Kern höchst subjektiven persönlichsten Empfindens in ihnen anzunehmen.
Wir gehen von einigen unzweifelhaften, in seinen Werken selbst gegebenen Tatsachen über seine Organisation aus. Shakespeare zeigt einen Umfang von zutreffenden gründlichen und ganz positiven Wahrnehmungsbildern, mit welchen die Summe genauer Bilder bei keinem anderen Poeten auch nur verglichen werden kann. Man muß in ihm eine Energie der Wahrnehmung und des Gedächtnisses annehmen, hinter der selbst das, was Goethe und Dickens von sich erzählen, weit, weit zurücksteht. Schon die Zeichen für die Dinge beherrscht er königlich: M. Müller hat berechnet, daß ihm etwa 15 000 Wörter zur Verfügung stehen, beinahe doppelt so viel als Milton. Seine Kenntnis von Pflanzen und Tieren ist durch sachkundige Forscher als erstaunlich genau und umfassend erwiesen worden. Er spricht von Falken und Falkenjagd, wie einer, der sein Leben als Jäger zugebracht hat, so daß erst die sachkundige Untersuchung eines Kenners einige dieser Stellen verständlich gemacht hat. Er spricht von Hunden, als hätte er gleich Walter Scott jederzeit ein paar Lieblingstiere zu seinen Füßen liegen gehabt. In einer Zeit, in welcher noch Ärzte in bezug auf Wahnsinnige ganz von abergläubischen Vorstellungen erfüllt sind, erscheint er als ein so tiefer Beobachter krankhafter Seelenzustände, daß hervorragende Irrenärzte unserer Zeit seine Personen studiert haben wie man Tatsachen der Natur selber studiert. Seine Kenntnis von Rechtsfällen und Rechtsgeschäften ist derart, daß hervorragende englische Juristen sie nur durch die Annahme sich

erklären konnten, daß er als Lehrling eines Advokaten Gelegenheit gehabt habe, sich fachmännisch auszubilden. Und Umfang und Tiefe seiner Charakterschilderungen bezeichnen für uns die äußerste Grenze des dichterischen Vermögens.

Eine solche Wirkung setzt als Ursache nicht nur höchste Energie der Wahrnehmung und des Gedächtnisses voraus: wir müssen uns das Genie, welches dies leistet, gänzlich den Tatsachen hingegeben denken, gewahr werdend, beobachtend, sein Selbst ganz vergessend und verwandelnd in das, was es erfaßt. Unwillkürlich muß ich an Rankes Wort denken: ich möchte mein Selbst auslöschen, und die Dinge sehen, wie sie gewesen sind. Nicht in sich selbst, sondern in dem, was außer ihm auf ihn wirkte, lebte er. Er war ganz großes geistiges Auge. Er hatte kein Bedürfnis, in sich einen Zusammenhang von energischen Überzeugungen herzustellen oder ein Selbst von imponierender Macht zu gestalten: er wird als von sanfter Grazie gleich Raphael geschildert, und zugleich war ihm gegeben, jede menschliche Natur und Leidenschaft bis in ihre äußersten Konsequenzen und geheimsten Schlupfwinkel zu verfolgen. Hiermit ist seine Darstellungsweise einstimmig, welche die Menschen hinstellt, wie sie der Beobachter im Leben von außen gewahrt, in völliger Deutlichkeit der körperlichen Umrisse, in Willensbewegung, ihre letzten Beweggründe zuweilen undurchdringlich.

Dieser Auffassung entsprechen die Nachrichten über sein Leben. Der rasche, beinahe fiebernde Puls seiner Helden schlägt auch in ihm, wie in Marlowe und Ben Jonson. Mit achtzehn Jahren ist er verheiratet, das Jahr darauf mit der Sorge für eine Familie belastet (geboren 1564, verheiratet 1582, seine Tochter Susanne 26. Mai 1583, Hamnet und Judith 1585), zwischen 1585 und 1587 erscheint er in London, sich eine Existenz zu gründen, in den ersten zwanziger Lebensjahren. 1592, im achtundzwanzigsten Jahr, hat er bereits Ruhm und Wohlstand erreicht, so daß Greene in einem Pamphlet dieser Zeit ihn als „an absolute Johannes Factotum and in his own conceit, the only Shake-scene in a country" bezeichnen kann. Er ist dann 1598 anerkannt, sein Name erscheint von da ab auf den Titelblättern seiner Dramen. Schon jetzt beginnt er allmählich alles für seine Zurückgezogenheit in Stratford vorzubereiten. 1602, im achtunddreißigsten Lebensjahre, ist er bereits wohlhabender Landgentleman in Stratford, obwohl noch in London tätig. In seinen vierziger Jahren finden wir ihn dann dort (der genauere Termin kann aus den bisher gefundenen Urkunden nicht erschlossen werden) in seinem stattlichen Hause, das von seinen Gärten umgeben ist, ausruhend von der stürmenden Hast seines Lebens; seine Laufbahn war zu Ende. Am 23. April

1616 im dreiundfünfzigsten Jahre starb er in Stratford, unmittelbar nach den Vermählungsfesten seiner jüngsten Tochter.

In den beiden Punkten, von denen man zu sagen pflegt, daß sie über das Leben entscheiden, in Ehe und Beruf, scheint raschem vordringendem Entschließen schwere Lebensmühe und Enttäuschung gefolgt zu sein; herbe Empfindung des Lebens und entschiedene, klare Handhabung desselben erfüllen seine männlichen Jahre, und, seltsam es zu sagen, der Zusammenhang der Handlungen seines Lebens liegt nicht allein in seiner Poesie, sondern ebenso in dem Willen, sich und seine Familie in die wohlhabende Landgentry zu erheben. Wie Dickens lernte er das Leben und die Menschen nicht als ein schwatzender und zuguckender Zuschauer kennen, sondern er spielte mit, in den übermütigsten Komödien wie in Tragödien, er hatte jene kraftfrohe Natur, die lieber etwas Falsches tut, als gar nichts. So hat auch der einzige in der Kenntnis des Lebens Shakespeare vergleichbare Dichter, Cervantes, sein Leben als Sekretär eines päpstlichen Legaten, als Soldat in den verschiedensten Feldzügen, in Sklavenketten, als Schriftsteller unruhvoll durcheilt. Und gerade die bunten Erfahrungen einer bewegten, mit Wirklichkeiten ringenden Jugend haben solchen Dichtern das Hauptmaterial ihres Erfahrungshorizontes geschenkt. Auch Äschylos und Sophokles erwarben im tätigen Leben des Bürgers und Soldaten ihr Verständnis der Welt, und erst Euripides lebte in seiner Bibliothek als Literat.

Wie sein Lebenslauf ihm die ungeheure Welterfahrung zuführte, welche seine Dramen zeigen, läßt sich noch verfolgen. Wie oft kehrt in seinen Dichtungen die Landschaft um Stratford wieder, in der er aufwuchs, mit ihren sanften Hügeln, ihrem gesättigten Wiesengrün, und den Büschen und Obstgärten, in denen die Dörfer versteckt lagen, zwischen denen der Avon sich schlängelte; es ist der landschaftliche Hintergrund des Sommernachtstraums, des Wintermärchens. Volkspoesie und Volksfeste, das lustige Altengland werfen noch ihren heiteren Glanz über das Land. Die Einleitung der bezähmten Widerspenstigen und vieles in den lustigen Weibern rufen uns wohl Personen und Szenen aus diesen Jugendtagen zurück. Volkslieder und Sagen flogen ihm noch auf seinen Wanderungen zu. Damals prägten sich auch in seine allen Eindrücken offene Seele die Bilder der Pflanzen- und Tierwelt, in welcher der Sohn des Landbesitzers, wohl auch der leidenschaftliche Jäger (wer denkt nicht an die Geschichte von seinem Jagen auf dem verbotenen Grunde des nahen Landedelmanns) sich heiter bewegte; auch war wohl hier Anlaß genug für die unzähligen Späße auf Kosten der beschränkten kleinen Bauern und Bürger in seinen Dramen. Und in dies heitere Leben ragte hier schon die

große und blutige Vergangenheit seines Landes herein; ging doch von Stratford die romantische Straße in acht Meilen nach dem Schlosse Warwick, wo auf dem Schloßhof zwischen den massiven Türmen oder unter den Grabdenkmälern die Schatten der Vergangenheit, die Gestalt des großen Königsmachers darunter, am hellen Tage umgingen. Ein paar Meilen weiter lag dann Kenilworth, das damals Leicester gehörte, in dessen Diensten ein Verwandter Shakespeares stand, und die Erklärer haben sich gern vorgestellt, daß bei den großen Festen, welche dort der Königin ihr Günstling gab, der elfjährige Knabe zugegen gewesen sei.
Aber wie dem auch sei, das Spiegelbild des Lebens in der Dichtung ist in Stratford selber wohl dem Knaben früh nahegetreten; in der lebensfrohen Stadt, in deren Kämmereirechnungen Sekt, Claret und Muskat keine kleine Rolle spielen, haben von 1569 bis 1587, in den Knabenjahren und der Jugendzeit Shakespeares, nicht weniger als 24 Besuche von Schauspielertruppen stattgefunden. Goethe und Dickens erzählen übereinstimmend, wie von früher Kindheit ab die Gestalten aus Dichtungen sich in ihr wirkliches Leben verwebten; „es ist mir sonderbar", erzählt Dickens, „wie ich mich je in meinen kleinen Leiden damit trösten konnte, daß ich meine Lieblingscharaktere in dieselben versetzte. Ich bin eine ganze Woche lang Tom Jones (ein kindlicher Tom Jones, ein harmloses Geschöpf) gewesen. Ich habe, wie ich wahrhaftig glaube, meine eigene Vorstellung von Roderich Random einen ganzen Monat lang in einem Zuge durchgeführt. Jede Scheune in der Nachbarschaft, jeder Stein in der Kirche und jeder Fußbreit des Kirchhofs stand in meinem Geiste in einer gewissen Beziehung zu den Büchern und stellte einen in denselben berühmt gewordenen Ort dar." Besser als einer von uns vermöchte, sprechen diese Erinnerungen aus, wie man sich denken mag, daß in Shakespeares Jugendleben sich die Gestalten aus der Sage und Bühne drängten und auf der historischen Szene von Warwickshire sich die Personen der Vergangenheit vor ihm zu bewegen begannen.
Es gibt starke Gründe anzunehmen, daß er schon in Stratford die Verwickelungen des Lebens frühzeitig kennenlernte, und die geschäftlichen Schwierigkeiten seines Vaters ließen ihn früh in harte Wirklichkeit hineinsehen. Auch dies, wie es bei Dickens später sich wiederholte. Noch ein Jüngling, hatte er die leidenschaftlichen Erfahrungen von Liebe und Ehe hinter sich. So kam London. Er, der in seinen Jünglingsjahren nie rückwärts sah und lieber das Fraglichste tat als zusah (welch ein Gegensatz zu der besonnenen, seiner bewußten und im Grunde bei scheinbarer Hingabe sich selbst jederzeit ganz beherrschenden Persönlichkeit des jungen Goethe!), und der vielleicht mit manchem Manuskript in seinem

Reisebündel nach London kam, gründete auf die Stellung des Theaterdichters und Schauspielers seinen Lebensplan; die Truppe des Globustheaters, in welche er eintrat, stand in näherer Beziehung zum Haushalt der Königin und wurde unter Jakob durch Patent als the King's Players in Dienst genommen. Seine Sonette sprechen ergreifend aus, welchen neuen Schatten dieser Schritt über sein Leben warf. Was ihn hinzog, wird sichtbar, wenn man die Leidenschaft von Goethe, von Dickens für das Theaterspielen gewahrt und an Molière und Sophokles denkt; Schauspieler und wahrer schaffender Dichter, zumal der Richtung von Shakespeare, beruhen mit ihrem Genie auf demselben Vermögen der Phantasie, in verschiedene Gestalten sich zu wandeln, und was das Wort des Dichters will, wird erst in der Leistung des Schauspielers fertige Realität.

Und wie mußte nun sein Beruf auf Shakespeare wirken! Er gab ihm nicht nur Bühnenkenntnis; er scheint in ihm wie in Molière die Fähigkeit, sich gänzlich in die verschiedensten Charaktere zu wandeln, zur vollendeten Virtuosität ausgebildet zu haben. Man gewahrt an dem Schauspieler, daß er immer ein anderer ist und abwechselnd in verschiedenen Rollen denkt und fühlt; was hiervon in Shakespeares Natur lag, eine Versammlung von Individuen zu sein und als eine solche Welt und Leben mannigfach zu betrachten, sich selber mannigfach zu fühlen, das mußte die Stellung des Schauspielers in ihm verstärken. Diese losgebundene, mit den höchsten Kreisen und andererseits mit den vagabondierenden Existenzen der Stadt verknüpfte Lebenslage in dem damaligen London bot eine unvergleichliche Gelegenheit, die wechselnden Szenen des menschlichen Lebens und die mannigfachsten Charaktere in sich aufzunehmen, und die Stellung des Theaterdichters drängte ihm die Feder in die Hand, zu schreiben, was er schaute.

Goethe spricht einmal im Gespräch mit Eckermann aus, wie er verglichen mit einem Walter Scott in bezug auf den Stoff des Lebens selber im Nachteil gewesen sei; er habe im Wilhelm Meister zu Landedelleuten und Schauspielern greifen müssen, eine lebendige Bewegung in den Roman zu bringen; überhaupt je mehr er mit der Natur dichterischer Arbeit sich betrachtend beschäftigte, desto schmerzlicher empfand er, unter wie schweren Bedingungen er gearbeitet habe. Shakespeare schrieb unter einer geschichtlichen Gunst ohnegleichen. Was er von Rom gelesen hatte in seinem Plutarch, was in Trümmern aus der englischen Vergangenheit ihn umgab und das Zeitalter der Elisabeth mit seinen gewalttätigen Charakteren, der dramatischen Führung seiner Staatsaktionen und seinen blutigen Schlußszenen: das alles mußte vor dem Blick des auf das Essentielle gerichteten Genies als eine Ordnung aktiver heroischer Naturen und gewalttätiger Katastrophen sich darstellen. Und das alles war sozusagen auf der Straße sichtbar. Durch diese Straßen sah man die Königin nach dem Tower reiten, auf ihrer Barke fuhr sie die Themse entlang, Shakespeare sah alle, die damals Geschichte machten, unmittelbar vor sich auf der Bühne. Die frischen Farben des Lebens, wie es im Mittelalter sich entfaltet hatte, das Persönliche und Sinnfällige in den verschiedenen Schicksalen, und darauf gerichtet das moderne, an den Humanisten, Naturforschern und Politikern geschulte Auge: das ist Shakespeares Stellung.

Hiermit stimmt dann schließlich das Wenige zusammen, was wir von seiner Bildung wissen. Unter den Shakespeareforschern ist die Zeit gänzlich vorüber, in der man ein naturwüchsiges Genie in ihm zu erblicken glaubte; aber welcher Art seine Bildung war, möchte man sich vorstellen können. Wenn Ben Jonson ihm wenig Latein und noch weniger Griechisch zuspricht, so will das im Sinne des in seiner klassischen Bildung schwelgenden Nebenbuhlers verstanden sein; es war genug für ihn, den Atem des Altertums auch in seinen Sprachen und in der sprachlichen Färbung seiner Literatur zu empfinden, im übrigen las er seinen Plutarch (den er vor allen Alten liebte) und seinen Ovid in Übersetzungen; er stand darin nicht wesentlich anders als auch Schiller. Er hat Rabelais' Gargantua ohne Zweifel gelesen, aber es scheint, daß es damals eine englische Übersetzung dieses Romans gegeben hat; so las er auch Montaigne in der Übertragung Florios, mit dem er in persönlicher Beziehung stand. Italienische Schriften hat er vielleicht im Original benutzt. Aber nichts ist gewisser, als daß Shakespeare kein wissenschaftliches Interesse im strengen Sinne hegte, und daß er kein Bedürfnis besaß, vom Zusammenhang der Naturerscheinungen sich irgendeine folgerichtige Vorstellung zu bilden. Und ist man etwa berechtigt, jeden Dichter in bezug auf seine Überzeugungen von der Gottheit, der Fortdauer des Menschen oder über irgendeinen der anderen Kardinalpunkte der Metaphysik einem Kreuzverhör zu unterwerfen? Das Wesen des Genies ist Penetration, Konzentration. Shakespeare gar, der mit den Augen aller Menschenarten in die Welt sah, ist viel zu frei in geistesmächtiger Versenkung in Denkarten und Charaktere aller Art gewesen: ich glaube, ihm wäre wie ein Gefängnis erschienen, sich in e i n e r Geisteshaltung einzuschließen. Wohl interessierten ihn selbst Feinheiten der Gedankendialektik, aber nur als intellektuelle Färbung von Charakteren, als intellektuelles Material für das Spiel der Affekte, oder auch als Möglichkeiten, denen man nachgehen möchte. Hier und da treten in Sonetten und Dramen metaphysische Doktrinen auf, doch wissen wir nicht, wiefern sie als dauernde

Überzeugungen angesehen werden dürfen. Die Philosophie, zu der er ein inneres Verhältnis zeigt, ist jene römische Lebensweisheit, welche uns tröstet und lehrt die Stöße des Geschicks zu ertragen – die Philosophie der Humanisten und des Montaigne. Zuweilen erhebt ihn über die Tragik des Lebens das Bewußtsein, daß es Schein und Traum sei, und auch dieses war in der Literatur seiner Zeit vielfach ausgesprochen.

An einem anderen Punkte darf ein bedeutsamer Zusammenhang des großen Dichters mit der Literatur seiner Zeit angenommen werden. Dahin leitet schon die in der Tat für sein historisches Verständnis entscheidende Entdeckung seiner intimen Beschäftigung mit Montaigne. Dieser Punkt liegt in der Analyse der menschlichen Charaktere und Affekte. Glaubt man, daß solche Präparate der Hauptaffekte, wie sie in seinen großen Dramen vorliegen, ein bloßes Geschenk natürlicher Genialität gewesen seien? Sein Bedürfnis und seine Arbeit verstandesmäßiger Zergliederung richtete sich auf diejenigen Tatsachen, in denen er lebte, in denen er mit der ausschließlichen Penetration des Genies seine geistige Existenz führte: die Natur der Menschen, die Verschiedenheit ihrer Charaktere und Denkarten, ihre Affekte und die aus ihnen fließenden Schicksale. Er stand ohne Zweifel unter dem Einfluß der neuen Literatur um ihn her, welche die Kunst, bis in die feinsten Verstrickungen der seelischen Struktur des Menschen zu sehen, lehren wollte. Die unbeschränkte fürstliche Gewalt und das höfische Leben erzogen damals zur Menschenbeobachtung. Es war sehr nötig aufzupassen, um sich an den Höfen zu behaupten. Alles war hier persönlich und hing davon ab, wie man andere durchschaute und sich selber seinem Interesse entsprechend darstellte. Diesem Bedürfnis kamen nun zahllose Schriften entgegen. Physiognomie, Gestalt, Gebärde, wurden in ihnen als Zeichen von Charaktereigenschaften und inneren Zuständen untersucht. Die menschlichen Leidenschaften wurden beschrieben und zergliedert. Durch unzählige Kanäle gelangten diese Reflexionen über das Leben an jeden heran, und Shakespeare verkehrte beständig mit Menschen, die von dieser Literatur gesättigt und bestimmt waren. So versteht man sein Vermögen, die Struktur der Individuen so durchsichtig zu machen, daß man glaubt, das Blut in ihnen rinnen zu sehen. Und dann ist sein anhaltendes Nachdenken auf die großen Zusammenhänge von Charakter, Leidenschaft, Schicksal im menschlichen Leben gerichtet. Hier bestimmen ihn die Gedanken des an der römischen Literatur gebildeten Humanismus in ihrem Einklang mit dem Kern der protestantischen Ideen. Sie empfangen eine neue Tiefe aus seinen Erlebnissen. Shakespeares Dramen sind der Spiegel des Lebens selbst. Sie trösten uns nicht, aber sie belehren über

das menschliche Dasein wie kein anderes Erzeugnis der europäischen Literatur.
Wenn er an einem Stoff das Motiv einer Dichtung entwickelt, so hält er in der Regel an dem Sonderbaren, scheinbar Widersprechenden in der Überlieferung fest. So behält dieser Stoff den Erdgeruch der Wirklichkeit. Er interpretiert ihn. Er gewinnt ihm Innerlichkeit ab. In seinen Personen bleibt oft etwas Unfaßliches. Der Zuschauer soll sie so erblicken, wie er im Leben selbst die Menschen sieht – hereinschauend in sie von außen nach innen.
Nirgends ist bei ihm die Richtung auf ein Ideal künftiger Menschen oder Zustände zu gewahren. Er nimmt die gesellschaftliche Welt um sich her hin wie eine unabänderliche Naturordnung. Er lebt in vollkommener Harmonie mit der monarchisch-aristokratischen Welt des damaligen England. Aus ihr stammen die Lebensprobleme seiner Dramen. Seine Charaktere sind gesteigerte Abbilder dessen, was er da vorfand: und zwar gesteigert in der Richtung des Wertgefühls, das in dieser Gesellschaft bestand. Ohne jede Spur von Kritik, ja mit Behagen blickt er auf den Gegensatz zwischen den Glücklichen und Herrschenden, die über die Köpfe der anderen Menschen dahinschreiten, und dem eingebildeten Landadel, den lächerlichen Gelehrten, den Abenteurern und Glücksrittern. Auf diesen Gegensatz ist die doppelte Handlung, ja die doppelte Welt seiner Dramen gegründet.
Wohl spricht Hamlet stark und bitter von der Anmaßung derer, die in der Sicherheit ihrer Stellung und ihres Amtes heruntersehen auf die Glücklosen, vom schleppenden Gang des Rechts wie von der Mißachtung der Armut. Und aus den Sonetten sieht man, wie schwer Shakespeare selbst an dem Druck dieser aristokratischen Gesellschaft trug – an der zweifelhaften Stellung des Schauspielers, ein Günstling dieser höfischen Welt zu sein und doch keine feste Stelle und Ehre in ihrer Ordnung zu haben. Aber er nimmt all dies hin als ein Schicksal, das aus dieser Ordnung der Gesellschaft fließt, an die doch zugleich all die Kraft und Schönheit des Lebens gebunden ist, die er in seinen Dramen dargestellt hat.
Denn diese aristokratische Ordnung der Dinge bestimmt das Lebensgefühl der Menschen Shakespeares. Seine tragischen Helden leben im Gefühl ihrer Macht, und die vornehm-heiteren Gestalten seines Lustspiels spielen mit dem Leben im stolzen Bewußtsein, daß dessen Not nicht ihre Fußspitzen berührt. Alle diese Personen haben das höchste, reizbarste Gefühl ihrer selbst, auch respektieren sie diejenigen, welche dieselbe vornehme Existenz führen. Und aus dieser aristokratischen Ordnung stammt auch der äußere Glanz, der sie und ihre Umgebungen umkleidet und ohne den die Wirkung dieser Dramen nicht zu denken ist. Das mächtige,

düstere Schloß des Macbeth erfüllt von Waffen, die Straßen von Verona umgeben von den festen Häusern des sich befehdenden Adels, das feierliche Schloß des Dänenkönigs; in dessen Räumen festlicher Jubel und Geruch des Todes seltsam gemischt sind, die klirrenden Rüstungen, der Pomp der Könige, die feierlichen Gewänder der Kirchenfürsten – das alles erhöht seine Menschen und Vorgänge. Es wäre vergeblich, die Geschichte der Verbrechen des Dänenkönigs Claudius, Macbeths oder Richards III. sich in den Räumen eines heutigen Königsschlosses vorzustellen, und es wäre trostlos, sie in die Winkel der großen Städte zu verlegen, wo sie heute sich abspielen, nachdem auch in die Taten und Schicksale der Könige etwas Abgedämpftes, Zusammengesetztes, von hundert Umständen Bedingtes eingetreten ist, das aus den Notwendigkeiten unseres Lebens fließt.

Und in der Abstufung der aristokratischen Gesellschaft jener Tage waren für ihn mannigfache künstlerische Wirkungen von höchster Art enthalten; nur eine derselben hebe ich hier hervor. Die Musik der Oper ermöglicht, indem die einzelnen Personen gleichzeitig in ihrer Eigenart sich musikalisch aussprechen, die Mannigfaltigkeit der Stimmungen und der Charaktere zur Einheit des Lebens zu verbinden und den Reichtum des Daseins in einem einzigen Momente zusammenzufassen. Dem dramatischen Dichter ist solche Wirkung versagt. Aber das Musikalische in seiner Dichtung entspringt nicht nur aus der inneren Musik, die von deren lyrischen Gestalten ausgeht, sondern auch aus der Gesamtwirkung des Ganzen, wie sie in der Erinnerung des Zuschauers zustande kommt. Wie das Drama vorwärts schreitet, machen nacheinander die Kontraste in dem Lebensgefühl und der Eigenart der Personen sich geltend, in der Erinnerung des Zuschauers wird diese Mannigfaltigkeit in Dissonanzen und Harmonien zusammengenommen, es klingen so gleichsam Tonreihen ineinander, und daher entsteht das Gefühl von dem Reichtum, von dem gemischten Charakter des Lebens. Indem nun Shakespeare über so mannigfache Abstufungen in seiner Gesellschaft, so starke Kontraste in ihr verfügte, hat er gerade diese Wirkung mit besonderer Stärke hervorbringen können.

Schließlich drängt sich eine Beziehung zwischen der allgemeinen Richtung des englischen Geistes und dem Charakter der Poesie Shakespeares auf, die freilich jeder näheren Bestimmung oder Begründung unzugänglich ist. Der Empirismus und die ihm entsprechende induktive Neigung hat sich in England mit derselben Folgerichtigkeit entwickelt, welche diese Nation in der Ausbildung ihrer Verfassung gezeigt hat. Platon und Aristoteles üben dort seit den Zeiten Bacons keine Art von autoritativem Einfluß auf die

nationalen Neigungen des Denkens, und mit einer unvergleichlichen, frischen Unbefangenheit leben der einfache Beobachter wie der methodische Forscher in der Wahrnehmung, in dem Studium der natürlichen und gesellschaftlichen Tatsachen, welche sie umgeben. Mochten unter den Philosophen und Theologen andere Richtungen herrschend sein und auch das Ideenleben weiterer Kreise bestimmen, wie denn gerade in Shakespeares Zeit der Platonismus den größten Einfluß besaß: sie änderten nichts an der empirischen Neigung des englischen Geistes. Offenbar entspricht derselben die dichterische Art, die Welt zu betrachten in einem Shakespeare und Ben Jonson, einem Smollett, Fielding und Richardson, einem Dickens, Thackeray und Walter Scott. Entgegengesetzte Richtungen in der Poesie, wie sie insbesondere unter deutschem Einfluß Byron, Shelley und Coleridge vertraten, waren niemals dem englischen Geiste gemäß und haben daher nie einen leitenden und dauernden Einfluß auf ihn gewonnen.
Fassen wir alle Züge des dichterischen Schaffens von Shakespeare zusammen, so erleuchten sie durch den Kontrast die poetische Grundrichtung Goethes. In der Einleitung ist die Stellung beider in der europäischen Literatur dargelegt worden; der hier erörterte Unterschied tritt nun ergänzend hinzu. Shakespeare lebte vorherrschend in der Welterfahrung, alle Kräfte seines Geistes dem, was um ihn in Welt und Leben geschieht, entgegenstreckend. Goethes eigenste Gabe ist, die Zustände des eigenen Gemüts, die Welt der Ideen und Ideale in ihm auszusprechen. Jener ist mit allen Sinnen und Kräften darauf gerichtet, Leben aller Art, Charaktere aller Klassen in sich zu hegen, zu genießen, zu gestalten. Dieser blickt immer wieder in sich selber, und was die Welt ihn lehrt, möchte er schließlich benutzen, sein Selbst zu erhöhen und zu vertiefen. Künstlerische Gebilde außer sich hinzustellen, ist dem einen das höchste geistige Geschäft seines Lebens; dem andern bleibt doch das Letzte, das eigene Leben, die eigene Persönlichkeit zum Kunstwerk zu formen.

Rousseau

In dem neueren Europa schuf zuerst Jean Jacques Rousseau in der neuen Heloise ein siegreich wirkendes Kunstwerk auf dem Weg einer Entfaltung von Gestalten aus dem Reichtum eigenen inneren Erlebens und Denkens, ohne eine hervorragende Begabung oder Gewöhnung zur Wahrnehmung oder Beobachtung anderer Menschen und ihrer Zustände. Durch das unselige Leben dieses mächtigen Mannes geht die Unfähigkeit, irgendeinen Menschen in seinem wahren Wesen zu erfassen. In den komplizierten Zuständen des damaligen an problematischen Naturen und raffinierter Menschenkenntnis überreichen Paris war das ein unsägliches Unglück. Wie sein leidenschaftliches Gemüt ihm die Menschen vorspiegelte, so waren sie für ihn; er lebte ganz in sich selber. So ist es für die Erforschung der Phantasie von außerordentlichem Interesse, die Bildungsgeschichte seines großen Romans zu verfolgen, und wir sind durch seine Konfessionen und seine Briefe dazu instand gesetzt.

Er stand in seinem vierundvierzigsten Lebensjahr, als er die Einsiedelei im Park von La Chevrette am 9. April 1756 bezog; „erst mit diesem Tag", meinte er, „habe ich angefangen zu leben". Hier, bei totaler Ruhe der Seele, vom Zauber der Natur und Einsamkeit umgeben, sah er seine Phantasie mit unwiderstehlicher Gewalt in Gestalten wirken, seinen Grundsätzen wie seinem Willen entgegen, da Romanschriftstellerei ihn in Widerspruch mit sich selber und seinen eigensten Überzeugungen brachte. Der fundamentale Vorgang war, daß er dasjenige, was ihm von Glück, von beseligenden, seinen Gefühlen und seiner tiefen Leidenschaftlichkeit entsprechenden Situationen und Gestalten vorschwebte, aus den schwimmenden Nebeln der Träumerei zu greifbaren Gestalten verdichtete und formte. Dieser Vorgang ist in allen großen Dichtern mitwirkend, und auch Miranda und Hermione sind verkörperte Träume der Sehnsucht. Aber in Rousseau war derselbe leitend, er beherrscht seinen ganzen Roman in dessen frühester Form. Seit seiner Jugendzeit wirkte seine Phantasie auf diese Weise; er erzählt im vierten Buch der Konfessionen, wie er in der freien Natur sich zu solchem träumerischen Dichten jederzeit angeregt fand; „dann gebiete ich freischaltend über die ganze Natur; mein Herz, von Gegenstand zu Gegenstand eilend, versammelt herrliche Bilder um sich und berauscht sich in entzückenden Gefühlen. Wenn ich sie nun zu meinem inneren Ergötzen in Gedanken ausführe, welche Kraft des Pinsels, welche Farbenfrische, welche Stärke des Ausdruckes verleihe ich ihnen! Von dem allem, sagt man, ist in meinen Werken anzutreffen, die doch gegen die Neige meiner Jahre geschrieben sind". Die Epoche des Lebens, in welcher er sich befand, gab solchen Träumen eine ungeheure Gewalt. „Ich sah mich auf der Neige der Jahre, eine Beute schmerzlicher Krankheit, und, wie ich meinte, nahe dem Ende des Laufes, ohne auch nur eine der Freuden, nach denen mein Herz dürstete, voll genossen, ohne die regen Empfindungen, welche in diesem Herzen ruhten, je ausgeströmt, ohne jene berauschende Wonne geschmeckt, ja nur gekostet zu haben, die meine Seele erfüllte, aber, ohne Gegenstand, immer zurückgepreßt blieb und nur in meinen Seufzern sich

Luft machen konnte." „Sterben, ohne gelebt zu haben" — eine Vorstellung von erschütterndem Wehe.
In solcher Gemütsverfassung belebte er mit seinen Phantasien die einsame, bezaubernde Natur um ihn her, majestätische Bäume, Gräser und purpurnes Heidekraut, eine Szene, welche geschaffen schien für die Verwirklichung all seiner Träume von Glück. „Ich erfüllte sie mit Wesen nach meinem Herzen; ich schuf mir ein goldenes Zeitalter nach meinem Geschmack, indem ich mir die Erlebnisse früherer Tage, an welche sich süße Erinnerungen knüpften, ins Gedächtnis zurückrief und mit lebendigen Farben die Bilder des Glückes ausmalte, nach welchen ich mich noch sehnen konnte." Das war es; Bilder seiner Erlebnisse aus Jugendtagen geben seiner Phantasie den Stoff, ein Gemälde zu entwerfen, welches all das Glück, nach dem er sich noch sehnen konnte, in sich faßte. Auch spricht er aus, wie das geschah. „Ich stellte mir Liebe und Freundschaft, die beiden Ideale meines Herzens, in den entzückendsten Bildern vor und schmückte sie mit allen Reizen des schönen Geschlechtes, welches ich stets verehrt hatte. Ich dachte mir lieber zwei Freundinnen als Freunde, weil, wenn sie sich seltener finden, sie dann auch um so liebenswürdiger sind. — Ich stattete dieses Gemälde mit Gestalten aus, die zwar nicht vollkommen, aber nach meinem Geschmack waren. Ich gab der einen einen Geliebten, welchem die andere eine zärtliche Freundin und selbst noch etwas mehr war. Ich duldete aber weder Eifersucht noch Zwistigkeiten, weil es mir schwer wird, mir irgendeine peinliche Empfindung vorzustellen. Bezaubert von meinen beiden lieblichen Vorbildern, identifizierte ich mich mit ihrem Geliebten und Freunde soviel als möglich. Ich machte ihn aber jung und liebenswürdig und gab ihm überdies alle Tugenden und Fehler, die ich mir selbst eigen wußte."
Die Szene verlegte er an den Genfer See, der seit lange mit all seinen Träumen von Glück verwebt war; „wenn der heiße Wunsch nach dem glücklichen und süßen Leben, das mich flieht und für das ich mich geboren fühle, meine Einbildungskraft entzündet, so nimmt er immer das Waadtland, den See, diese entzückenden Landschaften zum Schauplatz". Seine Gestalten tranken, gleich den Schatten Homers, Leben aus „einigen Jugenderinnerungen". Andere Züge empfingen sie aus den Romanen Richardsons, in denen alle zärtlichen Seelen damals wie in einer höheren edleren Wirklichkeit lebten. Und endlich wirkte ein historischer Stoff gestaltend auf diese Bilder — die Geschichte von Abälard und Heloise, welche einst eben in diesem Paris und seinen Umgebungen sich ereignet hatte. So begann er, ohne Folge und Verknüpfung, zerstreute Briefe auf das Papier zu werfen; „als ich mich anschickte,

sie zu verbinden, geriet ich oft in große Verlegenheit; es ist nicht sehr glaubhaft, aber wahr, daß die beiden ersten Teile fast gänzlich auf diese Art geschrieben sind, ohne daß ich einen wohlüberlegten Plan gehabt hätte, ja, ohne daß ich noch voraus sah, ich würde mich versucht fühlen, ein ordentliches Werk daraus zu machen".

Im Winter 1756/57, als ihn die Jahreszeit ins Zimmer bannte, begann er Folge und Ordnung in diese Blätter zu bringen, um eine Art von Roman aus ihnen zu machen. Da trat die Gräfin d'Houdetot in sein Leben, als die Erfüllung seiner Träume, als die Wirklichkeit des Schattens, den er Julie genannt hatte, und hiermit begann seit Frühjahr 1757 die zweite Epoche der Ausbildung seines Romans, die bis zu dessen Abschluß und Erscheinen dauerte. Diese hat für uns nicht mehr dasselbe Interesse, zumal wir die Umgestaltung, welche sich mit dem Roman vollzog, doch im einzelnen nicht mehr erkennen können. Die Hauptveränderung war, daß nunmehr das Verhältnis zu einer verheirateten Frau nach dem, was er erlebte oder sich in seiner Weltunkenntnis zusammenphantasierte, an die Stelle der Lebensbeziehungen zu dem früher entworfenen Mädchenideal trat. Auch scheint eine Zerlegung dessen, was er in sich vorfand und als einander heterogen fühlte, in mehrere Personen stattgefunden zu haben, wie sie später bei Goethe so deutlich zu bemerken ist.

In Deutschland treten uns schon im Heldenzeitalter der neueren Völker zwei Werke entgegen, die denselben Charakter der persönlichen Dichtung an sich tragen. Durch das Studium der romanischen Erzählungspoesie, aus der unser ritterliches Epos schöpfte, empfangen wir auch in das letztere tiefere Einsicht, und wenn auch für die beiden genialsten unter unseren ritterlichen Epikern, Wolfram von Eschenbach und Gottfried von Straßburg, ein Einverständnis über ihr Verhältnis zu ihren Quellen noch nicht erreicht ist: so weit ist dies doch aufgeklärt, daß das dichterische Verfahren dieser beiden mit einem hohen Grade von Wahrscheinlichkeit erschlossen werden kann.

Gottfrieds Subjektivität durchdringt sein ganzes Gedicht. In den herrlichen Worten, in denen er die Epiker des Rittertums (den größten ausgenommen) und seine Lyriker feiert, preist er auf Goethesche Art die Dichtung, daß sie in jedem die Jugend erneuert und den Mut des Daseins, die Freude am Leben erweckt: das war sein Ideal von der Dichtung, im Gegensatz zu Wolframs wilder und dunkler Märe. Er war in dem ritterlichen Wesen nicht heimisch: man möchte glauben, daß er seinen Stoff ergriff, weil er das Gefäß seines hellen Lebenssinnes, vielleicht selbst persönlicher Zustände und Erlebnisse sein konnte. In zwei Stellen des Tristan finde ich die Hindeutung, wie der Dichter selber Lust und Leid der Liebe erfahren, im Anfang und in dem berühmten Gesang, welcher das Liebesleben in tiefster Natureinsamkeit schildert; eine andere entgegenstehende Äußerung erscheint in diesem Zusammenhang als ein neckisches Spiel des Dichters mit seinen Lesern. Ein sicheres Gefühl reichen Lebensgenusses, entschiedene Neigung für kluge, ja listige Handhabung des Lebens, Verachtung des Charakters der Frauen und entzückte Hingabe an ihren Liebreiz geben seinem Werke das Gepräge der romanischen Novelle; „so lang ihm scheint des Lebens Tag, soll er mit den Lebend'gen leben". Hiermit vereinigt Gottfried aber ungemeine psychologische Tiefe, Darstellung von Herzenszuständen aus reichster Erfahrung: gerade die Grundempfindung des Werkes, die schon in der Einleitung sich ankündigt und überall bedeutungsvoll wiederkehrt, auch das Leid der Liebe sei Seligkeit, ist echt germanisch. Diese Verbindung gibt dem Gedicht etwas Rätselhaftes und ganz Individuelles. Von dieser gemischten Grundempfindung des Lebens aus ist dann das Ganze in einer durchsichtigen Einfachheit der Handlung gestaltet. Wie Rousseaus Werk ruht es ganz auf dem Interesse an dem Liebespaar und seinen Schicksalen. Spielender Reiz, Freude an listigem Schwank, läßlichste Lebensphilosophie, leichtverhehlter Haß gegen die kirchliche Macht und ihre Einmischung in die Rechtsordnung, leichtverhehlter Spott über die Ideale des Rittertums, welcher schon Cervantes und Ariost vorbereitet, beides um so wirksamer, mit je überlegenerem Weltsinn es spielend sich geltend macht, besonderer Geschmack an der Rechtsseite aller Verhältnisse und an Wendungen einer Art von juristischer Dialektik: all diese Züge treten mit subjektiver Souveränität des Gefühls und der Persönlichkeit aus dem Epos hervor.

Wolframs unvergleichlich höherstehendes dichterisches Vermögen erscheint in seinen Dichtungen weit mannigfaltiger. Die stolze, männliche, machtvolle Persönlichkeit des gering begüterten Ritters auf seiner stillen fränkischen Burg, der sich vor Fürsten nicht beugt, und der von der Geliebten selbst nicht um seiner Lieder willen geliebt sein möchte, sondern um seiner mutigen kampffrohen Ritterlichkeit willen, gleich seinen Helden, erkennen wir deutlicher als die Gottfrieds. Schon die Einleitung des Parzival kündigt an, daß ein Ideal vor den Leser gestellt werden soll, es ist das Ideal schönsten ritterlichen Lebens, wie es dem vom Glück Übersehenen in der einsamen Seele glühte. Und dies Ideal wird in einer Entwickelung dargestellt, welche in gewissem Grade als Spiegel der inneren Kämpfe dessen betrachtet werden muß, der es erdichtete. Dieses Epos birgt in sich den Entwicklungsroman, und mit derselben Kunst wie im Wilhelm Meister sind zu Kontrastverstärkung und Ergänzung Charaktere neben die Hauptfigur gestellt. Eine solche Einheit des Lebens, wie sie Wolfram von der Jugenddumpfheit durch Zweifel und ziellose Abenteuer zu der männlich besonnenen Hingabe an den höchsten Lebensberuf des für Gott streitenden Ritters darstellt, ist einzig in der ganzen mittelalterlichen Literatur, soweit wir sie kennen, und sie ist ohne tiefe persönliche Erfahrung, gedankenschweres Erleben gar nicht zu denken. So arbeiten unsere beiden großen ritterlichen Epiker in den ihnen vorliegenden romanischen Stoff persönliches Erlebnis hinein und eine selbständig gewonnene zusammenhängende Ansicht des Lebens.

Wir wenden uns zu Goethe.

Goethe

1

Die Natur hat Goethe mit der ganzen Fülle ihrer Gaben überschüttet, mit Schönheit, starker Lebenskraft, schöpferischer Genialität. Seine Entwickelung fiel in eine Zeit, in der in Deutschland das wirtschaftliche Leben, die Rechtssicherheit im bürgerlichen Verkehr und die religiöse Freiheit in stetigem Aufsteigen begriffen waren. Die aus der altprotestantischen Zeit überlieferten festen Bindungen des Familienlebens und der gesellschaftlichen Gliederung begannen nun sich zu lösen; die Individualitäten gewannen Raum zu freierer Bewegung, und ihr Gefühlsleben suchte eigene Bahnen. Diese Befreiung der Persönlichkeit wurde verstärkt durch die Einwirkungen der französischen und englischen Schriftsteller.

So entstand unsere dichterische Literatur. Ihre Ideale waren die des persönlichen Daseins — Liebe, Freundschaft, Menschlichkeit, aufgefaßt in deutschem Gemüt, Heimatsgefühl, Naturfreude. Der Frühling dieser Dichtung umgab Goethe. Er selber hatte aus seiner fränkischen Stammesart, wie sie sich am Oberrhein und am Main in freien Städten und in den milden geistlichen Herrschaften entwickelt hat, die Gabe empfangen, die eigene Individualität freudig zu fühlen, die fremde gelten zu lassen und im Genuß des Tages und der Stunde zu leben. Die patrizische Stellung seiner Familie in der alten Reichsstadt gab ihm Selbstgefühl, Sicherheit und unbehinderte Bewegung. Eine regellose Erziehung, ohne die Bindung und Disziplinierung der Schule, gestattete die freie Entfaltung seiner geistigen Kräfte, seiner Phantasie, aber auch seiner Neigung, sich seinen Gemütszuständen ganz zu überlassen. Für eine solche Natur war das erste Bedürfnis, im Leben sich zu tummeln, durchzufühlen, was es enthält, und es auszusprechen. Eine einzige Reizbarkeit des Gefühls befähigte ihn zu unendlichem Glück, aber auch zu grenzenlosem Leiden. In der Jugend überwältigte ihn seine Leidenschaftlichkeit zuweilen gänzlich. Man kennt die Szenen, wie er, halb noch Knabe, aufgeregt über Gretchens Schicksal, während seines Hausarrests sich auf die Erde warf, den Fußboden mit seinen Tränen netzte, sich weigerte, das Zimmer wieder zu verlassen, und sich ganz den Phantasien über die Leiden des armen Mädchens überließ, bis er in eine heftige Krankheit verfiel. In Leipzig stürzte er aus seinem Krankenzimmer, um die Geliebte im Theater zu beobachten, wurde dort so vom Fieber gepackt, daß er „dachte, in dem Augenblick zu sterben", und aus dem leidenschaftlichen Wesen dieser Zeit entstand eine Lungenerkrankung. Und doch schreibt er ein paar Tage nach dieser Szene, auf der Höhe seiner Liebesleidenschaft, an seinen Vertrauten: „Sage Dir was ich da fühle, was ich alles herumdencke — und wenn ich am Ende bin; so bitte ich Gott, sie mir nicht zu geben." Denn auch in der äußersten Leidenschaft ist ihm stets bewußt, daß kein einzelnes Lebensverhältnis ihm genügt; Erleben in seiner ganzen Fülle und Freiheit — das ist, wonach er verlangt. Ein beinah weibliches Mitgefühl mit Dasein jeder Art, Phantasie, die es nachbildend steigert, lassen ihn sich hineinfühlen in jedes Lebensverhältnis. Er erfaßt in ihnen allen das ihnen einwohnende Glück, ihren Wert für die Erhöhung des Daseins ganz. Er dringt an jede Natur, die ihm verwandt ist, dicht heran, idealisiert sie, erhöht sein eigenes Daseinsgefühl im Durcherfahren dieses Verhältnisses nach seiner ganzen Bedeutung und Schönheit, und doch kann keines ihn binden. Jede Liebe ist vom heimlichen Bewußtsein begleitet, daß sie nicht zur Fessel werden darf. In jeder Freundschaft regt sich dämonisch das Gefühl seiner Überlegenheit. Und wenn dann Trennung und Schuld hereinbrechen, läßt ihn seine Phantasie das fremde Leid schmerzlichst miterleben. Diese Kraft und Freude, Lebensverhältnisse durchzuerfahren, ist so mächtig in ihm, daß für ihn kein Bedürfnis nach einer Freiheit des Geistes besteht, die jenseits derselben, über ihnen wäre. Das ist der Zug seines Wesens, nach dem er Natur ist, wirksam wie diese, bald zum Guten, bald zum Schlimmen; er will in nichts über sie hinaus. Ganz Leidenschaft, aber auch ganz Verstand im Bewußtsein dessen, was er bedarf, die Verhältnisse lenkend und die Menschen bezwingend, bildet er in sich Kraft aller Arten aus, nur nicht die abstrakte moralische Stärke, die sich den Verhältnissen und der Welt kämpfend entgegensetzt. Hier erklärt sich seine reine Bewunderung für die sittliche Größe Schillers. Sie ist eben darum so rein, weil er selber solcher moralischen Stärke nicht bedarf. Und ebenso wird hier die Künstlerbewunderung

Schillers für diesen Menschen begreiflich, der Natur ist und wie die Natur selber wirkt.
In seiner Jugend hatten die, die ihm nahe traten, etwas Unberechenbares, Dämonisches zu erfahren. Er wurde ihnen zum Schicksal, das in ihr Leben eingriff. Das erfuhren nicht nur die Frauen, sondern auch Kestner, als Goethe plötzlich den Werther veröffentlichte, Wieland, als das „Schand- und Frevelstück" Götter, Helden und Wieland bekannt wurde und das junge Geschlecht gegen ihn stimmte, dann Lavater und noch viel später Herder, der in dem düstern Pfarrhof hinter der Kirche zu Weimar sich verzehrte und in seinem Gegensatz zu dem Herrschenden. Und auch er selber litt tief am Leben und an sich selbst. Es gehörte zu seiner mächtigen dichterischen Organisation, daß sie starker Gemütsbewegungen bedurfte; sie waren gleichsam ein normaler Posten in dem Budget seines physiologischen Haushalts: sie raubten ihm nicht den Schlaf. Aber dieselbe Organisation machte ihn seelisch außergewöhnlich leidensfähig. Es war doch nicht bloßes Phantasiespiel, wenn der Jüngling sich mit Selbstmordgedanken trug. Eine furchtbare Ruhelosigkeit trieb ihn zuzeiten umher. „Von mir sagen die Leute, der Fluch Cains läge auf mir." So gehen zwei Grundstimmungen durch seine Jugendjahre und seine ersten Werke. Er haftet an keinem Ort und keinem Verhältnis. Immer wieder bricht der Dämon in ihm hervor, der das Leben sucht, nicht diesen oder jenen Teil desselben. „In dem Augenblick glücklicher Vereinigung verkennen Seelen, die füreinander geschaffen sind, sich am meisten." Und so entsteht immer wieder die andere Grundstimmung, Bedürfnis nach einer heimlichen Stelle, an der er Frieden fände, Vergessenwollen der unendlichen Anforderungen in ihm in einem engen Verhältnis. Dann erscheint ihm jede begrenzte Existenz beneidenswert, ihn verlangt nach einem Ruhigen, Festen in seinem Dasein. Das ist der metaphysische Zug seines Geistes, der sich erst religiös, dann naturforschend-philosophisch äußerte. Volles Genüge ward dieser Sehnsucht erst in der Hingabe an das Ganze und Eine, welche die Unruhe des Willens stillt, wie sie dem individuellen Dasein anhaftet.
Einer solchen Natur mußte jede Lebenslage zu eng erscheinen. Das Vaterhaus drückte auf ihn. Dann die höfliche geregelte Leipziger Gesellschaft. Wenn er danach von diesem Druck im Kreis der jungen Generation durch das verwegene Ideal einer neuen starken Menschheit sich zu befreien suchte und nun dem Dichter des Übermenschen die Seelen der Jugend zufielen, so machte sich dem gegenüber um so peinlicher die persönliche Enge seiner Existenz fühlbar. Das Stockende, Einschränkende der zurückgebliebenen Reichsstadt, die unbefriedigte Position des unbeschäftigten Advo-

katen im Hause des Vaters wurden ihm unerträglich. Erst in Weimar findet er eine Sphäre des Wirkens, wie sein Streben in das Weite sie bedarf, als Freund, Berater, Minister des Herzogs, in der Verwaltung des Landes und im Anteil an der Politik des Fürstenbundes, die sich auf die Verhältnisse des Herzogtums zu den anderen deutschen Staaten bezog und schließlich doch mit den europäischen Verhältnissen zusammenhing. Hier zuerst wurde ihm die vornehme, ungebundene Freiheit der Bewegung zuteil, die damals nur die höfische Welt im guten wie im schlechten Sinne besaß. Er gewann Heimatsgefühl an die Natur auf eigenem Grund und Boden. Und er erfuhr eine Liebe, die zum ersten Male seine Seele mit Ruhe erfüllte. Seine Briefe sprechen nun eine lange Zeit hindurch Gefühl reinen, vollen Glückes aus. Aber auch hier trat mit der Zeit eine Einschränkung hervor. Wie wenig verwirklichte sich von den Hoffnungen auf großes Wirken! Seine poetischen Arbeiten blieben liegen. Der Führer der jungen dichterischen Generation fand sich von Schiller verdrängt. Sein Ruhm gehörte halb schon der Vergangenheit an. So erweiterte er abermals den Bereich seines Wirkens, Geltens und Genießens. Die Arbeit in Italien, der Bund mit Schiller, eine neue große schöpferische Periode geben seiner Existenz in Weimar erst die wahre Wirkung ins Weite. Er beherrscht nun von dieser kleinen Residenz aus die Literatur seiner Nation, und, unablässig tätig, darf er erleben, wie seine Wirkungen in die Weltliteratur eingreifen.

Aber wie nun auch sein Leben sich ausbreitet, welche Veränderungen der Übergang zu einem tätigen Dasein in ihm hervorruft, und was im weiteren Verlauf geschieht — Goethes Verhältnis zum Leben bleibt in seinem Kern dasselbe. In den ersten zehn Jahren seiner Weimarer Amtsführung steht sein Streben, mit dem Leben fertig zu werden, alles zu seiner Selbstbildung zu nutzen, immer im Mittelpunkt seiner Existenz. Zu keiner anderen Zeit seines Lebens ist sein Gehör so fein für die Regungen seines Inneren, sein Streben nach Höherbildung seines Wesens so stark, wie seine Briefe an Frau von Stein es beweisen. Im Handeln entwickelt er seine Natur und lernt sie kennen. Er genießt den neuen Reichtum an Lebensbildern, den besonders seine Reisen an die Höfe ihm bringen. Er beobachtet die inneren Zustände, die aus den neuen Verhältnissen hervorgehen, und erst indem er, was er erlebt, mit der welt- und lebenskundigen Frau, die seine ganze Seele ausfüllt, genießt und in seiner Bedeutung bedenkt, empfängt es den letzten und höchsten Wert für ihn. Ebenso wird auch in Italien jeder Gegenstand von ihm erfaßt mit dem Gefühl des Genusses in der Anschauung desselben, mit dem Bewußtsein der Förderung durch ihn. Seine Selbstbildung und der Ausdruck seines Wesens in der Dichtung bleibt auch hier der Mittelpunkt seiner Existenz. Nichts ist in diesem Lande für ihn da, als was ihnen dienen kann. In seiner Selbstschilderung hat er seine Existenz zusammengefaßt, wie sie nun vom Ende des Jahrhunderts ab dieselbe geblieben ist. Übung und Genuß in der bildenden Kunst, Tätigkeit in den Geschäften, naturwissenschaftliche Studien behielten einen breiten Raum in seinem Leben. Aber er nahm sie in ihrem Zusammenhang mit seiner Richtung auf universale Bildung und gab sich der Dichtung, als seinem wahren Beruf, folgerichtig hin, auf alle Mittel ihres Handwerks bedacht. Sein Ringen mit sich selbst war zu Ende. Er lebte in dem Bewußtsein seiner Persönlichkeit, die ihres Wertes ganz sicher geworden war, in der Hingabe an breite Lebenserfahrungen, die er mit Behagen genoß, im Umgang mit den großen Menschen aller Zeiten, in der zeitlosen Beziehung seines ausgestalteten persönlichen Daseins zu den ewigen Kräften.

2

Aus solchem Verhalten entsprang schon früh sein beständiges Nachdenken über das Leben. Es war nicht die Neugier eines Zuschauers. Er mußte in seiner unendlichen Eindrucksfähigkeit mit dem Leben fertig werden, es in ruhigerer Verfassung auszuhalten lernen — auszuhalten in der Fülle des Glückes in demselben und in seiner Bedeutung, wie in seinen Schranken und in seinen Leiden. So bildete sich über seiner Existenz eine Schicht von Nachdenken, immer tiefer und immer breiter. Man sieht in seinen Briefen, wie sie sich aus dem Leben emporhebt. Zumal die Briefe an Frau von Stein sind darin einzig, wie hier ein Mensch sich, andere Menschen, Welt und Schicksal empfindet. Jeder Teil der Welt, den er sieht, spricht ihm etwas über die Kraft und den Sinn des Lebens aus. Jeder hervorragende Mensch wird ihm zum Ausdruck der Menschennatur in einer bestimmten Verkörperung. Jedes Erlebnis wird ihm zu einer Belehrung über einen Zug des Lebens selbst. Er fühlt mit einer Reizbarkeit ohnegleichen das Verhältnis der Natur zu sich im Wechsel der Jahreszeiten, in Morgenhelle und Abenddämmerung. Er lauscht den Bewegungen in den heimlichen Tiefen seiner Seele und versteht aus ihnen Menschendasein und menschliche Entwickelung. Immer sind ihm gewisse Relationen allgemeinster Art gegenwärtig, die sich durch unser Dasein hindurchziehen: so das Verhältnis der rastlosen Bewegung in demselben zu der Stille und der Festigkeit; der Kraft und Willkür der Individualität zu dem Ganzen, durch das sie bestimmt ist; des Unveränderlichen in uns zu der Entwickelung, der Originalität der Persönlichkeit zu den Einwirkungen von außen.

Und das Verhältnis endlich, welches am tiefsten und allgemeinsten das Gefühl unseres Daseins bestimmt — das des Lebens zum Tode; denn die Begrenzung unserer Existenz durch den Tod ist immer entscheidend für unser Verständnis und unsere Schätzung des Lebens. Es ist bezeichnend für Goethe, daß dies Verhältnis, dessen Tragik in der Dichtung von Sophokles, Dante und Shakespeare alles Dasein überschattet, von Goethe gleichsam an den Horizont seiner Lebensbetrachtung geschoben wird. — Dies ganze Nachdenken über das Leben quillt beständig aus dem Leben selber, daher erfaßt es zugleich den erlebten Zusammenhang und den Wert jedes Zustandes, jeder Persönlichkeit und jedes Lebensverhältnisses — ihre Bedeutsamkeit. Es ist eine Auslegung des Daseins aus ihm selbst, unabhängig von aller Religion und Metaphysik.
Diese Schicht von Nachdenken über das Leben ist der mütterliche Boden, aus dem seine Dichtung erwächst. Und ein unerschöpflicher Reiz seiner Werke, am stärksten wirksam in Wilhelm Meister, den Wahlverwandtschaften und in Dichtung und Wahrheit, liegt darin, wie solche Lebensweisheit und Lebenskunst sie ganz durchdringt.
Die Persönlichkeit, die Verhältnisse um sie her, ihre Bildung stehen im Mittelpunkt der Lebensbetrachtung Goethes. Immer ist seine Auffassung der menschlichen Dinge von dem abhängig geblieben, was er in seiner eigenen Lebenserfahrung erreichen konnte. Indem er von hier aus die historische Vergangenheit durchmusterte, erschien ihm das Leben als dasselbe zu allen Zeiten. Überall fand er dieselben Modifikationen der menschlichen Natur, dieselben seltsamen Wendungen in der Entwickelung der Charaktere, dieselben Seelenzustände wieder, die er erlebt hatte. So hatte jede Gestalt und jedes Erlebnis der Vergangenheit für ihn Bedeutung durch etwas, das in seine eigene Erfahrung fiel. Im „Ewigen Juden" steigt Christus zum zweitenmal hernieder in die Welt; als er sie zuerst sah, erschien sie ihm „voll wunderbarer Wirrung" und „voll Geist der Ordnung", bebend in Begierde, von ihr sich zu befreien bestrebt, und dann, von ihr befreit, wieder neu von ihr umschlungen, und bei seiner Wiederkehr scheint sie ihm nun „noch um und um In jener Sauce dazuliegen, Wie sie an jener Stunde lag, Da sie bei hellem lichten Tag Der Geist der Finsternis, der Herr der alten Welt, Im Sonnenschein ihm glänzend dargestellt". Prometheus, Mohammed, Faust ziehen ihn an, und der Seelengehalt dieser Gestalten ist ihm eine zeitlose Modifikation der Menschennatur. Das moralisch-politische Puppenspiel und die ihm verwandten Fragmente sind nicht Darstellungen einer Gegenwart, sondern des unveränderlichen menschlichen Treibens. Und wer kennt nicht die Antwort Fausts auf die Äußerung seines Famulus über die Freude, „sich in den Geist der Zeiten zu versetzen"! „Mein

Freund, die Zeiten der Vergangenheit Sind uns ein Buch mit sieben Siegeln. Was ihr den Geist der Zeiten heißt, Das ist im Grund der Herren eigner Geist, In dem die Zeiten sich bespiegeln." Götz und Egmont lassen uns tiefer in Goethes geschichtliches Denken hineinblicken. Beide stellen das Detail historischer Zustände dar. Sie machen mit der größten Lebendigkeit vergangenes Leben sichtbar. Aber in die Helden verlegt Goethe sein eigenes Erlebnis, und die historischen Verhältnisse, die auf sie einwirken, sind in der Stimmung eines Beschauers dargestellt, der auch in vergangenen Zeiten mit Behagen Menschentreiben, wie es immer ist, wiedererkennt. Eben hierin liegt der unvergängliche Reiz des Götz, wie die Abenteuer, die der Alte mit der eisernen Hand einst aufgezeichnet hatte, bildhaft, genremäßig am Zuschauer vorübergehen, hingestellt mit dem Gefühl überströmender deutscher Kraft und Lebendigkeit, aus dem sie hervorgegangen waren, und daher unbedürftig einer objektiven Erkenntnis ihres Zusammenhanges in sich und mit den geschichtlichen Kräften um sie her. Egmont ist in der Reife des historischen Denkens geschrieben, Szenen wie das Gespräch zwischen Oranien und dem Helden, der Regentin und Machiavel sind wohl das historisch Tiefste von Goethe, es ist in ihnen ein Extrakt seiner Erfahrungen in Hof- und Staatsleben. Aber der Held selbst ist frei zu einem Menschlich-Persönlichen gebildet und wird dadurch unglaubhaft im geschichtlichen Zusammenhang, ja im Grunde ungeschichtlich. Um ihn her ist allzuwenig von der Macht der protestantischen und bürgerlich freien Ideen zu spüren, die in der niederländischen Revolution wirksam gewesen sind. Das große geschichtliche Leben strömt nicht durch dies Stück. Indem Schiller in seinen Dramen überall das welthistorische Moment an seinem Stoff erfaßte, war er es, der das neue historische Drama schuf.

Und nun durchmustere man Goethes historische Arbeiten! Er ließ in diesen die pragmatische Methode hinter sich in der tiefen Einsicht, daß nur die Totalität der seelischen Kräfte den geschichtlichen Gegenstand erfassen kann. So tritt er diesem als Künstler gegenüber. Aber Geschichte als Wissenschaft hat noch eine andere Seite; der historische Gegenstand kann nur verstanden werden aus dem Ganzen, in dem er enthalten ist; seine ursächlichen Beziehungen und seine Bedeutung fordern, daß dem Geschichtsschreiber der universalhistorische Zusammenhang immer gegenwärtig sei: er muß sein Objekt in Distanz von sich versetzen als eine Welt für sich, zu der er sich unbefangen zu verhalten strebt. Dann erst werden ihm die historischen Bewegungen sichtbar, die jeden Teil der Geschichte durchfluten. Gegenüber dieser Loslösung der geschichtlichen Welt von dem Betrachter hält Goethe an dem natürlichen Verhältnis des Menschen zum historischen Gegenstande fest. Er legt direkt in ihn all seine Lebenserfahrung und macht ihn so zu einem gegenwärtigen. Er bewundert, er läßt sich belehren. Und wie die Persönlichkeit Mittelpunkt seiner Lebensauffassung ist, so sucht er sie vor allem in der Vergangenheit auf. Wenn irgendwo der Fortschritt des Geistes aufgewiesen werden kann, so ist es in der Naturerkenntnis, aber Goethes Geschichte der Farbenlehre sieht in ihrem Gang nur „Auf- und Absteigen, Vor- und Rückwärtswandeln, in gerader Linie oder in der Spirale"; er beobachtet genial das wechselnde Verhältnis des Menschen zu den Naturobjekten, die Macht des Persönlichen in der Bildung der Theorien, aber er hat kein Auge für die Notwendigkeit, welche die Stufen des Fortschritts der Naturerkenntnis bestimmt. Ebenso ist in seinen zeitgeschichtlichen Darstellungen sein Interesse nicht dem großen Zusammenhang zugewendet, in welchem die anbrechende Ordnung der Dinge, die sich ihm ja nicht verbergen kann, sie bedingt: er geht auch hier den immer gleichen Formen der Lebensverhältnisse, der Gefühle nach, die er an den kriegerischen und den bürgerlichen Zuständen um ihn auffassen kann. Die Französische Revolution ruft in ihm keine starke Freude über die Befreiung der Menschheit hervor und die napoleonische Fremdherrschaft keinen tiefen und anhaltenden Schmerz über den Zusammenbruch alles dessen, was an politischer Stärke in Deutschland bestand. Dagegen mußte ein solcher Geist die höchste Fähigkeit zu biographischen Darstellungen haben. „Dichtung und Wahrheit" macht Epoche in der Geschichte der biographischen Besinnung des Menschen über sich selbst und sein Verhältnis zur Welt. Nimmt man alles zusammen, so ist im Grunde das geschichtliche Sehen für Goethe Fortführung seines Nachdenkens über das Leben in die Vergangenheit hinein, Auffassung der dauernden Formen der Menschheit und ihrer Verhältnisse, letztlich eine ganz universale Auslegung des Lebens selber. Die Erfassung der immer wiederkehrenden Formen des Einzeldaseins und seiner Entwickelung regierte so ganz in seiner Seele, daß Menschheit und ihr Fortschritt, der Staat als Eigenwert und seine Macht ihm als leere Abstraktionen und Gespenster erschienen.

3

Aus dieser Gedankenschicht treten nun Goethes Dichtungen hervor. Leben und dessen Auslegung ist ihre Grundlage, die Persönlichkeit ist ihr Mittelpunkt. Hierdurch ist das Verhältnis von Erlebnis und Dichtung bestimmt, das für das poetische Schaffen Goethes entscheidend ist.

Die Menschenwelt ist für den Dichter da, indem er in sich Menschendasein erlebt und, wie es von außen ihm entgegentritt, es zu verstehen sucht. Im Verstehen steigert sich der Seherblick des wahren Dichters ins Unendliche. Denn er überträgt verstehend all seine innere Erfahrung in die fremde Existenz, und zugleich führt ihn doch die unergründliche fremdartige Tiefe eines anderen großen Daseins oder mächtigen Schicksals über die Grenzen seines eigenen Wesens hinaus; er versteht und gestaltet, was er nie persönlich erleben könnte. So erhalten die Gestalten von Coriolan, Cäsar, Antonius in Shakespeares Phantasie eine verständliche zusammenhängende Wirklichkeit, die kein Geschichtsschreiber erreicht. An solcher Gabe hatte auch Goethe seinen wohlgemessenen Anteil, wie sein Götz und sein Oranien bezeugen. Ihr verwandt war sein geniales Vermögen, Welttreiben hinzustellen, von den kecken dramatischen Scherzen seiner Jugend ab bis zum zweiten Teil des Faust, oder einen Kreis des Daseins in typischen Figuren und Verhältnissen zu umschreiben, wie in Hermann und der Natürlichen Tochter geschah. Doch ist auch hier, besonders in den Erzählungen, für die Art seines Schaffens charakteristisch, wie die Darstellung von einem Gesamtgefühl des Lebens erfüllt ist, das aus der Tiefe seiner Seele stammt: bald als kräftiges Lebensbehagen, bald als überlegene Ironie, oder auch, wie im Wilhelm Meister, den Lauf der Begebenheiten begleitend wie die Melodie des Lebens selber. Aber was ihm in solcher Stärke allein eigen ist, kommt doch erst da vollkommen zur Geltung, wo ihm für sein persönliches Erlebnis Sage, Geschichte oder Zeitereignis zum Gefäß, zum Symbol werden. Auch hier, in Werther, Prometheus, Faust, Tasso, Iphigenie, gibt ihm sein Stoff Möglichkeiten der Steigerung des eigenen Erlebnisses, oder es erhöht auch die Wirkung der Gestalten von Faust und Mephisto, wenn der Dichter das Welttreiben ihnen ironisch-behaglich gegenüberstellt: aber das Tiefe und Neue, das er der Welt hier gesagt hat, quillt doch unmittelbar aus seinem Erleben und rinnt in allen Adern des Werther, Faust, Tasso und so vieler anderer Gestalten. Es handelt sich hier gar nicht um ein Beobachten der inneren Vorgänge und Darstellen des Beobachteten. Was wir durch die Selbstbeobachtung erfahren, ist überall in enge Grenzen eingeschlossen, und auf diesem Wege empfängt selbst die wissenschaftliche Besinnung über das Seelenleben viel weniger, als in der Regel angenommen wird. Denn indem wir unsere Aufmerksamkeit den eigenen Zuständen zuwenden, schwinden diese nur allzuoft. Das Verfahren des Dichters, der das persönliche Erlebnis ausspricht, ist ein ganz anderes. Es beruht auf dem Strukturzusammenhang zwischen dem Erleben und dem Ausdruck des Erlebten. Das Erlebte geht hier voll und ganz in den

Ausdruck ein. Keine Reflexionen trennen seine Tiefen von ihrer Darstellung in Worten. Die ganze Modulation des Seelenlebens, die leisen Übergänge in ihm, die Kontinuität in seinem Ablauf werden so durch den Ausdruck dem Verständnis zugänglich gemacht. Hierin liegt die seherische Bedeutung des Lyrischen — dies Wort in weiterem Sinne genommen. Auf demselben Verhältnis von Erleben und Ausdruck beruht, daß die Instrumentalmusik uns Tiefen der Seele eröffnet, die in keine Beobachtung fallen. Es ist nun Goethes eigenste Gabe, sein persönliches Erlebnis in seinem vollen Gehalt zum Ausdruck zu bringen. Seine Sprachphantasie, wie sie geschildert worden ist, verlieh ihm hierzu alle Mittel. Indem sein unvergleichlich reiches, bewegliches Seelenleben zum erschöpfenden Ausdruck gelangte, im lyrischen Gedicht, im Drama und in der Erzählung, entstand seine Seelendichtung, die uns alles menschliche Innere tiefer, reiner, wahrer auffassen gelehrt hat. Dies ist ein weiterer Zug in der eigentümlichen Bedeutung unseres größten Dichters, wenn man ihn im Zusammenhang der europäischen Literatur betrachtet, ihn mit deren ersten Dichtern vergleicht und seinen Wirkungen nachgeht. Er ist der größte Lyriker aller Zeiten, sein Faust entsprang eben aus dieser Richtung, und alle seine bedeutenderen epischen oder dramatischen Dichtungen sind erfüllt von Klang und Rhythmus des Seelenlebens.

Wie umfassend ist nun aber das persönliche Erlebnis, das dieser universale Geist zum Ausdruck gebracht hat!

Er lebte von Anfang an im starken Bewußtsein seiner selbst. Nie verlor er sich so ganz in die Gegenstände, daß er nicht sich selbst und sein Verhältnis zu ihnen zugleich fühlte. Jeder Zettel aus seiner Jugend ist ein Zustandsbild, das ihn selber in seiner gärenden Kraft in irgendeiner Situation zeigt. So sind auch seine Jugendgedichte der natürliche und unbefangene Ausdruck seines Existenzgefühls in einem gegebenen Momente. Findet man ihn dann in der italienischen Reise oder in seinen naturwissenschaftlichen und historischen Arbeiten mit großen Gegenständen beschäftigt, so stellt er diese in der Regel so dar, daß man sein Verhältnis zu ihnen miterlebt und die freudige Kraft nachfühlt, mit der er der Gegenständlichkeit der Dinge sich hingibt.

Aus den geschichtlichen Bedingungen entsprang sein Streben, seine Persönlichkeit zur höchsten Ausbildung zu erheben. Durch die ganze damalige Literatur ging die Richtung auf Steigerung unseres Daseins. Die theologischen Kämpfe, in denen Lessing sich zu seinem Lebensideal hatte emporarbeiten müssen, waren nun vorüber. Das neue Geschlecht durchbrach die Schranken, in denen dieser große Mensch noch das Leben und die Welt hatte auffassen müssen. Die Jugendgenossen Goethes, Herder voran, lebten frei von der Last der Traditionen. Sie waren getragen von dem Willen nach Entfaltung aller ihrer Kräfte in Tätigkeit und in Genuß. Das Individuum wollte, was das Leben enthält, selber erfahren, denken, durchkosten in Lust und Leid – ohne Schranken.

Darin aber lag nun, was seine persönliche Dichtung von der seiner Genossen, eines Lenz oder Klinger, durchaus unterschied und über sie emporhob: ihn machte das Streben nach Erfüllung seines Daseins, nach Realisierung alles Menschlichen in seiner Person und in seinem Leben unersättlich, alles, was ihn von geistigen Kräften, bedeutenden Menschen, großen Bewegungen umgab, anschauend, verstehend, erlebend in sich aufzunehmen. Mit der ihm eigenen Geschwindigkeit des Geistes erfaßte er in den Büchern, was ihm gemäß war: das andere ließ er auf sich beruhen. Er war neben Voltaire der universellste Mensch des 18. Jahrhunderts. Aber die Universalität Voltaires entstand in der Anwendung des Raisonnements auf alle Gegenstände und Aufgaben, die Goethes in dem nacherlebenden Verstehen alles Menschlichen. Wie alles Verstehen im Erleben gegründet ist, so ging es dann auch in ihm wieder zurück in die Erweiterung des eigenen Daseins. Er sagt einmal, seinem sittlichen und literarischen Lebensbau liege zugrunde, daß er stets von jeder geistigen Äußerung zurückgegangen sei auf ein Ursprüngliches, Göttliches und Unverwüstliches. Er verstand, indem er Fremdes zu seinem eigenen Leben in Verhältnis setzte, und das Verstandene wurde ein Moment seiner eigenen Entwickelung. So reich war sein Wesen, so stark sein Bedürfnis, seinem Dasein unbegrenzte Weite, seinen Einsichten Objektivität zu geben, daß er auch die religiösen, die wissenschaftlichen, die philosophischen Bewegungen der Zeit in sein Erlebnis aufnahm – die befreiende Macht der Aufklärung und die Bibelkritik, das religiöse Gefühl des Zinzendorfschen Kreises, Jung-Stillings und Lavaters, Winckelmanns Griechentum, die Erneuerung Spinozas, das neue Völkerverständnis Herders, Kants Lehre von der Spontaneität des menschlichen Geistes, seine Anweisung zur Selbstbesinnung, seine Sonderung des Erforschbaren vom Unerforschlichen, seine Verknüpfung der organischen Natur mit dem Schaffen des Künstlers, die neuen Entdeckungen der Naturforschung wie Schillers Begriff von der ästhetischen Erziehung des Menschen zum handelnden Leben. Er war wie ein Strom, der durch stets neue Zuflüsse immer breiter und mächtiger dahinrollt. Selbstbildung und Welterkenntnis waren in diesem Geiste eins. Und so liegt nun schließlich darin die einzige Größe seiner persönlichen Dichtung, daß in ihr das Persönlichste mit allem, was von allgemeineren Bewegungen Bestandteil seines Wesens wurde, auf das innigste verbunden ist. Eben weil die größten geistigen Phänomene ihm zum Erlebnis geworden

waren, konnten sie mit seinem eigensten Schicksal verknüpft werden und konnten bewegen, erschüttern. So und nur so wurde das größte Gedicht nach Shakespeare, der Faust, möglich.
Nimmt man persönliches Erlebnis in diesem umfassenden Sinne, so unterliegt es keinem Zweifel, daß in ihm die Grundlage der Dichtungen Goethes gelegen hat. Goethes Selbstbiographie spricht dies klar aus. Man erblickt da den Dichter gegenüber einer gesellschaftlichen Ordnung, in welcher nur die Gemütsschicksale und die Privatleidenschaften Raum hatten; das Elend dieser gesellschaftlichen Ordnung wird mit Vorsicht angedeutet; man sieht zugleich in den jungen Köpfen die Erkenntnis entstehen, daß nur bedeutender Stoff in naturwahrer Behandlung echte Dichtung ermögliche. „Aber diesen zu finden, war ich genötigt, alles in mir selbst zu suchen. Verlangte ich zu meinen Gedichten eine wahre Unterlage, Empfindung oder Reflexion, so mußte ich in meinen Busen greifen." „Und so begann diejenige Richtung, von der ich mein ganzes Leben über nicht abweichen konnte, nämlich dasjenige, was mich erfreute oder quälte oder sonst beschäftigte, in ein Bild, ein Gedicht zu verwandeln und darüber mit mir selbst abzuschließen, um sowohl meine Begriffe von den äußeren Dingen zu berichtigen, als mich im Innern deshalb zu beruhigen. Die Gabe hierzu war wohl Niemand nötiger als mir, den seine Natur immerfort aus einem Extrem in das andere warf. Alles, was daher von mir bekannt geworden, sind nur Bruchstücke einer großen Konfession." Diese Richtung wird dann, wie das neunte Buch berichtet, durch die damalige empirische Seelenlehre und die Dichtung Wielands verstärkt. Beide empfahlen „Einsicht in die verborgenen Winkel des menschlichen Herzens" und „die Kenntnis der Leidenschaften, die wir in unserem Busen teils empfanden und teils ahnten, und die, wenn man sie sonst gescholten hatte, uns nunmehr als etwas Wichtiges und Würdiges vorkommen mußten". Eine Stelle von der größten Bedeutung! Sie zeigt, wie tief Goethe selber im Rückblick auf sein Leben die Macht der geschichtlichen Lage empfunden hat, die ihn in die persönliche Dichtung trieb. Nicht ganz uneingeschränkt freilich kann man sie gelten lassen. Wer kann sagen, wie sich mit der allgemeinen Lage persönliche Begabung, das Naturell der Rhein- und Maingegenden, die Abgeschlossenheit der Vaterstadt von den politischen Machtkämpfen der Zeit verband? Ergreift doch neben ihm Schiller das andere Moment, das in der Zeit lag — die Machtkämpfe der großen Staaten, und mit ihnen verwoben den ungestümen Willen zu einer freieren Gestaltung der Gesellschaft — die Welt des Handelns. Und welcher jubelnde Beifall kam doch Schiller entgegen! Goethes Weg war stiller, er ging

in letzte Tiefen, in die sich damals auch unsere Musik und Philosophie eingegraben haben.
Diese Grundrichtung der Dichtung Goethes durchläuft nun bemerkenswerte Veränderungen. Bis zum Abschluß der Lehrjahre Wilhelm Meisters 1796 entspringen alle seine Dichtungen aus dem persönlichen Erlebnis. Während er an ihnen arbeitet, spricht er sich darüber aus, und noch deutlicher bezeugen es seine späteren Rückblicke. Der dichterische Vorgang ist in den meisten und wichtigsten dieser Schöpfungen derselbe. Ein Gemütszustand wird mit der ganzen äußeren Situation, mit allem, was ihn an Vorstellungen, Zuständen, Gestalten umgibt, mächtig erlebt, und indem nun dem innerlich bewegten Dichter ein äußerer Vorgang entgegentritt, der geeignet ist, Gefäß für diese Herzenserfahrungen zu werden, entsteht in dieser Verschmelzung der Keim einer Dichtung, der alle charakteristischen Züge, die Totalstimmung, die Linien des Ganzen schon in sich enthält. Daher durfte er aussprechen, daß jede Dichtung für ihn eine Konfession, eine Beichte gewesen sei, daß er solchergestalt sich von den Zuständen, die auf ihm lasteten, innerlich befreit habe. So ist in jeder Schöpfung dieser Art Goethe selbst inmitten seiner eigenen Gestalten: ähnlich wie er geheimnisvoll sich selber in dem Gedichte Ilmenau erblickt und sich anredet. Die Motive sind aus seiner eigenen Existenz geschöpft. In seinen Briefen, in seinen Gedichten ist es ein Gemütszustand, der mit der Situation, die ihn hervorbrachte, ausklingt; in den größeren Werken Leben mannigfacher Art, das sich meist auf eine Person bezieht, die aus dem Herzblut des Dichters ihr Leben empfing. Dieses Verhältnis der Goetheschen Dichtung zum Leben ändert sich allmählich, zumal von der Zeit ab, in der er von Weimar aus mit Schiller die deutsche Literatur beherrscht. Sein Leben ist nun zur Ruhe gekommen. Die Fülle und Stärke des Erlebens nimmt ab, und die Summe der gegenständlichen Erfahrungen ist außerordentlich gewachsen. Die Ideale der Zukunft werden abgelöst von der Zusammenfassung des Ertrags der Vergangenheit. Die Naturforschung verstärkt die Gegenständlichkeit seines Auffassens. Wie tief auch jetzt noch seine einzelnen Verhältnisse wirken auf seine Dichtung, sie beruht nun doch auf der Summe des Erlebten, auf der Stimmung der Welt gegenüber, die aus demselben erwachsen sind. Diese Lebensweisheit, welche das Verhalten eines reifen Gemütes zum Leben ist, beseelt und vergeistigt die großen epischen Dichtungen der zweiten Lebenshälfte Goethes. Die gesammelte dauernde Kraft derselben in seiner Seele ist das Subjekt seiner didaktischen Lyrik, und sie macht auch den zweiten Faust zum Abbild der Welt selber.

Erleben, Lebenserfahrung, Lebensideal streben nun aber von Goethes Frühzeit ab, sich in einer Weltanschauung zu festigen, und diese bedarf der wissenschaftlichen Begründung. Dies ergab sich schon daraus, daß unsere Dichtung sich in einer wissenschaftlichen Epoche ausbildete. Lessing, Schiller, die Romantiker haben ihrer Weltansicht eine wissenschaftliche Begründung gegeben. Aber welche Stärke mußte dies Bedürfnis in der mächtigsten Phantasienatur der modernen Zeit erhalten! Indem sie die Welt poetisch erblickte, geriet sie in Widerspruch mit der Wissenschaft um sie her; sie war genötigt, ihr Wesen zu verteidigen, und das konnte nur in einer wissenschaftlich begründeten Weltanschauung auf allgemeingültige Weise geschehen. Eine neue Seite an den Weltverhältnissen, die Goethe bedingt haben, tritt uns hier entgegen.

Unter den Literaturen Europas hat die unsere sich zuletzt entwickelt, inmitten einer gewaltigen geistigen Bewegung, die alle Kulturländer erfüllte. Im 17. Jahrhundert hatte die moderne Wissenschaft sich konstituiert, und im 18. legte sie die Grundlagen für die Befreiung des Menschen vom Druck der religiösen Überlieferung, für Erkenntnis des ursächlich gesetzlichen Zusammenhangs in der Natur und Herrschaft über sie, für die Erfassung der geistig geschichtlichen Welt in ihrem tieferen Zusammenhang und für Theorien, die fähig wären, die Umgestaltung der Gesellschaft zu leiten. So machte die Wissenschaft den Menschen mündig. Die gebildeten Klassen waren erfüllt vom Streben nach Steigerung der individuellen Kraft der Persönlichkeit und nach Befreiung derselben von den Schranken der alten aristokratisch monarchischen Ordnung. Unter der Einwirkung dieser Bewegung ist nun unsere große deutsche Dichtung entstanden. So mußte ihr Entwickelungsgang und ihr Charakter ganz verschieden von dem der vorangegangenen nationalen Dichtung der anderen modernen Völker sein, die das europäische Zeitalter der Phantasie erfüllte und in die Anfänge des wissenschaftlichen Zeitalters hineinreichte. Die Auffassung der Wirklichkeit war, als unsere Dichtung begann, verstandesmäßig, und die Sprache war von einer durch die Wissenschaft geformten Prosa bestimmt. Langsam, schwer mußte unsere Literatur sich ihre dichterischen Darstellungsmittel schaffen. Sie eroberte in Lessing eine neue starke realistisch dramatische Kunst der geschlossenen Handlung, in Klopstock die dichterische Energie und die Ausdruckskraft, die Seele bis in ihre letzten Tiefen zu erschüttern, und in Wieland Grazie, sanften epischen Fluß und die Sprache für die leisen Wechsel auf der Oberfläche des Lebens. In ihrem mühsamen Vorwärtsschreiten hatte unsere Dichtung aber vor der Italiens, Englands und Frankreichs im 16. und 17. Jahrhundert eines voraus: den großen Gehalt. Eine unermeßliche wissenschaftliche und philosophische Arbeit war ihr voraufgegangen, und sie selber war aufs innigste mit der Gedankenarbeit von Winckelmann, Lessing, Möser, Herder und Kant verbunden. Diese Männer schufen eine neue Auffassung der geistigen Welt. Und in dem Zeitalter von Goethe erhielten nun diese Studien eine Grundlage in der Verbindung astronomischer, geologischer und biologischer Einsichten, die seit Buffon den Menschen in den Zusammenhang der Evolution des Universums stellte: von Kant ausgehend und doch zugleich im entschiedensten Gegensatz zu ihm arbeitete Herder bei uns in dieser Richtung.

Goethe brachte dem allem eine unendliche Aufnahmefähigkeit entgegen. Er nahm in sich auf, was irgend darin seinem Wesen gemäß war. Er steigerte und vereinigte es. Und nun ist ihm das Glück zuteil geworden, in einem langen Leben die Entwickelung des deutschen Geistes zu seinen höchsten dichterischen, philosophischen und wissenschaftlichen Leistungen mitwirkend zu begleiten und ihre Momente in sich zusammenzufassen, wie dies vor ihm auf eingeschränkteren Gebieten Sophokles, Michelangelo, Sebastian Bach hatten tun dürfen.

Wie er diese Momente vereinigte, das war nun durch die ihm eigene Auffassungsweise bestimmt. Denn so unbegrenzt seine Aufnahmefähigkeit war, ebenso einfach und überall durchgreifend war sein geistiges Verfahren. Anschauung, Phantasie, dichterische Anlage waren im Mittelpunkt seiner seelischen Kräfte. Wirklichkeit gewahren, erleben, verstehen war überall und immer die Grundlage seines Verfahrens. In demselben herrschte das anschauende Verhalten, das im Verhältnis des Ganzen zu den Teilen fortgeht. Es erscheint in der Wissenschaft als gegenständliches Denken und an der Poesie als Steigerung der Wirklichkeit nach dem ihr innewohnenden Gesetz. Von je hatte er wenig Neigung, Gabe und Vertrauen für das Trennen des Lebendigen und die Theorien, die dessen Teilinhalte entwickeln, für die langatmigen Beweisführungen der Philosophen und ihr Denken über das Denken. Immer lebte er in der Einheit der Dinge und in der Struktur ihrer Teile zum Ganzen.

Die Natur war ihm ein Allebendiges, bedeutete ihm Kraft zur Gestaltung, wie er sie in sich selber als schaffende Phantasie erlebte. Und das war so von Jugend an und entwickelte sich nur mit der Zeit zu methodischem Bewußtsein und wissenschaftlicher Form. Denn wie sein gegenständliches Denken und künstlerisches Verhalten innerlichst verwandt waren, erblickte er überall und auf mannigfache Weise Gott, Natur, die Menschen in ihr und das Nachschaffen der göttlichen Welt als einen lebendigen Zusammenhang. Diese Anschauung war zuerst wie eingehüllt in dumpfes, mystisches, pantheistisches Gefühl, und sie klärte sich dann auf in seinen philosophischen und naturwissenchaftlichen Studien. Es war um sein zwanzigstes Lebensjahr, als er, krank von Leipzig zurückgekehrt, in den Kreis der Zinzendorfschen Religiosität geriet, in Paracelsus, Helmont, die Ketzer der Arnoldschen Kirchengeschichte sich vertiefte und so auf ein gnostisches System der Evolution des Universums verfiel. Schon damals erfüllte ihn die Anschauung eines quellenden, nach Entfaltung in der Mannigfaltigkeit drängenden Allebens. Und als er dann allmählich in Straßburg von der religiösen Form sich löste, in der er das Allebendige erfaßt und hierin Frieden für sein ruheloses Gemüt gefunden hatte, tritt in Prometheus, Mohammed, Werther und dem ersten Faust, unter verschiedenen Stimmungen, dieselbe Anschauung allwirkender, lebendiger Kraft uns entgegen, die in seiner anschauenden Phantasie begründet war und die von außen, auch durch Spinoza, nur Mittel der Verdeutlichung erhielt. Von Kind an hat dies Genie der Phantasie die Welt poetisch gesehen. Im Gestein, in dem niederströmenden Wasser, in den Pflanzen fühlte er Leben, und alle Bewegung und Gestalt war ihm dessen Ausdruck. Bevor er seinen ersten Vers schrieb, umgab ihn schon eine poetische Welt. Sie wuchs heran, als der Knabe unendliche Papiermassen mit seinen Versen beschrieb. Welcher Zauber von Belebung der Natur, von eigenem Sehen derselben, von Nachfühlen jeder Kraft, die in der Welt sich regt, ist in den Liedern seiner Leipziger Zeit! Wie er dann aus dem Bereich der Aufklärungsdichtung heraustrat und das eine Leben des All ihm aufging, schwanden auch das Hirtenkostüm und die Götter der geplanten Dichtung, die bis dahin inmitten der poetisch gesehenen Natur ihr Wesen trieben, und klar, rein und voll trat nun der Zusammenhang der Natur heraus, immer neu in den wechselnden Zuständen des bewegtesten Gemütes, und doch immer derselbe.

Noch tiefer aber war die Weltanschauung Goethes durch seine dichterische Auffassung der Menschenwelt bestimmt. Diese Auffassung war natürlich und notwendig für einen Geist, der von der unbefangenen Auslegung des Lebens aus diesem selber ausging, und vornehmlich hierin liegt ihre Wirkung für alle Zeiten. Wer auf sein Leben beschaulich zurückblickt, sieht in dessen wichtigsten Vorgängen Förderungen oder Hemmnisse der Entwickelung seiner Kraft, seiner Lebensfreude, des Wertes seiner Eigenart; eben hierin erfaßt er die Bedeutung, die den einzelnen Momenten seines Lebensverlaufs zukommt. Das ist die natürliche Ansicht des eigenen Lebensgangs. Sie liegt der dichterischen Lebensdarstellung zugrunde. Niemand hat sie reiner, ohne Einmischung metaphysischer oder religiöser Voraussetzungen über die Werte des Lebens durchgeführt als Goethe. Jede Persönlichkeit erschien ihm als die Realisierung eines Eigenwertes durch den ursächlichen Zusammenhang. Shaftesbury und Herder bestärkten ihn in dieser Betrachtungsweise. Wie er nun ganz in ihr lebte, wirkte sie unbewußt und ungewollt auf sein Erlebnis der Natur. Sie machte sich in jeder seiner Erfahrungen von deren Zusammenhang geltend. Die Natur erschien ihm daher als die Realisierung einer ihr einwohnenden lebendigen Kraft und Bedeutsamkeit in einem ursächlichen Zusammenhang. Ein Sinnvolles wirkt in ihr und lebt sich in ihr aus. „Ist nicht der Kern der Natur Menschen im Herzen?"

So fand er sich von Jugend an zum Pantheismus hingezogen; Werther, Prometheus, Faust verkünden „das innere glühende heilige Leben der Natur"; der Aufsatz über die Natur (1782), wie er auch entstanden sein mag, spricht die Weltanschauung aus, in der Shaftesbury, Herder und Goethe verbunden waren. Die Natur ist beseelt von einer ihr einwohnenden göttlichen Kraft. Sie ist eine und überall gleichartig. Sie wirkt als die vollkommenste Künstlerin durch eine ihr eigene Technik. Und nun tritt die Formel des neuen Pantheismus hervor! „Sie hat sich auseinandergesetzt, um sich selbst zu genießen. Immer läßt sie neue Genießer erwachsen, unersättlich, sich mitzuteilen." Denselben Standpunkt nimmt die im Winter 1784—1785 bei der Lektüre Spinozas niedergeschriebene Auseinandersetzung mit dem großen Denker ein. Sein, Kraft und Vollkommenheit sind dasselbe. Das ist die Philosophie der Bejahung der Welt, die im Gegensatz zur mittelalterlichen Weltverachtung Giordano Bruno begründet und Spinoza in scharfen Begriffen formuliert hat.

Aber Goethe bedurfte des abstrakten Schlußverfahrens dieser Denker nicht; er verhielt sich anschauend-denkend zur Natur; nur soweit das Denken von der Wahrnehmung getragen ist, erkannte er ihm Gültigkeit zu. So mußte er dies Erforschbare und ein Unerforschliches voneinander sondern, und das geschah schon im Spinozaaufsatz. Die unendliche Kraft selbst ist nach Goethe dem Fassungsvermögen des beschränkten menschlichen Geistes unzugänglich; nur auf ihre anschaulichen Gebilde richtete er seine Untersuchungen.

Seit den Studentenjahren hatte ihn seine durch das Auge wirkende und der Sichtbarkeit zugewandte Phantasie, „zum Sehen geboren, zum Schauen bestellt", zu den naturwissenschaftlichen Forschungen geführt. Hier öffnete sich ihm der Blick in die Technik der Natur, deren Begriff seine Weltanschauung festgestellt hatte. Diese Technik wirkt in den Bildungsgesetzen der Stetigkeit, der Steigerung, der Polarität. Sie bringt typische Naturformen hervor. Sie läßt dieselben sich entwickeln. Aus der beständigen Gegenwart dieser Naturprinzipien in seinem Geiste entstanden seine berühmten biologischen Entdeckungen. Selbstverständlich hat er eingesehen, daß aus der göttlichen Kraft, die der Welt innewohnt, in einer fortschreitenden Entwickelung die Naturformen hervortreten: sein eigentliches Interesse haftete doch an dem der Anschauung Zugänglichen, den typischen Formen, in denen die Natur ihren Gehalt auseinanderlegt, und den Gesetzen, nach denen die Typen sich realisieren. Auf dem Wege gegenständlichen Denkens gelangte er so zur Einsicht in die Bedeutung des Weltganzen, da diese in den Strukturformen des Lebens sich manifestiert. So gibt es für ihn kein Innen und Außen in der Natur, keine Trennung von Geschehen und Sinn des Geschehens, keine Sonderung von Natur und Geist. All Eines — „ein Meer, das flutend strömt gesteigerte Gestalten".

Diese Ansicht der Natur erleuchtete ihm in einem großen Apercu, das dann Schelling verfolgt hat, das Wesen der bildenden Kunst. In ihr bringt die Phantasie das Typische in den Formen der Natur zu reiner Darstellung, und so setzt sie das unbewußte Schaffen der Natur in der Sphäre des Bewußtseins fort. Und ebenso löste sich ihm hier das Rätsel von der Möglichkeit einer Erkenntnis, das damals in endlosen Debatten die Philosophen beschäftigte. Das Wirken der Natur, die als ein Ganzes in Teilen sich auslebt, ist eins mit dem Verfahren des anschaulichen Denkens, das im Verhältnis des Ganzen zu den Teilen fortgeht. Soweit dies Verhältnis reicht, ist das Auffassen eins mit seinem Gegenstande.

Während so das anschauliche Denken Goethes, das überall vom Gefühl der Einheit des Universums getragen war, in der organischen Naturwissenschaft sich höchst fruchtbar und erfindend erwies, mußte die mathematische Naturwissenschaft ihm ganz fremdartig und unzugänglich sein. In ihr löst der Verstand das Anschauliche der Erscheinungen auf, er konstruiert mathematische Beziehungen an einem in keine direkte Erfahrung fallenden Gegenständlichen. Es war Goethes geschichtliches Schicksal, die mechanische Naturwissenschaft zu hassen und zu bekämpfen, ohne daß er doch den unaufhaltsamen Fortgang derselben aufzuhalten vermocht hätte. Ist so der physikalische Teil seiner Farbenlehre unhaltbar, so ist doch von dem physiologischen die Begründung der physiologischen Optik durch Johannes Müller ausgegangen. Goethe selbst, dies Genie des Auges, genoß in seinen optischen Versuchen die Phänomene des Lichtes und der Farbe, er verkehrte mit diesem reinsten Elemente der Diesseitigkeit wie der Gläubige mit göttlichen Wesen, und unerschütterlich behauptete er so das Recht der Anschauungskraft und die poetische Schönheit der Welt gegenüber den farblosen Abstraktionen der Wissenschaft.

Die geistige Welt und das Handeln des Menschen in ihr ist für Goethe, als das Innere der menschlichen Organisation, untrennbar von der Natur. Hier kann ihn nun aber die sinnliche Anschauung nicht mehr leiten. Auch ist keiner der Versuche, in den Zusammenhang der geistigen Welt einzudringen, wie sie ihn umgaben, weder die pragmatische Psychologie, noch die Systematik Hegels, noch die neue Geschichtswissenschaft von ihm verwertet worden. Er ließ Menschen und Dinge auf sich wirken, und handelnd belehrte er sich über sich selbst und die Welt. Nur in der Reinheit, Unbefangenheit und Universalität, mit der er das getan hat, war die Objektivität seiner Ansicht gegründet. So geht ihm die Mannigfaltigkeit der individuell gearteten Persönlichkeiten auf. Durch sie hindurch erstrecken sich Naturformen menschlichen Daseins — die Geschlechter, die Lebensalter, die Typen der Eigenart, die Formen von Entwickelung und Verfall. Ebenso ist die Gesellschaft nach Ständen, Berufsarten, politischen Leistungen gegliedert und verbreitet sich in vielfachen Lebensverhältnissen. Überall sieht er Unveränderliches, Notwendiges. Große Bezüge, auf denen der Zusammenhang der geistigen Welt beruht, treten hervor. Die Natur hat in uns einen Reichtum und eine Zusammenstimmung der Kräfte angelegt; jede derselben bis hinab zu den Trieben hat ihren eigenen Wert; in jedem Individuum haben sie ein besonderes Gefüge. „Nach dem Gesetz, wonach du angetreten. So mußt du sein, dir kannst du nicht entfliehen." Auf dieser Grundlage vermag der Mensch in folgerichtigem rastlosen Tun seine Persönlichkeit zu gestalten. Sie ist der höchste Eigenwert der Welt. „Volk und Knecht und Überwinder, Sie gestehn zu jeder Zeit: Höchstes Glück der Erdenkinder sei nur die Persönlichkeit." Und alle gesellschaftliche Ordnung hat die Aufgabe, die Persönlichkeiten in freie, dem Wohl des Ganzen entsprechende Tätigkeit zu versetzen. So findet der ständische Sozialismus der Wanderjahre in freien Genossenschaften das Mittel, der rastlosen Beweglichkeit des modernen Erwerbslebens einen befestigenden Zusammenhang zu geben. Von innen aber gelangt in diesem Spiel der Kräfte der Mensch zur Sicherheit und Stille, mitten im Tun, in der Hingabe an den all-einen Zusammenhang, dem sein Wirken eingeordnet ist. — Fassen wir zusammen: in folgerichtigem frohmütigem Handeln, im Sinne der so geschauten Bedeutung des Lebens liegt die Aufgabe des Menschen.

Aber selbst diese leichten Andeutungen eines Zusammenhanges sind zu abstrakt, zu hart und zu leer, als daß Goethes Lebensweisheit in ihnen sichtbar werden könnte. Und jeder Versuch, die leichten schwebenden Geister dieser Lebensanschauung in Begriffe oder gar in System zu bringen, streift Schimmer und Licht von ihnen, er läßt nur traurige Schatten zurück. Lehre kann hier nicht getrennt werden vom Vorgang, aus dem sie hervorgeht, und Anweisung zum Leben nicht von dem, der sie ausspricht. Das Mannigfaltige der Bedeutung in den einzelnen Lebensbezügen, wie es vor Goethes Seele stand, mannigfaltig und unendlich nüanciert wie das Leben selbst — das ist sein Sehertum, seine Weisheit. Sie liegt jenseit der Moral und jenseit des ästhetischen Verhaltens. Denn die Moral sondert aus dem Ganzen der Lebensaufgaben ein Ziel, eine Regel, deren Realisierung unseren Wert ausmachen soll. Und das ästhetische Verhalten setzt bereits das Verständnis der Bedeutsamkeit des Lebens voraus. Diese Weisheit ist eine Lebenskunst, aber sie ist mehr als das. Von ihr geht eine unbeschreibliche Kraft zu frohmütigem Handeln aus, Bejahung der Bedeutung des diesseitigen Daseins, Verständnis des Lebens aus ihm selber. Diese Lehre gewinnt er an den Grabstätten von Mignon und Ottilie so gut als am hellen Lichte des Tages.

Von dem Erforschbaren laufen die Linien ins Unerforschliche. Denn nichts ist starr und abgeschnitten in diesem Geiste. Der Mensch setzt seine Lebensaufgabe in Beziehung zu einer Anschauung der letzten Dinge, in der er der Verwirklichung derselben versichert sei. Hier ist der Ursprung der Religion und jeder Art von Glauben an die letzten Dinge. Eine klare Linie trennt von der Auslegung des Lebens und der Feststellung der Aufgabe des Menschen diesen Glauben, der alles Erfahrbare überschreitet. Derselbe ist in seinem Ursprung und seiner Geltung subjektiv, relativ; er wechselt mit unseren Lebensaltern; ja er ist zur selben Zeit und in demselben Menschen verschieden nach der Religion der Seele, in der er auftritt. Goethe fand, als Künstler sei er Pantheist, als Naturforscher Polytheist, und als sittlicher Mensch neige er dem Glauben an eine göttliche Persönlichkeit zu. Da wir nun aber „im Greisenalter Mystiker werden", bewegt er sich zuletzt, nach seiner optimistischen Erwartung einer Übereinstimmung zwischen unseren Bedürfnissen und dem Weltbestande, behaglich, gelassen in Glaubensartikeln von einer Leitung des menschlichen Lebens von oben, seelischen Entelechien und einer Unsterblichkeit der rastlos Wirkenden.

Goethe bedeutet für uns heute dies Verständnis des Lebens aus ihm selbst und dessen freudige Bejahung. Wie er im Leben dessen Sinn und Bedeutsamkeit nachgeht, so auch in der Welt. Im Verhältnis zu diesem harmonischen Ganzen nimmt er jedes Begebnis und jede Tatsache. Seine Poesie versöhnt uns mit der Welt und verklärt sie. Ein unerschütterlicher beglückender Glaube an den wertvollen und bedeutsamen Zusammenhang der Welt tritt uns in seinen aufgezeichneten Gesprächen mit patriarchalischem Behagen und Humor entgegen, an die Tischreden Luthers zuweilen gemahnend. Von diesem Mittelpunkte seiner Weltanschauung breitet er sich überallhin aus. Je älter er wird, desto stärker wird sein Bedürfnis, dem Ganzen, das lebendig vor ihm steht, immer mehr Tatsachen zu unterwerfen; dies ungeheure Anschauungsvermögen schien auf die Welt gekommen zu sein, jeden Tatbestand auf ihr seiner Betrachtung zu unterziehen, und sein Tod ist nur ein von der Natur befohlenes Aufhören einer Operation, die so noch immer weiterzugehen angelegt war. Sein Blick ist überall lauter, wahrhaft und rein. Wie unterscheidet er sich doch auch hierin von Voltaire, dem größten Herrscher über den europäischen Geist vor ihm im 18. Jahrhundert! Diesem wundersamen Wesen, das heute sich Newtons bemächtigte, die Natur zu verstehen, morgen Bolingbroke ergriff, die Geschichte zu revolutionieren, das nach allen Seiten zu blicken scheint, jede Bewegung in seinem Umkreis zu gewahren und zu nützen — ein Proteus, der immer ein anderer ist, nie er selber; denn was er ist, weiß er jederzeit klug zu verstecken durch etwas, was mehr ist als er selbst, was tiefer blickt, vornehmer und edler denkt; der Voltaire, der mit sich selbst redet, ist ein anderer als der zu seinem europäischen Publikum spricht. Dagegen blickt uns aus allem, was Goethe je erfunden und gedacht hat, immer dasselbe reine und unergründlich tiefe Dichterauge entgegen. Er ist in seinen geheimsten Gedanken derselbe, der in der Iphigenie redet. Sein erfahrendes Denken über das Leben, seine Wissenschaft und seine Dichtung sind einmütig in dem, was sie lehren. Einfache Verhältnisse umgaben ihn noch, die eine allseitige Entfaltung der Persönlichkeit und eine natürliche heitere Auffassung des Daseins möglich machten.

5

Dieser Zusammenhang eines im Erfahren wirksamen Denkens ist die Grundlage der Dichtung Goethes; er bestimmte die Entstehung ihrer poetischen Motive, die Ausbildung ihrer Fabeln und Charaktere und ihre innere Form, und auf ihm beruht die Entwickelung seiner Poesie.

Es mußte die beständige Richtung seiner Phantasie sein, erlebte Wirklichkeit in das Poetische zu erheben. Sein Gespräch war in den Jahren der Jugend von Bildern und Gleichnissen erfüllt; er dramatisierte „was im Leben einigermaßen Bedeutendes vorging": es war nur die Steigerung dieser beständigen Verbildlichung seiner

Erlebnisse, wenn er für sie weltgeschichtliche Symbole ergriff oder sie in historische und zeitgeschichtliche Vorgänge hineintrug. So entstanden in der Verbindung seiner persönlichen Schicksale mit den großen Bewegungen um ihn her die höchst wirksamen Motive von Prometheus, Faust, Werther, Wilhelm Meister, Iphigenie und Tasso. Hierdurch war nun die innere Form seiner Dichtung bestimmt. Der harte, eckige Rohstoff des Geschehnisses wird in dem Bildungsprozeß der Phantasie gänzlich umgeschmolzen und geläutert. Dieser läßt nichts zurück als was für den schlichten Ausdruck des Erlebnisses und seiner Bedeutung erforderlich ist. Er verzehrt alle bloße Tatsächlichkeit in der Fabel, alle Zufälligkeit in der Zusammensetzung der Charaktere. Und vor uns steht nun die einfache Verkörperung eines bedeutsam Seelenhaften. Seine Dichtung hebt aus den Tiefen des Zeitbewußtseins eine neue Welt seelischer Vorgänge ans Licht — von dem neuen titanischen Trotz bis zu der neuen innigen Einfühlung in die Natur. Goethe ist der erste moderne Dichter, der nicht die furchtbaren Phänomene der Leidenschaften, sondern den ganzen Menschen in seinem Verhältnis zu den ewigen Kräften um ihn, in seinen heimlichen Leiden am Leben und an den Menschen darstellt; hierin sind alle Neueren seine Schüler. Und nun gibt die mächtige Eigenart seiner Phantasie Menschen und Dingen eine Sichtbarkeit, die doch nichts von aufdringlicher Realität hat — deutlichste Existenz in einer fernen idealen Welt. Sein einziges Sprachgenie, mit der naiven Kraft des Ausdrucks wurzelnd in seiner fränkischen Heimat, gebildet durch unendliche Übung, durch die Literatur eines ästhetischen Zeitalters und die wiedererstandene große Poesie der Vergangenheit, gewährte ihm die Mittel für die Darstellung aller Nüancen dieser Seelenbewegungen. Hierzu trat ein Vorteil eigenster Art; beständige und mannigfache Übung in der bildenden Kunst und der intimste Verkehr mit ihren Werken. Von früh ab strebte er „das Äußere der Gegenstände genau zu bemerken". „Das Auge war vor allem anderen das Organ, womit ich die Welt faßte." Er hatte zwischen Malern gelebt, und halb noch ein Kind „erblickte er ein Bild, wo er hinsah". Die ältere Malerei regte ihn dann an, die Szenen des Lebens malerisch zu sehen — malerisch im Sinne einer Umbildung der äußeren Welt nach den Gesetzen der bildenden Kunst zu den ihr eigenen Wirkungen. Hierin war sein größter moderner Vorgänger Cervantes, der in Italien und in seiner Heimat unter der Einwirkung der großen Malerei gestanden haben muß. Von der Gartenszene des ersten Faust bis zu Hermann und Dorothea und zu Fausts Verklärung erhöht diese angeborene und ausgebildete Fähigkeit die ganze äußere Welt zur Schönheit. Und wie ist zu ihr alles Seelische erhoben! Seine freudige Teilnahme an jedem Lebendigen, sein tiefes Verstehen und sein menschliches Geltenlassen bewirken, daß jedes Wesen in seinem inneren Wert und zugleich in seiner bestimmten Umgrenzung heraustritt. Eine letzte Schönheit breitet dann seine Kunst der Darstellung, der Gliederung und des Stiles über diese äußere und innere Welt. Sie gibt jedem Werk eine ihm zugehörige Form, öfters eine ganz neue wie in Faust, Wilhelm Meister und in Hermann und Dorothea. In ihr verbindet sich wie in seinem eigenen Wesen das Beruhen in der einzelnen Zuständlichkeit mit dem Fortschreiten des Ganzen. Die Natur dieser Phantasie vereinigt sich mit der Regel und dem Vorbild Lessings zu der Auflösung des Gegenstandes in Bewegung und der starren Charakteristik in eine innere Lebendigkeit, nach welcher neue Lagen die Menschen neu erscheinen lassen. Er läßt die Einheit des Seelenlebens nicht in festen Eigenschaften sehen, sondern in einem inneren Gesetz, das ihre Lebensmomente verbindet — gleichsam zu der Melodie ihres Daseins. Goethe ist der Dichter der Schönheit wie Raffael ihr Maler und Mozart ihr Musiker.

Seine dichterische Entwickelung ist wie das Wachstum der Pflanzen. Er nimmt aus dem Boden, was ihm homogen ist, er assimiliert es nach dem Gesetz seines Wesens, und die Jahreszeiten des Lebens gehen über ihn dahin. Die Poesien seiner ersten Jugend bewegten sich unbefangen in den Formen seiner Zeit; aber der Stoff für sein Schäferspiel, die „Mitschuldigen", und für die leichten spielenden Lieder seiner Leipziger Zeit lag schon ganz in seinen Lebenserfahrungen, und in jeder dieser Gattungen ließ er bereits seine deutschen Vorgänger hinter sich. Von dieser ersten Periode hebt sich dann klar die zweite ab, die von Straßburg bis in die ersten Weimarer Jahre hineinreicht. Goethe gab nun dem unbestimmten Streben des neuen Geschlechtes nach Größe den höchsten Ausdruck. Er ließ Shakespeares und Corneilles Könige und Vasallen hinter sich, und sein Gegenstand wurde der geniale Mensch, der im 18. Jahrhundert seiner Bedeutung innegeworden war, Prometheus der schaffende Künstler, Mohammed der religiöse Genius, Faust mit seinem grenzenlosen Streben nach Wissen, Macht und Genuß, Werther, in dem die äußerste Stärke des Gefühlslebens sich einsam am Gegensatz zur Wirklichkeit verzehrt. Diese neue poetische Welt sprach sich in einem eigenen Stil aus, der die stärksten, bedeutsamsten Momente des Lebens heraushob und verband. Wer könnte sagen, welche Möglichkeiten der Entwickelung in dieser überreichen Natur gelegen haben? Als er sich für Weimar entschieden hatte, begann dort allmählich eine neue Periode seiner Dichtung. Ihr Anfang war eine große Lebenserfahrung, die sich im Übergang zu männlichem Wirken einstellte.

Tätigkeit, die alles umfassen möchte und über die Schranken gegebener Verhältnisse hinausstrebt, ruft ruhelosen Wechsel der Gemütszustände, Gefühl der Unzulänglichkeit hervor. Und so entsteht aus den Täuschungen des Lebensdranges das tiefste menschliche Erlebnis, nach welchem nur stetiges, reines, folgerichtiges Wirken in bewußter Selbstbeschränkung die innere dauernde Freiheit der Seele herbeiführen kann. Indem Goethe dies damals stärker, bewußter, voraussetzungsloser als irgendein Mensch seiner Zeit erfuhr, öffnete sich ihm der Blick in Seelengeschichte mit deren leisem innerlichem Verlauf. Es war nicht die vom Christentum eingeschränkte Seelengeschichte Lavaters noch die flache, vom französischen Zeitgeist bestimmte Wielands. Wie sie aus reiner Lebenserfahrung hervorging, hatte sie einen typischen Charakter. Sie sollte der Gegenstand seiner poetischen Erzählung „die Geheimnisse" sein. Hier gelangt die Religiosität von Lessing und Herder zu ihrer letzten Vollendung in der Idee, daß jeder positive Glaube nur Symbol für das innere Erlebnis ist, und dasselbe Erlebnis, das im Mittelpunkt des Lessingschen Nathan steht, vollzieht sich hier in Humanus, dem Heiligen, Weisen.

Denn alle Kraft dringt vorwärts in die Weite,
Zu leben und zu wirken hier und dort;
Dagegen engt und hemmt von jeder Seite
Der Strom der Welt und reißt uns mit sich fort.
In diesem innern Sturm und äußern Streite
Vernimmt der Geist ein schwerverstanden Wort:
Von der Gewalt, die alle Wesen bindet,
Befreit der Mensch sich, der sich überwindet.

Auf denselben Erfahrungen beruht „Iphigenie", die Darstellung der reinen Seele, welcher die Herrschaft über sich selbst die Kraft verleiht zu erlösen. Entsagung öffnet dann den Weg in das Wirken für das Ganze. Ihr Werk ist Festigkeit, Reinheit, Schonung, Liebe, Stille. Sie gibt dem unbestimmten Streben Begrenzung. In das so entstehende stetige folgerichtige Handeln verlegt nun Goethe in seinen männlichen Jahren immer mehr den Wert des Lebens. Hierauf wirkte seine Tätigkeit in der Verwaltung, die Philosophie Kants und Fichtes, vor allem aber Schiller und dessen großes Leben, in dem Dichtung zum Handeln wurde, da das politische Elend ihm anderes Wirken versagte. Dazu kam, daß die Bedrohung alles Bestehenden durch die Revolution auch den Dichter der Seele, der Liebe und der Schönheit auf die Welt des Handelns hinwies. So erkannte Goethe, wie Schiller, in allem Genuß, allem Wissen, aller Innerlichkeit nur die Vorbereitung zum Wirken für das Ganze, und das war vorbildlich für den Gang unserer Nation. Faust und Wilhelm Meister erhielten nun ihren Abschluß durch den Eintritt in die Welt der Tat. In Wilhelm Meister stellte Goethe eine Entwickelungsgeschichte in diesen typischen Stufen dar. Die Anlage des Faust forderte, daß entsagende Beschränkung hier zurücktrat: in anderen typischen Stufen verläuft dies Dasein, dem selbst das Ende nicht das Bewußtsein seiner Schranken bringt; aber gewaltiger als irgendwo sonst ist hier das Handeln fürs Ganze als höchster Lebenswert hingestellt.

Beide Werke stellen das Leben als eine Entwickelung dar, die in einer Stufenreihe ein Ideal realisiert. Sie heben nicht aus dem Leben eine besondere Seite und eine begrenzte Zeit heraus, sondern wollen den ganzen Menschen umfassen: eine unendliche nie rein auflösbare Aufgabe! Wie Goethe hier das Persönlichste mit den höchsten Beziehungen unseres Daseins verband, wie er das Welttreiben in derber Lebensfreude und zugleich in reifer ironischer Betrachtung den Tiefen der Seele entgegensetzte, erhob sich die europäische Poesie in diesen Werken auf eine höhere Stufe, neue wunderbare poetische Eindrucksmittel wurden gewonnen, und es ging von ihnen die stärkste Wirkung auf die Nation, ja von dem Faust auf die Weltliteratur, aus. Noch einmal hat Goethe dann in seiner Selbstbiographie eine Entwickelung darzustellen unternommen, wie sie aus Anlagen, die er nur an ihren Äußerungen sichtbar machte, und aus den Wirkungen der Welt auf diese entsteht.

Faust und Wilhelm Meister begleiteten ihn durch sein ganzes Leben und blieben doch unfertig wie das Leben selbst. Der Künstler in Goethe bedurfte begrenzter Stoffe, um in ihnen vollkommene Schönheit zu verwirklichen. Und so universal war Goethes Erleben, so beweglich sein Gemüt, daß er wie kein Künstler vor ihm Stimmungen seines Lebens, Seiten der seelischen Wirklichkeit, die einander ganz auszuschließen scheinen, in ihrer isolierten Bedeutsamkeit zu Welten für sich gemacht hat — die derbe Liebeslust und Schönheitsfülle der römischen Elegien, die Seelentiefen der Pandora und der Trilogie der Leidenschaft und die Beschaulichkeit des westöstlichen Diwan.

Es wäre unmöglich, weitere Perioden seiner dichterischen Entwickelung abzugrenzen. Wie sie voranschritt, griffen immer mehrere Reihen von Vorgängen, welche sie bestimmten, ineinander; jede derselben setzte zu einer anderen Zeit ein. Das Studium der Bildungsgesetze der organischen Welt brachte Vereinfachung in seine dichterische Darstellung der Natur, und eigene poetische Formen derselben wie seine Lehrgedichte entstanden. Indem er dann solche Bildungsgesetze und dauernden Formen im menschlichen Leben aufsuchte, ordnete sich ihm hier das bunte Gewimmel der Erscheinungen unter Grundtypen des Menschen, seiner Verhältnisse und der Gesellschaft. Im Zusammenhang hiermit wuchs die Macht der typenbildenden griechischen Kunst über seinen Geist. Dies waren die Voraussetzungen einer objektiven Dichtung, welche die Wahrheit des Lebens zur Schönheit verklärt. Goethe zuerst erhob die Dichtung mit Bewußtsein zum Organ eines objektiven Weltverständnisses. So gereinigt war sein Geist durch seine anhaltende wissenschaftliche Beschäftigung mit der Natur, so eins mit ihrem Wirken, daß er in Hermann und Dorothea in unwillkürlichem Schaffen das Gesetzmäßige hinzustellen vermocht hat, und zwar wie es hindurchschimmert durch die Gestalten und Schicksale, die so doch zugleich nur einmal, einzig, individuell da sind. Die objektive Poesie, die dem Homer nach der Ansicht der Zeit als ein Geschenk der Natur zugefallen war, realisierte Goethe auf der Grundlage wissenschaftlicher Auffassung der Wirklichkeit, welche ihn dazu geläutert hatte, unwillkürlich, ohne Reflexion die Dinge rein zu gewahren. Lionardo und Dürer haben vor ihm in ihrem Gebiete dasselbe erstrebt – hierin Vorbilder jeder künftigen höheren Darstellung menschlicher Gestalt. Und wie nun das ungeheure Phänomen der Französischen Revolution dem deutschen Leben immer näher rückte, benutzte er dieselbe typische Form, um in einer großen Trilogie, von der nur der erste Teil, „Die natürliche Tochter", vollendet wurde, die Gliederung der französischen Gesellschaft in repräsentativen Personen hinzustellen und die Momente in ihr zu zeigen, die deren Untergang herbeiführen mußten. Immer mehr überwiegt in seinem Geiste die Betrachtung. Mit seltsamem Zauber bewegt uns in den Wahlverwandtschaften die Verbindung der beinahe theoretischen Behandlung des Problems der Ehe mit tiefstem Herzensanteil, dargestellt in symmetrischer Ordnung und in abgewogenen Verhältnissen typischer Charaktere, die geradezu musikalisch wirken. Immer mehr verliert er sich von der typischen Darstellung in die symbolische; denn der Moment mit seiner Gefühlsenergie verschwindet dem Greise in dem Zusammenhang langer Erinnerungen: das Leben selbst will ausgesprochen werden, und das ist nur in symbolischer Darstellung möglich. In seiner Lyrik ist nun der Moment wie erfüllt und gesättigt von den Vergangenheiten. Solcher auf ihn eindringenden Fülle vermag nur der überschwängliche Ausdruck genugzutun. Und immer stärker kommt über ihn ruheselige Beschaulichkeit, für die ihm nun im westöstlichen Diwan die Weltliteratur, der er aufmerksam folgt, neue Formen darbietet. Sein Schaffen endigt mit einem letzten Ausdruck seiner Lebensweisheit in philosophischen Gedichten und Sprüchen, mit dem erhabenen Stil des Alters, der Dissonanzen und Harmonien des Lebens geheimnisvoll zusammennimmt und der die Dinge mächtiger, ernster, feierlicher gewahren läßt – so wie die Berge in der hereinbrechenden Nacht erscheinen, um mit einem ergreifenden letzten Ringen des Greises, Wilhelm Meister und Faust, die Unvollendbaren, für die Nachwelt zu vollenden.

6

Der mütterliche Boden der Dichtung Goethes ist seine Lyrik.

Lyrik, die Dichtform der Innerlichkeit, ist neben der Musik das eigenste Gebiet des deutschen Volkes. Welche Mannigfaltigkeit syntaktischer Mittel, Fühlen, Begehren und Wollen zum Ausdruck zu bringen, und welcher Reichtum von Worten für die Nüancen des Gemütslebens sind unserer Sprache eigen! Langsam haben sich diese Innerlichkeit und ihre sprachlichen Ausdrucksmittel entfaltet und sind in der Lyrik zur Geltung gekommen. In deutschen Menschen des 16. und 17. Jahrhunderts herrschen die Bindungen durch die in der Gottheit gegründeten Ordnungen. Die protestantische Religiosität führt diese Bindungen zurück in die einheitliche Tiefe des Bewußtseins. Hieraus entsteht der gefaßte, zusammengehaltene Charakter der bedeutenden Persönlichkeiten dieser Zeit. Er erhält dann eine neue Art von Festigung in der weltlichen wissenschaftlichen Kultur des 17. Jahrhunderts. So äußert er sich in der Lyrik von Paul Gerhardt, Gryphius und Fleming. Der Wechsel des Lebens bringt die verschiedenen Seiten ihres Wesens zum Ausdruck, aber der Mensch, der sich so ausspricht, ist religiös, metaphysisch, moralisch dieselbe feste Größe. Langsam löst sich diese Gebundenheit, unsere Lyrik durchläuft die Stilformen der Aufklärungszeit, Klopstocks, des lyrischen Frühlings der folgenden Jahre. In diesen Veränderungen entwickelte sich Goethe. Das Feste, Kompakte, Unlösliche, das als religiös-moralische Gebundenheit, als Verstand, als Religiosität, die nach Fröhlichkeit begehrt und doch fürchtet sich ihr zu überlassen, endlich als unreife Verbindung des Überlieferten mit einer neuen Freiheit sich geltend gemacht hatte, löst sich erst in Goethe ganz. In seiner Seele ist eine musikalische Energie, die auf jeden Eindruck der Welt mit einem eigenen Tongebilde antwortet. Und so rein gestimmt, so schnell, beweglich und reizbar ist dies Seelenleben, daß es das Verhältnis zur Welt in seinem ganzen Umfang und ganz objektiv auszusprechen scheint. Jedes seiner Gedichte hat eine eigene Seele, die sich in der Form einen luftigen Leib geschaffen hat, der nur einmal so erscheint und wieder verschwindet. Er gibt der Gesetzlichkeit der seelischen Bewegungen den einfachsten und umfassendsten Ausdruck. Die Lebensalter reden jedes vom Leben in einer eigenen Sprache, in ihrer besonderen Rhythmik der seelischen Bewegung. Die typischen Lebensverhältnisse scheinen hier zuerst in ihrem ganzen Wert empfunden zu werden. Und obwohl jedes Gedicht nur so viel Züge der Natur mitteilt, als in einem bestimmten Seelenzustand erlebt werden, ist es doch, als ob nie vorher ein Mensch in so inniger Verwandtschaft mit der Natur gelebt habe.

Diese Lyrik durchzieht Goethes ganze Poesie. Vor allem aber sind auch die Personen, die er darstellt, wie erlöst von der Starrheit der Menschendarstellung in der bisherigen deutschen Dichtung. Sie leben in einer neuen Freiheit und inneren Beweglichkeit. Das Feste in ihnen liegt in einem dem Einzeldasein einwohnenden Gesetz seiner Entwickelung, in einer Regel des Ablaufs. Alles Substantiale ist aufgelöst in die Melodie des Lebens.

Nun handelt es sich darum, von hier aus in Goethes Kunst der Menschendarstellung einzudringen.

Es wird immer die erste Aufgabe sein, das, was ein Dichter an Stoff für den Aufbau seiner Charaktere aus dem Leben entnimmt, festzustellen, und die Literaturgeschichte hat seit einiger Zeit dies Verfahren aufs feinste ausgebildet. Sie ist sich dabei freilich der Grenzen dieses Verfahrens nicht immer bewußt geblieben. Denn das Leben eines Menschen ist so wundersam verflochten mit den Schicksalen vieler anderer Menschen, die ihm einmal plötzlich mit anschaulicher Macht gegenübertreten, um sich dann meist wieder in dem Getümmel der Welt zu verlieren, oder die ihn flüchtiger, vielleicht nur in der Äußerung eines gleichgültigen Menschen, in der Notiz einer von Tatsachen vollgepfropften Zeitung berühren, ist so verflochten mit all solchen gesehenen, in Erzählung gehörten, gelesenen Erlebnissen, daß es uns unmöglich scheint, da so die Luft voll von Keimen von Motiven und Charakteren und Fabeln ist, aus den uns gegebenen Daten das Leben eines Dichters in sicheren Zusammenhang mit den Gebilden seiner Phantasie zu bringen. Mephisto, Gretchen, das Motiv der Wahlverwandtschaften können Goethe in flüchtigen Lebensbegegnungen aufgeblitzt sein, welche für den Aufbau seines eigenen Lebens so gut als nichts bedeuteten. Sie hatten eben diejenige Beschaffenheit, durch die seine Phantasie in leise bildende Tätigkeit des Gestaltens geriet.

Die andere Aufgabe ist, die Momente der Lebenserfahrung aufzuzeigen, welche den Vorgang der Gestaltung der Charaktere aus dem gegebenen Stoff des Lebens bestimmen. Goethe schöpfte aus dem eigenen Inneren, seinen Schmerzen und Kämpfen, die Motive seiner Werke. Der Kampf, welcher die bewegende Springfeder jedes darstellenden dichterischen Werkes so gut als des Lebens selber ist, entspringt bei ihm im eignen Innern des Menschen, und was seit der Lebenswendung in Weimar am meisten für ihn be-

zeichnend ist: auch die Lösung dieses Kampfes vollzieht sich beinahe in allen Fällen in dem Innern der Menschen selber. Der tiefe Blick der Liebe in den Zusammenhang der Natur, in welchen der Mensch mit seinem Schicksal gestellt ist, macht nach Goethe jedem eine Versöhnung mit dem Leben möglich, oder wo er selber sie blind nicht zu ergreifen vermag, da ist sie doch in dem Gemüt des Dichters. Das ist das Tyrtäische in seiner Poesie, dessen Goethe sich den „Lazarett-Poeten" gegenüber gern gerühmt hat.
An diesem Punkte mag man auch die Grenzen von Goethes Dichtung verstehen, ohne welche die wunderbare Macht derselben nicht wäre. Die einen preisen und beneiden Goethe als einen Günstling des Glückes, die anderen berufen sich auf sein bekanntes Wort, wie wenige Tage seines Lebens er rein glücklich gewesen sei. Die einen tadeln, daß er kein Herz für wirkliches Leid in seinen Dichtungen zeige, den anderen erscheint er als ein Mitfühlender jeden Schmerzes. Goethe dichtete die Kämpfe, welche er erlebt, in einer Tiefe erlebt hatte, von der seine Briefe so gut als seine Dichtungen reden: aber wenn er einmal sagt, er wolle Iphigenie reden lassen als ob kein Strumpfwirker zu Apolda hungere, so liegt darin die Empfindung, daß er seine Poesie abschloß von den am meisten naturwüchsigen Schmerzen, welche aus dem elementaren Kampf um Existenz, um Macht, dem Ringen der Willen in der Gesellschaft untereinander hervorgehen: die Kämpfe, die im Inneren der Menschen entspringen, in diesem Inneren ausgekämpft werden und in ihm endigen, hat er gelebt und gedichtet. Er konnte nicht anders, er verteidigte sich einmal damit: er habe nie etwas gedichtet, das er nicht gelebt habe.
Hiermit hängen nun die Eigenheiten seines dichterischen Verfahrens zusammen. Shakespeare konstruiert aus herrschenden Motiven und Affekten eine Person und deren Handlungen; Goethe setzt lebendige Einzelteile nebeneinander. Die Phantasie ist eben auch in den größten Dichtern begrenzt. Die Gefahr des einen Verfahrens ist das Künstliche, einem Präparat oder einer Maschine Vergleichbare, die des anderen Verfahrens liegt in der Inkohärenz. Die Gestalten des einen Dichters entbehren der Rundung des Lebens; sie scheinen oft nur aus Muskeln, Knochen und Bändern aufgebaut; die des anderen sind von zarter Lebenswahrheit, aber zwischen ihren inneren Zuständen und den Handlungen, welche doch zur Fortbewegung der Dichtung notwendig sind, herrscht nicht stets ein plausibler Zusammenhang — wenn auch nicht die unerträgliche Diskrepanz zwischen den Gefühlen und Handlungen Rousseauscher Figuren.
Werther, Prometheus, Mahomet, Faust sind auch nach ihrer äußeren Form in dieser Weise zusammengesetzt, vorwiegend doch aus

lyrischen Momenten in einem weitesten Sinn; sie entbehren der zusammenhängenden Führung der Handlung, aber dafür zeigen sie inneres Leben in impressionistischer Stärke. Faust ist der Gipfelpunkt dieser Kunstform. In Goethes flüchtigsten Zetteln, in seinen lyrischen Gedichten erscheint sein wunderbares Vermögen, Zustände mit ihrem tatsächlichen Hintergrund auf das zarteste auszudrücken und in Bildern zu veranschaulichen. Im Faust stellt er nun, was ihn bewegt, in dem großen Tropus einer Handlung dar, welche in schöner Verkleidung alles tiefste Erleben auszusprechen gestattet. Lauter und rein, wie die Natur selber, stellt er dies alles hin; nie ist jemand wahrer gewesen. In dieser Selbstdarstellung angeschaut, wurde Goethe das verkörperte Ideal seines Zeitalters, und Faust ist das umfassende Symbol, in welchem er sein ganzes Leben erblicken ließ. In Tasso und Iphigenie schuf er sich dann eine andere ganz neue Form des Seelendramas. Sie war in den Geschwistern und in Stella vorbereitet. Seele wirkt hier auf Seele, und was draußen geschieht ist nur Gewand und Hülle. Ein innerlicher Vorgang wird in solcher Stetigkeit dargestellt, daß wir ihm fast von Stunde zu Stunde folgen können. Er verläuft zwischen wenigen Personen in kurzer Zeit und ohne starken Wechsel des Ortes. Jeder theatralische Glanz, alle äußere Dramatik sind verschmäht, um das ganze Interesse auf das Innenleben zu konzentrieren.

So führen uns die Dichtungen Goethes immer zurück auf den großen Menschen, der in ihnen zu uns redet. Jedes seiner Werke weist hin auf die Persönlichkeit, die in allen gegenwärtig ist. Er lehrt uns, Menschen und Dinge unbefangen, rein, unabhängig von ihrem Verhältnis zu unserer Person auf uns wirken zu lassen, das Leben in seiner Fülle und Harmonie aus ihm selber zu verstehen, seinen Wert zu genießen und jedem Schicksal, jedem Verlust neues frohmütiges folgerichtiges Handeln entgegenzustellen. Seine Kraft zu überwinden, zu vergessen, sich zu erneuern teilt sich nicht nur in Schriften uns mit, sondern sie wirkt aus allem was uns Kunde von diesem Leben gibt. Und kein Scheltwort, das von Briefen und biographischen Bemühungen weg auf die Dichtungen hinweist, wird dies Verhältnis umzukehren und Leben, Natur und Entwickelung Goethes zu Mitteln, seine Werke zu verstehen, herabzudrücken imstande sein. Denn was der Mensch in der Arbeit seines Lebens schließlich gewollt hat, das ist es auch, was, wann sein Tag vorübergegangen ist, uns zu ihm hinzieht und unseren Blick letztlich festhält.

NOVALIS

Homer, Shakespeare, Cervantes scheinen in ihrer anschaulichen Erkenntnis die Welt aufzufassen, wie sie an sich ist; die Natur selber blickt aus ihren Augen, sie, welche mit einem allumfassenden Sinne, ohne Vorliebe und ohne Ausschließung, in einem Meere von Farben und Gestalten wirksam ist. Weit von ihnen ab stehen andere, welche die Welt wie durch ein brechendes und absorbierendes Medium erblicken; alle Dinge nehmen die Farbe ihres Gemüts an. Gerade darum aber ist uns zu ihnen ein persönlicheres, vertraulicheres Verhältnis möglich. Denn jene großen objektiven Dichter haben wie die Könige keine Freunde.

Novalis zeigt uns alle Dinge in einem ihm eigenen Lichte. Indem wir nur seinen Namen uns zurückrufen, so umfängt uns die Welt, wie sie ihm erschien, wie ein abendstilles Tal einen Wanderer, der mit den letzten Strahlen der Sonne vom Gebirge hinabsteigt: stille, warme Luft ringsum: in weißem, mattem Glanze steht an dem noch bläulichen Himmel der Mond: traulich umschließen uns die Berge, aber sie engen uns nicht ein: kein Gedanke kommt uns, daß jenseits ihre Pfade nach unruhigen Städten und Ländern laufen.

Alles vereinigt sich zu diesem Eindruck, seine Denkart, sein Schicksal, die Verhältnisse, in denen er lebte. Er war so fern von dem Lärm des Tages. Die Not des Lebens berührte ihn nicht. Eben kaum gereift, erlebt er jene glücklichen Jenaer Tage, in denen die romantische Weltansicht in ihrer Blüte stand, in denen Friedrich und Wilhelm Schlegel, Ludwig Tieck und Schelling den Traum einer neuen Poesie und Philosophie träumten. Er prägt dem, was damals geschah, etwas von seiner vornehmen, tiefen Seele auf; bevor er das dreißigste Jahr erreicht hat, stirbt er. Über seinem Andenken liegt ein Schimmer von Poesie, der auch aus allen Worten seiner Freunde glänzt, sooft sie von ihm reden.

Demgemäß haftete an ihm von Anfang an ein ganz persönliches Interesse. Und dies ist nicht der letzte Grund für die Tatsache, daß seine Schriften die weitaus verbreitetsten und gelesensten aus der romantischen Schule sind. Zu diesem Interesse trat das an der besonderen Gestalt, welche das Christentum in seinem Geiste annahm. Diesem Interesse entspricht es wenig, daß die Bruchstücke seiner Werke, wie sie seine Schriften enthalten, in Rücksicht auf ihre Absicht und den ihnen zugrunde liegenden Plan noch so gut als ununtersucht sind.

Diese Untersuchung könnte wohl den Literaturhistoriker reizen. Was mich auf Novalis führt, ist die weitergreifende Hoffnung, an ihm einige der wichtigeren Motive der Weltansicht aufzuklären, welche in der auf Goethe, Kant und Fichte folgenden Generation hervortritt. In einem näher zu bestimmenden Sinne kann man den umlaufenden Namen der Romantik für diese Weltansicht in Anspruch nehmen. Falls man nicht vorzieht, dem Mißbrauch, der seit mehr als einem halben Jahrhundert mit diesem Namen getrieben worden ist, einmal dadurch ein gründliches Ende zu machen, daß man sich seiner entledigt.

Hierbei fragt sich nun vor allem, wie die Betrachtung eines einzelnen Mannes eine Einsicht in die allgemeinen Motive der intellektuellen Kultur seiner Generation eröffnen könne.

Ganz unzählig und grenzenlos sind die Bedingungen, welche auf die intellektuelle Kultur einer Generation einwirken. Es sei gestattet, dieselben in zwei Faktoren zu zerlegen. Zunächst tritt gewissermaßen der Besitzstand der intellektuellen Kultur hervor, wie er sich zu der Zeit vorfindet, in welcher diese Generation sich ernsthaft zu bilden beginnt. Indem sich das heranwachsende Geschlecht des angesammelten geistigen Gehalts bemächtigt und von ihm aus fortzuschreiten sucht, befindet es sich dabei unter den Einflüssen des zweiten der Faktoren, in welche wir die Bedingungen zerlegen: des umgebenden Lebens, tatsächlicher Verhältnisse, gesellschaftlicher, politischer, unendlich vielartiger Zustände. Damit werden nun den Möglichkeiten weiterer Fortschritte, die von jeder früheren Generation aus sich darbieten, bestimmte Grenzen gezogen. Hierbei ist aber die wahre Natur unseres Verfahrens mit den geschichtlichen Bedingungen hervorzuheben. Wir lassen nämlich den allergrößten Teil derselben ganz außer Rechnung und behandeln eine begrenzte Reihe, die wir aus ihnen aussondern, ohne weiteres als die Totalität derselben. Wenn wir also den Anspruch machen, sie durch unsere Analyse darzustellen, so kann schon aus diesem Grunde dieser Anspruch nur auf eine sehr approximative Richtigkeit gehen. Wir erklären nur aus den hervorragendsten Bedingungen.

Aber wir erklären nicht durch sie allein. Die Bedingungen enthalten nicht den vollen Erklärungsgrund intellektueller Phänomene. Vielmehr ist das Verhältnis dieses, daß sich nur unter ihnen, das heißt unter ihrer Voraussetzung, die Bildung einer Reihe von Individuen vollzieht, welche der geistigen Kultur einer Zeit ihren Charakter geben. Und hiermit scheinen wir nun ganz der Willkür der schaffenden Natur übergeben zu sein, aus deren rätselhaftem

Schoße die Individuen in einer bestimmten Auswahl und Reihenfolge sich erheben. Oder läge hier doch in den Bedingungen eine Bestimmung? Mit bescheidenster Vorsicht können wir diese Bestimmung wenigstens in negativer Form hinstellen, als Grenze. Die Bedingungen schließen die Variabilität dessen, was sich bildet, in bestimmte Grenzen ein.
Welche Methode folgt nun hieraus für das Studium der intellektuellen Kultur einer Epoche? Wir dürfen hier nur andeuten. Ein höchst fruchtbarer Begriff, über den freilich eingehender zu reden wäre, ist hier der der Generation. Der glücklichste Fall ist, wo eine solche Generation in so deutlicher Abgrenzung auftritt, daß es sich geradezu um ihr Studium handelt. In diesem Falle sind wir hier. A.W. Schlegel, Schleiermacher, Alexander von Humboldt, Hegel, Novalis, Friedrich Schlegel, Hölderlin, Wackenroder, Tieck, Fries, Schelling: sie alle zeigen im ersten Jahrzehnt ihres Auftretens in ihrem intellektuellen Charakter aufs schärfste die Wirksamkeit der Bedingungen, unter welchen sie gemeinsam erwachsen waren. Eine höchst verderbliche Illusion findet sich nun bei denen, welche auf Grund eines so tiefgreifenden Einflusses der Bedingungen aus ihnen die geistige Kultur einer Generation ableiten zu können hoffen. Ich leite ab, indem ich aus der Verbindung der Ursachen eine Folge berechne. Dieses Verfahren ist der geschichtlichen Forschung schlechterdings verschlossen. Sie geht umgekehrt von den Phänomenen aus. Sie ist demnach der höchsten wissenschaftlichen Vollendung, welche sich imstande zeigt, aus den zusammenwirkenden Ursachen einen gewissen Umkreis von Phänomenen zu erklären, schlechterdings nicht fähig, auch nicht unter Voraussetzung der größten Steigerung ihres wissenschaftlichen Charakters. Was uns hierüber so leicht täuschen kann, ist die Form der historischen Darstellung. Diese schreitet überall mit der Zeit vorwärts, ableitend, aus Ursachen Folgen entwickelnd, womöglich aus der Gesamtheit eines ursächlichen Zustandes den Inbegriff des dadurch Bedingten. Ein solches Verfahren ist sehr geschickt, unsere Phantasie in die Stimmung zu versetzen, in welcher sie die historischen Ereignisse vor ihren Augen entstehen zu sehen glaubt. Die Wissenschaft muß erkennen, daß dies Verfahren auf einer Illusion beruht. Der Gang unserer historischen Forschung und strengen Erkenntnis ist dem viel ähnlicher, welchen Hippel in einem künftigen Roman zu applizieren versprach: er wollte einmal rückwärts, immer tiefer in die Vergangenheit hinein, vom Tode der Geburt, von den Folgen den Ursachen entgegen seinen Weg nehmen.
Demgemäß können wir für das Studium einer schwierigen Epoche intellektueller Natur nur in der wechselnden Betrachtung der Individuen und ihrer Bedingungen einerseits, des Komplexes vorhan-

dener Bedingungen und ihrer Folgen anderseits voranschreiten. Die glatte Darstellung ist nichts als eine Täuschung, wenn auch eine angenehme. Unter solchem Gesichtspunkt erscheint vielleicht die biographische Skizze, die wir hier entwerfen, nicht unnütz für das Studium der Generation, welcher Novalis angehört und die in Liebe und Haß uns noch immer beschäftigt.

1

Friedrich von Hardenberg ist im Jahre 1772 geboren, in einem Jahre mit Friedrich Schlegel; beide ein Jahr vor Wackenroder und Tieck, zwei Jahre nach Hölderlin. Was ihn von diesen verwandten Naturen gleich von Anfang unterschied, war, daß seine Verhältnisse ihn an die Welt knüpften und ihn von jener rein literarischen Existenz zurückhielten, welche gerade damals und in diesen Kreisen sich in weiter Ausdehnung auszubreiten begann. Seine Lebensverhältnisse sind wie ein Nachklang der Goetheschen, nur in einer einfacheren und stilleren Sphäre wiederkehrend. Dahin wirkte schon seine zarte körperliche Organisation. Sie hielt ihn zunächst dergestalt zurück, daß sein Geist erst mit seinem neunten Jahre wie aus einem Schlummer zu erwachen schien. Sie ließ ihn dann, als er sich seiner selbst und seiner Umgebung bewußt zu werden begann, kampflos in dem Geiste einer heiteren Herrnhutischen Frömmigkeit, der im Hause herrschte, sich ruhig fühlen. So wuchs er in dem anmutigen Weißenfels auf, wo sein Vater im Oberbergkollegium saß. Ein Jahr brachte er dann bei einem Oheim, dem Landkomtur von Hardenberg zu, auf einem Gute im Braunschweigischen, weit über sein Alter hinaus in Verkehr mit bedeutenden Männern. Bilder eines festen, glücklichen, bedeutenden Lebens umgaben ihn überall. Es war selbstverständlich, nach den patriarchalischen Gewohnheiten dieser in Thüringen sitzenden Beamtenaristokratie, daß er sich irgendeinem Fache der Verwaltung widmete, mit aller Muße für seine persönliche Ausbildung, mit der ruhigen Aussicht auf eine seinen Talenten und seinen Familienverbindungen entsprechende Stellung, wie das den Beamtenverhältnissen jener Tage einen solchen Reiz gibt, in denen man noch nicht an der unvermeidlichen Leiter bureaukratischer Karriere nebeneinander emporkletterte.
Mit so klarer, geschlossener Aussicht auf das zukünftige Leben trat er 1790, achtzehn Jahre alt, in die leidenschaftliche Gärung von Jena, das ein paar Meilen von seinem stillen Weißenfels ablag. Er sah sich zum erstenmal ohne Hofmeister und Führer. Ein paar Briefe an Schiller und Reinhold sind vorhanden, die von seiner damaligen heiteren und unbefangenen Existenz den lebhaftesten

Begriff geben. Er erfaßte die Philosophie Kants, wie sie Reinhold lehrte, die Dichtung Schillers voller Begeisterung. Die geistigen Vorzüge dieser Kreise im Gegensatze gegen das provinzielle Beamtentum, in welchem er bis dahin gelebt, ergriffen seinen lebhaften Geist. „Was die Geburt mir versagte, hat das Glück mir gegeben", schreibt er einmal später. „Ich vermisse in meinem Geburtskreise, was ich in einer fremden Mitte beisammen sehe. Ich fühle, daß es nähere Verwandtschaften gibt als die das Blut knüpft." Der Gedanke regte sich in ihm wie in so vielen Jünglingen, inmitten dieser begeisterten Bewegung, sein ganzes Leben auf die Wissenschaften und die Poesie zu gründen. Er sprach mit Schiller darüber. Soweit wir sehen können, hat Schiller niemanden zu einer schriftstellerischen Existenz ermutigt, der ihn um Rat anging. Ein unbändiger Drang hatte ihn selber wie andere Männer von großem und leidenschaftlichem Naturell in Stürme und auf unsichere Wellen getrieben. Aber mitten in seiner Jugendgärung hatte er schon mit ungemeinem Weltverstande die Bedürfnisse eines ruhigen, geordneten Daseins erwogen. Dieser Weltverstand erscheint jetzt, ganz im Gegensatz gegen die Gestalten seiner inneren Welt, in seinen Briefen als ruhige und beinahe scharfe Kälte. Er bestimmte Novalis, seinem Wunsche zu entsagen. „Sie machten mich auf den mehr als alltäglichen Zweck aufmerksam, den ein gesunder Kopf sich hier (in einem bestimmten zukünftigen Beruf) wählen könne und müsse, und gaben mir damit den letzten entscheidenden Stoß, der wenigstens meinen Willen sogleich fest bestimmte und meiner herumirrenden Tätigkeit eine zu allen meinen Verhältnissen leicht bezogene und passende Richtung gab." Es scheint kaum ein ernsthafter Kampf gewesen zu sein, denn sein fügsamer, allen Kontrasten und Kämpfen abgeneigter Geist erkannte sehr leicht, wie ein Ruf des Schicksals aus allen seinen Verhältnissen unverkennbar deutlich zu ihm spreche. Indes scheint er diese zwei Jenaer Jahre in jener begeisterten, beinahe trunkenen Dämmerung der Seele durchlebt zu haben, welche uns später wie ein Traum erscheint, und in der doch allein die fruchtbaren Elemente eines idealen Lebensgehaltes sich bilden. Schiller, die Philosophen Reinhold und Schmid beherrschten ihn ganz. Dabei ist der Unterschied des Tones höchst bemerkenswert, in welchem etwa Hölderlin und in welchem unser Hardenberg mit Schiller verkehrt. Gleich von vornherein geschieht es auf einem unbefangenen Fuße. Er tritt auf und spricht, wie einer der schon festen Boden unter den Füßen fühlt. Wie glücklich ist doch zu preisen, wessen Leben auf dem begrenzten Schauplatz seiner Heimat verläuft! Überall ergibt sich ihm von selbst der natürlichste Standpunkt den Menschen gegenüber. Die Qual von Verhältnissen, die rein auf intellektuelle Schätzung gegründet sind, die Qual all der Schwankungen des Selbstgefühls, welche sie aufrufen, ist ihm erspart. Und ohne viel Suchen und Entbehren umfangen ihn die natürlichsten Verhältnisse: er wächst ihnen mit einem vorausahnenden Behagen entgegen.

In solcher ruhigen Erwartung begab sich nun Hardenberg 1791 nach Leipzig, mit dem Entschluß, dort nach einer gänzlich veränderten Lebensordnung zu leben. Da und in Wittenberg beschäftigten ihn folgerichtige juristische, mathematische und chemische Studien, wie er ihrer für seine künftige Stellung in der Verwaltung bedurfte. In Leipzig begegnete ihm auch zuerst Friedrich Schlegel, und zwischen Hardenberg und dem durch seinen ungestümen Lebensdrang in Irrungen aller Art Verstrickten entstand die vertrauteste Jugendfreundschaft.

In Tennstädt, das ein paar Meilen westlich von Weißenfels, mitteninne zwischen Thüringer Wald und Harz, in anmutiger Gegend liegt, trat er dann in die kursächsische Verwaltung ein. Nach dem Wunsche des Vaters ward er dort von dem Freunde desselben, dem Kreisamtmann Just, in die Verwaltung eingeführt. Wir verdanken diesem Manne den Abriß einer Biographie Hardenbergs, in welchem sein eigener herzlicher und kräftiger Charakter auf das einfachste und schönste heraustritt. Es ist bemerkenswert, wie er, man möchte sagen mit Verehrung, von Hardenbergs Talent für die Geschäfte spricht. Auch hier tritt die ruhige Nachhaltigkeit desselben hervor; er scheut nicht, eine Arbeit zwei-, dreimal umzugestalten, ganze Seiten von gleichbedeutenden oder abweichenden Wörtern aufzuzeichnen, um Abwechslung und Präzision des Ausdrucks auch für seine Geschäftsaufsätze in die Gewalt zu bekommen. Und mitten in Geschäften begleiteten ihn dann wieder die alten wissenschaftlichen Lieblingsneigungen. So lebte er ruhig der Zukunft entgegen. Er fand später, sein Verstand habe sich damals nach und nach immer unumschränkter ausgedehnt und das Herz aus seinem Besitze verdrängt. Da geschah, daß eine zufällige Begegnung auf einer Geschäftsreise mit dem alten Freunde das alles plötzlich umgestaltete und eine Empfindung in ihm wachrief, die danach — man könnte beinahe sagen — der Inhalt seines ganzen Lebens wurde.

Im Frühjahr 1795 sah er auf dem Tennstädt benachbarten Gute Grüningen Sophie von Kühn. Sie hatte dreizehn Jahre beschlossen, er selber zählte dreiundzwanzig: ihr erster Anblick entschied für sein ganzes Leben. „Alle diejenigen" — erzählt Tieck — „welche diese wunderbare Geliebte unseres Freundes gekannt haben, kommen darin überein, daß es keine Beschreibung ausdrücken könne, in welcher Grazie und himmlischen Anmut sich dieses überirdische

Wesen bewegt und welche Schönheit sie umglänzt, welche Rührung und Majestät sie umkleidet habe." Es ist, als ob auch Tieck sie schilderte, wie sie in der Poesie seines Freundes lebt—Mathilde, Cyane, ja die ihm beinahe in der Gestalt der Himmelskönigin vorschwebte. An diesem Punkte sind wir imstande, in das innerste Verfahren von Hardenbergs dichterischer Phantasie zu blicken. Wir besitzen eine Charakteristik Sophiens von Novalis selber, und zwar aus der Zeit ihrer Krankheit; also so wie ihr Bild überhaupt zur Zeit ihres Lebens ihm vor der Seele stand. Diese Charakteristik zeigt die interessanteste, anmutigste Natur, die man sich denken kann — aber sie ist voll von pikanten, beinahe kapriziösen Zügen. Sie ist mit höchster Aufrichtigkeit, für seine eigene intimste Betrachtung gemacht. Die abgerissenen Worte geben ein unübertrefflich anschauliches Bild. „Ihre Frühreife. Sie wünscht allen zu gefallen. Ihr Gehorsam und ihre Furcht vor dem Vater. Ihre Dezenz und doch ihre unschuldige Treuherzigkeit. Ihr Steifsinn und ihre Schmiegsamkeit gegen Leute, die sie einmal schätzt, oder die sie fürchtet. Artigkeit gegen Fremde. Wohltätigkeit. Hang zum kindischen Spiel. Anhänglichkeit an Weiber. Geschäftigkeit im Hause. Liebe zu ihren Geschwistern. Musikalisches Gehör. Hang zu weiblichen Arbeiten. Sie will nichts sein. Sie ist etwas. Sie macht nicht viel aus Poesie. Offenheit. Sie scheint noch nicht zu eigentlichem Reflektieren gekommen zu sein. Kam ich doch auch erst in einer gewissen Periode dazu. Ihr Betragen gegen mich. Ihr Schreck für der Ehe. Ihr Tabaksrauchen. Ihre Anhänglichkeit an die Mutter, als Kind. Ihre Dreistigkeit gegen den Vater. Ihre Gespensterfurcht. Ihre Wirtschaftlichkeit. Talent nachzumachen. Sie ist mäßig — wohltätig. Sie ist irritabel — sensibel. Ihr Hang gebildet zu sein. Ihr Abscheu für dem Vexieren. Ihre Achtsamkeit auf fremde Urteile. Ihr Beobachtungsgeist. Kinderliebe. Ordnungsgeist. Herrschsucht. Ihre Sorgfalt und Passion für das Schickliche. Sie will haben, daß ich überall gefalle. Sie hats übelgenommen, daß ich mich zu früh an die Eltern gewandt habe, und es mir zu bald und zu allgemein merken lassen. Sie will sich nicht durch meine Liebe genieren lassen. Meine Liebe drückt sie oft. Sie ist kalt durchgehends. Ungeheure Verstellungsgabe, Verbergungsgabe der Weiber überhaupt. Sie glaubt an kein künftiges Leben, aber an die Seelenwanderung. Schlegel interessiert sie. Sie kann zu große Aufmerksamkeit nicht leiden und nimmt doch Vernachlässigung übel. Sie fürchtet sich so für Spinnen und Mäusen. Sie will mich immer vergnügt. Die Wunde soll ich nicht sehn. Sie läßt sich nicht duzen. Sie denkt mehr über andre, als über sich nach." Man kann den anmutigsten Kapricekopf nicht anschaulicher sehen. Aber nachdem sie ihm genommen war, wuchsen diese halb kindlichen, ungleichmäßigen Züge in seiner Seele gewissermaßen aus. Der Tod vollzog hier, was in Dantes Phantasie schon die Entfernung vorbereitete. Sie wuchsen in seiner Seele aus zur vollen Idealität einer reifen ausgeglichenen Natur. Vergleicht man nun aber die Charakteristik Mathildens mit dieser Schilderung: so sieht man wohl, wie seiner Phantasie eine energische konkrete Gestaltungskraft abging. Alles ist nur in eine grenzenlose Innigkeit aufgelöst. Schleiermacher macht aus dieser Charakteristik Mathildens einen höchst scharfsinnigen Schluß, so scharfsinnig, daß man ihn ohne diese Mitteilung, die er noch nicht besaß, für ganz evident halten würde. „Ich glaube nicht, daß er seine Geliebte richtig gewählt oder vielmehr gefunden hatte, ich überzeuge mich fast, sie würde ihm zu wenig gewesen sein, wenn sie ihm geblieben wäre. Meinen Sie nicht auch, daß man dies aus seiner Mathilde schließen kann? Scheint sie Ihnen nicht im Vergleich mit der Art, wie alles andere ausgestattet ist, etwas zu dürftig für den Geist? Und würde er nicht eine andere haben schildern müssen, wenn ihm sein Gemüt mit dem Bilde einer reicheren Weiblichkeit wäre erfüllt gewesen? Damit tröste ich mich wenigstens für ihn." Sein Tadel trifft doch nur die fortbildende Phantasie Hardenbergs, nicht den Gegenstand derselben.

Dieser Frühling und Sommer von 1795, welchen er noch in Tennstädt verlebte, war wie die Blütezeit seines Lebens. Ein Blatt von seiner Hand aus dieser Zeit gibt ein anschauliches Bild, wie er es so zwischen Tennstädt und Grüningen hin und her trieb, welche zwei Stunden voneinander lagen. In der Morgenstunde war er hinübergeritten, durch Feld und Gewässer, das Grüninger Schloß vor Augen. Im Dorfe, dicht am Torweg, der in die Ökonomie droben führt, hält er und fragt nach jemandem, der einen Brief aufs Schloß trüge. Es macht ihm ein heimliches Vergnügen, daß die Leute in ihm einen Verehrer der Damen auf dem Schlosse erraten. „Ich schlich mich langsam zum Dorfe hinaus, jenseits des Wassers sah ich das gelbe Schloß sehnsuchtsvoll an — und trabte von dannen. Alle zehn Minuten hielt ich an und sah mich um. Die Gegend ist mir so lebendig geworden, ich wollte sie im Kopfe zeichnen." In seinen einfachen Worten liegt etwas von dem Glanze, der auf den Weg fällt, welchen der Beglückte in Morgenfrühe und Dämmerung und in hellen Nächten in solchen Stimmungen hin und wieder geht. Wie der Herbst kam, erhielt er das Jawort. Diese Metamorphose vom Verehrer zum erklärten Bräutigam scheint Sophien nicht ganz behaglich gewesen zu sein. Ihn aber drängte es voran und so kamen nun seine Wünsche ganz mit denen seines Vaters in Einklang. Er wollte zunächst in den Geschäften der kurfürstlichen Salinen arbeiten. Ehe er Tennstädt verließ, ließ er sich daher in dem benachbarten Langensalza von Wiegleb in der Halurgie unterrichten; es waren nur zehn bis zwölf Tage, in denen er den ganzen Unterricht gefaßt hatte, und ein so kompetenter Richter als Wiegleb nannte später Hardenbergs Namen nie anders als mit Ehrerbietung. Im Februar 1796 trat er dann unter der Leitung seines Vaters sein Noviziat in den kurfürstlichen Salinen zu Weißenfels an. Das erwünschteste Glück schien ihm ruhig entgegenzuwachsen.

Da kam die Nachricht, im Sommer 1796, daß Sophie in Jena sei und sich dort habe operieren lassen. Es war ihr Wille gewesen, daß er die Krankheit — sie litt an einem gefährlichen Lebergeschwür — und die Operation erst erfahren sollte, wenn sie vorüber seien. Er eilte nach Jena. Auch seine Eltern und seine beiden Brüder waren um die Leidende, an welcher alle unausprechlich hingen. Eine zweite Operation ward nötig; sie trug alles mit unbeschreiblicher Geduld. Ungeheilt kehrte sie nach dem geliebten Grüningen zurück. Hardenberg suchte vergebens Trost in eigenen medizinischen Studien; sein Wissen sagte ihm nun, wie es mit ihr stand. Aber ihm war, als könne er sie nicht verlieren: wenn er nur wolle, könne der Mensch auch dem Tode trotzen. Sie starb am 19. März 1797. Niemand wagte dem in Weißenfels Abwesenden die Nachricht mitzuteilen; endlich übernahm es sein Bruder. Er verbrachte seine Tage einsam, in sein Zimmer verschlossen. Dann reiste er nach Tennstädt, ihrem Grabe näher zu sein. Zwei Jahre war sie sein stündlicher Gedanke gewesen. Sie allein hatte ihn an das Leben, an das Land, an seine Beschäftigungen gefesselt. Es schien ihm, als habe er sich selbst fast nicht mehr. „Es ist Abend um mich geworden, während ich noch in die Morgenröte hineinsah."

Es wird immer wieder das höchste Interesse des mit dem Studium des menschlichen Geistes Beschäftigten auf sich ziehen, wie aus den originalen Impulsen der menschlichen Natur unsere Denkart von den höchsten Dingen sich bildet. Gewaltige Erschütterungen des ganzen Bestandes von Glück und Hoffnung eines Menschen, dergleichen hier eine vorlag, nehmen eine große Stelle in dem Hervortreten und den Umwandlungen religiöser Stimmungen ein. Nicht daß dann in solchen Lagen immer ganz neue Überzeugungen entständen. Indem das Gemüt in ihnen alle Bewegungen, die der Tag mit sich bringt, weit unter sich fühlt, indem es sich durch seinen Schmerz wie in eine absolute Einsamkeit versetzt fühlt, hinausstarrend in eine grenzenlose Öde, sieht es sich nunmehr ganz allein sich selbst gegenüber und in den wesentlichen Bestimmtheiten seines Daseins; die ewigen Bezüge seiner Existenz treten aus diesem Dunkel. So geschah das einer Natur wie Augustinus, welche Leidenschaften und Weltverhältnisse so gewaltsam umsponnen hatten. Das Schicksal gab nun seiner Seele Freiheit, Einsamkeit und das Bedürfnis, ihre Gestalt und ihre wesentlichen Verhältnisse gewahr zu werden. Aber in anderen Fällen bestimmt ein solches erschütterndes Geschick auch den Gehalt der religiösen Denkart. Wüßten wir nichts von einem Manne, als daß dies bei ihm geschah: so würde dies allein schon eine genügende Probe davon sein, daß ihm das Höchste, die Objektivität, versagt gewesen sei. Das Schicksal seines Lebens war für Novalis nicht wie für groß und rein intellektuell angelegte Naturen, nur ein Motiv zu umfassender Kontemplation. Es nahm ihn gefangen. Es gab seiner Denkart ihre Farbe; es bestimmte den Inhalt seiner religiösen Welt. Nur teilweise hat er sich später davon befreit. Sein Schicksal schnitt die Entscheidung darüber ab, ob er vermocht hätte, zu reinerer Objektivität, von diesen übermächtigen Eindrücken sich befreiend, sich zu erheben.

Auch hier liegen Stärke und Schwäche einer bedeutenden Natur an demselben Punkte. Er war in der Tat eine subjektive Natur, bestimmten Gemütseindrücken hingegeben bis zur Vergessenheit der Totalität der Erscheinungen, welche die Welt ausmachen. Das war es, was ihn wie Hölderlin von vornherein von Naturen wie Goethe oder Schiller schied. Aber er lebte, litt, gestaltete seine Seele als ein freier Mensch, welcher sich dem allen auf die natürlichste Weise hingab, mit voller Wahrheit der Empfindung auch in den sonderbarsten Gemütszuständen, er lebte nicht, um doch einen Stoff für seine Verse zu haben; er litt nicht, um davon für die rührenden Teile seiner Werke Nutzen zu ziehen; er gestaltete nicht seine Seele, um sie dann in Büchern vorlegen zu können. Daß ihm diese Gefahr immer fern blieb, unterscheidet ihn von den Jean Paul, A.W. Schlegel, selbst von Tieck. Und so kam es, daß die nun zu erzählenden Gemütszustände und religiösen Stimmungen in ihm wahrhaft und ursprünglich hervortraten, von den anderen Romantikern aber wie eine zu variierende und zu arrangierende Melodie behandelt wurden.

In der Zeit ihrer letzten Krankheit schrieb er, er lebe wie ein verzweifelter Spieler, dessen ganzes Wohl und Wehe davon abhänge, ob ein Blütenblatt in diese oder jene Welt falle. Dann ein paar Wochen nach dem Tode Sophiens an dieselbe Freundin: „Das Blütenblatt ist nun in die andere Welt hinüber geweht, der verzweifelte Spieler wirft die Karten aus der Hand und lächelt, wie aus einem Traum erwacht, dem letzten Ruf des Wächters entgegen und harrt des Morgenrots, das ihn zum frischen Leben in der wirklichen Welt ermuntert. Ich habe noch einiges zu vollenden – dann mag die Flamme der Liebe und Sehnsucht auflodern und dem geliebten Schatten die liebende Seele nachsenden. Sie umgibt mich unaufhörlich — alles was ich noch tue, tue ich in ihrem Namen. Sie war der Anfang — sie wird das Ende meines Lebens sein." — Und noch aufrichtiger, tiefer sich aufschließend schrieb er an Just, den alten Freund in Tennstädt: „Wenn ich bisher in der Gegenwart und in der Hoffnung irdischen Glückes gelebt habe, so muß ich nunmehr ganz in der echten Zukunft und im Glauben an Gott und Unsterblichkeit leben. Es wird mir sehr schwer werden, mich ganz von dieser Welt zu trennen, die ich so mit Liebe studierte, die Rezidive werden manchen bangen Augenblick herbeiführen; aber ich weiß, daß eine Kraft im Menschen ist, die unter sorgsamer Pflege sich zu einer sonderbaren Energie entwickeln kann. Sie würden Mitleid mit mir haben, wenn ich Ihnen von den Widersprüchen der seitherigen Stunden erzählen wollte." Am 14. April, kein Monat vorüber seit dem Tode Sophiens, starb auch sein Bruder Erasmus. Von dieser Zeit ab haben wir Tagebuchblätter von Hardenberg, die nach den Tagen seit Sophiens Tode zählen. Sie sind dunkel. Das erklärende Wort liegt in seiner sicheren Erwartung, daß er binnen einem Jahre sterben werde, und zwar nach seinem eigenen Entschluß, natürlichen Todes; allein durch die Gewalt der Sehnsucht, sich mit ihr zu vereinigen. Man kann nicht umhin, hierbei an den Abschluß der Wahlverwandtschaften, an Ottiliens in freiwilligem Entschluß herbeigeführtes Ende, an Eduards schmerzliche Kämpfe zu denken, welcher ihr auch hierin nachzufolgen gedachte und endlich nachfolgte. Ich weiß nicht, ob eine Mitteilung über diese Absicht von Novalis die Erfindung Goethes veranlaßte oder ob hier ungesucht Dichtung und Wirklichkeit sich begegnen. Denn auch darin wiederholt die Dichtung den Zug des Lebens, daß Naturell und der Instinkt des Lebens sich gegen diese Absicht beständig erhoben. Dieser Kampf zwischen einem im tiefsten Schmerze gefaßten Entschluß und der menschlichen Natur, welche vermöge einer glücklichen Mitgabe überall nach Ausgleichung der Zustände strebt, hat etwas Ergreifendes. „Den 18. April: Früh mancherlei Gedanken über sie und mich. Der Zielgedanke stand ziemlich fest." „Den 19.: Früh mancherlei wegen des Entschlusses gewankt und geschwankt. Im ganzen der Tag heiter und ruhig." „Den 21.: An Sophie hab' ich oft, aber nicht mit Innigkeit gedacht, an Erasmus kalt." „Den 24.: Sophie wirds immer besser geben. Ich muß nur immer noch mehr in ihr leben. Nur in ihrem Angedenken ist mir wahrhaft wohl." Am 26. wirft er sich vor, er sei fast lustig gewesen. Ein paar Tage darauf, er habe zu lebhaft gestritten während des Essens. Den nächsten Tag: er habe sehr lustig mit der Kreisamtmännin gesprochen, weshalb er abends seine Lieblingsbilder nur in der Ferne gesehen habe. Er schämt sich, jetzt zu sehr in der Stimmung des Alltagslebens zu sein. „O daß ich so wenig in der Höhe bleiben kann." Hatte er dann wieder recht lebhaft ihr Bild vor sich gehabt, im Profil, neben sich auf dem Kanapee, im grünen Halstuch: dann fand er am folgende Tage doch eine sonderbare Furcht in sich vor dem gefährlich Krankwerden. „Ich muß mich noch immer nicht ganz an meinen Entschluß gewöhnen können. So fest er zu sein scheint, macht mich doch das zuweilen argwöhnisch, daß er in so unerreichbarer Ferne vor mir liegt, mir so fremd vorkommt." So widerstrebte er, auf den Entschluß jener leidenschaftlichen Stunden sich stellend, der jetzt doch dem täglichen Leben gegenüber ihm selber fremd erschien, den heilenden Mächten des Lebens. Er flüchtete sich nach Grüningen, wo ihr Grab allen seinen Empfindungen unmittelbare Gewalt gab. Da hatte er denn aufblitzende Enthusiasmusmomente; er blies das Grab wie Staub vor sich hin; Jahrhunderte waren wie Augenblicke, ihre Nähe war fühlbar, er glaubte, sie solle nunmehr hervortreten. Wie aber nun selbst da diese Gemütsbewegungen nachlassen, überlegt er, daß er durch seinen Tod der Menschheit eine solche Treue bis in den Tod sichere; er mache ihr gleichsam eine solche Liebe möglich. Und nach Tennstädt zurückgekehrt, fühlt er nun bereits, daß sein Entschluß den Kampf mit der Vernunft nicht bestehen könne; dann, mit einer natürlichen Sophistik des Herzens, stellt er sich die Maxime fest: „Bei meinem Entschluß darf ich nur nicht zu vernünfteln anfangen: Jeder Vernunftgrund, jede Vorspiegelung des Herzens ist schon Zweifel, Schwanken und Untreue." Und dann erscheinen doch Erwägungen, die offenbar ohnmächtig gegen dieses Vernünfteln ankämpfen. Die schönsten wissenschaftlichen und anderen Aussichten dürften ihn nicht auf der Welt zurückhalten; sein Tod solle ja nicht Notmittel, sondern echte Aufopferung sein. — So unentbehrlich als es scheine seien einander die Menschen doch nicht; seine Mutter genieße ihn wenig, auch sein Vater. Immer wieder sagt er sich, daß sein Entschluß unwandelbar sei, daß er ihn nicht dem Verlauf neuer Überlegungen aussetzen dürfe. So schließen diese Blätter mit dem Anfang des Juli 1797. Belehrender als unzählige Legenden zeigen sie, welche Kräfte unserer Seele einwohnen, sich von der Welt, ja dem Leben selber loszureißen, welche andere ihnen beständig entgegenwirken. Wer kann sagen, wie der Streit derselben geendigt hätte, wenn er in einer einsamen Klosterzelle gekämpft worden wäre!

So aber trat die Welt zwischen seinen Entschluß und seinen wahrhaften vom Tag und seinen Eindrücken bestimmten Zustand. Es ist der treffendste Ausdruck dieses psychologischen Zustandes, daß sein eigener Wille ihm ganz fremd, der Tag seiner Verwirklichung ganz außerhalb dieser rasch ablaufenden Tage zu liegen schien.

Aus dem Entschluß zu sterben entwickelte sich ein Phantasieleben in der jenseitigen Welt. Mit Absicht, mit täglich sich wiederholender Anstrengung hatte er die Intensivität der Phantasiebilder des Jenseits in sich genährt, wie einst die Heiligen getan hatten. Wie die Absicht zu sterben zurücktrat, fand sich seine Empfindung in einer Verbindung mit der jenseitigen Welt, mit der abgeschiedenen Geliebten, welche an seinem Leben zehrte. Sein äußeres Ansehen begann sich um diese Zeit zu ändern. Als Friedrich Schlegel ihn im Sommer 1798 wiedersah, schrieb er: „er hat sich merklich geändert, sein Gesicht selbst ist länger geworden und windet sich gleichsam von dem Lager des Irdischen empor, wie die Braut zu Korinth. Dabei hat er ganz die Augen eines Geistersehers, die farblos geradeaus leuchten." Einen Ausdruck dieser Leiden von einer unheimlichen Gewalt besitzen wir in den Hymnen an die Nacht. Tieck stellt dieselben, obwohl mit schwankenden Ausdrücken, in welchen er in solchen Fällen Meister ist, in den Herbst des Todesjahres von Sophie (1797); Just, der genauer zu sein pflegt, erst in das folgende Jahr. Welches auch der näher bestimmte Zeitpunkt ihrer Abfassung sei: sie konnten nur aus der Vertiefung in die Schmerzen dieser ersten Zeiten geschrieben sein, sie sind das wahrhafte Bild derselben. Sie haben etwas, das mehr Grauen erwecken könnte als die schrecklichste Geschichte. Wie ein langsam hingezogener, rätselhafter Klageton, der mitten in der Nacht vernommen wird, so scheint aus dem gepreßten Herzen des Einsamen dieser Ausdruck der Todessehnsucht zu brechen. Ganz fremdartig an uns herantretend, wie sein dunkler Entschluß vorher an seine Umgebungen; von einer grenzenlosen Traurigkeit.

Von der Nichtigkeit und dem Leiden des Daseins reden Schriften aller Zeitalter. Hier liegt der Zug in dem Charakter der Welt, durch welchen dieselbe als schlechterdings rätselhaft erscheint. Daher die menschliche Phantasie unermüdlich ist, diesem Leben imaginäre Zustände gegenüberzustellen. Die Nacht der Bewußtlosigkeit, der Schoß des Weltalls, die affektlose Ruhe der Seligen: in all diesen Konzeptionen ergreift uns, daß die Leidenschaften, die Spannungen des Willens, das klare, scharfe Licht, welches uns die Grenze unserer Wünsche zeigt, hier endigen. Eine solche Konzeption sind diese Hymnen an die Nacht. Jenseits des Landes, wo das Licht in ewiger Unruhe hauset, dehnt sich zeitlos und raumlos die Herrschaft dieser Nacht aus, deren dämmernder Schatten nur, nicht ihre Wirklichkeit die Nacht und der Schlaf sind, welche allen Menschen gemein. Die irdische Flut bricht sich an dem Fuße des Hügels, und in dessen dunklem Schoße quillt diese kristallene Woge der unendlichen Nacht; gemeinem Sinne unvernehmlich; aber wer von ihr trank, ist ewig ihr eigen: da ist Vergessenheit aller Schmerzen, wundersame Einigung mit der Geliebten, unaussprechlich dämmernde Begeisterung. Ihm selber aber kam in der Zeit seiner unsäglichen Schmerzen, aus blauen Fernen, von den Höhen seiner alten Seligkeit ein Dämmerungsschein, Nachtbegeisterung, Schlummer des Himmels kam über ihn; er stand am Hügel der Geliebten, der Hügel ward zur Staubwolke und durch die Wolke sah er ihre verklärten Züge. „In ihren Augen ruhte die Ewigkeit; ich faßte ihre Hände."

Krankhafte wissenschaftliche Phantasien beschäftigten ihn um dieselbe Zeit. Die Entdeckung des Galvanismus bewegte in diesen Jahren die wissenschaftliche Welt über ganz Europa hin. In dem Laboratorium des Bologneser Anatomen Galvani waren durch den sonderbarsten Zufall von der Welt abgehäutete Froschschenkel mit einer Elektrisiermaschine in Berührung gekommen: sofort hatten diese Glieder die lebhaftesten Zuckungen gezeigt, als ob sie Leben erhielten; Galvanis und Voltas Untersuchungen hatten seit dieser Begebenheit im Jahre 1790 die wissenschaftliche Welt leidenschaftlich bewegt. In Deutschland hatte sich Ritter mit tief eingreifenden Entdeckungen angeschlossen. Hardenberg war sicher damals schon mit ihm befreundet. Keine wissenschaftliche Tatsache hat je verwegenere Schlüsse und trübere Träumereien hervorgerufen als diese und die benachbarte des magnetischen Schlafes. Friedrich Schlegel bezeichnet den Galvanismus des Geistes als eine von Hardenbergs Lieblingsideen, im Sommer 1798. „Wie nun seine Theorie der Zauberei, jener Galvanismus des Geistes und das Geheimnis der Berührung sich in seinem Geiste berühren, galvanisieren und bezaubern, das ist mir selbst noch ziemlich geheim. Unterdessen ist der Galvanismus des inneren Menschen für mich, wie Kant sagen würde, ein artiger Gedanke und das übrige hoffe ich durch die sokratische Tortur zu erfahren." In diesem Sinne erklärte Hardenberg das Denken für eine Galvanisation. Eine Berührung unseres Geistes mit einer geheimnisvollen Kraft finde da statt. Der geistige Verkehr, die Liebe, die Religion — alles ward ihm zu einer Art von Zauberei.

2

Nun machten sich aber doch bereits neue Elemente seines Lebens geltend, um ihn aus so pathologischen Zuständen zu einer allgemeinen religiös-wissenschaftlichen Ansicht zu erheben.

Er hatte die erste Zeit nach dem Tode Sophiens ruhelos, bald bei den Seinen, bald auf kleinen Reisen zugebracht. Mit dem Ende des Jahres 1797 war er nach Freiberg gegangen, um sich auf dieser hohen Schule des kursächsischen Bergwesens, die damals von

europäischem Rufe zu werden begann, für die Bergwerksverwaltung zu vervollkommnen. Ein neues gewaltiges Ferment trat hier in seine naturphilosophischen Studien. Der geniale Ritter hatte ihm in Jena das Problem des Galvanismus nahe gebracht. Hier trat ihm nun der große Mineraloge und Geologe Werner entgegen, vor dessen wunderbar geübten Sinnen das Reich der Steinwelt als ein geordnetes System sich auftat und die Tiefen der Erde ihre Geschichte zu eröffnen begannen. Wir werden zeigen, wie die Lehrlinge von Sais aus diesen Anregungen erwuchsen. In dieser begeisterten Hingabe an Werner und die Geologie lag für ihn eine Art Befreiung aus so ängstigenden krankhaften Zuständen.
Und noch im Jahre 1798 gewann Julie von Charpentier, die Tochter des Berghauptmanns in Freiberg, sein Herz und damit vollendete sich eine Umgestaltung der Empfindungsweise gegenüber Sophien, welche für sein Leben wie für seine Poesie bedeutsam ist. Auch mitten in dem entwickeltsten Phantasieleben mußte sich das Bild Sophiens in seiner Seele verwandeln. Es verlor alle Individualzüge, welche sich auf die Verhältnisse der Erde bezogen. Was war nun ihre halb kindische Sprödigkeit, ihr Wunsch, daß er gefalle, ihr übermütiges Spiel mit dem Vater? Aus dem Innersten ihres Bildes erhob sich tiefste Innigkeit: diese verzehrte nun jeden Zug, welcher der Welt gehört hatte: nur durch sie durfte er ja mit ihr in Gemeinschaft zu stehen hoffen. Religiöse Motive boten sich dar für dies Verhältnis zu einer Abgeschiedenen. Sie trat gewissermaßen in die religiöse Weltordnung ein und vertrat ihm jene überirdische Weiblichkeit, welche in der gnadenreichen Himmelskönigin dargestellt ist. Glanz und Freude der Welt, Glück und Schicksal auf ihr, rührten sie nicht an. Aus seinem individuellen Schicksal erhob sich seine Verehrung Marias wie ein subjektives mythologisches Gebilde.
Und wie er so einem neuen Leben mit erwachenden Sinnen entgegenging, traten die Freunde zu ihm, in deren Gemeinschaft er seinen Ideenkreis vollenden, durch deren Anregung der Poet in ihm sich erheben sollte. Jene kurze Blüte der Romantik, welche das Jahr 1799 bezeichnet, durchlebte er mit ihnen.
Nichts ist falscher als zu glauben, daß man es in der Romantik mit einer einzelnen Richtung zu tun habe. Mit gewissen Modifikationen ist sie, wie wir schon hervorgehoben, nichts als die Generation, welche in den neunziger Jahren heraustrat und von 1790 bis 1800 jene entscheidende Lebensepoche durchmachte, welche zwischen dem zwanzigsten und dreißigsten Lebensjahre liegt. Die Elemente intellektueller Kultur, die damals aus der früheren Generation vorlagen, waren in erster Linie die Poesie von Goethe und Schiller, die philosophische Revolution, in der Kant, Jacobi, Schil-

ler und Fichte hervorgetreten waren, die gewaltige Bewegung und Gärung in den Naturwissenschaften. Höchst merkwürdig aber waren die Bedingungen, unter welchen nun diese Generation sich dem Erbe der vorhergegangenen gegenüber befand. Die erste und wichtigste ist rein negativer Natur: die Abwesenheit aller stärkeren Impulse, welche aus dem Leben selber gekommen wären. Der naturwissenschaftlichen Bewegung kam keine Industrie, kein Bedürfnis der Entdeckungen, kein Handelsstand, der diesem in der Wissenschaft ihm verwandten Element mit Teilnahme gefolgt wäre, entgegen. Ebenso standen der philosophischen Revolution Politik, Unterrichtswesen, Religion in völliger Unbeweglichkeit gegenüber, da sie doch allein in der Einwirkung auf die soziale, moralische und politische Welt gesund zu bleiben vermag. Die Dichter fanden keine große Stadt, von deren Schaubühne herab sie zu wirken vermocht hätten. Dafür alles in kleine Kreise zerfallend: eine genügsame, mäßig begüterte, vom Durst nach Geld und Genuß, mit dem der Weltverkehr erfüllt, noch nicht ergriffene Bevölkerung: in einem Grade, wie auf gleicher Kulturstufe wohl nie eine zweite es war, von einer nach innen gewandten Bildung befriedigt. Wie man diese Lage empfand und mit Bewußtsein aufnahm, zeigen parallele Stellen aller hier in Betracht kommenden Männer. Ich zitiere hier nur Novalis: „Deutschland geht einen langsamen aber sicheren Gang vor den übrigen europäischen Ländern voraus. Während diese durch Krieg, Spekulation und Parteigeist beschäftigt sind, bildet sich der Deutsche mit allem Fleiß zum Genossen einer höheren Epoche der Kultur, und dieser Vorschritt muß ihm ein großes Übergewicht über die anderen im Laufe der Zeit geben." Völlig schloß sich diese Bildung von der großen Masse der Bevölkerung und ihren Bedürfnissen ab.

Kann man billigerweise die Männer anklagen, welche unter diesen Bedingungen, mit ungemeinem Talent, unsere intellektuelle Kultur fortzubilden unternahmen? Ihre ruhelosen, zerstreuten Ansätze, ihre Paradoxie, die Künstlichkeit ihres Strebens: das alles, verglichen mit der grandiosen Ruhe, in welcher Goethe und Kant atmeten, ist ein erschütterndes Schauspiel. Am erschütterndsten darum, weil hier die Notwendigkeit geschichtlicher Bedingungen wie mit eisernen Armen edle bedeutende Kräfte umfangen hält. Innerhalb der Grenzen, in welche sie diese Bedingungen bannten, haben sie Ungemeines geleistet.

Nur muß man sich ihre Stellung gegenüber den Elementen der intellektuellen Kultur, die sie vorfanden, höchst verschieden denken. Die Ausgangspunkte eines A. W. Schlegel und eines Hardenberg, Friedrich Schlegels und Tiecks waren völlig heterogen. Ohne alle Frage stand Novalis geistig Hölderlin viel näher als etwa seinem Freunde A. W. Schlegel. Tieck hat nie mit Friedrich Schlegel mehr als äußere Berührungspunkte gehabt. Wenn man nun solche völlige Heterogeneität gewahrt: so wird die Frage höchst interessant, wie denn hier ein geschlossener Kreis entstehen konnte, ein Schutz- und Trutzbündnis, eine Schule.

August Wilhelm Schlegel, ein paar Jahre älter als seine Freunde, bildete den äußeren Vereinigungspunkt. Die Horen und die Jenaer Literaturzeitung zogen ihn aus einer holländischen Hauslehrerstellung nach Jena. Das ästhetische Bedürfnis des Publikums hatte, besonders in den Horen, sehr günstige buchhändlerische Verhältnisse für diese Jahre geschaffen. So durfte er seine Existenz seiner unendlich gewandten Feder anvertrauen. Er war die eigentlich journalistische Natur des Kreises, sein Genie in Kritik und Nachdichtung, in allem Nachschaffen und Nachverstehen, in allem Empfinden, Beurteilen, Nachgestalten war unvergleichlich. – Allmählich zog er seinen Bruder aus dessen philologischen Studien in diese allgemeine Schriftstellerstellung nach sich. Eine völlig andere Natur. Unter tiefen Ideen schwer ringend mit dem Ausdruck und eigentlich niemals, mitten unter Stilisten, ein guter Stilist. Ein Kopf von genialer Produktivität, der durch eine folgerichtige, aber grenzenlose Ausbreitung seiner Studien, vermöge deren seine schwerfällige Feder mit den buchhändlerischen Verhältnissen in den unglücklichsten Konflikt kam, seine äußere Existenz von vornherein zerrüttete. Sein Ausgangspunkt lag in der Altertumswissenschaft, den ästhetischen Ideen Schillers und der Philosophie Fichtes. – Die Verbindung Friedrich Schlegels mit Hardenberg war schon vom Jahre 1792 oder 1793, in dem sie sich in Leipzig zuerst begegneten. Daß sie sich weniger persönlich als in den Ideen nahestanden, zeigt eine Äußerung Friedrich Schlegels Schleiermacher gegenüber: „Du würdest Hardenberg sehr wohltun und ich fühle deine Wehmut sehr gut. Was mich betrifft, so habe ich's schon sehr lange nur mit seinem Geist zu tun, in den sich vielleicht keiner so finden kann wie ich, und das scheint er auch zu wissen. Übrigens sehe ich ganz hartherzig zu." Das Athenäum ergab dann eine regelmäßigere Beziehung. – Sonderbarerweise war auch für Tieck, als dieser nun zu diesem Kreise hinzutrat, wieder Friedrich Schlegel, der ihm heterogenste, der erste Anknüpfungspunkt. So sehr war ein bloßer Zufall hier in den ersten Anknüpfungen tätig. Tiecks Briefe über Shakespeare, die Friedrich Schlegel für das Reichardtsche Journal Lyceum wünschte, boten die Anknüpfung. Friedrich Schlegel bittet ihn zu sich. „Mein Interesse an Ihnen und an der Poesie ist zu ernst. So etwas zerstreut sich gleich, wenn mehrere da sind. Ich bin in solchen Angelegenheiten sehr für die Zweisprach." Auch nach Wackenroder, dessen

Herzensergießungen in diesem Jahre erschienen waren, erkundigte er sich. Man sieht in eine eben anhebende Bekanntschaft zweier Männer, welche kein stark ausgesprochener Zug der Natur einander entgegentrieb. – Eine Nachschrift fügt hinzu, daß sein Bruder August Wilhelm große Freude an Tiecks Wirken und den persönlichen Nachrichten über ihn habe. Es ist dann ein Brief A. W. Schlegels vorhanden, der die Übersendung der Volksmärchen beantwortet und mit der Rezension A. W. Schlegels im Athenäum interessante Vergleichspunkte bietet, die als erstes bedeutendes Wort über Tiecks Poesien bekannt geworden ist. Viel entschiedener als in dem Athenäum spricht er es in diesem Briefe aus, wie die Form der Prosa Tiecks aus dem Studium Goethes, seines Wilhelm Meister und des Märchens, in einem verwandten Geiste entsprungen sei. Das ungoethesche Experiment, in altem Kostüm und alter Sprache unsere moderne Empfindungsweise darzustellen, wie in der schönen Magelone geschieht, mißfällt ihm; dagegen stellt er den blonden Eckbert, der zu allererst von Tiecks Werken den Spuren der Goetheschen Prosa folgt, am höchsten. Die Vollendung der erzählenden Prosa und des Liedes und eine poetische Richtung, in welcher die Phantasie frei, ohne moralische Nebengedanken herrscht, das ist, was ihn an Tieck anzieht. Wie er dagegen in dem, worin Tieck von Goethes Bahn ausweicht, ihm ganz fremd und ablehnend gegenübersteht, zeigt die Art, in der er Tiecks Märchenstoffe entschuldigt und kaum äußerlich zu entschuldigen weiß.
So lose waren die ersten Fäden geflochten. Nicht nur daß man manche Divergenz der Richtung scharf empfand; es bestand auch keine herzliche persönliche Beziehung. Was zusammenhielt, waren die Vorteile eines Schutz- und Trutzbündnisses gegen die abgelebten, aber unsterblichen Richtungen der Nicolai, Huber, Schütz. Hier bot das Athenäum einen Vereinigungspunkt. Besonders August Wilhelm Schlegel, der den lebhaftesten Sinn für Ausfälle, Bündnisse, Kooperationen, kurz für literarische Strategik besaß, war unermüdlich in neuen Erfindungen, mehr zum Ärger der Gegner als zum Nutzen der Freunde. Er empfand an diesen Operationen ein ganz uneigennütziges Vergnügen.
Aus diesen leichteren Beziehungen erwuchs nun seit dem Sommer 1799 das innigste Zusammenleben. Es waren die letzten Monate von Fichtes Anwesenheit in Jena. Noch wirkte neben ihm Schelling im glücklichsten Einverständnisse: er gedachte die Wissenschaftslehre durch die Naturphilosophie zu ergänzen. Zu der gärenden Bewegung des philosophischen Geistes kamen die Berührungen mit den Dichtern von Weimar; mehrmals im Jahre suchte hier auf dem stillen Schlosse Goethe eine arbeitsame Einsamkeit, fern vom Hofleben. So war Jena wie die zweite Hauptstadt des deutschen

Geistes; ganz besonders geeignet demnach für das übermütige Treiben der neuen Schule, die hier wie auf einem neutralen Boden, ohne sich mit der Weimarer Gesellschaft Goethes zu berühren, mit diesem ihrem Haupte, dem „Statthalter der Poesie auf Erden" sich begegnete.

Bevor Tieck sich neben A. W. Schlegel und Schelling hier dauernd niederließ, kam er im Sommer von Giebichenstein herüber, wo er bei Reichardt ein paar Wochen lebte. Er hatte im Jahre zuvor A. W. Schlegel in Berlin kennengelernt; nun wollte er nur auf einem flüchtigen Besuch bei ihm einen Blick in diese Welt tun. Friedrich Schlegel hatte ihm ein Jahr vorher gemeldet, wie ihm die Volksmärchen zwei neue Freunde gewonnen hätten, Novalis und Schelling. Jetzt traten ihm beide entgegen. Für Novalis und Tieck war das Zusammentreffen entscheidend. Hatte Friedrich Schlegel sich mit den Ideen von Novalis berührt, so traf diese Begegnung mit Tieck die innerste Tiefe seines dichterischen Gemüts. Gleich am ersten Abend schlossen sie sich gegeneinander auf; beim Klange der Gläser tranken sie Brüderschaft. Mitternacht war herangekommen, die Freunde traten hinaus in die Sommernacht. Wieder ruhte der Vollmond, des Dichters alter Freund seit den Tagen der Kindheit, magisch über den Höhen um Jena. Sie erstiegen den benachbarten Hausberg und wanderten in die Sommernacht hinein. In solchen Stunden muß in ihnen beiden der Geist der romantischen Poesie, wie er ihnen von da ab gemeinsam vor der Seele stand, sich zu vollem Bewußtsein erhoben haben. Als man bei dem nahenden Morgen Abschied nahm, sagte Tieck: „Jetzt werde ich den getreuen Eckart vollenden." Noch an demselben Tage teilte er ihn den Freunden mit. Ich glaube, daß einige Zeilen des Phantasus, welche viele Jahre danach geschrieben sind, dem Andenken an diesen Abend gewidmet sind. In der ruhigen Einsamkeit des Gartens, da ein glänzender Sternenhimmel über der Landschaft steht, lustwandeln die Freunde und Ernst sagt: „Diese heilige ernste Ruhe weckt im Herzen alte entschlafene Schmerzen, die zu stillen Freuden werden, und so schaut mich jetzt groß und milde mit seinem menschlichen Blick der edle Novalis an, und erinnert mich jener Nacht, als ich nach einem fröhlichen Feste in schöner Gegend mit ihm durch Berge schweifte, und wir, keine so nahe Trennung ahnend, von der Natur und ihrer Schönheit und dem Göttlichen der Freundschaft sprachen. Vielleicht da ich so innig seiner gedenke, umfängt mich sein Herz so liebend wie dieser glühende Sternenhimmel."

Wie diese Freundschaft in Novalis Epoche machte, davon ist ein Brief an Tieck vom 6. August 1799 ein merkwürdiges Dokument. „Deine Bekanntschaft hebt ein neues Buch in meinem Leben an.

Du scheinst mir jeden in der Blüte zu berühren und verwandt zu sein. Du hast auf mich einen tiefen, reizenden Eindruck gemacht. Noch hat mich keiner so leise und doch so überall angeregt wie Du. Jedes Wort von Dir versteh ich ganz. Nirgend stoß ich auch nur von weitem an. Nichts Menschliches ist Dir fremd. Du nimmst an allem teil und breitest Dich leicht wie ein Duft gleich über alle Gegenstände und hängst am liebsten doch an Blumen." Das war mehr als die bisherigen Jenaer Verhältnisse der Romantiker. Hier begegneten sich, wie in der Freundschaft zwischen Friedrich Schlegel und Schleiermacher, zwei wahrhaft wahlverwandte Naturen.
Hardenberg erwiderte den Besuch in Giebichenstein. Auf der Rückreise verweilte dann Tieck ein paar Tage, auf Hardenbergs Einladung, in Weißenfels. Auch ihn ergriff der stille, praktisch fromme, innerlichst vornehme Geist in diesem Hause, der über den Freund eine solche Macht gewonnen hatte. Der alte Hardenberg stand wie ein Patriarch in der Mitte seiner Familie. Tieck fand leicht in der Neigung für die alte Zeit einen Berührungspunkt. Es charakterisiert den alten Herrn sehr hübsch, wie ihn Tieck einst im Nebenzimmer auf eine nicht eben glimpfliche Weise schelten und zürnen hörte. „Was ist vorgefallen?" fragte er besorgt einen eintretenden Bedienten. „Nichts", erwiderte dieser trocken, „der Herr hält Religionsstunde." Die Trennung Tiecks von dem Freunde dauerte nicht lange. Im Oktober siedelte er mit seiner Frau und der eben geborenen Tochter Dorothea nach Jena über und blieb da bis Ende Juli 1800.
Auch Friedrich Schlegel hatte sich um diese Zeit mit den Freunden vereinigt. Im Oktober folgte ihm dann Dorothea. Er brachte die Reden über die Religion mit, die eben damals anonym erschienen waren und sicher an dem Kreise unbemerkt vorübergegangen wären, hätte nicht Friedrich Schlegel so begeistert auf sie aufmerksam gemacht. Sie fanden Hardenberg, beinahe zurückgezogen von den übrigen, mit Tieck und dessen Frau verbunden. „Er ist" – schreibt Dorothea – „so in Tieck, mit Tieck, für Tieck, daß er für nichts anderes Raum findet. Er sieht wie ein Geisterseher aus, und hat sein ganz eigenes Wesen für sich allein, das kann man nicht leugnen." Aber die Reden über die Religion ergriffen ihn gewaltig. Wie Tieck seine Poesie wieder erweckte, so brachten sie seine religiösen Ideen in Gärung. Seine Begeisterung bewegte den ganzen Kreis in enthusiastischer Zustimmung und heftigem Gegensatz. Die scharfe Dorothea bemerkte, Tieck treibe die Religion wie Schiller das Schicksal: Hardenberg glaube, Tieck sei ganz und gar seiner Meinung, sie wolle aber wetten, sie verstünden sich selbst nicht und einander nicht.

Wie noch vor den zusammenhängenden und geschlossenen Wirkungen einer bedeutenden Schrift erste Eindrücke und Anregungen vorauszueilen pflegen: so traten aus dieser Gärung zunächst ein Aufsatz von Novalis über das Christentum und die Ideen Friedrich Schlegels hervor. Schelling setzte sich in einem merkwürdigen Gedichte, dem epikurischen Glaubensbekenntnisse von Heinz Widerporst, den Reden über die Religion und der Begeisterung der Freunde, welche sie hervorgerufen hatten, sehr derb entgegen. Das Athenäum sollte das nun alles friedlich nebeneinander sehen. August Wilhelm erhob Bedenken, wurde aber überstimmt. Die Sache, welche für die äußere Stellung der Schule nicht ohne Bedeutung war, bewegte die Freunde lebhaft. August Wilhelm provozierte auf Goethe. „Dieser" – schreibt er an Schleiermacher – „ist denn sehr in die Sache eingegangen und hat mit umständlicher und gründlicher Entwickelung gegen die Aufnahme und für mich entschieden. Ich wollte, daß Sie die schönen Reden, die er mir bei diesen und anderen Gelegenheiten gehalten, mit hätten anhören können, es würde Sie entzückt haben." Auch Schleiermacher war gegen den Druck gewesen.

Hardenbergs Fragment trägt die Bezeichnung: die Christenheit oder Europa. Der Gesichtspunkt einer Einheit aller europäischen Staaten, durch das Christentum getragen, spricht sich darin aus. Ich wüßte nicht, daß er vordem mit solcher Klarheit gefaßt worden wäre. Als ein Grundcharakter jener Epoche, in welcher das christliche Europa gegen den eindringenden Islam kämpfte, hat ihn Ranke durchgeführt. Die ganze Geschichtsschreibung der Romantik beruhte aber darauf, diesen vorübergehenden Zustand als den einzig möglichen hinzustellen, von dem Reformation, Rationalismus, Wissenschaften, weltliche Gesichtspunkte der Politik uns nur abgeführt hätten. Die gewaltige mit jedem Tage anwachsende, auf realen Grundlagen sich aufbauende Einheit der Interessen, welche die Zivilisation schafft, tritt hier zurück hinter einem erträumten Gottesfrieden unter dem Schutze religiöser Überzeugung, welche weder je bestand noch der durchschnittlichen menschlichen Natur nach auch nur einen Tag auf Bestand rechnen könnte. Es ist das die unhistorische Anschauung, welche der heiligen Allianz ein christliches Gewand lieh. Sie tritt in diesem flüchtigen Entwurf von Novalis zuerst in unserer protestantischen Literatur auf.

Er sieht das Christentum in voller Macht und Herrlichkeit wirksam im Mittelalter. Es ist charakteristisch, wie er es auffaßt. Ein großes Interesse verband, unter einem Oberhaupte, dies weite geistliche Reich; seine Verwaltung in den Händen eines mit voller Unabhängigkeit, höchster Bildung, großer Welterfahrung begab-

ten Standes. Sie predigten nichts als Liebe zu der heiligen, wunderschönen Frau der Christenheit; sie erzählten von längst verstorbenen himmlischen Menschen; in den geheimnisvollen Kirchen, mit Bildern geschmückt, mit süßen Düften erfüllt, von heiliger Musik belebt, wohnte eine erhabene Heiterkeit. Es ist die Religion einer pantheistischen Verklärung der Welt, die er hier, nur in Bildern und Geschichten poetisch ausgeprägt, wiedererkennt.
Rom, der Ort, an welchem alle weisen und ehrwürdigen Menschen aus Europa sich sammelten, war einsichtig und in seinem Rechte, indem es freche Ausbildungen menschlicher Anlagen auf Kosten des heiligen Sinnes hinderte, unzeitige gefährliche Entdeckungen ablehnte, wie diese, daß die Erde ein unbedeutender Wandelstern sei.
Es wird nicht deutlich, wie und zu welcher Zeit nun ein so glücklicher Zustand sich ändern konnte. Lange vor der Insurrektion, welche im Protestantismus ausbrach, soll er stillschweigend verlorengegangen sein. Schon die Abschaffung der Priesterehe soll nur eine kluge Maßregel gewesen sein, die zerrüttete Verfassung der Kirche noch zusammenzuhalten. Da scheint denn freilich, als ob jener vollkommene Zustand außer aller Zeit gelegen hätte. Und aus welchen Ursachen entsprang die Änderung? Die Menschheit war für dies Reich nicht reif, nicht gebildet genug. Und doch auf der anderen Seite, als die Bildung voranschritt, zeigte gerade sie wenigstens die temporelle Schädlichkeit der Kultur auf einer gewissen Stufe für den Sinn des Unsichtbaren. So geschah, daß der Protestantismus frevelnd die Einheit der Kirche zerriß; ein falsches landesherrliches Kirchentum gründete; den rohen abstrakten Entwurf der Religion in den biblischen Büchern kanonisierte; den einzelnen mächtigen Staaten Raum ließ, sich des vakanten Universalstuhls zu bemächtigen; endlich aber von der genialen Klugheit des Jesuitenordens zurückgedrängt wurde. Die Gelehrten und die Geistlichkeit stehen immer in einer geheimen Opposition; denn sie streiten um e i n e Stelle. Das Ende schien gekommen, als Gott durch die Aufklärung zum müßigen Zuschauer des großen Schauspiels einer in sich ablaufenden mechanischen Welt gemacht wurde.
Aber nichts ist vergänglich, was einmal die Geschichte ergreift. Es geht aus seinen Verwandlungen erneut in immer reicheren Gestalten hervor. Wir stehen vor einer neuen Weltinspiration. Die Wissenschaft hat sie vorbereitet, indem sie die Heiligkeit der Natur, die Unendlichkeit der Kunst, die Notwendigkeit des Wissens, die Achtung des Weltlichen und die Allgegenwart des wahrhaft Geschichtlichen zur Anerkennung brachte. „Also kommt auch, ihr Philanthropen und Enzyklopädisten, in die friedenstif-

tende Loge und empfangt den Bruderkuß, streift das graue Netz ab und schaut mit junger Liebe die Wunderherrlichkeit der Natur, der Geschichte und der Menschheit an." „Das Christentum ist dreifache Gestalt. Eine ist das Zeugungselement der Religion, als Freude an aller Religion. Eine das Mittlertum überhaupt, als Glaube an die Allfähigkeit alles Irdischen, Wein und Brot des ewigen Lebens zu sein. Eine der Glaube an Christus, seine Mutter und die Heiligen. Wählt, welche ihr wollt, wählt alle drei; es ist gleichviel." Aus dem Schoße eines ehrwürdigen europäischen Konziliums wird die Christenheit aufstehen.

Weder Lob noch Tadel noch Erklärung ist hier möglich — nicht einmal Beantwortung der Frage, was hier Paradoxie und was innere Überzeugung war, ohne daß wir Novalis' Stellung in der philosophischen und poetischen Bewegung jener Tage überblicken. Aber dahin führt uns nun ohnehin der Gang unserer Erzählung.

Die geistlichen Gedichte Hardenbergs, die Ideen und die Rede über die Mythologie von Friedrich Schlegel, sogar katholisierende Anwandlungen seines kritisch klaren Bruders, die christliche Wendung in Tiecks Gedichten: all das entsprang in dieser Gärung in kürzester Frist. Wie ein Nüchterner unter Träumenden erscheint in ihr der Mann, welcher dieser religiösen Begeisterung den ersten stärksten Impuls gegeben hatte, und in dessen tiefernster Seele diese wie andere Richtungen seiner Generation einen gesammelten, energischen, männlich zusammengefaßten Ausdruck fand. Schleiermacher setzte Hardenbergs Auffassung die kühle historische Wahrheit entgegen, daß das Papsttum das Verderben des Katholizismus sei. Novalis selber stand an der abschließenden Wendung seines Geistes. Was er in momentaner Bewegung, unter dem Einflusse, den neue überraschende Wendungen des geistigen Lebens auch auf weniger der Paradoxie zuneigende Naturen zu erlangen pflegen, mit dem Übermut einer radikalen Opposition gegen alle herrschenden Ansichten niedergeschrieben hatte, das trat nun in den Zusammenhang seiner Ideen zurück, welcher es begrenzte und in die Region poetischen Traumlebens erhob. In diesem Herbst 1799 begann er den Ofterdingen. Seine Weltansicht ist für uns gewissermaßen in einem doppelten Ausdruck vorhanden; sie erscheint, ihrer Natur nach, unter zwei Gestalten: als ein Zusammenhang philosophischer Ideen und als eine dichterische Anschauung der Welt. Es ist für den Geist seiner Zeit charakteristisch, daß, Schillers größerer, viel gewaltigerer Entwickelung entsprechend, erst nachdem jene philosophische Gestalt einen gewissen Abschluß erlangt hatte, die dichterische hervortrat.

Denn offenbar ist das Philosophische, was wir von Novalis besitzen, im Sommer 1799 im wesentlichen abgeschlossen. „Unter

Spekulanten war ich ganz Spekulant geworden" schreibt er an Tieck etwas später. Nun hat sich die Poesie erhoben. Und die kurzen anderthalb Jahre hindurch, welche ihm noch vergönnt waren, die längste Zeit darunter in solchen Zuständen, daß er Lesen, Denken, Schreiben, alles sich versagen mußte, herrschte sie unumschränkt. Von seinen poetischen Plänen allein waren die hoffnungsvollen Phantasien seiner letzten Wochen erfüllt. Jene Fragmente demnach, welche sich in seinem Nachlasse vorfanden, gehören vornehmlich der nun dargestellten Lebensepoche an. Von ihnen ist zunächst zu reden; aber nicht, wie bisher geschah, mit verzweifelten Aussprüchen über ihre Paradoxie, auch nicht in kahlen Aufzählungen.

3

Hardenberg wollte in einer Enzyklopädie dem Grundgedanken der Zeitphilosophie die Summe der erworbenen Anschauungen unterwerfen. Es war das der innerste Drang der philosophischen Zeitgenossen. Friedrich Schlegel trug sich jahrelang mit derselben Absicht. Schelling verwirklichte sie in seinen „Vorlesungen über die Methode des akademischen Studiums" durch einen ersten Entwurf. Hegel erst vollendete in seiner Weise, was ihnen allen vorschwebte. Die Aufzeichnungen Hardenbergs enthalten die Gedankenkeime eines solchen Ganzen.

In ihnen liegt seine Bedeutung für den wissenschaftlichen Geist seiner Zeit. Wir können hier nicht darstellen, wie sie sich zu den gleichzeitigen Äußerungen Friedrich Schlegels, Schleiermachers, Schellings verhalten. Die Jahre von der Wirksamkeit Fichtes in Jena bis zur Gestaltung der Naturphilosophie und dann, einige Jahre später, bis zur Philosophie der moralischen Welt sind eine Periode ungeheurer Gärung, kühnster Entwürfe, um die positiven Wissenschaften der Natur und des Geistes den Prinzipien der Wissenschaftslehre zu unterwerfen. In solchen Epochen soll man nicht pedantisch Prioritätsfragen nachgehen und überall sehen wollen, wie die Ideen aus einem Kopfe in den anderen übergehen. Wir haben eine belehrende Analogie an der Gegenwart. Das natürliche Problem, welches aus der gegenwärtigen Lage unserer Wissenschaften entspringt, den geschichtlichen Wissenschaften eine strengere wissenschaftliche Grundlage zu geben, ruft an den verschiedensten Punkten, in ganz verschiedenen Ländern, völlig unabhängig voneinander, verwandte Lösungsversuche hervor. Von vielen, die heute noch nicht über diese Frage das Wort ergreifen, sind doch auch solche Versuche vielfach erwogen worden. Wenn jemand mit einem Lösungsversuche heraustritt: so wäre sehr unbillig, seine Gedanken als Abwandelungen, Umgestaltungen der

von anderen geäußerten zu behandeln. Die Bedingungen, unter welchen nun damals diese Männer nebeneinander ihre Ideen ausbildeten, lagen in der Philosophie Fichtes, in dem Sieg einer dynamischen Naturerklärung durch Kant und einer Reihe naturwissenschaftlicher Fortschritte, welche dieses Übergewicht auch empirisch zu begründen schienen, und zugleich in der ästhetischen Kultur, welche sich mit Fichtes Philosophie auseinanderzusetzen suchte. Diese Bedingungen, welche in der damaligen intellektuellen Kultur lagen, brachten zunächst naturphilosophische Versuche hervor.
Man hat Novalis als einen Vorläufer der Schellingschen Naturphilosophie dargestellt, ja ihn unter die Quellen gerechnet, aus welchen Schelling geschöpft habe. Das letztere ist eine ganz unbewiesene Annahme. In dem, was Novalis selbst 1798 von Ideen veröffentlicht hat, befinde sich gar nichts Eigentümliches zur Naturphilosophie. Die in den Lehrlingen von Sais herrschende Naturbetrachtung ist poetisch ganz original; aber mußte Schelling den Gedanken, daß die entschleierte Natur der Geist sei, von Novalis erhalten? Vielmehr die Schrift von der Weltseele ist mit Novalis' Entwurf der Lehrlinge gleichzeitig, überhaupt mit seinen Freiberger Naturstudien. Beide sahen die Natur mit dem Auge des Fichteschen Systems: dieselben Bedingungen brachten in ihnen eine verwandte Form des Pantheismus hervor. Ich kann aber auch in dem, was dann später, als seine Studien in Freiberg reifer wurden, entstand, wenig sehen, was dem festeren Bau einer Naturphilosophie hätte eingefügt werden können. Die Hymnen auf die Mathematik sind schließlich unfruchtbar. Ja Novalis spielt mit dem mystischen Begriff einer echten Mathematik, die im Morgenlande zu Hause sei, in Europa aber zur bloßen Technik ausgeartet sei. In derselben Weise werden die Theorien des Galvanismus und der Brownschen Heilmethode durch eine grenzenlose Verallgemeinerung zum leeren, durch kein besonnenes Studium gestützten Spiel mit den Anschauungen der Reize, der Erregungen, der Galvanisation. Wo dagegen in die Tiefe dringende Bemerkungen auftreten: da gehören sie einer dichterischen Anschauung der Natur an. Zuweilen scheinen sie geradezu Stoff seiner poetischen Arbeiten zu sein, daher sie denn auch, mitten unter wissenschaftlichen Notizen, viele Mißverständnisse erregt haben. Überall aber durchdringt ein Geist dichterischer Gestaltung seine Theorien. So wenn er etwa sagt: mit der Welt entsteht die Begierde, ein Hang zum Zerfließen oder die Schwere.
Diese naturphilosophischen Ideen sind daher vielmehr ein Glied in der Entwickelung dichterischer Naturanschauung. Diese Entwickelung gehört zu den am meisten bezeichnenden Zügen unserer modernen Dichtung. Wie in ihr wissenschaftliches Naturstudium

und dichterische Naturanschauung zusammengingen, wie in Goethe beides vereinigt war, wie die Poesien von Novalis und Steffens diesen Weg verfolgten und Tieck, obwohl positiven Studien gegenüber ungeduldig, ihnen in diesen Zusammenhang mit dem wissenschaftlichen Naturstudium zu folgen suchte, wie auf der anderen Seite Alexander von Humboldt und Johannes Müller, die großen Naturforscher, von der freien Naturanschauung dieser Epoche einen Anstoß zu dauernder Bewegung erhielten —: diese Wechselwirkung gab unserer Dichtung wie unserer Naturforschung in dieser Periode gleicherweise ihr Gepräge.

Dagegen finde ich die Gedanken Hardenbergs über die Wissenschaften des Geistes von hervorragender Originalität. Seine Ideen verdienen hier neben denen von Friedrich Schlegel und Schleiermacher, inmitten der Gärung um die Wende des Jahrhunderts, ihren Platz. Insbesondere dadurch, daß er vermöge der weiten Umschau, welche ihm seine naturwissenschaftlichen Studien gaben, für die Wissenschaften des Geistes einen fruchtbaren Einheitspunkt ergriff, ganz abweichend von denen der Systeme Schleiermachers und Hegels — und uns Heutigen weit näher gelegen. So paradox es erscheint: dem Gesichtspunkt, welchen er faßte, entspricht am meisten das System Schopenhauers, auf seinen ursprünglichen Wurf im Ganzen angesehen.

Wir kennen eigentlich nur das, was sich selbst kennt. Von diesem tiefsinnigen Gedanken aus erscheint die Konsequenz natürlich: die Natur ist unbegreiflich per se. Sie ist es gar nicht aus einem zufälligen Grunde, sondern sofern das Licht des Bewußtseins sie nur von außen trifft. Sie erscheint nun aber als ein Universaltropus des Geistes, d. h. als ein symbolisches Bild desselben. Demgemäß ist sie durch diesen allein verständlich. Und wie nun Hardenberg in betreff des innersten Geheimnisses unserer selbst in unaufhörlichen Vermutungen begriffen ist: so sieht er auch das diesem entsprechende Innerste der Natur wie in den wechselnden Beleuchtungen solcher auf- und absteigender letzter Konzeptionen. „Die Welt ist eine sinnlich wahrnehmbare, zur Maschine gewordene Einbildungskraft." Dann wieder erscheint ihm das Herz als der Schlüssel der Welt. Oder er findet, daß wir immer zuletzt an den Willen stoßen, als hervorbringenden Grund. Dieser Wechsel, vermöge dessen das ganz voneinander Abstehende wie Schatten ineinander verfließt, liegt in der Natur dieser Konzeptionen. Er erscheint schon in Jakob Böhme, dessen Einfluß hier, wie in Schellings späterer Epoche und in Schopenhauer sichtbar ist. Ganz deutlich ist nur die negative Erkenntnis, daß die Welt, wie wir sie nicht anders als nach Analogie unseres Ich aufzufassen vermögen, nicht aus der Vernunft, als dem Grundcharakter desselben erklärt werden könne, sondern aus einer gärenden Tiefe dieses Ich, welche, uns selber Geheimnis, in Wille, Gemüt oder Einbildungskraft mindestens ebenso primär hervorbreche.

Das Problem der Welt löst sich uns demnach, soweit es überhaupt auflösbar ist, durch die Anschauung unseres eigenen Inneren. Das wunderbarste Phänomen ist das eigene Dasein. Das größte Geheimnis ist der Mensch sich selbst. Die Wissenschaft aber, welche es mit diesem höchsten Phänomen zu tun hat, ist die Realpsychologie. „Baader ist ein realer Psycholog und spricht die echte psychologische Sprache. Reale Psychologie ist vielleicht auch das für mich bestimmte Feld." An anderen Stellen bezeichnet er dieses grundlegende Studium, auf welchem die Wissenschaften des Geistes in erster Linie beruhten, auch als Anthropologie. Vor allem ist ihm Anthropologie die Basis der Menschengeschichte. Er findet, daß der höchste Gehalt der Geschichte die Auflösung der unendlichen Aufgabe sei, das Geheimnis zu enthüllen, welches der Mensch sich selber ist. Er antizipiert hier völlig Hegels Gedanken, daß der Höhepunkt aller Geschichte die werdende Selbsterkenntnis des menschlichen Geistes sei. Er findet auf der anderen Seite, daß die reale Psychologie oder Anthropologie den unendlichen Gehalt der menschlichen Natur nur an seiner Entwickelung in der Geschichte zu studieren vermag. Hiermit antizipiert er einen uns naheliegenden Standpunkt.

In sehr bemerkenswerter Weise zeigt dieser Gedanke einer Realpsychologie die innere Verwandtschaft der Bestrebungen dieser Epoche, in ihrem Ursprung, mit denen der Gegenwart. Wir bedurften lange Zeit der schärfsten Empfindung des Gegensatzes dieser seit Fichte hervorgetretenen verschiedenartigen Arbeiten gegenüber einer wahrhaft exakten Psychologie. An dem Punkte angelangt, die Erklärung aller seelischen Phänomene aus den Gesetzen, nach welchen sich in der Seele Vorstellungen zueinander verhalten, als unzureichend anzuerkennen, sind wir in der Lage, den innersten Gehalt von Bestrebungen gerechter zu würdigen, von denen ganz gleichmäßig, bei der größten Verschiedenheit der Ideenkreise, geniale Naturen wie Schleiermacher, Hegel, Schopenhauer bewegt wurden.

Was heißt Realpsychologie? Eine Psychologie, welche den I n h a l t unserer Seele selber zu ordnen, in seinen Zusammenhängen aufzufassen, soweit möglich zu erklären unternimmt. Indem ich die Gesetze erforsche, nach welchen Empfindungen sich in Vorstellungen ausbilden und Vorstellungen sich zueinander verhalten: so finde ich nichts als F o r m e n, innerhalb deren die Seele tätig ist. Liegt in diesen Formen der zureichende Erklärungsgrund für die Verwandlung der Empfindungen, in welchen unsere Seele auf die

Reize antwortet, in das zusammenhängende Ganze menschlicher Weltansicht? Angeborene Ideen, Kategorien und Grundsätze haben die beiden großen älteren deutschen Philosophen diesen Gesetzen als einen zweiten Faktor gegenübergestellt. Die Bedeutung des Problems wird aber erst in seinem ganzen Umfang gesehen, sobald man erkennt, daß die Phänomene des Willens und der Gefühle auf die Verhältnisse der Vorstellungen nicht zurückführbar sind. Wenn Spinoza von der Selbsterhaltung ausgeht, wenn Kant in dem Sittengesetz eine eigene aus dem Vorstellungsleben nicht erklärbare Wurzel unserer moralisch-religiösen Weltansicht erkennt: so ergibt sich von hier aus eine noch viel weiterreichende Erklärung des Inhaltes unserer Seele. In dieser Richtung weiterschreitend, erblicken wir Schleiermacher, Hegel, Schopenhauer. Es sind Anfänge. Wir heute müssen unseren eigenen Weg uns bahnen, aber doch mit dem Gefühl, daß andere vor uns mit diesen höchsten Problemen rangen, mit beständigem Rückblick auf ihre Arbeiten, so ganz unvollkommen auch die Methode derselben war.

Demgemäß ist von ungemeinem Interesse zu sehen, wie unter dem Gesichtspunkte einer solchen Realpsychologie Hardenberg mit dem wunderbaren Reichtum und der Rätselhaftigkeit der Phänomene rang, welche der menschliche Geist, die Menschengeschichte darbietet. Sein Gesichtspunkt selber gab ohne weiteres ganz verschiedenen Disziplinen die denkbar größte Einheit. Die Ethik, die Religionsphilosophie, die Ästhetik, die Philosophie der Geschichte, sie alle betrachten von verschiedenen Seiten dasselbe grenzenlose Gewebe von Erscheinungen. Es war schon für sich von großem Werte, unbeirrt von künstlichen Trennungen und der sich an sie knüpfenden Tradition die inneren Zusammenhänge selber zu überblicken. Eine solche aus dem Zusammenhang des seelischen Gehaltes selber sich zwanglos, mit klarer Größe entwickelnde Einheit, ungehindert von willkürlichen Abgrenzungen der Fächer, gibt dem Werke Schopenhauers von 1818 ein so künstlerisches Gepräge, daß selbst die Einsicht in die Willkür, welche diesen Zusammenhang ersann, nicht völlig die Freude an dem freien und großen Geiste der Architektur des Ganzen zu vernichten vermag.

Aber diese Einheit der seelischen Phänomene lag nur in Hardenbergs Wünschen; wer kann sagen, wieviel ihm hier in reiferen Jahren gelungen wäre? In dem, was wir haben, ist noch lauter Schwanken. Am besten verdeutlicht diese Wünsche und diese Unsicherheit folgende Aufzeichnung: „Sonderbar, daß das Innere der Menschen nur so dürftig betrachtet und so geistlos behandelt worden ist. Die sogenannte Psychologie gehört auch zu den Larven, welche die Stellen im Heiligtume eingenommen haben, wo echte

Götterbilder stehen sollten. Wie wenig hat man noch die Physik für das Gemüt und das Gemüt für die Außenwelt benutzt. Verstand, Phantasie, Vernunft, dies sind die dürftigen Fachwerke des Universums in uns. Von ihren wunderbaren Vermischungen, Gestaltungen, Übergängen kein Wort. Keinem fiel es ein, noch neue ungenannte Kräfte aufzusuchen und ihren geselligen Verhältnissen nachzuspüren."

Aber es scheint, als ob auch diese noch schwankenden Anschauungen dahin neigten, wie bei Fichte, Schelling, Schopenhauer geschah, im Willen den elementaren Grund des menschlichen Daseins zu erblicken. „Im Grunde lebt jeder Mensch in seinem Willen." Demnach vermag der Mensch, was er will; ja von der unwandelbaren Richtung unseres freien Willens scheint sogar die Form unserer Fortexistenz abhängig zu sein.

Hardenberg versucht nun die Natur des Willens durch den aus Browns physiologischem System aufgenommenen Begriff der Erregbarkeit, des Verhältnisses zu den Reizen zu beleuchten. Die Mannigfaltigkeit der Reize wächst mit der Höhe der Organisationen; auf ihr beruht unsere Freiheit. Je einfacher der Mensch lebt und gereizt wird, desto mehr ist er gebunden, unfrei. Demgemäß ist die Seele um so stärker, erregbarer, je komplizierter, mannigfaltiger sie ist. Widerstandskraft und Auswahl den Reizen gegenüber ist das Resultat einer solchen Bildung des Willens. Dagegen bestimmt der zufällige Reiz den Ungebildeten; er sucht in dem ihn so berührenden Gegenstande alles, denn er fühlt durch denselben sein unendliches Wesen in dunkler Ahnung. Daher denn auch dem Menschen ein leidenschaftlicher Zustand um so ahndungsvoller und behaglicher dünkt, je schwächer er selber ist.

Von hier aus unterscheidet er Unlust als M a n g e l an Trieb, Kraft, Reiz, Stoff vom Schmerz als einem heftigeren Umtrieb oder G e g e n trieb. Die Natur des Schmerzes beschäftigt ihn beständig, entsprechend den starken subjektiven Impulsen seines Nachdenkens, welche ihn auch auf die Natur der Krankheit immer wieder zurückführten. „Es ist die Möglichkeit eines unendlich reizenden Schmerzes da." Sehr nahe streifte er in diesem Suchen an den wichtigen Gedanken, daß Lust und Unlust doch nur eine sehr rohe und unangemessene Bezeichnung für das Eigentümliche in der Welt unserer Gefühle sind.

Von demselben Punkte aus experimentierte er, sozusagen, mit den Verhältnisbeziehungen zwischen Reiz, Erregung und Trieb. Sehr tief berührt er hier die Bedeutung der Illusion für die Geschichte unseres Willens; die Befriedigung ist ihm die Auflösung eines illusorischen Problems, „die Selbstverbrennung einer Illusion". Er verfolgt den Gedanken von der Bedeutung dieser Täuschungen ohne jeden Anklang an die pessimistische Folgerung, welche Schopenhauer später aus ihm zog. Vielmehr enthält ein kleiner anmutiger Dialog die entgegengesetzte romantische Konsequenz. Es gilt das Leben wie eine schöne genialische Täuschung, wie ein Drama anzusehen: dann, im vollen Bewußtsein der zeitlichen Illusion, welche das Leben ist, haben wir schon hier im Geiste absolute Lust und Ewigkeit.

Aber mitten in aller Selbstbetrachtung bleibt der menschliche Geist sich selber ein Rätsel. „Die Geschichte der Philosophie als der Wissenschaft im Großen, der Literatur als Substanz enthält die Versuche der idealen Auflösung dieses idealen Problems — dieser gedachten Idee." Demgemäß ist die wahrhafte Weltgeschichte nichts als die Auflösung der unendlichen Aufgabe, welche für den Menschen in dem Geheimnis seines eigenen Wesens liegt. Hieraus folgt, daß erst in dem Augenblick die Erhebung der Geschichte zu wahrhaft wissenschaftlichem Begreifen möglich ward, in welchem der menschliche Geist sich selber durchdrang, in sich selber den typischen Keim einer unermeßlichen Welt fand und nunmehr in der Entfaltung desselben in dem Verlauf der Weltgeschichte ein eigenes durchaus erklärbares Ganzes erkannte.

Aus diesem Wesen der menschlichen Seele folgt die höchste Aufgabe unserer intellektuellen und moralischen Kultur. „Die höchste Aufgabe der Bildung ist, sich seines transzendentalen Selbst zu bemächtigen, das Ich seines Ichs zugleich zu sein." „Man muß notwendig erschrecken, wenn man einen Blick in die Tiefe des Geistes wirft. Der Tiefsinn und der Wille haben keine Grenzen. Es ist damit wie mit dem Himmel. Ermüdet steht die Einbildungskraft still — hier stoßen wir nun auf die geistige Lebenskonstitutionslehre, und das Moralgesetz erscheint hier als das einzige wahre große Graderhöhungsgesetz des Universums, als das Grundgesetz der harmonischen Entwickelung."

Welche Bedeutung kann nun im Zusammenhang solcher Ideen der Religion und dem Christentum zukommen? Hier muß sich entscheiden, welche Stellung jene subjektiven Motive einer Abwendung von der Welt und die Fortgestaltung derselben zu einem katholischen Ideal im Ganzen seines Denkens haben konnten. Hier muß sich entscheiden, ob Tieck recht hatte, wenn er alle katholischen Folgerungen aus Hardenbergs Wirken herb abweist und seine Stellung völlig von der Friedrich Schlegels absondert.

Was Hardenberg vor dem Erscheinen der Reden über die Religion veröffentlicht hat, geht nur in einem Punkte untersuchend auf das Wesen der Religion ein. Nichts sei zur wahren Religion unentbehrlicher als ein Mittelglied, das uns mit der Gottheit verbinde. In der Wahl desselben müsse der Mensch schlechterdings frei sein.

Hier eröffne sich eine Entwickelung, die von Fetischen, Gestirnen Tieren weiterschreite zu Helden, Götzen, Göttern, endlich einem Gottmenschen. Er versteht nun unter Pantheismus die Idee, daß alles Organ der Gottheit Mittler sein könne, indem der Glaubende es dazu erhebe, unter Monotheismus dagegen den Glauben, daß es nur ein solches Organ in der Welt für uns gebe. Von diesem Gedanken gehen verwandte Ideen in den Reden über die Religion aus. Andererseits aber rief nun diese Schrift erst in Novalis ein zusammenhängendes Nachdenken über Religion und Christentum hervor. Und zwar sucht dasselbe, abweichend von der Richtung der Reden, vermöge einzelner psychologischer Intuitionen sich dem Ganzen dieser Phänomene zu nähern.
Er bezeichnet das Herz gleichsam als das religiöse Organ. „Indem das Herz, abgezogen von allen einzelnen wirklichen Gegenständen, sich selbst empfindet, sich selbst zu einem idealischen Gegenstande macht, entsteht Religion." Auch hier also ist die Gottheit der Schatten, welchen das Ich wirft. Von Fichte bis auf Feuerbach ist dieser Gedanke immer wieder ausgeführt worden.
„Noch ist keine Religion. Man muß eine Bildungsschule echter Religion erst stiften." Es gibt aber keine Religion, die nicht Christentum wäre. Die Grundzüge der Religion sind im Christentum sehr tief verwirklicht. Auch hier das merkwürdige, diese romantische Religion bezeichnende Schwanken. Von einer neuen Bibel, von ganz neuen Evangelien spricht Hardenberg; er scheint in Erwartung ganz neuer religiöser Entwickelungen; und dann erblickt er doch wieder in den Grundzügen des Christentums die Grundzüge aller Religiosität überhaupt. Gerade an diesem am meisten von Hardenberg erwogenen Punkte widersprechen sich am stärksten seine Äußerungen aus verschiedenen Zeiten, welche leider in den Fragmenten ganz willkürlich durcheinandergeschoben sind.
Der Grundcharakter des Christentums ist Negativität. „Absolute Abstraktion, Vernichtung des Jetzigen, Apotheose der Zukunft, dieser eigentlich besseren Welt: dies ist der Kern der Geheiße des Christentums." Das Christentum steht in Opposition mit Wissenschaft und Kunst und eigentlichem Genuß. Es ist der Keim alles Demokratismus, indem es auf den bloßen guten Willen im Menschen und seine eigentliche Natur, ohne alle Ausbildung, Wert legt. Ein zweiter Grundzug ist eine unendliche Wehmut. Sollen wir Gott lieben, so muß er hilfsbedürftig sein wie er im Christentum erscheint.
Wenn schon diese letzte Ansicht wieder auf die Reden über die Religion hinweist: so ist das noch mehr in bezug auf die spezifischen Dogmen des Christentums der Fall. Auch ihm ist alles Wunder, oder, mit einer anderen Wendung, wahrhafte Überzeugung,

diese höchste Funktion unseres Gemüts und unserer Personalität, das einzige wahre gottverkündende Wunder; der Wunder höchstes, in verwandter Wendung, eine tugendhafte Handlung, als ein Aktus der freien Determination; jeder Tod ein Versöhnungstod: kurz das Historische des Christentums allgegenwärtig.
Er überschreitet diese Linie noch in paradoxen Bemerkungen, nach welchen Christi Geschichte ebensosehr ein Gedicht sei, der Inhalt der Bibel auffallende Ähnlichkeit mit einem Märchen habe: eine Bibel sei die höchste Aufgabe der Schriftstellerei. Dann aber ruft er sich – jenen eigenen phantastischen Hang pflegend, der mit seinem Geschick und seiner Krankheit, aber nicht mit seinen Ideen zusammenhing – selber zu: ich muß ordentlichen Aberglauben zu Jesus haben. Der Aberglaube ist überhaupt notwendiger zur Religion als man gewöhnlich glaubt. Nur durch jenen realistischen Trieb, demgemäß er auch den Zusammenhang zwischen Religion und Wollust mehrmals hervorhebt, hängen solche Gedanken mit seinen übrigen zusammen.
Will man so sein innerstes Verhältnis zum Christentum erfassen: so tritt zunächst ein grenzenloses Bedürfnis wahlverwandten Verstehens und Genießens der christlichen Gemütsstimmung gegenüber hervor. Da ist kein Bemühen um kritische Wahrheit; keine Andeutung wäre zu finden, daß er die Geltung des Christentums inmitten unserer modernen Kultur jemals mit objektivem Geiste erwogen hätte. Sein dem Christentum wahrhaft wahlverwandter Geist möchte von den wunderbaren Kräften desselben so viel in sich aufnehmen, als ihm, wie er nun einmal ist, möglich ist. Hieraus entsprang für das historische Verständnis des Christentums ein ungemeiner Impuls. Man kann sagen, daß die Vertiefung des Gemüts in die christliche Epoche mit ihm und seinem Freunde Friedrich Schlegel begann.
Und zwar geschieht diese Vertiefung sozusagen mit größerer historischer Wahlverwandtschaft in ihm als in irgendeinem seiner Freunde. Denn dieselbe gab nur einem Elemente Gestalt, das schon in ihm lebte, ja das sich zum Herrn seines Lebens gemacht hatte. Er lebte in der jenseitigen Welt. Sie war in Wirklichkeit die Heimat seines Herzens. Das gab seinem Christentum gegenüber dem seiner objektiv auffassenden Freunde und Genossen, insbesondere Schleiermachers, ein ganz verschiedenes, ganz eigenartiges Gepräge.
Wie er demnach das Christentum ergriff, war es ihm ein Mittel, alle Tiefe und Fülle des Herzens, mit welcher er an der geheimnisvollen Welt hing, die ihm Heimat war, aus grenzenloser Weite der Phantasie zu bestimmtem Bild und abgegrenztem Glauben zusammenzuziehen. Wie die Kirche Mittel fand, die grenzenlos

schweifende Andacht und Sehnsucht des Herzens an bestimmte Gegenstände und Formeln zu heften: ein solches Allerheiligstes, an welches sich seine Empfindungen knüpfen dürften, war hier das Christentum. Das unbestimmte Antlitz der jenseitigen Welt schien in ihm aus der Dämmerung hervorzutreten.

War er ein gläubiger Christ? Darauf soll man nun einmal schlechterdings mit einem fröhlichen Ja oder einem runden Nein antworten können! Man sollte vielmehr ein für allemal davon ausgehen, daß wir Modernen uns zum Christentum vollkommen anders verhalten als in den sechzehnhundert Jahren vor der Begründung des wissenschaftlichen Geistes geschah. Die Summe von Begebenheiten, welche überliefert wurde, der innerliche Gehalt eines tausendjährigen Gemütslebens, das vom ersten Beginn ab darin lebendig sproßte und blühte, sind auch den Tiefstreligiösen unter den Vertretern der modernen Wissenschaft, sie sind auch den Pascal, Leibniz, Schleiermacher, Fichte, Niebuhr, Savigny niemals eine Macht gewesen, welche ihr Dasein gefangen nahm: ich wage zu behaupten, daß nicht nur in dem historischen und ideellen Gehalt, welcher aufgenommen wurde, ein Unterschied war, sondern auch, was viel wichtiger scheint, in der F o r m d e r Ü b e r z e u g u n g.

Auf einem ganz Europa umspannenden Schauplatz, in einer beispiellosen Sukzession der genialsten wissenschaftlichen Kräfte, wie sie eine solche Basis allein möglich macht, hat der moderne wissenschaftliche Geist von der Entdeckung der Mechanik des Himmels ab bis auf diesen Tag, an welchem die Kräfte der Gesellschaft und der Geschichte unser begeistertes Studium beschäftigen, seine siegende Laufbahn begonnen. Wir wissen, daß die Zukunft sein ist. Wir wissen, daß er bestimmt ist die Welt umzugestalten. Die einsame Seele des Forschers ist seit jener Zeit erfüllt von dem edelsten Machtgefühl des Menschen. Die Erscheinungen Gesetzen unterwerfen, vermöge dieser Gesetze den Gang der Erscheinungen lenken, zu solchen Mitteln dem Menschen, auch dem letzten, das volle vorurteilslose Selbstgefühl seiner Bestimmung geben, das will dieser siegreiche Geist, der sich mit Kepler und Galilei seine Grundlage schuf. Von ihm erfüllt sein, das heißt leben.

Keine wahrhaft kräftige, die Wissenschaft in ihrer Größe zu fassen befähigte Intelligenz hat anders als im Vollgefühl dieser Bewegung gelebt. Bald in zürnender Leidenschaft, bald in heiterer Sammlung, in allen Formen, in allen Begrenzungen war sie der Lebensinhalt jedes wahrhaft fruchtbaren intellektuellen Kopfes seit zwei Jahrhunderten. Demgemäß konnte auch das Christentum nur unter dem Gesichtspunkte dieses Interesses aufgefaßt werden. Die Beleuchtung der christlichen Tatsachen und Dogmen war also bedingt durch die Stelle in dem Gang und den Kreisen dieses wissenschaftlichen Geistes, von welcher aus dieselben gesehen wurden. Die Philosophen suchten den Widerschein der Ideen in den Dogmen und Tatsachen; also fiel für sie die dogmatische Form und die historische Faktizität in verschwimmende Dämmerung. Die Historiker waren erfüllt von den Wirkungen des Christentums, von seiner geschichtlichen Macht; die Tatsächlichkeit der überlieferten Historie desselben ward von den Möser, Niebuhr, Savigny mit Sehnsucht und Pietät behandelt, nie aber mit dem festen Glauben, dessen Maßstab sie von anderen Teilen der Geschichte her besaßen. Bei den Naturforschern steht das Christentum am Rande des Horizontes ihrer Forschung; wie diese sich erweiterte, ist es immer mehr zurückgedrängt worden. Ein Maßstab methodisch gewonnener, strengbegründeter Gewißheit ergibt sich aus dem wissenschaftlichen Studium; seitdem eine mathematische Naturwissenschaft, eine kritische geschichtliche Methode bestehen, kann nichts diesen Maßstab strengen Wissens mehr erchüttern. Dagegen war bis zum Eintreten dieser Tatsache das Verhältnis der Überzeugungsgrade geradezu das entgegengesetzte: alle menschliche Wissenschaft mußte der göttlichen Offenbarung gegenüber völlig ungewiß und wie Schatten schwankend erscheinen. Aus diesem neuen Verhältnis ergeben sich die modernen Religionstheorien nicht nur der Philosophen, sondern ebenso der protestantischen Theologie, welche das Mittelalter, ja welche auch Luther nicht einmal verstanden hätte. Historie und Dogma treten in ihnen zurück hinter den ganz inneren Zusammenhang mit dem Gemütsleben, und indem so das Christentum in seiner wahren Heimat, gleich einem zurückgedrängten Welteroberer, sich festigt und seine Grenzen aufrecht erhält, treten jene kühlen Überzeugungsgrade zurück hinter den ganz heterogenen Gesetzen, welche im Gemüt gelten, Gesetzen, welche in den Erscheinungen von Liebe, Sehnsucht, Bedürfnis, Friede des Herzens überall von der Beziehung der Ideen auf den in Lust und Leid, in Verlangen und Trieb bewegten Mittelpunkt unseres Daseins bestimmt werden.

Dieses moderne Verhältnis zum Christentum muß begriffen sein, indem man unternimmt, einen aus der Zahl der intellektuell begabten Männer zu würdigen, welche ein bestimmtes Verhältnis zum Christentum auszusprechen und zu fixieren bestrebt waren. Sonst entsteht jenes Nörgeln, Beschnüffeln, Bemängeln innerster Überzeugungen, welches das Verhältnis des Menschen zu den letzten Geheimnissen der Welt, dies Verhältnis, das uns so klein macht und so groß, in flacher kritischer Zusammenstellung kontrastierender Äußerungen völlig verkennt.

4

Indem dies bei Novalis erwogen wird, werden nicht nur bereits erwähnte kontrastierende Äußerungen verständlich, sondern auch der große Gegensatz zwischen seinen dargelegten wissenschaftlichen Gedanken über Religion und Christentum und seinen „geistlichen Gedichten". In jedem zugleich natürlichen und tiefen Gemüt regen sich zuzeiten Bedürfnis, Sehnsucht, Hingabe, welche dann in anderen Tagen wieder wie ganz ferne stehen. Maria, Christus, die Auferstehung waren für Novalis nicht Glaubensartikel: alles was über die Natur moderner christlicher Überzeugungen gesagt ist, gilt auch für ihn. Eben darum würde man freveln, sie als poetische Gestalten für ihn zu betrachten. Aber in tiefbewegten Stunden, da er in den nächtlichen Himmel einer jenseitigen Welt hinausblickte, formte sich das Chaos unendlicher Welten für ihn zu diesen Sternbildern, zu denen der einsam Dahinschreitende als zu leitenden Schützern sehnsüchtig emporblickte.

Diese Lieder werden leben ewig wie das Christentum. Was sie von denen der großen geistlichen Liederdichter des 16. und 17. Jahrhunderts unterscheidet, ist eine Simplifikation und Verinnerlichung des Stoffes, welche auf dem veränderten Verhältnis zu demselben beruht. Jene alten geistlichen Lieder, wie denn die ersten in dem Drang reformatorischen Glaubenseifers, als Bekenntnisse, hervortraten, standen der Predigt ganz nahe: Ermahnung, Geschichte, Bekenntnis begegneten sich in ihnen; in der Fülle des Glaubensgehaltes berühren sie das Mannigfaltigste. Die „geistlichen Gedichte" von Novalis sind Lieder im wahren Sinne des Wortes: empfangen aus einer das Gemüt tief bewegenden individualisierten Stimmung: ihr Inhalt ist eine ganz einfache, von der Phantasie in unbestimmter Weise getragene Anschauung, so verschwimmend, als ob diese Stimmung sie emporgetragen hätte und sie dann wieder mit ihr versinken und sich auflösen müßte, einer Vision zu vergleichen. Diese einfache, von der Stimmung emporgetragene Anschauung ist bald der süßeste Friede in der Anschauung Christi, des Freundes der Seelen: „endlich kommt zur Erde nieder aller Himmel sel'ges Kind." Bald das wehmütig heimliche Gefühl, wie er auf einsamen Pfaden, fern von der Menge, ihm folgt: „von Liebe nur durchdrungen, hast du so viel getan, und doch bist du verklungen, und keiner denkt daran." Und dann wieder die rührendste Empfindung des Mitleids mit ihm, wie sie in alten Bildern so wundersam ausgedrückt ist, in denen man Maria über ihn gebeugt sieht, ihre Tränen rinnen, unwillkürlich steigen sie auch uns in die Augen, da wir in dies gramzerstörte Gesicht blicken. „Ewig seh' ich ihn nur leiden, ewig bittend ihn verscheiden. O daß dieses Herz nicht bricht." Aber über alles geht ein Zauber der einfachsten reinsten Empfindung, der über die Lieder an Maria gebreitet ist: wie ihm, seit er sie sah, der Welt Getümmel gleich einem Traum verwehte und nun ewig ein unnennbar süßer Himmel im Gemüte steht; wie er sie anfleht, nur einmal ihm ein frohes Zeichen zu geben, oft in Träumen sei sie ihm erschienen, in Kinderzeiten:

Unzähligmal standst du bei mir.
Mit Kindeslust sah ich nach dir,
Dein Kindlein gab mir seine Hände,
Daß es dereinst mich wiederfände!
Du lächeltest voll Zärtlichkeit
Und küßtest mich: o himmelsüße Zeit!

Fern steht nun diese sel'ge Welt —

Indem wir von diesen Liedern reden, wenden wir uns von dem wissenschaftlichen Ausdruck seiner Weltansicht zu dem dichterischen. Sie begannen seine dichterische Epoche, damals als er Tieck kennenlernte. Und zwar entstanden sie, wie der Aufsatz über die Christenheit, unter dem Eindruck der Reden über die Religion. Im Herbst 1799 las er sie den Freunden vor und Friedrich Schlegel fand, daß sie das Göttlichste seien, was er je gemacht, mit nichts habe die Poesie darin Ähnlichkeit als mit den innigsten und tiefsten unter Goethes früheren kleinen Gedichten. „Die Ironie dazu ist" — schrieb er an den Freund, dessen Reden diese Bewegung angefacht hatten — „daß Tieck, der kein solch Lied herausbringt, wenn er auch Millionen innerliche Purzelbäume schlägt, nun auch solche Lieder machen soll; dann nehmen sie noch Predigten dazu und lassen's drucken." Auch Tieck erwähnt des wunderlichen Unternehmens, indem er aber über seinen eigenen Anteil stillschweigend hinweggeht: die Predigten hätten die wichtigsten Momente und Ansichten des Christentums enthalten sollen. Ich beziehe auf diesen Plan einige Bemerkungen in dem Nachlaß. Selbst die Lavaterschen Lieder enthielten noch zuviel Moral und Aszetik; „die Lieder müssen weit lebendiger, inniger, allgemeiner und mystischer sein". Auch die Predigten müßten schlechthin nicht dogmatisch, sondern unmittelbar, zur Erregung des heiligen Intuitionssinns, zur Belebung der Herzenstätigkeit sein. Predigten und Lieder können Geschichten enthalten; diese wirken vorzüglich religiös. In diesem Sinne nennt er die Predigten auch Legenden: diese seien der eigentliche Stoff derselben. Solche echte Legenden oder Predigten seien Nessir und Zuleima, die Bekenntnisse einer schönen Seele und das Heimweh. Man sieht wie der Plan gedacht

war, für welchen allerdings Tieck ein wunderlicher Genosse gewesen wäre. Man sieht auch wie, die Verschiedenheit der Natur miterwogen, dieser Plan dem der Visionen verwandt war, welchen Schleiermacher nach den Reden faßte. Es war kein Zufall, sondern lag in der Natur der Sache, daß alle Pläne dieser Art dem innersten religiösen Leben einen ganz freien, man möchte sagen litrerarischen Ausdruck zu geben, wieder niedersanken. Die geistlichen Lieder von Novalis, die Predigten von Schleiermacher ruhten auf dem inneren Zusammenhang mit der christlichen Gemeinde.
Die Form nun, in welcher Novalis seiner Weltansicht den adäquaten dichterischen Ausdruck zu geben gedachte, war die des Romans. Seit dem Erscheinen des Wilhelm Meister war dieser Gedanke, mit dem Studium des wunderbaren Buches, in ihm aufgewachsen; nach einigen Bruchstücken eines früheren Planes, der Lehrlinge von Sais, ergriff er den Stoff des Ofterdingen, seines einzigen größeren, obwohl unvollendeten Werkes.
Von Wilhelm Meister aus kann daher allein seine dichterische Stellung begriffen werden. Hier tritt uns aber entgegen, daß die Einwirkung dieses großen Werkes auf die dichterische Produktion jener Jahre in keiner Darstellung in ihrer vollen Bedeutung erscheint.
Werden wir überhaupt jemals die Mittel finden, die Einwirkung wissenschaftlich darzustellen, welche die Phantasie einer Epoche durch ein Kunstwerk empfängt? Die Literaturgeschichte hat bisher dies Problem nicht einmal klar gesehen; seine Lösung liegt in der Zukunft der Psychologie, welche freilich heute noch weit von der Einsicht in die Gesetze der Phantasie entfernt ist. Wir sehen nur gewissermaßen von außen, historisch, wie gewisse Gestalten und Entwickelungsformen in verschiedenen Modifikationen die Phantasie einer Epoche ganz erfüllen, wie anderseits eine bestimmte Form, in welcher die Phantasie die Gegenstände konzipiert, sich fortpflanzt. Es wäre schon ein ungemeiner Fortschritt, wenn wenigstens dieser historische Gesichtspunkt ins Auge gefaßt und durchgeführt würde.
Wir haben es hier nur mit einer Seite der Einwirkungen des Wilhelm Meister zu tun, mit seinem Einfluß auf die Dichtung der Romantiker.
Und hier erscheinen nun in bezug auf die Gestalten und Entwickelungsformen der Sternbald von Tieck und der Florentin von Dorothea Veit recht geeignet, dies Verhältnis zu veranschaulichen. Wilhelm Meister enthält gewissermaßen den Grundriß des Sternbald: die Bildungsgeschichte eines vermöge der Kunst aufstrebenden Bürgersohns, die ihn durch verschiedene Abenteuer hindurch in die vornehme Gesellschaft führt: das Schema dieser Verhält-

nisse, die flüchtige Erscheinung eines Mädchens, welche sich in seine Jugendträume verwebt, dann durch mannigfache Schicksale hindurch das Wiederfinden und die Vereinigung der beiden; ja um die Ähnlichkeit zu vollenden, diese Vereinigung durch die Schwester, eine Gräfin, vermittelt, in deren Schönheit schon in Vorausahnung die Geliebte verehrt wird. Das schöne, für eine solche Bildungsgeschichte geradezu klassische Motiv, durch das flüchtige frühe Erscheinen der Geliebten der Entwickelung und ihrer Darstellung im voraus Einheit und Zusammenhang, durch ihr Verschwinden dann wieder Freiheit für die mannigfaltigsten Verhältnisse, endlich durch das Wiederfinden einen gewissermaßen providenziellen Abschluß zu geben, hat sich seit Wilhelm Meister so tief in die Phantasie der Romandichter geprägt, als ob die Natur selber darauf führe, weil es so einfach ist. Auch die Gruppierung des Titan, dieses einzigen vollendeten Kunstromans von Jean Paul in großem Stil, der in so bewußter Nebenbuhlerschaft des Wilhelm Meister gearbeitet ist, folgt demselben Schema, mit einiger Modifikation der Erfindung. Im Florentin ist man wie zwischen den Schatten der Goetheschen Gestalten. Die Klostergeschichte Florentins ist aus der Geschichte des Harfners und des Marchese entstanden; Clementine ist die zweite schöne Seele, ihr Verhältnis zu dem Hause, wie sie aus der Entfernung alles leitet, die Verwirklichung des höchsten Kunstsinns in ihrer Umgebung, das alles ist aus der Anschauungswelt der Familie, welcher der Oheim, Natalie und die schöne Seele angehören, wie in eins gezogen. So klingt denn auch in dem Heinrich von Ofterdingen manches nach. Insbesondere ist die Gestalt der Morgenländerin eine wenig verhüllte Modifikation Mignons.

Unvergleichlich wichtiger ist aber, wie das Verfahren der Phantasie, die Form, in welcher die Erscheinungen konzipiert und dargestellt werden, von Wilhelm Meister aus diese romantischen Kreise bestimmt. Und so hervorragend erschien gleich damals diese künstlerische Eigentümlichkeit des Romans, daß die wahrhaft befähigten Kritiker, wie Schiller, Friedrich Schlegel, gleich von vornherein diesen Gesichtspunkt in den Vordergrund stellten. Und diesem war denn auch, noch bevor Friedrich Schlegels Kritik erschien, ein tiefdringendes Studium von Novalis gewidmet. Wie dies Studium seine Entwickelung seit 1796 begleitete, gab ihm freilich die wachsende Divergenz der Standpunkte eine andere Richtung. Aber für seine eigene und die romantische Dichtung war jener erste Gesichtspunkt der wichtigste.

Es sei sonderbar – hiervon geht er aus –, daß in der Natur nur das Grelle, das Ungeordnete, Unsymmetrische, Unwirtschaftliche mißfalle und hingegen bei allen Kunstwerken Milde, schickliches

Verlaufen, Harmonie und richtige gefällige Gegensätze unwillkürlich gefordert werden. Die Erzählung enthalte oft eine gewöhnliche Begebenheit, aber sie unterhalte. Sie unterhalte die Einbildungskraft im Schweben oder im Wechsel, setze sie in einen künstlichen febrilischen Zustand und entlasse sie, wenn sie vollkommen sei, mit erneutem Wohlgefühl. Und zwar sei der Vorgang eine Auffassung des Eigentümlichen, dergestalt, daß es schöpferisch in das Allgemeine erhoben werde — Auffassung des Eigentümlich-Allgemeinen, des Notwendig-Zufälligen. Sehr schön sagt er in dieser Beziehung, alles Vollendete spreche nicht sich allein, es spreche seine ganze mitverwandte Welt aus, daher schwebe um das Vollendete jeder Art der Schleier der ewigen Jungfrau.
Zeigt sich hier bereits, wie Novalis den dichterischen Charakter des Wilhelm Meister begriff und mit seiner Denkart verschmolz, so ist für seine Entwickelung entscheidend, wie ihn eine Seite dieses Romans ergriff, welche auch Schiller bemerkt hatte. Ein Roman müsse ganz Poesie sein; diese aber sei eine harmonische Stimmung unseres Gemüts, in welcher sich alles verschönere, jedes Ding seine gehörige Ansicht, alles seine passende Begleitung und Umgebung finde. Demgemäß erscheine in einem poetischen Buche alles so natürlich, zugleich aber — und das ist der entscheidende Punkt — so wunderbar: man glaube es könne nicht anders sein, als habe man nur bisher in der Welt geschlummert und gehe einem nun erst der rechte Sinn der Welt auf. Diese Empfindungsweise drückt unser Verhältnis gegenüber dem Individuell-Allgemeinen, dem Notwendig-Zufälligen genau aus. Aber in dem romantischen Geiste gewann die künstlerische Behandlung über den Realismus das Übergewicht. So erschien ihm das Gefühl des Fremdartigen, weit von der wirklichen Welt Abstehenden als das Grundgefühl der Poesie. Es sei seltsam, daß in einer guten Erzählung etwas Heimliches sei, etwas Unbegreifliches. Die Geschichte scheine noch uneröffnete Augen in uns zu berühren und wir stünden, indem wir aus ihrem Gebiete zurückkämen, in einer ganz anderen Welt. Die Kunst auf eine angenehme Art zu befremden, einen Gegenstand fremd zu machen und doch bekannt und anziehend: das sei die romantische Poetik, nämlich die Poetik des Romans. So richtig dies einen Grundzug des in Wilhelm Meister beginnenden modernen deutschen Romans bezeichnet: so war doch die Überspannung dieser Idealisierung, mit welcher dann eine ausschließende Vorliebe für dies Gefühl des Fremdartigen, Heterogenen verknüpft sein mußte, ein offenbarer Irrweg der Romantik. Die normale dichterische Stimmung ward damit verkehrt. Indem Novalis, welcher in den hier gegebenen Sätzen den Mittelpunkt seines dichterischen Ideals sah, diesen Weg verfolgte, mußte er bald gewahren, wie

weit er sich von Wilhelm Meister entfernte. Sein Urteil über denselben schärfte sich. Er gedachte gegen ihn zu schreiben. Einzelne Bruchstücke sind aus seinem Nachlaß erhalten. Es scheint möglich, die Kritik gewissermaßen wiederherzustellen.

Die Philosophie und Moral des Wilhelm Meister sind romantisch. Das Gemeinste wird wie das Wichtigste mit romantischer Ironie angesehen und dargestellt, die Verweilung ist überall dieselbe (auch Schiller bemerkte in verwandtem Sinne, der Ernst sei in diesem Roman ein Spiel und das Spiel der wahre und eigentliche Ernst). Die Akzente sind nicht logisch, sondern metrisch und melodisch, wodurch eben jene romantische Ordnung entsteht, die keinen Bedacht auf Rang und Wert, Erstheit und Letztheit, Größe und Kleinheit nimmt. Eine merkwürdige Eigenheit Goethes bemerkt man dabei in seinen Verknüpfungen kleiner unbedeutender Vorfälle mit wichtigeren Begebenheiten. Er scheint keine andere Ansicht dabei zu hegen, als die Einbildungskraft auf eine poetische Weise mit einem mysteriösen Spiel zu beschäftigen. Wie nun aber Schiller dem Wilhelm Meister den einzigen Vorwurf machte, daß bei dem großen und tiefen Ernst, der in dem einzelnen herrsche und durch den es so mächtig wirke, die Einbildungskraft zu frei mit dem Ganzen zu spielen scheine und sogar Ursache werde, daß dem Abbé und Serlo im letzten Buche noch einiges in den Mund gelegt ward, was dem Leser das Ganze in strengerem realistischen Zusammenhang erscheinen lassen soll: so war dagegen Novalis und seinen Freunden dieses romantische Element, welches in dem Unaufgeklärten, dem Zufall, der Bedeutung der die Einbildungskraft und das Gemüt repräsentierenden Gestalten waltet, noch zu sehr unterdrückt, ja an diesem Punkte entwickelte sich ein leidenschaftlicher Gegensatz. Nach Novalis hat insbesondere Bettina von Arnim diesen Gegensatz mit den beredtesten Worten ausgedrückt.

Wilhelm Meisters Lehrjahre sind prosaisch und modern; das Romantische geht darin zugrunde, auch die Naturpoesie, das Wunderbare. Er ist eine poetisierte bürgerliche und häusliche Geschichte, in welcher das Wunderbare ausdrücklich als Poesie und Schwärmerei behandelt wird. Man erinnert sich, daß Schiller gerade die Einsicht bewunderte, wie „nur im Schoße des dummen Aberglaubens die monströsen Schicksale ausgeheckt werden, welche Mignon und den Harfenspieler verfolgen". Novalis erfaßt denselben Punkt, aber zieht die entgegengesetzte Konsequenz. Der Geist des Buches ist künstlerischer Atheismus. Ja es ist geradezu ein Candide, gegen die Poesie gerichtet. Und nun sehr richtige Einwendungen im einzelnen: die Oberaufsicht, welche der Abbé führt, ist lästig und komisch; der Turm in Lotharios Schlosse ist

ein großer Widerspruch mit ihm selbst. Es läßt sich fragen, wer am meisten verliert, ob der Adel, daß er zur Poesie gerechnet, oder die Poesie, daß sie vom Adel repräsentiert wird. Der Held verzögert nur das Eindringen des Evangeliums von der Ökonomie, und die ökonomische Natur ist endlich doch die wahre, die allein übrigbleibende.
Wilhelm Meister ist ganz ein Kunstprodukt, ein Werk des Verstandes. Als Künstler ist Goethe nicht zu übertreffen. Was uns an Schriften fesselt, ist allemal die Melodie des Stiles; Wilhelm Meisters Lehrjahre sind ein mächtiger Beweis dieser Magie des Vortrags, dieser eindringenden Schmeichelei einer glatten, gefälligen, einfachen und doch mannigfaltigen Sprache. Wer diese Anmut des Sprechens besitzt, kann uns das Unbedeutendste erzählen, und wir werden uns angezogen und unterhalten finden.
Wir stehen hier dicht vor dem Ofterdingen. Eine wunderbare Reproduktion des Goetheschen Stiles, übertragen auf eine ganz von der Imagination geschaffene, wunderbare, fremdartige, ganz typische Welt. Novalis sagt es geradezu: Goethe wird und muß übertroffen werden, aber nicht als Künstler, oder doch nur um sehr wenig, denn seine Richtigkeit und Strenge ist vielleicht schon meisterhafter als es scheint, sondern nur wie die Alten übertroffen werden können, an Gehalt und Kraft, an Mannigfaltigkeit und Tiefsinn.
Diese Bemerkungen kehren fast wörtlich in einem Briefe an Tieck wieder. Er berichtet, er habe schon die ganze Rezension im Kopfe. In einer seiner paradoxen Antithesen, die Widerstrebendes für den Moment verknüpfen, setzt er der gehalten realistischen Goetheschen Ansicht der Welt seine poetische Stimmung entgegen, wie er sie in Jakob Böhme ausgedrückt findet. „Welch heitere Fröhlichkeit nicht dagegen im Böhme und diese ist es doch allein, in der wir leben wie der Fisch im Wasser. Ich wollte noch viel Dir sagen, denn es ist mir alles so klar und ich sehe so deutlich die große Kunst, mit der die Poesie durch sich selbst im Wilhelm Meister vernichtet wird und während sie im Hintergrund scheitert, die Ökonomie sicher auf festem Grund und Boden mit ihren Freunden sich gütlich tut und achselzuckend nach dem Meere sieht.“ Diese poetische Fröhlichkeit herrscht in der Tat im Ofterdingen, im Sternbald, im Florentin und bildet einen entschiedenen Kontrast gegen Goethes reife, ruhig heitere Weltbetrachtung.
Deutlicher als die üblichen umfänglichen Herzensergüsse über den Geist der Romantik zeigt diese Reihenfolge der Wirkungen Wilhelm Meisters auf Novalis eine Seite der entstehenden romantischen Dichtung. Seine Worte sprechen ganz die Wirkung aus, welche diese im Meister herrschende Weise die moralische Welt

aufzufassen und darzustellen auf seine dichterische Generation hatte. Will man diese Wirkung mit Händen greifen, so vergleiche man Tiecks frühere Erzählungen und Romane mit dem Sternbald. Nichts liegt zwischen ihnen als der Wilhelm Meister. Aber dieser hatte die ganze Form geändert, unter welcher die moralische Welt aufgefaßt wurde. Goethes Roman gibt nichts weniger als ein objektives Bild derselben. Die Gewalt des Naturells, Leidenschaften, welche sich bis zum Verbrechen steigern, Neigungen und Gewohnheiten, welche die Menschen schlecht oder lächerlich machen, die harten Linien, welche individuelle Lage und Arbeit in ihre Züge graben, all das ist in den Hintergrund dieser Welt geschoben oder aus ihr ausgeschlossen. Der spröde Stoff des Lebens ist ausgeschieden. Was hiervon noch in den ersten, früher geschriebenen Büchern lag, erhält durch die letzten wenigstens eine neue idealisierende Beleuchtung. In diesen haben wir es nur mit der rein menschlichen Bildung, der Ausbildung der Individualität in deren verschiedenen Lebensaltern und Lagen zu tun. Die philosophische Betrachtung des wahren Menschen und seiner Bildung herrscht hier und gibt dem Ganzen seinen Gesichtspunkt.

An diesem Punkte ist leicht zu sagen, was unter der sogenannten ästhetischen Weltansicht Goethes und der Romantiker zu verstehen sei. Kann die moralische Welt ästhetisch betrachtet werden? Man möge die Frage umkehren: kann eine ästhetische Welt einen moralischen Gehalt in sich schließen? Sie kann es. Nichts ist falscher als die Ansicht, Wilhelm Meister sei eben darum nicht unmoralisch, weil sein Gedicht mit Moral nichts zu schaffen habe. Die Komposition enthält ein moralisches Urteil. Aber in welchem Sinne? Da, wo die unbedingten sittlichen Gesetze unserer Existenz endigen, beginnen andere, welche in unserem besonderen Verhältnis zum Leben gegründet sind, Gesetze der menschlichen Lagen. Von höchster Bedeutung sind hier die Gesetze der Lebensalter und der Geschlechter, weil diese die von der Natur gegebenen Lagen bezeichnen, gegen welche sich aufzulehnen frevelhaft oder lächerlich ist. Keine Ethik, in ihren ehernen Formen, vermag diese Gesetzgebung des fließenden Lebens adäquat auszudrücken. Die Dichtung gibt ihr den Ausdruck. Die Epoche der ästhetischen Ansicht der moralischen Welt machte gegenüber verhärteten Doktrinen der Ethik dieses Recht freier konkreter Anschauung in der Tat geltend und begann damit eine Revolution unserer moralischen Denkweise, welche Schleiermacher, Herbart, Hegel philosophisch abzuschließen gedachten, welche aber noch in vollem Flusse ist. Hier liegt auch der Keim der Lucinde von Friedrich Schlegel. Unmittelbar an die angedeutete Richtung des Wilhelm Meister schließt sich diese leidenschaftliche Verirrung. Mit wahrhafter kritischer

Genialität zeigt Friedrich Schlegels Abhandlung über Wilhelm Meister, wie die kunstreiche Komposition des Buches in einer positiven moralischen Ansicht abschließt, die sich in dem Oheim, in Lothario, in Natalie man möchte sagen kristallisiert. Wenn er Wert darauf legte, daß diese Abhandlung Ironie enthalte: so geschah das, weil er sich wohl bewußt war, die Straffheit einer Komposition, welche von dieser moralischen Ansicht aus gestaltet worden wäre, Goethe an vielen Punkten nur untergelegt zu haben. Das hieß: für ihn war die Aufgabe einer ästhetischen Darstellung der moralischen Welt in Wilhelm Meister noch nicht voll verwirklicht. Hieran knüpfte sich ein eigenes poetisches Experimentieren. So schloß sich an Wilhelm Meister der doktrinäre oder der Tendenzroman an. Er schloß sich an die moralphilosophische Seite des Werkes, welche in der Tat in den beiden letzten Büchern vorherrscht. In diesen fand daher auch Friedrich Schlegel folgerecht den Höhepunkt des Romans, obwohl ja ganz offenbar, eben wegen dieser philosophischen Intention, die reine dichterische Kraft in ihnen abnimmt.
Tieck und Novalis behandeln diesen Grundzug des Wilhelm Meister unbefangener. Sie nehmen diese dichterische Verallgemeinerung der Individualitäten, diese Darstellung der verschiedenen Standpunkte, unter denen uns die Welt erscheint, ebenfalls auf. Ja Novalis wenigstens führt das Typische in der Komposition viel weiter und dementsprechend nehmen die rein betrachtenden Gespräche einen noch breiteren Raum ein. Aber beide erhalten sich die freie Ausbreitung nach allen Seiten, welche der dichterischen Gemütsstimmung wesentlich ist.
Dagegen bilden beide jenen Zug des Fremdartigen in der Erscheinung der Welt unter dem Einfluß von Motiven, welche in dieser Generation hinzutraten, wie in der dargestellten Theorie, so auch in ihren Werken aus.
Die auf Goethe folgende Generation wuchs unter dem Einfluß einer abstrakten, ganz idealistischen Philosophie auf; sie nährte sich an Dichtungen; sie hat nie zum Leben ein ganz unmittelbares dichterisches Verhältnis gewonnen. Demgemäß erhielt die Kunstform, die Doktrin, die Idealisierung notwendig das Übergewicht über das Reale. Sie hatten wenig neue Anschauung der realen Welt mitzuteilen; sie hatten aber eine Steigerung der Kunstform ihnen eigen. Hierin unterscheiden sie sich ganz wesentlich von der folgenden dichterischen Generation, in welcher Kleist und Arnim hervortraten.
Dieser gesteigerten Kunstform, diesem durchgebildeten Idealismus entsprachen das erwähnte merkwürdige Gefühl und die Darstellungsmittel, um die Fremdartigkeit der Welt herauszuheben.

Es war als ob sie durch ein gefärbtes Glas die Welt sähen. So geben sie denn der Welt die Farbe ihrer Subjektivität, werden nicht müde, sie wunderbar zu finden, fremdartig, seltsam. Sie schweben zwischen der Wirklichkeit der Dinge und ihrer philosophischen, ihrer Kunststimmung.

Das waren die Bedingungen, das war die Grundrichtung von Novalis, in welcher Heinrich von Ofterdingen sich gestaltete. In bewußtester Nebenbuhlerschaft mit Goethe, wie denn nach seiner Absicht schon Druck und ganze äußere Erscheinung des Buches den Ofterdingen wie ein Gegenstück zum Meister erscheinen lassen sollten.

Neben Goethes Meister wirkte, wie er selber Tieck schrieb, dessen Sternbald am meisten auf seinen Ofterdingen. Dieser Roman ist sehr überschätzt worden: neben den Märchen oder Genoveva darf er nicht stehen, ja Lovell ist von einer weit größeren Originalität. Aber gerade weil Tieck hier so sehr in den Gestalten Wilhelm Meisters weiterdichtet, unter welche Szenen und Figuren des Ardinghello sich mischen, ist doppelt merkwürdig, wie er eine solche Wirkung üben konnte. Er steht zu den älteren Erzählungen Tiecks im schroffen Gegensatz. In William Lovell läßt sich die Nachwirkung des Stiles, der Naturanschauung, der Stimmungen des Werther überall bemerken. Das Schema der Handlung für diese innere Welt muß dann Schillers Geisterseher herleihen. So ist auch hier seine Phantasie in den Banden fremder Dichtung. Aber die Misanthropie, ja die Menschenverachtung und der Weltschmerz, welche durch dies Buch wehen, sind die eigentümliche Stimmung seiner Jugendpoesie; Schauer, Bangen, Grauen die Eindrücke, über welche seine Phantasie eine unbeschränkte Macht hat. Man muß dann die von Schauern durchwehten Märchen vergleichen, seine Abhandlung über das Wunderbare in Shakespeares Poesie, welche er seiner Bearbeitung des Sturmes beigab und welche ihn ganz mit dem Studium des Dämonischen und seiner Wirkungen beschäftigt zeigt. Das war die Heimat seiner Phantasie. Und nun kam in Sternbald die Nachbildung von Goethes heiterer Welt und künstlerischer Lebensanschauung. Sie entsprach ganz anders dem Geiste der Zeit. Auch hier die Phantasie herrschend, aber hier die heiterste, in welcher Sehnsucht, Liebe, Fülle des Lebensgefühls, die für die romantische Dichtung so charakteristische Wanderlust durcheinander spielen. So lag hier für den Ofterdingen nicht ein Vorbild, aber eine neue starke Anregung.

Heinrich von Ofterdingen zeigt nun einen ungemeinen Fortschritt gegenüber den Lehrlingen von Sais. Diese entstanden aus den Anregungen des Freiberger Aufenthaltes, wahrscheinlich dort selbst noch. Der Grundgedanke der Lehrlinge ist eine tiefsinnige Zusammenfassung der Naturansicht, wie sie von Fichte aus entwickelt werden konnte. Dieser Grundgedanke läßt sich aus den Entwürfen der Fortsetzung nicht erkennen, dagegen ist derselbe bereits, wie im Ofterdingen, nach seinen Grundlinien in einem eingeflochtenen Märchen antizipiert. Man kann nichts Anmutigeres lesen als das Märchen von Rosenblütchen und Hyazinth, wie sie sich liebten, ohne es selber recht zu wissen, wie die Veilchen und Erdbeeren und die Tierchen des Gartens es sahen und ausplauderten, wie sie glücklich waren; wie aber der wunderliche Hyazinth seltsamen Dingen nachhing, wie einst aus fremden Landen ein Mann kam, seinen langen weißen Bart auseinandertat und bis tief in die Nacht erzählte und wie nun alle Ruhe vorüber war, und Hyazinth sich aufmachte, im Tempel der Isis das Antlitz der Natur zu schauen; nach langen Wanderungen kam er an; er stand vor der himmlischen Jungfrau; da hob er den Schleier und — Rosenblütchen sank in seine Arme. Im lieblichsten parodischen Scherz ist hier das gesagt, auf welches alle einzelnen Andeutungen der Erzählung selber zielen. Der Tempel zu Sais ist auch ihr Hintergrund, das verschleierte Bild von Sais; die Lehrlinge der Tempelschule sind die Helden. Das Geheimnis der Natur soll begriffen werden. In dem Lehrer ist Werners Gestalt idealisiert; seine wissenschaftliche Methode ist in eine naive Mystik übertragen. Es ist bekannt, daß der intellektuelle Charakter dieses großen Mineralogen und Geologen in einer ungewöhnlich scharfen und umfassenden äußeren Unterscheidungskraft, in einer ungemeinen Verschärfung und Vermehrung der bisher aufgestellten Merkmale, in einem damit zusammenhängenden umfassenden klassifikatorischen Geiste beruhte. So prägte er dem, was vordem ein Aggregat zerstreuter Bemerkungen gewesen war, den Charakter der Wissenschaft auf. Mir scheint unzweifelhaft, daß diese Art von Genialität Novalis bei seiner Schilderung vorschwebte: „Oft hat er uns erzählt, wie ihm als Kind der Trieb die Sinne zu üben, zu beschäftigen und zu erfüllen keine Ruhe ließ." „Er sammelte sich Steine, Blumen, Käfer aller Art und legte sie auf mannigfaltige Weise sich in Reihen, stieg in Höhlen, sah wie in Bänken und in Schichten der Erde Bau vollführt war." In abstrakten Zügen wird das Bild jener Schule entworfen, welche damals, eine Zeit hindurch, über ganz Europa ihre Terminologie und ihre Jünger ausbreitete.

Und nun erhebt sich unter diesen Lehrlingen, welche das verschleierte Geheimnis der Natur vor Augen haben, der Kampf der Naturansichten. Was ist die Natur? Ein wundersames Gemüt, das sich nur dem Dichter aufschließt — ein der Ordnung entgegenschreitendes Ganze, ein entsetzliches Tier — aufblühende Ver-

nunft — so kreuzen sich die Reden über den geheimnisvollen, verschleierten Grund der Dinge. Und unter den Streitenden in sich selber gekehrt der Held des Romans, der Lehrling, welcher bestimmt ist, nach dem Tode des Lehrers das große Wunder zu entschleiern. Es ist Novalis selber, wie er damals dachte, der Novalis, den wir auch aus den Fragmenten ganz so kennen lernten, Novalis wie er in Freiberg sann. „So wie dem Lehrer ist mir nie gewesen. Mich führt alles in mich selbst zurück. Mich freuen die wunderlichen Haufen und Figuren in den Sälen, allein mir ist als wären sie nur Bilder, Hüllen, Zierden, versammelt um ein göttlich Wunderbild, und dieses liegt mir immer in Gedanken. Sie such' ich nicht, in ihnen such' ich oft. Es ist als sollten sie den Weg mir zeigen, wo in tiefem Schlaf die Jungfrau steht, nach der mein Geist sich sehnt. Und wenn kein Sterblicher nach jener Inschrift dort den Schleier hebt, so müssen wir Unsterbliche zu werden suchen; wer ihn nicht heben will, ist kein echter Lehrling zu Sais."
Das ist der Punkt der Lösung. Und diese Lösung, auf welche der Roman zustrebte, wie sie das Märchen parodisch enthält, ist ernsthaft in dem Distichon Hardenbergs ausgesprochen:

Einem gelang es, — er hob den Schleier der Göttin von Sais —
Aber was sah er? — er sah — Wunder des Wunders, sich selbst.

Und von dieser Einsicht aus klärt sich nun das in dem Entwurf der Fortsetzung angedeutete Detail auf. In Träumen sollte ihm die Isis erscheinen; er sollte nun den Sinn der Welt sehen, wie ihn die Religionen immer neu ausprägen, sollte durchschauen, wie in den griechischen Göttern, wie in den Kosmogonien der Alten, wie in dem indischen Mythos überall der Mensch als das gelöste Rätsel der Natur gefeiert wird. Es ist zu vermuten, daß Novalis in seiner späteren Epoche diesen Grundgedanken wie die lehrhafte Unform, in welcher seine Ausführung begonnen war, umgestaltet hätte. Als er Jakob Böhme las und am Ofterdingen arbeitete, schrieb er Tieck, ihm sei, da er nun den Böhme erst kennengelernt, um so lieber, daß die Lehrlinge bisher geruht hätten, die nun auf eine ganz andere Art erscheinen sollten. „Es soll ein echt sinnbildlicher Naturroman sein. Erst muß Heinrich fertig sein. Eins nach dem anderen: sonst wird nichts fertig. Darum sind auch die Predigten liegen geblieben und ich denke sie sollen nichts verlieren."
Im Frühjahr 1799 war ihm in der Bibliothek des Generals von Funk die Sage von Ofterdingen in die Hand gefallen, dieser selber hatte eine Geschichte des Kaisers Friedrich II. geschrieben und die glänzendste Zeit des mittelalterlichen Geistes, die sich damit vor ihm auftat, mußte wohl einen Dichter sofort ergreifen, der im Gegensatz gegen die von Goethe aufgefaßte moderne, realistische

Welt nach einem wahrhaft poetischen Anschauungskreis suchte. Er fand ihn in dieser gewaltigen Zeit. Das traf zusammen mit dem Wiederaufwachen der Poesie in seiner Seele, welches er Tiecks Anwesenheit verdankte. In der glücklichsten Stimmung ging er an die Arbeit. In tiefer Einsamkeit, auf der kursächsischen Saline in Artern, einem Ort in der güldnen Au in Thüringen am Fuße des Kyffhäuser-Berges, wohin ihn seine Geschäfte führten, begann er gegen den Winter 1799 den Ofterdingen. Am 5. April 1800 war der erste Band vollendet. Er war im vollen Gefühl seiner Kraft. Der Ofterdingen erschien ihm als ein erster Versuch in jeder Hinsicht, die erste Frucht der wiedererwachten Poesie. Der Kopf wimmelte ihm von Ideen zu Romanen und Lustspielen. Mir scheint wahrscheinlich, mit den Jahren der Reife würde der Überschwang einer mystischen Phantasie sich gemäßigt haben. Wer kann sagen, welche Früchte ein Geist getragen hätte, der eben erst in die Jahre der Blüte trat? Aber an dieser Blüte nagte bereits der Wurm der unheilbarsten, hoffnungslosesten Krankheit.

Es ist nicht zu bestimmen, wann er den zweiten Teil begann. Sein Anfang ist vielleicht in der Melodie seines Stiles das Vollendetste, was Novalis geschrieben hat, manches Spätere hat etwas von der farblosen Stille des Krankenzimmers, dann auch von der formlosen Gedehntheit eines ersten Entwurfs. Um billig zu sein, müssen wir dies erwägen.

Trotz dieses fragmentarischen Zustandes erscheint mir dieser Roman als das Bedeutendste, was diese erste Generation der Romantik hervorgebracht hat. Eine wahrhaft zauberische Melodie der Sprache umgibt mit unsäglichem Reiz den Tiefsinn einer einsamen, vornehmen, dem Größten ernsthaft zugewandten Seele. Nicht mit andächtigerer Wehmut — so schließt Tieck seine Mitteilung — würde er ein Stückchen von einem zertrümmerten Bilde des Raffael oder Correggio betrachten. Unwillkürlich drängt eine solche Empfindung, aus dem Übriggebliebenen sich das Ganze wieder vorzustellen, wie es einst vor Hardenbergs Seele stand. Und indem man das versucht, findet man mit Erstaunen einen viel klareren Zusammenhang als die Literarhistoriker bisher aufzeigten. Wenn Tieck nach seiner Art diesen Zusammenhang im Halbdunkel verschwimmen läßt: so hätte doch die Literaturgeschichte besser diesen ins Auge gefaßt, als immer wieder in Schilderungen einer Poesie zu schwelgen, in welcher Wasser und Himmel in einem blauen Meere unterschiedlos verschwimmen sollen.

Es ist die Geschichte eines Dichters. Der erste Band umfaßt in großen, aber ganz einfachen Zügen alles Glück eines ruhig umschränkten Daseins, das die Wellen des geschichtlichen Lebens noch nicht umspülen. Die rührende Enge eines mittelalterlichen Hauses zu Eisenach; darin aufwachsend ein Sohn, in welchem sich verwirklichen soll, was einst in der feurigen Seele des Vaters arbeitete; das ganze geheimnisvolle Glück seines Lebens steht dem Jüngling im Traum vor der Seele, in jener vielbesungenen und vielangefochtenen wundersamen blauen Blume; wie Wilhelm Meister trägt er eine Ahnung der ganzen Welt in seinem Herzen. Diese Ahnung scheint sich zu verwirklichen; indem er zum erstenmal aus der Enge des Hauses heraustritt, auf der Reise zum Großvater nach Augsburg, scheinen ihm die wichtigsten Eindrücke des Lebens entgegenzukommen: in dem morgenländischen Mädchen der geschichtliche Kampf seiner Zeit, in dem Bergmann die Geheimnisse der Natur, in jener Höhle aber, wo ihm der Graf von Hohenzollern begegnet, das Rätsel seines eigenen Daseins. Das Buch seines Lebens liegt da vor ihm in geheimnisvollen Bildern, das Gesetz des menschlichen Schicksals bewegt seine Seele, eine neue Epoche in seinem inneren Leben beginnt. Raschen Schrittes scheint er der Vollendung desselben entgegenzuschreiten, wie er nun in dem Dichter Klingsohr die Gestalt seines vollendeten Daseins, in Mathilden alles Glück der Gegenwart und Zukunft umfaßt. Er erscheint als eine jener glückseligen Naturen, denen, wie sie ruhig und sicher voranschreiten, alles Glück des Lebens in jugendlicher Fülle entgegenkommt. Das schien einst Hardenbergs eigenes Los.

Ich glaube, daß der zweite Band in der Tat so beginnen sollte, wie nun der Anfang vorliegt. Wir finden Heinrich wieder als Pilgrim, auf dem Wege nach Rom, wie er noch einmal auf Augsburg mit unaussprechlicher Traurigkeit zurückblickt, ein Bild, in welchem das ganze tiefe Leid des Dichters einen überwältigenden Ausdruck gefunden hat. Der Zusammenhang scheint zweifellos, indem man den ahnenden Traum Heinrichs mit den schmerzlichen Empfindungen vergleicht, mit welchen er nun hinabblickt: „Dort lag Augsburg mit seinen Türmen, fern am Gesichtskreis blinkte der Spiegel des furchtbaren geheimnisvollen Stromes" — in seinen Wellen hat er Mathilden verloren, da er sie kaum besaß. Das Schicksal Heinrichs ist das des Dichters und es macht die größte Wirkung, daß alles, was mit Mathildens Tode zusammenhängt, dunkel gehalten ist, als ob der Dichter in die Nacht dieser Stimmungen weder sich noch den Leser hinabreißen möchte im harmonischen Gange seiner romantischen Geschichte.

Leise und allmählich, mit tiefer Kunst, hat uns der Dichter in seine Welt geführt, eine Welt, in welcher gewissermaßen der metaphysische Zusammenhang des menschlichen Lebens zutage liegt. Denn dieser ist, richtig verstanden, der Sinn seiner ästhetischen

Form. Er unterbricht nicht gelegentlich mit Träumen, Wundern und Abenteuern seine Geschichte, sondern er läßt den metaphysischen Zusammenhang derselben immer deutlicher hervortreten. Daraus folgt aber, daß hier die Verknüpfung nur aus der unbewußten Empfindung in die Klarheit äußerer Erscheinung erhoben wird. Somit folgt, daß die Kontinuität in dem Leben des Helden nicht vernichtet, sondern vielmehr dergestalt verstärkt wird, daß nunmehr die Entwickelung des inneren Schicksals, welche in der Tiefe des Gemüts vor sich geht, aus dieser zu klarer Bewußtheit erhoben wird. Wenn also ein Dichter das Recht hat, unsere Seele, wie fest sie auch selber in ihrem eigenen Gehalt ruhen mag, eine Zeit hindurch zum Spiegel seiner eigenen Weltansicht zu machen, falls nur diese menschlich und tief ist: dann scheint mir auch diese Form, mitten unter unzähligen anderen, und da sie ohnehin zu viel poetische und philosophische Tiefe fordert, als daß ihre Ausbreitung zu fürchten wäre, in vollem Rechte zu sein.

Wer als ein Dichter dürfte den metaphysischen Zusammenhang des Lebens zu deuten unternehmen? die wahre und strenge Philosophie verschmäht, da sie ein strenges Maß der Erkenntnis in sich enthält, in diesen dunklen Regionen mit ihm zu wetteifern. Sie vermöchte ohnehin nicht, in solchem Halbdunkel wie es hier uns umgibt, diesen Zusammenhang bald hervortreten zu lassen, als könnte man ihn mit Händen greifen, dann wieder plötzlich völlig zu verbergen. Ein lösendes Wort läßt sich sagen. Dieser metaphysische Zusammenhang wird durch eine Hypothese gestützt, an welcher auch Lessings nüchterner Geist mit besonderer Vorliebe hing, die Schleiermacher in den Reden über die Religion als bildlicher Ausdruck für eine der höchsten religiösen Wahrheiten bezeichnet hat: sie besteht in dem Glauben an eine bestimmte, sich von neuem im Kreislauf der Zeit und ihres Gesetzes von Geburt und Tod entfaltende Individualität, an eine durch die Vergangenheit bestimmte Ordnung in den Beziehungen der Seelen zueinander, an immer neue Formen ihres Daseins: was mit uraltem doch unzutreffendem Ausdruck als Seelenwanderung bezeichnet wird. Früh war dieser Gedanke Novalis nahegetreten; einst hatte er von Sophien niedergeschrieben, daß sie an die Seelenwanderung glaube; in den Gesprächen mit ihr hatte ihn dieser Gedanke beschäftigt; es mag ihn mit geheimem Zauber gelockt haben, ihn zum Hintergrund dieses Denkmals seiner Schicksale zu machen.

Mit dieser Einsicht kommen wir nun dem fragmentarischen Charakter dieses Werkes zu Hilfe, und damit kann denn ein wirklicher Einblick in den Plan gewonnen werden, der allen bisherigen Kritikern des Werkes fehlte. Die Episode des ersten Bandes, in welcher der Graf von Hohenzollern auftritt, enthält gewissermaßen den Einschlag zu dem offenliegenden Faden der Erzählung. In früher Jugend hatte eine heiße Schwärmerei den Grafen in die Einsamkeit des Einsiedlers gezogen. Da er aber bald empfand, daß man eine Fülle von Erfahrungen dahin mitbringen müsse, daß ein junges Herz nicht allein sein könne, ja daß der Mensch erst durch vielfachen Umgang mit seinem Geschlecht eine gewisse Selbständigkeit erlange – die treffendste Kritik des Mönchtums durch diesen „katholischen" Schwärmer –: so warf er sich aus seiner jugendlichen Einsamkeit in die Gefahren und Wechsel des Krieges. Da er endlich, nach vielen Jahren, mit seiner Gattin und zwei Kindern, welche diese ihm bereits geboren hatte, zurückkehrte, einem Sohn und einer Tochter, starb der Sohn ihm hinweg; die Tochter, schon im Totengewölbe beigesetzt, ward von dem Arzte Sylvester gerettet und sie ist es, welche nun, als Cyane, dem Pilgrim erscheint, am Beginn des zweiten Bandes. Heinrich aber ist, im Kreislauf der Seelen, in seiner früheren Daseinsform, jener frühverstorbene Sohn des Grafen von Hohenzollern gewesen. Der fragmentarische Charakter des Werkes zwingt, diesen Faden so ganz nüchtern abzuwickeln, damit der Leser ihn erblicke: ein Verfahren, mit welchem man jedem Dichter sonst unrecht tut, ja geradezu die innere Konstruktion seiner Schöpfung zerstört, die man bloßzulegen behauptet.

Jetzt wird verständlich, wie der arme Pilgrim, da ihm, inmitten der Felsen, seine schmerzlichen Erinnerungen sich erheben, da die Geliebte tröstend erscheint und Cyane neben ihm steht und ihn zu Sylvester führt, nunmehr einen ganz neuen Blick in sein Schicksal tut. Und dieser dient ihm zur Vorbereitung für die Zukunft, der er entgegengeht. Mitten in dieser Situation, da eben Sylvester seine Geschichte zu erzählen begonnen hat, die so viele Rätsel ihm lösen muß, endigt, was wir von Novalis' eigener Hand besitzen.

Zu dem Entwurf der Fortsetzung, wie ihn Tieck mitteilt, besaß dieser eine dreifache Quelle: Briefe, Aufzeichnungen, Erzählungen, da er im Sommer 1800, als Novalis sich mit der Fortsetzung trug, diesen sah. An einem entscheidenden Punkt müssen wir die richtige Auffassung, auf Grund des Romans selbst, in Frage stellen; an vielen anderen zweifeln wir.

Eine ergreifende Erfindung folgt: Cyane sendet Heinrich nach einem entlegenen Kloster, das von Abgeschiedenen bewohnt wird. „Lebst Du hier ganz allein?" hatte sie Heinrich gefragt. „Ein alter Mann ist zu Hause (Sylvester), doch kenne ich noch viele, die gelebt haben." Er vernimmt ihren fernen Gesang. Er hat so unter Toten gelebt und selbst mit ihnen gesprochen. Es ist als ob zu Leben und zu Geschichte geworden wären jene schmerzhaftesten

Zustände des Dichters, in denen er mit der Verlorenen lebte und sprach, in der Welt der Abgeschiedenen zu Hause war, jene Tage, deren Nachklang die Hymnen an die Nacht sind. Wessen Phantasie so wie die seine an die Tore der metaphysischen Welt geklopft hat, vom Bedürfnis des eigenen Herzens dahin gezogen: der hat auch das Recht, die Toten reden zu lassen.

Und wie in Novalis selbst einst aus dem tiefsten Ausgestalten seiner Schmerzen und des Todes das Leben sich wieder erhoben hatte: so wendet sich nun sein Heinrich, aus dem Kloster der Toten kommend, mit verändertem Sinn der Welt in ihren größten Zusammenhängen zu. Wie der Pilgrim seine Reise fortsetzt, ergreift ihn in Norditalien der Geist des Krieges; ein neuer Faden knüpft sich an, indem er, in dieser seiner kriegerischen Epoche, in Pisa Heinrich, den Sohn Friedrichs II., sieht und sein Freund wird. Von Italien wird er nach Griechenland verschlagen, wo die Kunst sich ihm öffnet; von Griechenland zieht ihn die Sehnsucht nach dem Morgenlande, der Heimat der Religion und intuitiver Weisheit. Er erreicht endlich Rom, den Mittelpunkt der damaligen Welt, und kehrt nunmehr, in reifer Männlichkeit alle Erfahrungen seiner Zeit umfassend, nach Deutschland zurück, wo ihm nun am Hofe Friedrichs II. der tiefste Einblick in das gewaltige handelnde Leben des deutschen Geistes in dieser Epoche gegeben werden sollte.

Die Wanderjahre sind vorüber. Er wendet sich zurück in die Tiefe des eigenen Gemüts, welche allein die Welt erklärt, aber auch nur dem, den ihre Flut wirklich umspült hat. Die Erfindung ist hier an dem Punkte angelangt, an welchem die Ofterdingensage sich anschließen kann. Wir wissen nicht, wie Klingsohr, Heinrich, Wolfram nebeneinandergestellt worden wären. Der Mittelpunkt des ganzen Werkes, das metaphysische Wesen des menschlichen Schicksals, das Verhältnis der unsichtbaren und sichtbaren Welt, sollte hier plötzlich, als Thema des Wettstreits, in poetischer Verklärung, selber hervortreten.

Ich vermute, gegen Tiecks Darstellung, daß zwischen dem, was bis dahin geschah, und der Welt, welche sich nunmehr auftut, in Novalis' Geiste eine klare Grenze bestand. Das irdische Leben Heinrichs ist zu Ende. Das folgt aus dem ganzen Verfahren, mit welchem das Wunderbare bis dahin behandelt war, mit einer freilich nur subjektiven Evidenz. Wo aber Heinrich, dort im Gebirg, Mathildens Worte vernimmt, sagt sie es auch ausdrücklich, daß sie ihn erst nach seinem wirklichen Tode („bis du auch stirbst") wiedersehen werde. Diese Wiedervereinigung ist daher von dem vorhergehenden durch die Scheidewand des Todes getrennt; was nun erzählt wird, sind träumerische Anschauungen, die über das gegenwärtige Dasein Heinrichs in das verschwimmende Dunkel blicken. Ist dies richtig, dann ist der Verkehr mit einer Welt der Abgeschiedenen und des Wunders in diesem Roman auf jene Epoche beschränkt, in welcher Mathildens Tod ihn zum Reich der Abgeschiedenen mit aller Kraft leidenschaftlicher Sehnsucht hinabreißt.

Dieser Abschluß, der uns in das Land der Zukunft blicken läßt, knüpft an das wundervolle Märchen des ersten Bandes an. Dasselbe schließt sich unmittelbar an den Charakter des von Goethe gedichteten. Wie weit steht es von den Märchen Tiecks! In diesem von Novalis spricht sich eine durchgeführte Naturphilosophie aus; die Poesie eines träumenden Pantheismus redet aus den Märchen Tiecks. Aus den Schauern der Natur selber erheben sich Gestalten; wie einem ganz einsamen Wanderer im nächtlichen Walde Phantasie und Grauen einen Schatten, der über seinen engen Pfad fällt, in ein Tier verwandeln, wie es sich nähert, in einen Menschen, in einen nächtlichen Spuk: so erscheinen aus dem rätselvollen von Schrecken erfüllten Schoße der Natur Gestalten, die sich verwandeln, die aber in allen Wandlungen mit dem geheimnisvollen Blick uns ansehen, welcher die Seele dieses alle Schrecken und alle Lust der Welt in sich bergenden, dämonischen Plan enthält. Naturpoesie ist der tiefste Zug dieser Epoche. Aber die Natur von Novalis ist ein Weltgemüt, die von Tieck eine dämonische Phantasie. Unter ihrem Stern sind seine Menschen geboren, deren Seele ein Spiel elementarer Stimmungen ist: Andacht und Grauen, Wanderlust und innere Heimatlosigkeit, eine grenzenlose Wehmut, solche elementare Gewalten bilden den inneren Kern derselben. Fernab stehen die sittlichen, die geschichtlichen Mächte, Wille und Weltverstand: diese Menschen wollen nicht, die Natur in ihnen bewegt sich. Daher lag in der Weltansicht von Novalis ein Gegensatz gegen Tieck, der sich immer klarer hätte entfalten müssen. Die Natur ist ihm eine Ordnung und Entwickelung der Welt, deren innerstes Geheimnis das unseres eigenen Gemüts ist. Dies Geheimnis löst allein die Poesie. So durfte er die Einheit von Poesie und Wissenschaft als den Grundgedanken seiner Weltansicht bezeichnen. Und hier liegt der Grund, aus welchem ihm sein Roman wie von einem Märchen umgeben ist. Dies Märchen ist Mythologie, d.h. die Verkörperung einer die Natur erklärenden Weltansicht.

Dies erklärt den Zusammenhang des Abschlusses des Ofterdingen mit dem Märchen. Eine von Tieck mitgeteilte Aufzeichnung zeigt, daß in dieser Fortsetzung die Gestalten des Romans in die des Märchens aufgelöst werden sollten. Wie kann man denken, diese Dinge, die sich dergestalt an das Märchen anfügen, seien eine einfache Fortsetzung der Geschichte? Wie kann man anderseits dem

Märchen einen ganz durchgedachten Sinn absprechen, da Figuren und Begebenheiten des Romans sich später mit ihm verschlingen, um den letzten Sinn des Ganzen auszusprechen? Eine andere Sache ist, eine Auslegung zu geben. Indem man das methodisch tut, verwandelt man die Anmut des Märchens in eine frostige Allegorie. Gerade darum, weil die Abstrakta und ihre Verknüpfung der Anschauung des Dichters nicht genügen, greift er zu dieser Form; wie also dürfte man hoffen, in ihnen den ganzen Sinn festzuhalten? Dagegen, wer mit der Naturphilosophie vertraut ist, deren magnetische und galvanische Theorien überall zugrunde liegen, wird den ihm vorschwebenden Sinn leicht in allem Einzelnen fassen; kaum ein Wort in demselben bleibt dunkel. Für den Sinn des Romans ist der Grundgedanke entscheidend. Die Herrschaft des anmaßenden Verstandes muß überwunden werden, die goldene Zeit zurückkehren, die Poesie bereitet die Erlösung der Welt vor: die ewig schaffende mütterliche Gewalt wird einst, im ganzen All lebendig gegenwärtig, Empfindung und Seele über alles verbreiten: Weisheit und Liebe werden herrschen:

Gegründet ist das Reich der Ewigkeit:
In Lieb' und Frieden endigt sich der Streit;
Vorüber ging der lange Traum der Schmerzen;
Sophie ist ewig Priesterin der Herzen.

Eine Reihe neuer Dichtungen schwebte vor seiner Seele, als er an diesem Roman arbeitete. Er sah sich der Vereinigung mit Julie von Charpentier nahe, da ihm die Stelle eines Amthauptmanns zuteil geworden war. Es fehlte ihm nichts zu seinem Glück, als davon Besitz zu nehmen. Aber schon seit längerer Zeit waren die Zeichen jenes grausamsten Leidens aufgetreten, das so lange und so sicher mit dem Tode droht, und als er im Anfang November erfuhr, daß ein jüngerer Bruder von vierzehn Jahren durch Unvorsichtigkeit ertrunken sei, zog ihm der plötzliche Schreck einen heftigen Blutsturz zu, worauf seine Ärzte gleich erklärten, daß sein Übel unheilbar sei. Wozu die Stadien aufzählen? Er starb am 28. März 1801, ruhig einschlafend: alle, die ihm die Nächsten waren, um sich, auch Friedrich Schlegel unter ihnen.
So ging er hinweg in der Götterdämmerung der Jugend, die schwärmerische Seele voll von Plänen des Glückes und der Dichtung, als ob er, gleich seinem Helden, nur einen größeren Schauplatz für eine im lebendigsten Wachstum begriffene Kraft beträte. Wer kann sagen, was ihm noch geglückt wäre? Goethe hat gesagt, mit der Zeit hätte er ein Imperator werden können, der die poetische Literatur beherrscht hätte. Es scheint, daß er wie Tieck durch die Gewalt seiner persönlichen Erscheinung noch mehr fesselte als durch

seine Schriften. Wir haben eine Schilderung derselben von Steffens. „Wenige Menschen hinterließen mir für mein ganzes Leben einen so bedeutenden Eindruck. Sein Äußeres erinnerte dem ersten Eindruck nach an jene frommen Christen, die sich auf eine schlichte Weise darstellen. Sein Anzug selbst schien diesen ersten Eindruck zu unterstützen, denn dieser war höchst einfach und ließ keine Vermutung seiner adligen Herkunft aufkommen. Er war lang, schlank, und eine hektische Konstitution sprach sich nur zu deutlich aus. Sein Gesicht schwebt mir vor als dunkel gefärbt und brünett. Seine feinen Lippen, zuweilen ironisch lächelnd, für gewöhnlich ernst, zeigten die größte Milde und Freundlichkeit. Aber vor allem lag in seinen tiefen Augen ätherische Glut. Er konnte, besonders in größeren Gesellschaften oder in Gegenwart von Fremden, lange stillschweigend, in Nachdenken versunken, dasitzen. Nur wo ihm verwandte Geister entgegenkamen, gab er sich ganz hin. Dann aber sprach er gern und ausführlich und erschien im höchsten Grade lehrhaft."

Die Generation, in der er lebte, brachte drei hervorragende Dichter hervor: ihn, Tieck und Hölderlin. Diese drei stehen weit näher beieinander als etwa Novalis und Tieck bei Friedrich oder August Wilhelm Schlegel. Wenn sich Hölderlin in das Griechentum versenkte, jene beiden in das Mittelalter, so bemerkte man doch, daß es das neuplatonische Griechentum war, welches er reproduzierte, das ja dem Mittelalter verwandt genug ist. Und so zeigt nichts so sehr die zufällige Abgrenzung der sogenannten romantischen Schule, als daß Hölderlin ganz einsam stand, kein Widerhall jenen unsterblichen Gedichten antwortete, welche eine Erneuerung der griechischen Lyrik vollbrachten, die August Wilhelm Schlegel vorschwebte; wie begeistert hätte dieser ihn begrüßen müssen, der eine ihm so heterogene Erscheinung, als Tieck war, auf den Schild erhob.

Diese Generation ist dann durch wenige Jahre, aber durch eine völlige Veränderung der Bildungsbedingungen von Kleist und Arnim, den beiden größten Dichtern der nachgoetheschen Zeit in Deutschland, gesondert.

Unser Studium der Gesetze, welchen auch die scheinbar regellosen Gestaltungen der Phantasie unterworfen sind, hat, wie es scheint, in dieser Entwickelung einen der am tiefsten unterrichtenden Stoffe. Wie konnte auf die Dichtung Goethes und Schillers dieser jähe Absturz, diese ganz andersartige Entwickelung, diese schrankenlose Herrschaft der Subjektivität, der Phantasie, der Hingabe an die Natur, ja fesselloser Willkür folgen? Sollten wir hierüber mehr sagen, so müßten wir auch von einer Darstellung der Entwickelung, des Lebensinhaltes und der dichterischen Form von

Tieck und Hölderlin ausgehen können. Dann würde sich zeigen, welche Erfolge gewisse Bildungsbedingungen dieser Generation hatten, wie sich die Verschiedenheit der Individualitäten zu diesen Bedingungen, welche sie begrenzten und teilweise bestimmten, verhielt — kurz eine wissenschaftliche Untersuchung wäre möglich. Einer solchen Untersuchung sind die allgemeinen Schlagwörter, welche seit länger als einem halben Jahrhundert auf die sogenannten Romantiker herniederregnen, nur hinderlich. Bis aber jemand sich dieser genauen wissenschaftlichen Untersuchung unterzieht, werden wir es wenigstens für einen Gewinn halten, wenn einer oder der andere, auf Grund dieser Darstellung, einmal zu Novalis griffe, in der Voraussetzung, daß seine Fragmente vielleicht doch nicht so völlig willkürlich und zusammenhanglos, sein Ofterdingen nicht so grenzenlos verschwommen seien, als es den bisherigen Kritikern Hardenbergs erschienen ist.

FRIEDRICH HÖLDERLIN

Es ist ein alter Glaube, daß in unberührten Seelen die Götter sich kundtun und die Zukunft der Dinge offenbaren. Hölderlin lebte in solcher fromm behüteten Reinheit und in lauterer Schönheit des Wesens. Wenn der Jüngling auf und nieder ging unter den Genossen des Tübinger Stifts, war es, als schritte Apollon durch den Saal. Einem Knaben, der ihn bei den Musikaufführungen dort sah, wie er dastand mit seiner Violine in der Hand, hat sich sein Bild zeitlebens eingeprägt: die regelmäßige Gesichtsbildung und die sanften Züge des Antlitzes, sein schöner Wuchs, der sorgfältige, reinliche Anzug und der Ausdruck des Höheren in der ganzen Erscheinung. Seine vornehme Natur war unendlich empfindlich gegen jede Vulgarität der Gesinnung. Tief unter ihm lagen das gewöhnliche sinnliche Glück und jeder äußere Ehrgeiz. Für sich selbst begehrte er nichts als ein einfaches Schicksal, um genügsam seiner Kunst leben zu können. Nur rein wollte er seine Seele halten. Aus solcher Lauterkeit seines Wesens entsprang das Seherische in ihm. In dem großen Moment unserer Literatur, in welchem unsere Dichtung ihren Höhepunkt erreichte, der Idealismus der Persönlichkeit und Freiheit die Jugend ergriff und die Französische Revolution ihr Aussichten einer vollkommeneren Gesellschaft eröffnete, schritt er mit seinen Freunden diesem aufgehenden Morgenlichte einer neuen Welt entgegen. Sie erwarteten eine neue höhere Menschheit und wollten sie herbeiführen. Unter den Genossen stand Hölderlin wie die Verkörperung einer reineren, harmonischeren Bildung der menschlichen Persönlichkeit. Er war darin Schiller verwandt, wie einem Helden ein sanfter schwärmerischer Bruder, dem dessen Vorbild eine unendliche Sehnsucht nach heroischem Leben erregt. Wie hätte aber diese Begegnung in der deutschen Jugend sich behaupten können, als die Revolution immer mehr entartete, ihre Kriege den Zwiespalt zwischen Freiheitsliebe und Vaterlandsgefühl erregten und die europäische Reaktion hereinbrach! Die Gewalt erhielt nun das Wort. In den deutschen Staaten gab es für das junge Geschlecht keinen Platz, an dem man hätte für eine freiere Ordnung wirken können. Selbstherrschaft, sozialer Druck des Adels und des Geldes, religiöse Beschränktheit erwiesen sich siegreich innerhalb dieser Gesellschaft. Man mußte resignieren.

Keine äußere Existenz war für dieses stille, langsame lyrische Genie auffindbar. Die Bedürftigkeiten des Lebens machten an dem Mittellosen sich geltend. Alles trieb ihn aus der Welt des Wirkens und Genießens nach innen, in die Tiefen der Dinge, in eine totale Einsamkeit. Unablässig und angestrengt lauschte er den Stimmen in seinem Innern und in der Natur, ob sie ihm das göttliche Geheimnis mitteilten, das in allen Dingen schläft. Und so kam zu ihm die prophetische Kunde von Möglichkeiten einer höheren Gestaltung der Menschheit, von kommendem Heldentum unsrer Nation, von einer neuen Schönheit des Lebens, welche den Willen der göttlichen Natur mit uns verwirklichte, von einer Poesie, die den ewigen Rhythmus des Lebens selbst ausspräche, der uns unausgesprochen umgibt. Zugleich aber entstand ihm sein eigenstes und tiefstes Erlebnis, wie aller Größe und Schönheit, die aus dem göttlichen Zusammenhang hervorgeht, immer zugleich in uns ein Leiden am Leben mitgegeben ist, jeder Offenbarung der göttlichen Einheit in Liebe und Befreundung der Menschen ihre schmerzliche Trennung, und der Freude über die innere Kraft der lastende Druck der schweren Dinge. Immer tiefer grub sich seine hilflose Seele in die Erfahrungen von dem gemischten und zweideutigen Charakter des menschlichen Daseins. Der Adel seiner Natur rettete ihn in ein leises, stillgefaßtes Resigniertsein in sich selbst. Das Heldengedicht, das er leben und dichten wollte, ward zur Tragödie des Opfers. In allem, was er nun dichtete, wollte er den Charakter des Lebens selber aussprechen, wie er ihm aus seinen Erlebnissen aufgegangen war. Immer war dieser ihm gegenwärtig. Jede Gegenwart war ihm von Erinnerung gesättigt. Und für all das fand er eine Sprache von neuer Einfachheit. Eine neue Melodie entfaltete sich in diesem musikalischen Genie. Es war eine prophetische Schöpfung. In ihr bereitete sich der rhythmische Stil eines Nietzsche vor, die Lyrik eines Verlaine, Beaudelaire, Swinburne, und was unsre neueste Dichtung sucht. Träumend an stillen Bächen, die leise plätschernd den Gesang seiner Seele begleiten, nachzeichnend die ruhigen sanften Linien der süddeutschen Berge und Flüsse in seinen Rhythmen, hat er langsam diese neue Form gefunden. „Wie Jupiters Adler dem Gesang der Musen, lausch ich dem wunderbaren unendlichen Wohllaut in mir" — „der Melodie des Herzens."

Heimat und erste poetische Spiele

Hölderlin ist aus dem Städtchen Lauffen am Neckar. Dort umgab ihn der heimliche stille Zauber schwäbischer Landschaft. Am Ufer des anmutigen Flusses stand die alte Kirche zur heiligen Regis-

windis, auf einer felsigen Insel im Fluß ragte der graue Turm der alten Burg, und an die rebenbewachsene Talwand des anderen Ufers angelehnt erhoben sich die Pfeiler eines alten zerfallenen Klosters: nahe bei diesem stand das Haus seines Vaters, des Klosterhofmeisters, und in diesem Haus ist Friedrich Hölderlin am 20. März 1770 geboren. Die Eltern waren feste, geduldige, heitere Menschen. Nur wenige Jahre behielt er den Vater, und auch als die junge Witwe sich mit dem Bürgermeister von Nürtingen verband, ist dieser zweite liebevolle Beschützer bald dem Kinde hinweggestorben. Hölderlin war damals neun Jahre. Aber wie früh entwickelt und reizbar sein Gemüt war, zeigt eine spätere Äußerung, der Eindruck dieses Todes habe damals seine Seele zu einem Ernste gestimmt, der ihn seitdem nie ganz verlassen habe. Die Mutter blieb in Nürtingen, und Friedrich hat dort bis zum fünfzehnten Jahre die lateinische Schule besucht. Hier umgaben ihn dieselben Eindrücke schwäbischer Landschaft, im Hintergrunde die Kette der Alb, zwischen sanften Höhen der Neckar, von Pappeln eingefaßt. Dort, an stillen Ufern oder im nahen Walde träumte der Knabe; wie oft mag er da die lyrischen Dichter gelesen haben, die in diesen achtziger Jahren die Jugend mit ihren schwärmerischen Stimmungen erfüllten: auf einem Felsen im Walde hat er einmal dem Bruder Klopstocks Hermannsschlacht vorgetragen.
An den Eindrücken dieser Landschaften bildete sich sein Naturgefühl. Die grenzenlose See oder die weite Ebene mit ihrem unendlichen Horizont, die nach allen Seiten zu blicken und zu schreiten gestattet, befreien die Seele und teilen ihr ein souveränes Lebensgefühl mit. Wo der Mensch sich von milden Hügeln und sanften Tälern umschlossen findet und doch nicht gehemmt, wo die feinen fernen Linien blauer Berge weiter locken und doch das Tal schützt und birgt: da entsteht aus diesem Lagegefühl ein mildes befreundetes Verhältnis zur Natur – Geborgensein, heimliches Sich-Anschmiegen an Tal, Fluß und Hügel und doch Sich-Fortsehnen in die schimmernde Ferne. In solchem Naturgefühl leben die schwäbischen Dichter – Hölderlin, Uhland, Mörike. Und es ist in ihnen verbunden mit der Einfühlung in die heiteren Linien der Berge, in die friedsamen wohnlichen Täler und in all die Vergangenheit, die wir in die verfallenen Klöster und Schlösser hineinträumen. „Da ich ein Knabe war, Da spielt' ich sicher und gut Mit den Blumen des Hains ..." „Lieben lernt' ich Unter den Blumen."
Mit vierzehn Jahren trat Friedrich in die niedere Klosterschule zu Denkendorf ein und zwei Jahre darauf in die höhere von Maulbronn. Denn die gewöhnliche Bahn mäßig bemittelter begabter Köpfe in Württemberg war für den Mittellosen unvermeidlich,

und die zärtliche fromme Mutter war glücklich in der Hoffnung, den Sohn einst als Pfarrherrn zu sehen. In der Klosterschule legte er den Grund für eine solide Kenntnis der griechischen Sprache und Literatur. Gern gedenkt er später daran, wie „zuerst vom Heroentode Die großen goldenen Worte mein Herz Mit ahnungsvollem Schauer vernahm".

Aber die künstlerischen Ideale des Altertums, die seiner vorvornehmen Dichternatur so gemäß waren, traten in immer schrofferen Widerspruch mit den herrschenden christlich-orthodoxen Gedanken und dem geistlichen Beruf. Dazu fand sich der durch die gütige Hand der zärtlichen Mutter verwöhnte Knabe abgestoßen von der harten klösterlichen Zucht, wie sie in diesen auf den künftigen geistlichen Beruf zugeschnittenen Anstalten damals noch herrschte. So entstand in seiner reizbaren und wehrlosen Seele jener innere Gegensatz seiner Ideale zur Wirklichkeit seines tatsächlichen Lebens und zu seiner Zukunft, der seiner Poesie die höchste Energie und seinem Leben einen tragischen Verlauf geben sollte. Und wie er mit seinen Idealen sich in sich zu verschließen lernte, einsam mit sich, der Natur und wenigen gleichgestimmten Seelen, erfuhr er schon früh das wehmütige Gefühl der exzentrischen großen Begabungen, anders zu sein als die braven und tüchtigen Menschen um ihn her, keinen Anteil zu haben an deren behaglichen Vergnügungen und dennoch all diese Alltäglichkeiten zu entbehren.

Wie er so war, mußte er Homer und Ossian, Klopstock und Schubart lieben, Wieland zuweilen von Herzen hassen — und Schiller anbeten. Das Versemachen gehörte zum Schulbetrieb, und er war schon in Denkendorf mit Passion dabei. Es finden sich unter seinen Gedichten aus dieser Zeit kindliche Dankstrophen an seine Lehrer von offiziellem Charakter; geistliche Gedichte, die sich in nichts über die Trivialität solcher frommen Verse erheben, wie sie damals Landprediger anwandten, um den Schluß ihrer Predigten zu schmücken; ein sehr sentimentales und weitläufiges Gedicht, das den Segen Gottes auf die Mutter, Schwester, Bruder Karl, auf jeden einzelnen herabfleht. Der rechte Schwung kam in sein Poetentreiben, als die erste Liebe in sein junges Herz einzog. Eine Gymnasiasten- und Studentenliebe mit heimlicher Verlobung, mit der Anbetung des geistig überlegenen Jünglings durch ein gutes, zärtliches Mädchen, mit den heimlichen Zusammenkünften, dem Abschied und Wiedersehen im Rhythmus der Semester und schließlich der Trennung nach dreijährigem Harren; seine Luise hegt die überschwenglichen Gefühle dieser tränenreichen Jahre, sie geht am liebsten auf dem Kirchhof spazieren, in ihrem Stübchen denkt sie „an Gott und an ihn", sie liest seine Lieblingsdichter und schreibt

etwas unbehilflich in seinem Stil. Und er selbst? Werther und Ferdinand konnten nicht ehrlicher und reiner schwärmen – schließlich muß er der Geliebten doch gestehen, daß er an einem Ehrgeiz krankt, der vielleicht nie befriedigt wird, der aber seinen Weg von dem ihren trennt.
Mit dieser Liebe kam ein persönlicher Ton in seine Verse: „Auf meinen Spaziergängen reim ich allemal in meine Schreibtafel – und was meinst Du? – an Dich! an Dich! und dann lösch ichs wieder aus." Jetzt waren bestimmte Gefühle da, die sich eigneten, in Metrum und Reim gebracht zu werden. Und so verstand er nun auch die persönliche Dichtung Klopstocks, und er folgte ihm – was nachmals für ihn sehr bedeutend werden sollte – in der Anwendung antiker Versmaße. Doch fand er in der Prosa seiner Briefe zuerst den natürlichen und starken Ausdruck für den regellosen Gang seiner Gefühle. Diese Prosa stand ganz unter dem Einfluß von Werther, Fiesco, Kabale und Liebe. In dem Stil der Sturm- und Drangzeit von Goethe und Schiller vernimmt er das ungestüme Schlagen seines eigenen Herzens. Er weint wie die Helden dieser Romane und Dramen, während er schreibt. Er fühlt sich wie Werther erhaben über die Genossen um sich. Sein unbefriedigter Ehrgeiz zehrt an seinem Herzen. An dem Halse seines Freundes möchte er Freudentränen weinen.

Jugendjahre
Die Hymnen an die Ideale der Menschheit

Die Studentenjahre kamen. Achtzehnjährig bezog er im Herbst 1788 die Universität Tübingen. Aber diese Jahre brachten ihm nicht das ungebunden fröhliche Leben, das sonst ihr eigenes Glück ausmacht. Ihm war zumute, als hätte er nur das Gefängnis gewechselt. In das alte enge Augustinerkloster des Stiftes fand er sich nun mit den anderen jungen Theologen, welche auf Staatskosten erzogen wurden, zusammengedrängt; unter der Aufsicht der Famuli und der Repetenten, die damals noch die alte Mönchskutte trugen. Was diese schönheitsdurstige Seele besonders kränkte – er selber mußte im schwarzen Mantel mit weißen Überschlägen einhergehen, und ob er sich gleich bemühte, das geistliche Gewand mit Eleganz zu tragen, quälte ihn doch das Gefühl, so gekennzeichnet und von manchem darum mißachtet zu sein. Die theologischen Studien, wie sie im Stift betrieben wurden, konnten ihn nicht befriedigen. Auch das glaubensfeste Tübingen hatte der eindringenden Aufklärung nicht widerstanden; hier, wie gleichzeitig in Halle, bildete sich ein Kompromiß der Orthodoxie

mit der Aufklärung. Der uralte Glaube unseres Geschlechtes an Wunder, göttliche Strafen, Weissagungen und Offenbarungen hatte nicht standhalten können vor der Einsicht in die unveränderlichen Naturgesetze und in den Pragmatismus des Seelenlebens: da suchten die theologischen Vermittler doch einiges für den Kirchengebrauch Unentbehrliches aus diesem Bestande vermittelst eines künstlichen unwahren Zusammenhangs abstrakter Begriffe zu retten. Es entstand eine widrige Verbindung uralter Intuitionen mit moderner philosophischer Reflexion. Die Besseren unter den Zuhörern nahmen nur mit Widerwillen das trübe Gemenge zu sich, wie es hier in Tübingen und ebenso in Halle von Nösselt, Knapp, Storr, Tieftrunk verabreicht wurde. So sehnte sich denn Hölderlin aus der „Zelle" des Klosters heraus. Er hätte gern Jurisprudenz studiert, und nur die Bitten der Mutter hielten ihn zurück. Dazu zerrte auch die Kette der heimlichen Verlobung an ihm, von der er nun erst in Tübingen sich mit Schmerzen frei machte. Aus alledem flüchtete er wieder in die ideale Welt, in den heiligen Bezirk der griechischen Dichter, zu Ossian, Klopstock, Schiller.
Und wie Versemachen eine verbreitete Zeitkrankheit war, fand er auch im Stift Genossen seiner Sehnsucht nach dem dichterischen Lorbeer. Sein starkes Bedürfnis, mit hochgestimmten Freunden abgeschlossen von der Welt zu leben, fand in zwei jungen Dichtern, Neuffer und Magenau, vollauf Befriedigung. Ein dichterischer Bund entstand, mit einem Bundesbuch, in das die Genossen ihre Verse eintrugen; Schubart, der Patriarch der schwäbischen Poeten, wurde in Stuttgart besucht und nahm den Jüngling natürlich mit väterlicher Zärtlichkeit auf. Stäudlin, einer jener begabten herzensguten Poetenseelen wie früher Gleim, und später Schwab, trat zu den Genossen des Bundes in das herzlichste Verhältnis, und in seinem Musenalmanach fanden die jungen Dichter zuerst eine Unterkunft für ihre Verse.
Der poetische Stil Hölderlins hat sich von diesen Anfängen ab, die vornehmlich von Klopstock und Schubart bedingt waren, stetig ausgebildet. Sprachliche Wendungen und Verbindungsweisen aus Klopstock, welche dem Gefühl des jungen Dichters gemäß waren, nahm er damals auf und hat sie bis zuletzt festgehalten. „Ich duld' es nimmer, ewig und ewig so Die Knabenschritte, wie ein Gekerkerter, Die kurzen, vorgemeßnen Schritte Ewig zu wandeln, ich duld' es nimmer!" Und in einem anderen Gedichte: „Lebt wohl, ihr güldnen Stunden vergangner Zeit, Ihr lieben Kinderträume von Größ' und Ruhm, Lebt wohl, lebt wohl, ihr Spielgenossen!" Allmählich verschwinden Klopstocks Odenton und seine antiken Versmaße. Der Einfluß der Lyrik Schillers überwiegt jedem anderen. Hölderlin bemächtigt sich des Neuen in der Form dieser

Lyrik: des inneren Rhythmus, der den Verlauf des seelischen Vorgangs durch die Anordnung und Verbindung der Perioden ausdrückt. Hier lag der Anfang seines rhythmischen Stiles. Dieselbe Schule Schillers macht sich auch in Matthissons lyrischer Kunst bemerklich, und auch dieser Dichter der sanften Schwermut wirkte damals durch den Wohllaut seiner Verse und den natürlichen geschmeidigen Fluß des Gefühls auf Hölderlin und seinen poetischen Genossen Neuffer. Vergleicht man etwa Neuffers „Abendschwärmerei" mit Hölderlins „Gott der Jugend", so gewahrt man die Wirkung der neuen Form der Lyrik auf Dichter von so verschiedener poetischer Kraft; denn Neuffer war ein höchst mittelmäßiges Talent.
Diese neue Form gelangte bei Hölderlin erst zu ihrer vollen Entfaltung, als die mächtigen Inhalte der Schillerschen Dichtung zum Mittelpunkt seiner Poesie wurden: so entstanden die Hymnen an die Ideale der Menschheit. Sie waren als ein Ganzes gedacht und sind so die höchste künstlerische Leistung dieser frühen Jahre.
Hier aber macht sich nun schon ein persönlicher Einfluß geltend, der mächtiger als irgendein anderer Hölderlins Weltanschauung und den Gehalt seiner Dichtung bestimmt hat. Es ist seine Jugendfreundschaft mit den beiden schwäbischen Führern der philosophischen Bewegung Hegel und Schelling. Hegel war mit Hölderlin zugleich im Herbst 1788 in das Stift eingetreten, doch erst im Herbst 1790 erwähnt Hölderlin seiner. Sie bewohnten beide damals dieselbe Stube im Stift. Der erste Traum des jungen Dichters von Liebe und Glück war eben zu Ende gegangen. Der Drang nach freier Entwickelung seiner Kräfte hatte gesiegt: in diesem wichtigen Moment seiner Entwickelung führte ein glückliches Geschick ihm Hegel entgegen. Auch Schelling trat im Herbst 1790 in das Stift ein und wurde durch Hegel mit dem Dichter bekannt; er war damals noch nicht sechzehn Jahre alt, aber seine frühreife Genialität machte ihn zum Gegenstand staunender Bewunderung im Stift. Jedoch hat Hölderlin zu ihm dem Stolzen, Siegesgewissen nie ein so trauliches Verhältnis gewinnen können.
Zwischen Hölderlin und Hegel bestand von Anfang an ein treuherziger Verkehr, der auf den gemeinsamen Zügen schwäbischen Wesens beruhte. Denn in beiden war das Bedürfnis der Einordnung ihres Daseins in die Familie und die festen sittlichen Verhältnisse der schwäbischen Heimat verknüpft mit einem hochstrebenden Denken, das in seinem Bereich keine Grenzen anerkennt. Sie lasen damals mit anderen Freunden zusammen Platon, Kant und die Briefe Jacobis über Spinoza, deren zweite Auflage 1789 erschienen war. Dieses Buch enthielt das Bekenntnis Lessings zu dem „Ein und All"; Hölderlin hat diese altgriechische Formel für die Gegen-

wart des Göttlichen im Universum im Februar 1791 in das Stammbuch Hegels geschrieben.

An dieser Stelle unserer Erzählung muß der Blick über die engen klösterlichen Räume des Stiftes hinausgehen in das stark bewegte geistige Leben des damaligen Deutschland. Drei Kräfte haben dies bestimmt: die Renaissance des griechischen Geistes, die philosophisch dichterische Bewegung, die das ganze Seelenleben unserer Nation damals umgestaltete, die Französische Revolution, die nun von außen in dasselbe eingriff. Die Wirkung dieser starken Bewegung pflanzte sich fort in die stillen Stuben, in denen die Stiftsgenossen an ihren Pulten die Hefte ihrer philosophischen und theologischen Lehrer studierten.

Zuerst war hier ein Werk zu tun, das anderwärts meist für die jungen Leute schon abgetan war. Die Zöglinge des Stiftes mußten von der inneren und äußeren Macht der theologischen Doktrinen sich befreien. Die schlichte Frömmigkeit des Elternhauses und der guten Mutter hatte in Hölderlin immer wieder gesiegt über philosophischen Zweifel und griechische Ideale. Noch in der Zeit seines ersten Verkehrs mit Hegel (1790 oder 1791) ist er bemüht, das positive Christentum zu begründen. Er geht dabei aus von Kants Auflösung aller Beweise für die übersinnliche Welt und von Jacobis Lehre, daß die sich selbst überlassene Vernunft in Gottesleugnung enden muß. Die Sicherheit über die Unsterblichkeit und das Dasein eines persönlichen Gottes, welche die Vernunft nicht gewährt, findet er in der wohlbezeugten Tradition von Christus, seinen Aussagen über sich selbst und deren Bestätigung durch seine Wunder. Das waren die verbrauchten apologetischen Künste der damaligen Tübinger Theologie. Ein tieferes Studium Kants entfernte Hölderlin von diesem moderierten Glauben seiner Lehrer, wie es schon früher seine Stiftsgenossen Schelling und Hegel befreit hatte. Fortan hat er nur den inneren menschlichen Wert des Christentums festgehalten und nur eine Mitteilung des Göttlichen durch Christus anerkannt, wie er sie auch anderen Religionsstiftern zuerkannte: daran ändern Worte des Müden nichts, über den schon die Umnachtung hereinbrach.

Die erste unter den Kräften, welche damals unser geistiges Leben bewegten, war die Renaissance des Griechentums. Hatte Hölderlin schon auf der Schule eine starke Neigung für die griechischen Studien gehabt, so kam ihm jetzt eine bedeutsame Anregung von dem Repetenten Philipp Conz, der von Winckelmann und Heyne ausgegangen war und nun mit dem Studium der Alten die Begeisterung für unsere neue Dichtung verband. Er war ein Jugendfreund Schillers: Philologe, Übersetzer, Dichter und Philosoph — ein hinreißender Lehrer. Sein Wirken verband sich naturgemäß mit der

Macht, welche der Dichter der Götter Griechenlands über Hölderlin hatte. „Die Geschichte der schönen Künste Griechenlands" war denn auch der Gegenstand der Arbeit, mit welcher der junge Student das Magister-Diplom erwarb.

Der Grundgedanke dieses neuen Humanismus, daß Menschlichkeit und Schönheit vorbildlich in den Griechen verkörpert gewesen, wurde bestimmend für die beiden Freunde im Stift, für den Dichter Hölderlin und den Philosophen Hegel. Wie einst für Winckelmann war auch für sie Platon der Interpret der griechischen Menschheit. Dieser größte Genius der Griechen hat immer wieder neu solche Aufgabe erfüllt. Indem sich nun Besonderheiten der Auffassung griechischen Wesens unter den Jünglingen geltend machten, entstand eben hieraus für sie die lebendigste gegenseitige Anregung. Hegels Ausgangspunkt lag in dem tiefsinnigen Begriff des Schicksals bei den griechischen Tragikern, der Schellings in den Mythen der Griechen und ihrer pantheistischen Naturanschauung. Hölderlin erfaßte den tiefsten Punkt der griechischen Weltauffassung: das Bewußtsein der Verwandtschaft von Natur, Menschen, Heroen und Göttern. Die Griechen repräsentieren ihm das Erlebnis unserer inneren Wesensgemeinschaft mit der Natur; eine Kunst, welche die in solcher Einheit des Lebens gegründete Schönheit der Welt verherrlicht und die großen Leidenschaften in ihrer Heiligkeit achtet; den Kultus der Freundschaft, des Heldentums und der Sehnsucht nach großem, gefahrvollem, heroischem Dasein. In der Misere des damaligen deutschen Lebens hat ihn das Verlangen nach dieser untergegangenen Welt nie verlassen.

Die andere geistige Kraft, welche die Jünglinge erfaßte, kam aus der philosophischen Bewegung. Der Idealismus der Freiheit, wie ihn Kant, Schiller und Humboldt ausgebildet haben, nahm in den Schriftstellern, die in den siebziger Jahren geboren sind, die phantasiegemäße Anschauung des Universums in sich auf, wie die Poesie sie entwickelt hatte. Und hier hat nun Hölderlin als der Dichter auf seinen Freund Hegel gewirkt. Von Shaftesbury zu Schillers Jugendgedichten und seinen philosophischen Briefen geht ein Streben, das Universum als einen Zusammenhang zu begreifen, der von einer der Phantasie und dem Gemüte verständlichen Kraft erfüllt ist. Hölderlin ringt nach dichterischen Symbolen, die das innere Verhältnis zwischen der Gottheit, der alllebendigen Natur und dem göttlichen Adel der Menschen aussprächen.

Die letzte unter den geistigen Kräften, die diese Generation bestimmt haben, war die Französische Revolution. Mit dieser taten sich auch für die Deutschen die Pforten einer neuen Zeit auf. Wie hätten nicht von den großen abstrakten Ideen dieser Bewegung die Jünglinge im Stift fortgerissen werden sollen, die unter dem Druck des großen Tyrannen in Stuttgart und der kleinen in Tübingen standen! Die Studenten gründeten einen politischen Klub, und auch Schelling, Hegel, Hölderlin gehörten ihm an. In demselben Jahre 1793, in dem in Frankreich das Christentum abgeschafft und der Kultus der Vernunft eingeführt wurde, stellten die jungen Studenten auf dem Marktplatz einen Freiheitsbaum auf, den sie in hellem Jubel umtanzten. Als der Herzog von den Revolutionsreden, den Freiheitsliedern und dem Absingen der Marseillaise unter seinen Theologen im Stift vernahm, erschien er plötzlich im Speisesaal der Anstalt und hielt eine Strafrede. Zwischen ihm und dem Idealismus der Besten im Stift gab es keine Verständigung. Hölderlin sang damals in seinen Hymnen an die Freiheit von dem Tag der Ernte, wenn der Bund der Helden den Sieg errungen hat, „wenn verödet die Tyrannenstühle, Die Tyrannenknechte Moder sind". Die Schöpfungsstunde der Freiheit schien ihm gekommen und das griechische Heldentum wiedergekehrt in den französischen Revolutionshelden.

Die Jugend erwartete, aus der Französischen Revolution, aus der ihr so verwandten Philosophie Kants und der deutschen Dichtung werde nun eine Steigerung des menschlichen Daseins hervorgehen. Gerade in diesen Jahren machte sich das an verschiedenen Stellen geltend. Es war eine neue Stufe in der Entwickelung des Lebensideals, das zuerst in Lessing sich gebildet hatte. In Herder und dem jungen Goethe und in deren Genossen hatte es dann eine veränderte Form angenommen. In Iphigenie und Don Carlos erschien es in einer neuen tieferen Gestalt. Dies Ideal enthielt nun die bewußte philosophisch begründete Richtung auf die Steigerung der Menschheit, die Freiheit des menschlichen Geistes und die Größe unserer Nation. In Jena sammelte sich um Reinhold und dann um Fichte ein Kreis von Jünglingen, welche als das Ziel der neuen Philosophie eine Erhöhung des deutschen Menschen und der deutschen Gesellschaft betrachteten. In Berlin feierte Friedrich Schlegel die neue Philosophie und die Französische Revolution als die größten Tendenzen des Zeitalters, und die Monologe Schleiermachers verkündeten ein gesteigertes Leben der Persönlichkeit. In Tübingen finden wir Schelling, Hegel und unseren Hölderlin von ebendiesen Ideen erfaßt.

In dieser Bewegung sind die Hymnen Hölderlins und der erste Entwurf seines Hyperion entstanden.

Lyrik in ihrer schlichtesten und ergreifendsten Form spricht das Gefühl des Daseins aus, wie ein Erlebnis es erweckt. Sie steigert sich, indem die Bewegung des Gemütes in allgemeinere Betrachtung ausklingt. Stufen, Übergänge mannigfacher Art führen vom persönlichen Gedicht zu jener großen lyrischen Form, welche darauf beruht, daß Inhalte, welche über das persönliche Schicksal der Seele hinausreichen, von ihr Besitz genommen haben und nun die Gemütsverfassung ganz bestimmen. Sie entsteht, wenn das Gefühl des Dichters von großen Objektivitäten bewegt ist; von Taten starker Persönlichkeiten, der Völker oder der Menschheit, von Ideen, die sich auf die Angelegenheiten unseres Geschlechtes beziehen, endlich und zuhöchst vom letzten Zusammenhang der Dinge. Das Gefühl für große Gegenstände ist Enthusiasmus, und die Form, in der er sich ausdrückt, ist die bewußte große Kunst, welche den Ablauf erhabener Gefühle auszusprechen strebt. Klopstock und Schiller waren in Deutschland die Repräsentanten dieser Lyrik. An Schiller schließt nun Hölderlin sich in der Epoche an, in der er von den neuen allgemeinen Ideen ergriffen ist.

Die Hymnen Hölderlins, die so entstanden, bilden einen Zyklus: er war gedacht als Verkündigung der idealen Werte der Menschheit, wie das neue Geschlecht sie fühlte. Jede dieser Hymnen trägt einen der großen Namen, die damals auch der französische Geist der Revolutionszeit zum Gegenstand seines Kultus machte. So widmet Hölderlin der Menschheit einen Hymnus. „Ich hange nicht mehr", schrieb er damals, „so warm an einzelnen Menschen; meine Liebe ist das Menschengeschlecht." Die Zeit ist nun endlich gekommen, in welcher die Menschheit mit vollem Bewußtsein ihrer selbst an ihrer Vollendung arbeiten kann. Der „Gott in uns" hat sich befreit. Wir fühlen „das Götterglück, sich eigener Kraft zu freuen"; „die Scheidewand von Flittern aufgebaut", welche im alten ständischen Staat die Klassen trennte, bricht nun zusammen. Und der neue Mensch lebt mit den ihm Verwandten in innerer Verbindung. „Sein höchster Stolz und seine wärmste Liebe, Sein Tod, sein Himmel ist das Vaterland." Andere Hymnen feiern die Schönheit, die Freiheit, den Genius der Jugend und den der Kühnheit, den der Liebe und der Freundschaft. „Steigt hinauf am Rebenhügel, Blickt hinab ins weite Tal! Überall der Liebe Flügel, Hold und herrlich überall!" Alle laufen sie zurück in die bedeutsamste: die Hymne auf die Wahrheit, oder wie es in der Verbesserung zum Druck heißt: an die Göttin der Harmonie. Sie enthält sein in Shaftesbury und Schiller gegründetes Glaubensbekenntnis.

Wie der jugendliche Schiller erblickt Hölderlin in der Liebe die kosmische Kraft, deren Erscheinung im Universum, im Gemüt und in der Gesellschaft die Harmonie ist. Liebe ist der metaphysische oder mystische Zusammenhang, der die Wirklichkeit durchdringt, die Natur belebt und alles Menschliche verkettet. Bis in die einzelnen Worte ist die Hymne von Schillers philosophischen Briefen und seiner Gedankenlyrik bestimmt. Zugleich schöpfte Hölderlin nach seiner eigenen Mitteilung aus Leibniz. Die göttliche Liebeskraft „gießt die Schale des Lebens aus"; „Warm und leise wehen nun die Lüfte, Liebend sinkt der holde Lenz ins Tal." Der „Sohn" und „offenbare Spiegel" dieser göttlichen Kraft ist der Mensch. Diese Weltauffassung Hölderlins ist Panentheismus, eine von den Elementen der endlichen Wirklichkeit getrennte göttliche Kraft bringt in der Zeit das Universum hervor, und ebenso reicht der menschliche Geist in seiner unsterblichen Entwickelung hinaus über sein endlich bestimmtes Erdendasein.

In der Geschichte der Weltanschauung der drei Tübinger Freunde ist dieser Hymnus ein wichtiges Datum. Der Plan und die Arbeit an ihm gehören nach einem Briefe des Dichters wahrscheinlich in das Jahr 1790, spätestens 1791, der Druck ist von 1792. Sonach fiel die Entstehung in die erste Zeit des Verkehrs mit Hegel. Aber nach dem, was von Hegel aus dieser Tübinger Periode und der folgenden Schweizer Zeit erhalten ist, hat er damals an dem Sittengesetze Kants als oberster Regel der Moral festgehalten; er erkannte zunächst in den Studentenjahren die Liebe nur an als empirisches Prinzip der Sittlichkeit, dessen sich die Volksreligion bedient: sie bereitet das philosophische Bewußtsein des Sittengesetzes nur vor; und in den späteren Aufzeichnungen, die vor Frankfurt liegen, unterwirft er den Standpunkt, der in der Liebe das Prinzip der Sittlichkeit erblickt, einer scharfen Kritik. So unterscheidet sich schon die Wertung der Liebe als Beweggrundes für das sittliche Leben bei Hegel durchaus von Hölderlins Anschauung, wie sie in der Hymne an die Harmonie und verwandten Gedichten sich ausspricht. Denn hier ist die Liebe überall das Band, das die Menschen zu höherem Leben miteinander verknüpft. Und wenn nun Hölderlin dazu übergeht, in der Liebe das die Welt zusammenhaltende Prinzip und in Schönheit und Harmonie dessen Manifestationen zu erblicken, so schließt das ganze Gefüge der damaligen Ideen Hegels die Annahme einer verwandten panentheistischen oder pantheistischen Anschauung bei demselben schlechterdings aus. Auch von Schelling existiert keine Äußerung aus der Zeit vor 1795, welche ein Einheitsprinzip im Universum ausspräche.

Der Enthusiasmus des Dichters spricht aus Hölderlin. Derselbe Enthusiasmus, der dann in der Weltanschauung des Romans Hyperion seinen höchsten Ausdruck fand. Hölderlin überschreitet in den Hymnen den Idealismus Kants durch das Bewußtsein der Verwandtschaft des Menschen mit der göttlichen Kraft. In diesem lag doch sein Grundgefühl von Anfang an. Die griechischen Tragiker hatten ihn früh erfüllt mit dem Bewußtsein von der Nähe der Menschen an die Götter. Damit verbanden sich in ihm sein eigengeartetes Naturgefühl und die Intuitionen von der kosmischen Kraft der Liebe, von dem Charakter des Universums, als welcher Harmonie ist. Vielleicht kam auch damals schon die Kenntnis Spinozas aus Jacobis Briefen über ihn, die Einwirkung der philosophischen Briefe Schillers hinzu. Fragt man nun, wiefern seine dichterische Weissagung des kommenden Monismus auf Hegel und Schelling gewirkt habe: so muß man sich den Eindruck seiner ganzen Persönlichkeit vergegenwärtigen. Es geht eine Wirkung eigener Art von einem bedeutenden Menschen auf seine Freunde über. Hölderlins dichterischer Enthusiasmus für Schönheit und Harmonie des Universums, die Hingabe seiner reinen Seele an den göttlichen Grund der Dinge, aus dem sie fließen, die ihm eigene Kraft, das Wirkliche zur Schönheit zu verklären und in jeder Erscheinung Gegenwart des Göttlichen zu verehren und zu genießen, mußte den philosophischen Genossen immer gegenwärtig sein, wenn aus ihren Prinzipien Folgerungen sich ziehen ließen, die den Anschauungen Hölderlins verwandt waren. Niemand kann sagen, wann und wie oft dies geschah. Daß es aber geschehen sei, kann keinem Zweifel unterliegen.

Die Form von Hölderlins Hymnen muß, wie sie durch Schiller bedingt war, von dessen Gedankendichtungen aus verstanden werden. Schiller fand einen eigenen lyrischen Ausdruck für die große Emotion der Zeit, die auf die Verwirklichung der idealen Werte in einer neuen Menschheit gerichtet war. Der lyrische Stil, den er entdeckte, war gänzlich verschieden von dem, welchen Pindar, Klopstock und Goethe für den Seelenvorgang gefunden haben, der von großen Gegenständen aus im Gemüt hervorgebracht wird. Schiller löste seine Aufgabe durch eine der Gedankenlyrik gemäße Behandlung des gereimten Verses. Er verband wirkungsstarke Perioden zu einem einzigen breit ausladenden Ganzen. Dabei bediente er sich jedes Mittels der Sprache, die Gliederung des inneren Vorgangs durch einen äußeren Zusammenhang sichtbar zu machen. Das starke aber dunkle Gefühl, das ein großer Gegenstand hervorruft, wird an dessen Teilen entfaltet, bis alle seine Momente zum Bewußtsein erhoben sind und nun so im Gemüt zusammengehalten werden. Besonders wirkungsvoll ist das Anschwellen des Gefühls, welches Teil auf Teil der ideellen Anschauung aneinanderfügt in lauter parallelen großen Perioden, bis dann in der Mitte des Gedichts die seelische Bewegung gemäß der Gesetzlichkeit des Gefühls wieder sinkt. So durchläuft das Gedicht „Die Götter Griechenlands" zuerst alle Bestandteile dieser göttlichen Welt, mit jedem derselben steigert sich das Gefühl ihrer Schönheit, immer wieder erfüllt und bestätigt dies Gefühl sich an neuen Teilen der Anschauung: bis dann plötzlich hieraus die unendliche

Sehnsucht und ein grenzenloses Gefühl des Verlustes hervorbricht und sich die Seele nun hineinwühlt in jede Tatsache, die diesen Verlust verdeutlicht. So entsteht ein neuer großzügiger Rhythmus, die Energie im Wachstum des Gefühls ausdrückend, das aus der Vertiefung in die Teile des ideellen Gegenstandes hervorgeht, aus dem leidenschaftlichen Fortgezogenwerden von Teil zu Teil. Diese Rhythmik fordert Verse, die nicht durch festen inneren Abschluß eine Hemmung in der dahinrollenden Bewegung des Gefühls enthalten. Wie wunderbar entsprechen dem nun in den Göttern Griechenlands die fünfaktigen trochäischen Zeilen, deren acht in zweimal gekreuzten Reimpaaren einen Vers bilden; sie schreiten breit dahin; kein abschließender Zusammenklang der beiden letzten Reihen hemmt die von Vers zu Vers fortschreitende Bewegung, welcher der stark einsetzende trochäische Takt eine besondere männliche Energie erteilt. Oder in den „Künstlern" die ähnliche, wenn auch freiere Behandlung der jambischen Verse, denen der Anstieg zur Betonung eine sanftere Färbung verleiht. Volle, wirkungsstarke Worte werden in den Reim verlegt, die Wahl vornehmer Ausdrücke entspricht dem Adel der Gedanken, die Bilder sind groß wie der Gegenstand sie fordert.
Mit allen diesen Kunstmitteln schaltet nun Hölderlin in seinen Hymnen kraft des ihm angeborenen Sinnes für die Melodie der Sprache. Gleichmäßig folgen einander die Satzgefüge, von denselben Beziehungsworten eingeleitet: so drücken sie eine langatmige Bewegung aufsteigend aus: langsam ebbt dann ebenso diese Flut in breiten Wellen gedehnter Sätze ab. Starke ausklingende Endreime steigern die Melodie der Verse, und eigen unmittelbar trifft ein und das andere Wort. Es ist der melodische Nachklang der gewaltigen Jugenddichtungen Schillers. „Liebe bringt zu jungen Rosen Morgentau von hoher Luft, Lehrt die warmen Lüfte kosen In der Maienblume Duft; Um die Orione leitet Sie die treuen Erden her, Folgsam ihrem Winke gleitet Jeder Strom ins weite Meer." Niemand neben oder nach Hölderlin ist so der Form Schillers gewachsen gewesen. Aber aus seinem stillen Winkel wirkte nur schwer etwas in die große Welt unserer Literatur. Einige der Hymnen erschienen in dem Schwäbischen Musenalmanach Stäudlins. Matthisson umarmte den jungen Dichter für seinen Hymnus an die Kühnheit. Und Schiller nahm diese Ode und das Gedicht über das Schicksal, das an der Grenze dieser Periode steht, in seine neue Thalia auf. Der groß gedachte Zusammenhang der Hymnen konnte sich nicht geltend machen. Welche Wirkung hätte er damals auf die Jugend üben können! Wie wäre von hier aus dem Publikum das Verständnis der wei-

teren dichterischen Entwickelung Hölderlins erleichtert worden! Es war sein erstes Mißlingen.
Das Erlebnis, das sich in Hölderlins Hymnen aussprach, war das heroische Streben der Jugend jener Jahre, in sich selbst und um sich in der Gesellschaft eine höhere Menschheit zu verwirklichen. So mußten Gestalten in ihm sich bilden, die dieses Heldentum repräsentieren. Sie quellen mit unwiderstehlicher Gewalt aus seinem Inneren hervor. Hieraus entstand sein Hyperion. Schon in Tübingen begann er an ihm zu arbeiten. Im Juni 1792 ist zuerst von dem Plan die Rede. „Ein freiheitliebender Held voll kräftiger Prinzipien": so charakterisierte ein Freund den damaligen Hyperion des Dichters. Als Schauplatz wählte der junge Philhellene das moderne Griechenland. Die sehnsüchtige Erinnerung an das, was einst auf diesem Boden geschehen, konnte er so verweben mit dem neuen griechischen Heldentum, das freilich von etwas zweifelhafter Art war. 1770 begann in Griechenland ein Befreiungskrieg, in welchem die Operationen der Russen mit dem Aufstand der Griechen zusammenwirkten. Diese Vorgänge bildeten den Hintergrund des Romans. Auf ihm sollte Hyperion sich darstellen als der Held, der ein Leben in Freiheit und Schönheit herbeiführen will — die Verkörperung aller Träume der neuen Jugend. In der letzten Tübinger Zeit (1793) schrieb Hölderlin einmal dem Bruder: „Meine Liebe ist das Menschengeschlecht. Ich liebe die große schöne Anlage auch in verdorbenen Menschen. Ich liebe das Geschlecht der kommenden Jahrhunderte. Denn dies ist meine seligste Hoffnung, der Glaube, der mich stark erhält und tätig, die Freiheit muß einmal kommen. Wir leben in einer Zeitperiode, wo alles hinarbeitet auf bessere Tage." „Ich möchte ins Allgemeine wirken." In diesem Sinne sagt Hyperion im Roman: „Sie werden kommen, deine Menschen, Natur." Wie Hölderlin geartet gewesen ist, mußte trotz alles historischen Spektakels, der im Stoff lag, die innere Geschichte des Helden ihm zum Mittelpunkt des Romans werden. Aber er hatte noch so wenig erlebt. So wuchs der Roman allmählich mit des Dichters Schicksalen.
Die Universitätsjahre gingen zu Ende. In den ersten Tagen des Dezember beendete Hölderlin seine Prüfung in Stuttgart, und er hätte nun den Wunsch der guten Mutter befriedigen können, in den schwäbischen Pfarrdienst einzutreten. Mörike hat später dem sich gefügt. Hegel, Schelling, Hölderlin dachten nicht so zu tun, sie waren eingesponnen in den Dienst der Menschheit. Aber wo war in dem damaligen Deutschland ein Weg für sie zu größerem Wirken? Es gab zunächst keine andere Grundlage der äußeren Existenz als das Hauslehrertum und keine Aussicht als das Katheder. Ein günstiges Schicksal schien dabei Hölderlin leiten zu wollen.

Schiller hielt sich um diese Zeit in Schwaben auf, und er hatte den Auftrag, Frau von Kalb einen Hofmeister für ihren Sohn zu suchen. Er sah den jungen Dichter eine halbe Stunde und der Eindruck war nicht ungünstig. Noch bevor Hölderlin die Prüfung abgelegt hatte, entschied sich so sein nächstes Schicksal. Dicht vor Weihnachten machte er sich auf nach Thüringen, wo Charlotte von Kalb auf ihrem Gute Waltershausen nahe bei Meiningen wohnte. Deren Sohn hatte er zu unterrichten. So führte ihn sein Schicksal gerade in die Sphäre seines Landsmanns Schiller, der durch seine Ideen den stärksten Einfluß auf ihn geübt hatte. Und durch die neuen Lebensbeziehungen öffnete sich ihm der Kreis der Männer, welche damals unsere Literatur beherrschten. Aber auch hier machte sich dann die eigene Mischung in diesem Leben geltend, das aus äußerer Misere und hohem Streben so sonderbar zusammengewirrt war. Wie die Kalb war, kam sie dem Poeten mit dem ganzen Schatz ihrer mütterlichen Gefühle entgegen, die sie immer für begabte junge Leute zur Verfügung hatte. Sie war bemüht, den spröden Schwaben in Beziehung zu den literarischen Verhältnissen ringsumher zu setzen. Der Dichter vergalt ihr durch die gewissenhafteste Erfüllung seiner Pflicht bei ihrem Knaben. Doch umsonst rieb er sich in diesem Geschäft auf. Frau von Kalb mußte das schließlich selbst einsehen. Noch einmal wurde in Jena und dann in Weimar ein Versuch gemacht. Dann gab sie ihm nach, daß er sich von dem Knaben trennte und in Jena niederließ. Sie schrieb selbst an die Mutter Hölderlins, um diese über den gewagten Schritt ihres Sohnes zu beruhigen. Sie versah ihn mit Geld. Eine verständnisvolle Würdigung des Dichters ging von ihr aus und erleichterte ihm die Beziehungen in Jena, die er sich wünschte.

Kant und die Griechen haben ihn in Waltershausen vorwiegend beschäftigt. Die Abhandlung Schillers über Anmut und Würde, die eben erschienen war, regte ihn zu ästhetischen Studien an. Er glaubte, daß man sich noch einen Schritt weiter als Schiller über die Grenzlinien Kants hinauswagen könnte. Man wird nicht zweifeln können, daß er zur Wirklichkeit des Schönen im Universum fortgehen wollte. In diesem Sinn war wohl ein Aufsatz aus dieser Zeit über die ästhetischen Ideen abgefaßt. Am meisten aber beschäftigte den Dichter in Waltershausen der in Tübingen begonnene Roman Hyperion. Spätestens im Herbst 1794 ist das Fragment abgeschlossen worden, das Schiller in der Thalia veröffentlichte.

Hölderlin stellte jetzt dem in Tübingen geplanten Hyperion die Aufgabe eines entwickelungsgeschichtlichen Romans, wie solche seit Wielands Agathon in unserer Literatur üblich waren. Und er faßte Entwickelungsgeschichte unter dem Gesichtspunkt Schillers: ihr Ausgangspunkt die naive Vollkommenheit, die durch die bloße Organisation gegeben ist, und ihr Endpunkt das Ideal, zu dem wir selbst durch höchste Bildung uns erheben können. Dazwischen verläuft die exzentrische Bahn seines Helden; aus dieser gibt er einen Ausschnitt.

Nach den Enttäuschungen der Wortphilosophie und kleiner Lebensverbindungen — Hölderlin selbst hatte eben erst eine dürftige Liebschaft mit einer koketten Tübinger Professorentochter abgeschüttelt — betritt Hyperion den Boden seiner jonischen Heimat wieder. „Sein alter Freund, der Frühling" überrascht ihn und ruft Ahnungen eines kommenden Glückes in seiner Seele hervor. Mitten in diesem Frühling erscheint ihm Melite, ein Heiliges, das in der Allgenügsamkeit einer Himmlischen lebt. Das schöne, echt germanische Motiv, das den Frühling, die Ahnungen, die er erweckt, und ihre Erfüllung in der Geliebten miteinander verknüpft, ist dann auch später von ihm festgehalten worden. Zwischen den beiden Liebenden spielt sich nun die Hölderlin-Tragödie ab. Die geheimen Leiden einer leidenschaftlichen Jünglingsseele, die nie sich selbst genügt und der andere nie genügen. Die stille Heilige wird von ihm aufgestört und im Innersten erschüttert. Hier zuerst treten uns Selbstbekenntnisse des Dichters über seine verhängnisvolle Anlage zum Trübsinn entgegen. „Ich habe manchmal gedacht", sagt Melite, „woher es wohl kommen möchte, daß du so sonderbar bist. Es ist so ein schmerzlich Rätsel, daß ein Geist, wie der deinige, von solchen Leiden gedrückt werden soll." „Sage deinem Herzen, daß man vergebens den Frieden außer sich suche." Dann wieder erscheinen Momente des großen Glückes, das nur den seltenen hohen Menschen mit ihrer grenzenlosen Leidensfähigkeit zugleich beschieden ist. In der Grotte des Homer halten im magischen Dämmerlichte die Freunde, vor sich das Bild des blinden Sängers, die Totenfeier von allem Großen was einst da war; auch dies Motiv hat der spätere Roman wiederholt. Mißverständnisse führen zur Trennung. Hyperion rettet sich zur „geheimen Kraft der Natur, die überall sich an uns äußert, wo das Licht und die Erde, und der Himmel und das Meer uns umgibt".

So klingt hier ein drittes Motiv des späteren Romans an. Die Natur bringt das Herz, das überall anstößt und leidet und nicht verstehen kann, zur Ruhe. Sie ist heilig, geheimnisvoll, unbegreiflich, scheint uns zuzurufen: warum liebst du nicht mich? In der Dämmerung dieser Liebe ist uns wohl. Die Schönheit des Lebens, Heldentums, Güte der Frauen, Poesie ist die Manifestation der göttlichen Kraft; im Unterschied von den Hymnen ist diese hier bereits pantheistisch gedacht. Sie ist das „was besteht, was fortlebt unter tausend veränderten Gestalten, was war und ist und sein wird". Sie ist unergründlich. Aus ihrer Anschauung entspringt die Liebe zu ihr, welche erst unserem Denken und Handeln die wahre und dauernde Grundlage gibt. Diese Äußerungen eines dichterischen Pantheismus sind niedergeschrieben vor Schellings Fortgang zum Monismus, vor Schleiermachers Reden über die Religion, mit denen sie sich so nahe berühren, und lange vor der monistischen Wendung in Hegel.

Das Bruchstück gleicht einer Ouvertüre, welche die Motive des musikalischen Dramas angibt, ehe dieses selber beginnt. Auch dem rhythmischen Stil seiner Prosa nähert sich Hölderlin hier erst suchend, ahnend und tastend.

Reife des Lebens

Im Anfang des Jahres 1795 ließ sich Hölderlin in Jena nieder, um nunmehr seinen schriftstellerischen Arbeiten zu leben; weiterhin hatte er in Aussicht genommen, Vorlesungen an der Universität zu halten. Hiermit beginnt die Zeit äußerster Konzentration, in der es sich für ihn darum handelte, sich in der literarischen Welt zu behaupten.

Wenn er nun nach zerstreuten Jahren zu einer zusammenhängenden Wirkung auf die Welt sich genötigt fand, so trat ihm in Jena der Mann entgegen, der stärker als irgendein anderer damals in Deutschland zu einer solchen anregte. Schon als Hölderlin im November des verflossenen Jahres sich mit seinem Zögling dort aufhielt, hörte er täglich Fichtes Vorlesungen und sprach ihn zuweilen. Er schloß sich sogleich, wie damals alle kräftigsten, begabtesten Jünglinge in Jena, mit Begeisterung an ihn an. „Fichte ist jetzt die Seele von Jena. Und gottlob! daß ers ist. Einen Mann von solcher Tiefe und Energie des Geistes kenn' ich sonst nicht." Hier fand er Bewußtsein über die letzten Prinzipien des Wissens, die kühnsten Folgerungen aus ihnen, verbunden mit dem Mut, „trotz der Gewalt der Finsternis sie zu schreiben und vorzutragen." Da er jetzt endlich in völliger Unabhängigkeit arbeiten durfte, vertiefte er sich sehr ernsthaft in die Probleme, die ihm von Fichte aus entstanden. Wenn er den ganzen Tag still gearbeitet hatte, ging er abends in dessen Vorlesung. An dem Studium dieser Philosophie entwickelte sich in ihm ein eigener philosophischer Standpunkt. Ähnlich wie Schleiermacher später in den Reden über die Religion fand er, daß die reine Theorie nicht über das Faktum des Bewußtseins hinausführen könne. Wenn Fichte hinter die Tatsachen des Bewußtseins zurückgehen wollte zu einem absoluten

Ich, so schien er hierdurch das Bewußtsein aufzuheben und damit jeden Inhalt dieses Ich. Schon damals hat er offenbar nur in der dichterischen Anschauung des Universums die Grundlage für das objektive Verständnis des Weltzusammenhanges gesehen. Die Verwandtschaft seines Standpunktes mit dem Schleiermachers setzt sich auch hierin fort. Für Schleiermacher war diese Anschauung in der Religion gegeben, für Hölderlin in der Dichtung. Die Ideen aus der Epoche der Hymnen über die Liebe als Grundlage der Sittlichkeit gerieten ihm ins Wanken unter der Einwirkung des unerbittlichen Fichte.

Aber wie mußte nun der Eindruck Fichtes und der enthusiastischen Jünglinge zu seinen Füßen die Erwartungen von einer kommenden höheren Menschheit und einem neuen Heldentum verstärken, in denen er mit den Stiftsgenossen Hegel und Schelling gelebt hatte und aus denen sein Plan des Hyperion entsprungen war! Baldigst gab er dem alten Freunde Hegel Kunde von dem „Titanen Fichte", der für die Menschheit kämpfe und dessen Wirkungskreis gewiß nicht innerhalb der Wände des Auditoriums bleiben werde. Und Hegel meldete an Schelling freudig, daß Hölderlins Interesse für die weltbürgerlichen Ideen immer zunehme. „Das Reich Gottes komme und unsere Hände seien nicht müßig im Schoße!"

Die Begeisterung der Schüler um Fichte stand in Zusammenhang mit einer Bewegung in der jungen Generation, die sich an verschiedenen Punkten Deutschlands kundtat. Ja sie hatte, wie sie von der Revolution ausgegangen war, einen europäischen Charakter. Eben in diesen Jahren hatte in Frankreich die ideologische Schule auf Grund der naturwissenschaftlichen Lehre von der Evolution den Gedanken einer Steigerung der Menschheit zu einer bis dahin unbekannten Stärke und Freude verkündet; was die Wissenschaft vorbereitet hatte, sollte die Revolution verwirklichen. Und der geächtete Condorcet schrieb im Angesicht des Todes das Buch, dessen starker und freudiger Glaube an die Entwickelung der menschlichen Gesellschaft zu einer Verfassung, die jeder Kraft Raum zur Entfaltung gewährt, auf die ganze kommende Generation bis zu den Sozialisten und Comte hin gewirkt hat. In England arbeiteten die Verehrer der französischen Revolution an einer rationalen Neuordnung der Verfassung und Gesetzgebung. Man kann sagen, daß damals zuerst die Ideen des achtzehnten Jahrhunderts von der Solidarität und dem Fortschritt der Menschheit, die an die aufgeklärte Selbstherrschaft noch gebunden gewesen waren, zu einer selbständigen wirksamen Macht in den Völkern wurden.

In diesen historischen Zusammenhängen hat Fichte seine Ideen über das allgemeingültige Vermögen entwickelt, in welchem das

Gesetz einer kommenden höheren Ordnung der Gesellschaft und einer Steigerung der Individuen enthalten sei. Derselbe Zusammenhang verstärkte in seinen Jüngern den Willen zum Handeln. So wuchs auch in Hölderlins Seele das Ideal einer höheren Menschheit immer deutlicher, bestimmter, größer. „Wenn's sein muß", schrieb er damals, „so zerbrechen wir unsere unglücklichen Saitenspiele und tun, was die Künstler träumten." Solche tief ernst gemeinten Worte lassen sich schwer psychologisch verbinden mit der zarten Dichternatur Hölderlins. Es ist als ob er über sein Wesen hinausgegangen wäre. Hier ist dasselbe Geheimnis, das uns auch in Nietzsche entgegentritt. Wie es auch sich damit verhalte — durch sein ganzes Leben, bis hinein in die Verdunkelung seines Geistes ist der Held der Mittelpunkt seiner Poesie und nimmt nur immer tiefsinnigere und zugleich gigantischere Formen an, bis zu der letzten Fassung seines Empedokles, durch die er ebenfalls mit Nietzsche in Verhältnis tritt.

Solche Stimmungen und Ideen förderten die Arbeit an dem Roman Hyperion, die eben vor ihm lag. Das Heroische in demselben erhielt festere Züge und größere Ausbreitung. In Schiller und Fichte stellte sich ihm der Gegensatz dar, auf welchem dann die Verwickelung in der letzten Fassung des Romans beruht. Die Gestalt Alabandas empfing aus dem Ungestüm Fichtes, aus seiner Verachtung der bloßen Doktrin, aus seinem stolzen Bewußtsein von der Würde, Freiheit und Unveränderlichkeit der Person Blut und Leben. Wir haben aus dieser Jenaer Zeit Aufzeichnungen, die uns in die Ausbildung des Romans hineinblicken lassen. Er versucht einen neuen Anfang und eine neue Form. Der Dichter begegnet dem Hyperion, ein Bild der vollendeten Persönlichkeit und Denkart desselben wird entworfen, und nun erzählt Hyperion seine Lebensgeschichte. Auch eine metrische Bearbeitung des Romans hat damals Hölderlin vorübergehend versucht. Und der Plan eines ästhetischen Werkes konnte ebenfalls nirgends besser ausgeführt werden als in dieser Atmosphäre von Weimar und Jena. Wollte dann Hölderlin Vorlesungen aus diesem Gebiete halten, so fand er in den Jenaer Studenten das empfänglichste Publikum.

Hölderlin war erst vierundzwanzig Jahre alt, als er unter den schwierigsten äußeren Umständen die begonnenen poetischen und ästhetischen Arbeiten zu raschem Abschluß bringen wollte. Seine philosophischen Ideen waren noch unreif. Wie hätte aus ihnen so schnell eine Bearbeitung der tiefsten ästhetischen Probleme entstehen können, mit der er vor die Öffentlichkeit treten durfte! Der Roman konnte nur langsam vorwärts rücken. Dies Genie einer neuen lyrischen Form, das von jedem Eindruck aus in sich selbst zurückging, ließ sich durch keine äußere Not etwas abringen. Und seine wunderbaren Gedichte waren keine Marktware. Er brütete die langen Tage einsam über seiner Arbeit. Seine einzige Erholung war zuweilen eine Unterhaltung mit Fichte, vor allem aber der Verkehr mit Schiller, den er so oft besuchte als es schicklich schien, und dessen Persönlichkeit und Gespräch ihn immer wieder belebte. Die Existenzmittel wurden bei spärlichster Lebensweise immer knapper. Er nahm nur eine dürftige Mahlzeit am Tage. Und stärker noch als die äußere Misere, in der er lebte, lastete sein inneres Schicksal auf ihm. Er konnte keine Arbeit isolieren. Jedes Erlebnis, jede Erkenntnis ging zurück in die schwere dunkle Tiefe seines Wesens und verlor sich darin. Nichts wollte aus ihr sich loslösen.

Und allmählich, langsam, furchtbar kam an ihn das Erlebnis dieser Zeit. Unmittelbar nach seiner Ankunft in Jena hatte er geschrieben: „Die Nähe der wahrhaft großen Geister, und auch die Nähe wahrhaft großer selbsttätiger mutiger Herzen schlägt mich nieder und erhebt mich wechselweise, ich muß mir heraushelfen aus Dämmerung und Schlummer, halbentwickelte, halberstorbene Kräfte sanft und mit Gewalt wecken und bilden, wenn ich nicht am Ende zu einer traurigen Resignation meine Zuflucht nehmen soll." Mit der Zeit nahm der Druck zu, der hiervon ausging. Es entstand das bittere Gefühl, in immer weitere Ferne von ihnen abzurücken — Leid der Einsamkeit und des Unverstandenseins. Diese Großen hatten irgendwie in Dichtung, Philosophie, Lebensgestaltung dasselbe Ziel mit ihm. Und von einem nach dem anderen entfremdete seine Seele sich. Wer hätte in der Nähe Goethes leben können, ohne zu wünschen, durch sein Urteil in seinem Wert bestätigt zu werden? Während seines Aufenthaltes als Hofmeister in Jena war Hölderlin ihm zuerst begegnet. Es war, als er dort Schiller aufsuchte. Er wurde von Schiller freundlich begrüßt und bemerkte kaum im Hintergrund einen Fremden, bei dem keine Miene, auch nachher lange kein Laut etwas besonderes ahnen ließ. Den Namen verstand er nicht bei der Vorstellung. So begrüßte er ihn kalt, fast ohne einen Blick auf ihn. Der Fremde blättert in der Thalia, die Hölderlins Gedicht an das Schicksal und sein Hyperionsfragment enthielt, äußert aber kein Wort. So dauert das sonderbare Zusammensein eine ganze Zeit hindurch. Dann in Weimar ist der junge Dichter abermals Goethe bei Frau von Kalb begegnet. Diesmal empfand Hölderlin tief die Verbindung von Menschlichkeit und Größe in der Art, wie er sich mit ihm unterhielt; er erschien „ruhig, viel Majestät im Blicke und auch Liebe, äußerst einfach im Gespräch", das „von Funken seines noch lange nicht erloschenen Genius" belebt war; „man glaubt oft einen recht herzensguten Vater vor sich zu haben". Als Hölderlin dann in

Jena sich dauernd niederließ, begegnete er ihm da öfter bei Schiller. Aber Hölderlin war noch so jung, persönlich so ungeschickt und bescheiden, und seine Lyrik, in ihrer Weise ein Höchstes nach Goethe, fand eben die ersten eigenen Töne. So konnte Goethe aus ein paar Gedichten Hölderlins, die ihm Schiller wegen eines Abdrucks in den Horen zusandte, wirklich von der wunderbaren lyrischen Begabung des jungen Dichters keinen Begriff fassen; er urteilte über sie wohlwollend, aber sehr kühl. Er fühlte darin eine Schiller verwandte Richtung, aber ohne dessen Fülle, Stärke und Tiefe, er lobte „eine gewisse Lieblichkeit, Innigkeit, Mäßigkeit", einen heiteren Blick über die Natur, nur ohne Kenntnis derselben: „sie drücken ein sanftes in Genügsamkeit sich auflösendes Streben aus." Von da ab entschwand, von einer flüchtigen Begegnung in Frankfurt abgesehen, Hölderlin aus den Augen Goethes. Herder hatte er schon bei seinem ersten Aufenthalt in Weimar besucht, und dieser schien sich für ihn zu interessieren, doch war zwischen ihm und dem Schüler Schillers und Fichtes nur eine flüchtige Berührung möglich. Von einem Verkehr mit Fichte hört man bald nichts mehr.

Schiller allein hielt an seinem lieben Schwaben fest und tat für ihn, was er konnte. Von der Zeit ab, in der Hölderlin die ersten Dramen Schillers gelesen, war in ihm diese große Liebe, die auf der Verwandtschaft des zarteren Geistes mit dem Starken gegründet war. Schiller seinerseits vergalt ihm mit einem ruhigen, treuen Interesse. Er druckte in der Thalia ein Fragment des Hyperion ab, er empfahl den ganzen Roman unter guten Bedingungen Cotta zum Verlag und forderte den jungen Dichter auf, für die Horen zu arbeiten, da er sich viel davon für Hölderlins pekuniäre Existenz versprach. Er fühlte die ganze Gefahr in Hölderlins innerem Zustand. „Heftige Subjektivität", verbunden „mit einem gewissen philosophischen Geist und Tiefsinn" trieben denselben immer mehr in sich zurück. Mit inniger Teilnahme empfand Schiller, wie schwer einer solchen Natur beizukommen sei. Und diese Teilnahme war um so stärker, weil er „viel von seiner eigenen sonstigen Gestalt" in dem jungen Dichter wiederfand.

Was aber in Hölderlin selbst vorging, bringt erst ein Brief zutage, den er, bald nachdem er Jena verlassen hatte, geschrieben hat. Die leisen Töne desselben wirken ergreifend. In mancher guten Stunde habe er nach den Grenzen seines Verständnisses den ganzen Wert Schillers rein empfunden und sich gewünscht, ihm recht viel sein zu können. Und nun sein Geständnis! Er sagt, wie sehr er die Nähe Schillers entbehre, aber „ich hätt es schwerlich mit all' meinen Motiven über mich gewonnen, zu gehen, wenn nicht eben diese Nähe mich von der anderen Seite so oft beunruhigt hätte.

Ich war immer in Versuchung, Sie zu sehen, und sah Sie immer nur, um zu fühlen, daß ich Ihnen nichts sein konnte. Ich sehe wohl, daß ich mit dem Schmerze, den ich so oft mit mir herumtrug, notwendigerweise meine stolzen Forderungen büßte; weil ich Ihnen so viel sein wollte, mußt' ich mir sagen, daß ich Ihnen nichts wäre. Aber ich bin mir dann doch zu bewußt, was ich damit wollte, um mich nur leise darüber zu tadeln." Und später noch einmal auf einen gütigen Brief Schillers, der ihm den Wunsch ausgesprochen hatte, Hölderlin möge ihm räumlich wieder nahe sein, dann würde er sich ihm ganz verständlich machen können: „Ihre Nähe ist mir nicht erlaubt." „So lang ich vor Ihnen war, war mir das Herz fast zu klein, und wenn ich weg war, konnt' ich es nicht mehr zusammenhalten." So tiefes Leid erwuchs Hölderlin aus dieser seiner großen Liebe, der größten, die er außer zu Diotima in seinem Leben gehabt hat.

Leise erhob sich aus all diesem in seiner Seele das leidvolle Bewußtsein der Einsamkeit, in welcher im Grunde jeder lebt mitten unter den Seinen und den Freunden, des Getrenntseins, das aus der Natur des Einzeldaseins selbst entspringt und das in den eigen wachsenden genialen Naturen am stärksten erfahren werden muß.

Kaum drei Viertel Jahre vermochte Hölderlin in Jena sich zu halten. Im Frühsommer 1795 kehrte er nach Nürtingen zurück. Er kam wie aus einem Schiffbruch, leidend, mit wunder Seele, und gedemütigt, daß er der guten Mutter wieder zur Last fiel. Bis zum Ende des Jahres blieb er in der Heimat und mußte dann wieder in die alte Dienstbarkeit sich zurückbegeben, diesmal in Frankfurt am Main. Es ist schwer festzustellen, was in dieser Zeit freier Arbeit, seitdem er sich in Jena selbständig niedergelassen hatte, entstanden ist. Jedenfalls vollzog sich damals in seinen Gedichten die wichtige Übertragung der Form, die er sich an der Hymne gebildet hatte, auf die persönliche Lyrik.

In den letzten Tagen des Jahres 1795 kam Hölderlin in Frankfurt an, wo er in der Familie des Bankiers Jacob Gontard vier Kinder zu unterrichten hatte. Er hatte in den ersten Bruchstücken seines Romans sein griechisches Ideal einer in sich gefaßten, harmonisch gestimmten weiblichen Seele dargestellt. Es trat ihm nun als Wirklichkeit in der Frau des Hauses entgegen. Ein Porträtrelief von ihr zeigt ein Antlitz von vollendeter griechischer Schönheit. Aus ihm spricht jene eigene Verbindung von Weichheit mit vornehmer Fassung, die Hölderlin so verstand. Sie stammte aus einer angesehenen Hamburger Familie. Ihre Erziehung hatte sie mit den Sprachen und der Literatur bekannt gemacht. Sie wußte den Umgang mit geistig hervorragenden Menschen zu genießen, wie denn in ihrem Hause neben den Frankfurter Geldleuten der Dichter Heinse und der Anatom und Arzt Sömmering verkehrten. Hölderlin wandte bald dem ältesten ihrer Knaben mit dem feinen Verständnis, welches das kindlich Reine in ihm für Kinderseelen hatte, eine innige Neigung zu. So mußte auch die Mutter, welche die Erziehung der Kinder allein leitete, ihm näher treten.

Die Beziehungen zu dieser Frau wurden das höchste Glück im Leben Hölderlins, ein wesentlicher Inhalt all seiner späteren Dichtung und eines der Verhängnisse, die ihn niedergezogen. Ihre vornehme Seele verstand den schlichten, schwermütigen jungen Poeten. Sie verstand auch das Leid, das auf ihm lastete, und bemühte sich, ihm ein freieres Verhältnis zum Leben zu geben. Der Dichter aber erkannte in ihr die Muse seiner Poesie selber. Mit wie sonderbaren Gefühlen blickte er nun auf die Liebeleien seiner früheren Jahre zurück – zumal auf die letzte, besonders törichte! „Ich hab' in meiner schönsten Lebenszeit so manchen lieben Tag vertrauert, weil ich Leichtsinn und Geringschätzung dulden mußte, so lange ich nicht der Einzige war, der sich bewarb. Nachher fand ich Gefälligkeit und gab Gefälligkeit, aber mein erster tieferer Anteil war in dem unverdienten Leiden, das ich duldete, erloschen." Nun zuerst erfuhr er eine innere Verwandtschaft, die zeitlos wie das Göttliche selber ist.

Die Liebe, die so zwischen diesen beiden entstand, spricht unmittelbar zu uns aus einigen rührenden Blättern, die eben zugänglich geworden sind. Es sind vier Bruchstücke von Briefen, Konzepte, sie beginnen im Frühjahr 1799, also ein halbes Jahr nachdem er Frankfurt verlassen, und reichen in den November. Ob sie so, wie sie vorliegen, abgesandt worden sind, darüber sind nur Vermutungen möglich. Doch werden eben in diesen Blättern andere Briefe von ihm an sie und auch ein Brief von ihr erwähnt. In dem ersten dieser Briefentwürfe tut sich die ganze innere und äußere Beziehung der beiden während der drei Jahre in Frankfurt vor uns auf. Er übersendet ihr den zweiten Band seines Romans, „die Frucht unsrer seelenvollen Tage", äußert einige Unzufriedenheit mit dem Roman und fährt dann fort: „Hätte ich mich zu deinen Füßen nach und nach zum Künstler bilden können, in Ruhe und Freiheit, ja ich glaube, ich wär' es schnell geworden, wonach in allem Leide mein Herz sich in Tränen und am hellen Tage und oft mit schweigender Verzweiflung sehnt. – Es ist wohl der Tränen alle wert, die wir seit Jahren geweint, daß wir die Freude nicht haben sollten, die wir uns geben können, aber es ist himmelschreiend, wenn wir denken müssen, daß wir beide mit unsern besten Kräften vielleicht vergehen müssen, weil wir uns fehlen. Und sieh! das macht mich eben so stille manchmal, weil ich mich hüten muß vor solchen Gedanken. Deine Krankheit, Dein Brief –

es trat mir wieder, so sehr ich sonst verblinden möchte, so klar vor die Augen, daß Du immer, immer leidest, — und ich Knabe kann nur weinen darüber! — Was ist besser, sage mir's, daß wir's verschweigen, was in unserm Herzen ist, oder daß wir uns es sagen! — Immer hab' ich die Memme gespielt, um Dich zu schonen, — habe immer getan, als könnt ich mich in alles schicken, als wär ich so recht zum Spielball der Menschen und der Umstände gemacht und hätte kein festes Herz in mir, das treu und frei in seinem Rechte für sein Bestes schlüge, teuerstes Leben! habe oft meine liebste Liebe, selbst die Gedanken an dich mir manchmal versagt und verleugnet; nur um so sanft wie möglich, um Deinetwillen dies Schicksal durchzuleben. — Du auch, Du hast immer gerungen, Friedliche! um Ruhe zu haben, hast mit Heldenkraft geduldet, und verschwiegen, was nicht zu ändern ist, hast Deines Herzens ewige Wahl in Dir verborgen und begraben, und darum dämmerts oft vor uns, und wir wissen nicht mehr, was wir sind und haben, kennen uns kaum noch selbst; dieser ewige Kampf und Widerspruch im Inneren, der muß Dich freilich langsam töten, und wenn kein Gott ihn da besänftigen kann, so hab' ich keine Wahl, als zu verkümmern über Dir und mir, oder nichts mehr zu achten als Dich und einen Weg mit Dir zu suchen, der den Kampf uns endet." So rein und beherrscht war diese Liebe gewesen. Und auch jetzt, da er das Elend der Trennung nicht mehr erträglich findet, fügt er doch dann gleich hinzu: „Ich habe schon gedacht, als könnten wir auch von Verleugnung leben, als machte vielleicht auch dies uns stark, daß wir entschieden der Hoffnung das Lebewohl sagten..." Hier bricht mitten auf dem Bogen das Schreiben ab. Man sieht den Dichter, auf die Hände das müde Haupt gestützt, über das Wirrsal brütend, aus dem es kein Entrinnen gab. Er hat wohl den Brief nicht abgeschickt. Später schrieb er auf die Rückseite:

Reines Herzens zu sein
Das ist das Höchste,
Was Weise ersannen,
Weisere taten.

Was hat diese Liebe ihm doch Unverlierbares gegeben! Diotima brachte ihm das Glück, das er bisher nicht gekannt hatte. Als ein Sonnenkind erschien sie ihm. Unter ihrer beständigen Teilnahme trat nun endlich der Hyperion an die Öffentlichkeit. Sie hat mit ihm den Gang des Romans oftmals erörtert. Unter ihrer Einwirkung vollendete sich die neue Form seiner Lyrik, und die schönsten seiner Gedichte aus dieser Zeit sind aus der Liebe zu ihr hervorgegangen. Über die Diotima des Romans und Hyperions Liebe zu ihr schreibt Hölderlin an sie: „Alles was von ihr und uns vom

Leben unseres Lebens hie und da gesagt ist, nimm es wie einen Dank, der öfters um so wahrer ist, je ungeschickter er sich ausdrückt.“ So mag man es in dem Roman lesen, wie sie ihn mit dem Leben versöhnte, wie sie ihm zum Maßstab jedes Urteils über die Werte des Lebens wurde — und wie sie durch ihn litt. „Heilig Wesen! gestört hab' ich die goldne Götterruhe Dir oft, Und der geheimeren, tiefern Schmerzen des Lebens Hast Du manche gelernt von mir.“ Das schönste Denkmal seiner Liebe ist die Elegie „Menons Klage um Diotima“.

Aber wir, zufrieden gesellt, wie die liebenden Schwäne,
Wenn sie ruhen am See, oder, auf Wellen gewiegt,
Niedersehn in die Wasser, wo silberne Wolken sich spiegeln,
Und ätherisches Blau unter den Schiffenden wallt,
So auf Erden wandelten wir. Und drohte der Nord auch,
Er, der Liebenden Feind, klagenbereitend, und fiel
Von den Ästen das Laub, und flog im Winde der Regen,
Ruhig lächelten wir, fühlten den eigenen Gott
Unter trautem Gespräch, in Einem Seelengesange,
Ganz in Frieden mit uns kindlich und freudig allein.

Beinahe drei Jahre währte dieses Lebensverhältnis. Langsam breitete sich während dieser Zeit der Konflikt vor, in dem es endete. Schon nach den ersten Monaten in Frankfurt litt das Selbstgefühl des Dichters unter seiner Situation inmitten dieser Frankfurter Plutokratie. Dann im Juli 1797 erpreßt ihm diese Lage den Ausruf: „O! gib mir meine Jugend wieder, ich bin zerrissen von Liebe und Haß.“ Und einige Zeit danach spricht er zur Schwester mit furchtbarer Bitterkeit über die Menschen, mit denen er leben mußte. „Hier siehst Du, wenig ächte Menschen ausgenommen, lauter ungeheure Karikaturen. Bei den meisten wirkt ihr Reichtum wie bei den Bauern neuer Wein; denn gerad so täppisch, schwindlich grob und übermütig sind sie. Aber das ist auch gewissermaßen gut; man lernt schweigen unter solchen Menschen, und das ist nicht wenig.“ „Die harten Urteile der Menschen“ — schreibt er ein anderes Mal — „werden mich so lange herumtreiben, bis ich am Ende wenigstens aus Deutschland fort bin.“ Am tiefsten trafen die Kränkungen, die er in dem Hause selbst durch den Bankier Gontard erfahren mußte. In Hölderlins Gegenwart warf er die Äußerung hin, „daß die Hofmeister auch Bediente wären, daß sie nichts besonders für sich fordern könnten, weil man sie für das bezahlte, was sie täten“. Die glatte Maske des gemessenen, höflichen Geldmannes verbirgt eine innere Brutalität, die Entsetzen erregt. Man begreift, was das stolze, empfindliche und doch so wehrlose Gemüt Hölderlins in der Nähe dieses Mannes erduldet hat. So verließ er denn das Haus Gontard und Frank-

furt im Herbst 1798. Es geschah zweifellos aus eigenem Entschluß; er berichtet der Mutter, wie er Gontard seine Gründe auseinandergesetzt habe und wie sie höflich voneinander schieden; wenn er hier wohl nicht die ganze Wahrheit aussprach, wie er denn zur Mutter stets schamhaft und rücksichtsvoll über seine Erlebnisse sich äußerte, so ist doch der Kern dieses Berichtes unwidersprechlich durch das Gedicht „Der Abschied" erwiesen.
Es war eine neue schwere Erfahrung, die ihn vom Leben und von den Menschen trennte. Mit einer furchtbaren Ausschließlichkeit blieb fortan sein Blick auf das Heilige gerichtet, das ihm in Diotima erschienen war. Kein mittleres Lebensverhältnis hatte für ihn noch einen Wert. Die gefährliche Sonderung seines wirklichen Lebens vom idealischen Traum vollzog sich in ihm. Bitterer Haß gegen das Gemeine fraß an seiner Seele. „Wenn ich sterbe mit Schmach, wenn an den Frechen nicht Meine Seele sich rächt, wenn ich hinunter bin, Von des Genius Feinden Überwunden, ins feige Grab." In sein Bild von der göttlichen Welt gruben sich nun noch tiefer die Züge von Leid, von Trennung zwischen dem, was lebt, von der brutalen Macht des Niedrigen und Gemeinen. Seine Liebe zur leidenlosen Natur empfing einen kranken Zug.
Hier ist nun eines anderen Lebensverhältnisses noch zu gedenken, das durch seine Frankfurter Jahre hindurchgeht und stark auf seine Entwickelung einwirkte. Goethe spricht von den dämonischen Kräften, die in unserem Leben wirken. Eine seltsame Fügung führte, eben da Hölderlins Schicksal alle seine Ideen über Leben und Welt in Gärung und Bewegung brachte, ihm Hegel, den Jugendgenossen wieder zu.
Die beiden Freunde hatten in Briefwechsel miteinander gestanden, und wie Hegel an dem alten Genossen hing, wie nahe er sich jetzt in seinem Gedankenkreis mit diesem berührte, dafür besitzen wir ein Dokument ganz eigener Art in dem Gedicht Eleusis, das Hegel im Sommer 1796 an den Freund richtete.

Es ist Abend,

um mich, in mir wohnt Ruhe.
Dein Bild, Geliebter, tritt vor mich,
Und der entfloh'nen Tage Lust. Doch bald weicht sie
Des Wiedersehens süßern Hoffnungen.
Schon malt sich mir der langersehnten, feurigen
Umarmung Szene; dann der Fragen, des geheimen,
Des wechselseitigen Ausspähens Szene,
Was hier an Haltung, Ausdruck, Sinnesart am Freund
Sich seit der Zeit geändert; — Der Gewißheit Wonne,
Des alten Bundes Treue, fester, reifer noch zu finden,
Des Bundes, den kein Eid besiegelte:

Der freien Wahrheit nur zu leben,
Frieden mit der Satzung,
Die Meinung und Empfindung regelt, nie, nie einzugehn!

Im Beginn des folgenden Jahres erfüllte sich der Wunsch der beiden Freunde. Längst hatte Hölderlin teilnehmend für Hegel nach einer angemessenen Lage ausgeschaut. Als er dann in der Frankfurter Gesellschaft heimisch geworden war, hatte er ihm im Herbst des Jahres 1796 eine Hauslehrerstelle anbieten können. „Wenn Du hierher kömmst, wohnt nicht weit von Dir ein Mensch, der unter ziemlich bunten Verwandlungen seiner Lage und seines Charakters dennoch mit Herz und Gedächtnis und Geist Dir treu geblieben ist und dem nichts fehlt als Du." Hegel nahm den Vorschlag an. „Wie viel Anteil an meiner geschwinden Entschließung die Sehnsucht nach Dir habe – davon nichts"; „aus jeder Zeile Deines Briefes spricht Deine unwandelbare Freundschaft zu mir." Während des ganzen Aufenthaltes in Frankfurt sind die Jugendfreunde vereinigt gewesen. Hegels in sich gefaßter Verstand tat gerade jetzt Hölderlin wohl. Noch aus dieser Frankfurter Zeit stammt ein Brief, der zeigt, was ihm eben damals der Freund sein mußte, der ihn in die Region der Ideen zurückführte. „Man hat oft bei aller Kraft der Jugend kaum für das Notwendige Gedanken und Geduld genug übrig, so störend und schwächend ist manchmal das Leben, und keine Zeit ist schlimmer in jeder Rücksicht, als der Übergang vom Jüngling zum Mann. Die anderen Menschen und die eigene Natur machen einem, glaub' ich, in keiner anderen Lebensperiode so viel zu schaffen, und diese Zeit ist eigentlich die Zeit des Schweißes und des Zornes und der Schlaflosigkeit und der Bangigkeit und der Gewitter, und die bitterste im Leben. Aber die Menschen gären, wie alles andere, was reifen soll, und die Philosophie hat nur dafür zu sorgen, daß die Gärung so unschädlich und so leidlich und so kurz, wie möglich ist, vorbeigeht.
Es war die Zeit, in welcher, in theologischen Verkleidungen, Hegels neue Philosophie sich entwickelte. Er trennte sich nun endgültig von der Denkweise Kants, Fichtes und Schillers. Deren Grundgedanke war die schöpferische Kraft der Persönlichkeit gewesen: sie bringt in unserem anschauenden und denkenden Verhalten die Welt hervor, die wir als von außen gegeben hinnehmen, und in der Sphäre unseres Willens erzeugt sie das Ideal, das die Persönlichkeit in der so gegebenen Welt verwirklichen soll. Nun wurde diese in das Unendliche strebende Kraft seit Schellings Schrift vom Ich zum Absoluten erhoben. Die Entzweiung, die in diesem All-Einen vor sich geht, samt dem schmerzlichen Bewußtsein von ihr, und die Versöhnung, welche die Gegensätze aufhebt und doch

bewahrt – das war Hegels Formel, in der ein neues pantheistisches Lebensgefühl zum Ausdruck gelangte. Inmitten der Gegensätze, in denen das Göttliche allein seine Realität haben kann, besitzt und behauptet es seine Einheit. Der Tiefsinn des Christentums liegt in dem Bewußtsein dieses Göttlichen, des Leides der Trennung in ihm und der Seligkeit der Versöhnung. Das ist nun auch das Grundgefühl Hegels, das immerfort schlagende Herz in seiner Philosophie.

Von Frankfurt begab sich Hölderlin in das nahe, schön gelegene Homburg. Er hatte da eine bescheidene Wohnung gefunden am Eingang eines schönen Wiesentals. „Da geh' ich dann hinaus, wenn ich von meiner Arbeit müde bin, steige auf den Hügel und setze mich in die Sonne, und sehe über Frankfurt in die weiten Fernen hinaus." Mit welchen Erinnerungen und Gedanken! Ihn hielt der Wille aufrecht, noch auszusprechen, was in ihm lebte. Über den Hyperion hinweg hatte er sich dem Plan seines Empedokles zugewandt. Er hatte in Frankfurt so viel zurückgelegt, daß er ein Jahr davon leben zu können hoffte. Und mit unermüdlicher zarter Güte nahm sich von dieser Zeit ab ein Freund seiner an, der bis in die Tage der geistigen Umnachtung hinein ihm mit seiner Geltung in der Welt wie mit seinen pekuniären Mitteln hilfreich war. Sinclair, ein philosophischer Schriftsteller und Dichter, dabei hochbefähigt zu Geschäften, in Verbindung mit den bedeutendsten Schriftstellern, hatte alle wichtigen Angelegenheiten des Homburger Landgrafen in seinen Händen. Er war Hölderlin schon in Jena näher getreten. Er wußte nun auch den Anteil des dichterisch begabten Landgrafen für Hölderlin zu wecken. Zu dieser Zeit begann auch Hölderlin in weiteren Kreisen bekannt zu werden. A. W. Schlegel hatte sich in der Allgemeinen Literaturzeitung über einige seiner Gedichte höchst vorteilhaft ausgesprochen. Dennoch wiederholten sich nun die schmerzlichen Erfahrungen von Jena. Der Plan eines Journals erwies sich als unausführbar. Das Trauerspiel, das ihm doch als das eigentliche Werk seines Lebens erschien, gelangte nicht zum Abschluß. Die vollendeten Gedichte, die eben damals entstanden, blieben im Pult oder verzettelten sich an untergeordneten Stellen. Die knappen Geldmittel gingen zu Ende. So kehrte er zur Mutter zurück, ging dann von da nach Stuttgart, konnte auch dort seine Existenz nicht behaupten, versuchte dann noch einmal das Hauslehrerleben in Hauptwyl in der Schweiz und wurde nach wenigen Monaten höflich, aber im Grunde doch sehr rücksichtslos entlassen. Zu Hause dachte er daran, es noch einmal in Jena zu versuchen; er wollte dort über die griechische Literatur Vorlesungen halten. Eine Sehnsucht nach Schiller scheint ihn ergriffen zu haben. Er wandte sich an ihn und erhielt keine Antwort; dies Versäumnis erklärt sich leicht aus der damaligen Lage Schillers. Zudem waren Hölderlins Äußerungen über seine Poetik an Schiller so seltsam unbestimmt, daß sie Scheu erwecken mußten, eine Verantwortung für das Schicksal des jungen Mannes zu übernehmen. So begann um die Weihnachtszeit 1801 seine letzte Wanderung zum Dienst unter Fremden, aus der er in geistiger Umnachtung zurückgekehrt ist.

So ist Hölderlin für sein Lebenswerk nur ein kurzes Jahrzehnt beschieden gewesen, von dem ersten Entwurf des Hyperion in Tübingen bis zum Beginn der winterlichen Reise nach dem Süden Frankreichs. Seine Laufbahn ging abwärts in das Dunkel des Wahnsinns, eben in den Lebensjahren, in denen die großen glücklichen Dichter sich zur Höhe des Schaffens erheben. Dies muß man erwägen, wenn man seine poetische Kraft richtig abschätzen will. Sein Lebenswerk umfaßt den Roman Hyperion, die dramatischen Fragmente Empedokles und die Gedichte.

Der Roman Hyperion

Ihr wandelt droben im Licht
Auf weichem Boden, selige Genien!
Glänzende Götterlüfte
Rühren euch leicht,
Wie die Finger der Künstlerin
Heilige Saiten.
Schicksallos, wie der schlafende
Säugling atmen die Himmlischen;
Keusch bewahrt
In bescheidener Knospe,
Blühet ewig
Ihnen der Geist,
Und die seligen Augen
Blicken in stiller
Ewiger Klarheit.

Doch uns ist gegeben,
Auf keiner Stätte zu ruhen,
Es schwinden, es fallen
Die leidenden Menschen
Blindlings von einer
Stunde zur andern,
Wie Wasser von Klippe
Zu Klippe geworfen,
Jahrlang ins Ungewisse hinab.

Das ist das Schicksalslied, das schon dem Knaben Hyperion entgegenklingt aus der dunklen Tiefe des Lebens. Was es, in den Mittelpunkt der Dichtung gestellt, ausspricht, war das letzte Erlebnis, das dem Werk seine Bedeutung und seine Macht gibt.
Der Hyperion gehört zu den Bildungsromanen, die unter dem Einfluß Rousseaus in Deutschland aus der Richtung unseres damaligen Geistes auf innere Kultur hervorgegangen sind. Unter ihnen haben nach Goethe und Jean Paul der Sternbald Tiecks, der Ofterdingen von Novalis und Hölderlins Hyperion eine dauernde literarische Geltung behauptet. Von dem Wilhelm Meister und dem Hesperus ab stellen sie alle den Jüngling jener Tage dar; wie er in glücklicher Dämmerung in das Leben eintritt, nach verwandten Seelen sucht, der Freundschaft begegnet und der Liebe, wie er nun aber mit den harten Realitäten der Welt in Kampf gerät und so unter mannigfachen Lebenserfahrungen heranreift, sich selber findet und seiner Aufgabe in der Welt gewiß wird. Die Aufgabe Goethes war die Geschichte eines sich zur Tätigkeit bildenden Menschen, das Thema beider Romantiker war der Dichter; Hölderlins Held war die heroische Natur, welche ins Ganze zu wirken strebt und sich schließlich doch in ihr eigenes Denken und Dichten zurückgeworfen findet.
So sprechen diese Bildungsromane den Individualismus einer Kultur aus, die auf die Interessensphäre des Privatlebens eingeschränkt ist. Das Machtwirken des Staates in Beamtentum und Militärwesen stand in den deutschen Mittel- und Kleinstaaten dem jungen Geschlecht der Schriftsteller als eine fremde Gewalt gegenüber. Man entzückte und berauschte sich an den Entdeckungen der Dichter in der Welt des Individuums und seiner Selbstbildung. Wer heute die Flegeljahre oder den Titan Jean Pauls liest, in denen die ganze Summe des damaligen deutschen Bildungsromans zusammengefaßt ist, dem kommt aus diesen alten Blättern der Hauch einer vergangenen Welt entgegen, Verklärung des Daseins im Morgenlichte des Lebens, eine unendliche Verschwendung des Gefühls an eine eingeschränkte Existenz, eine dunkle, träumerische, noch verhüllte Macht der Ideale in jungen deutschen Seelen, die damals so bereit waren, den Kampf mit dieser veralteten Welt in all ihren Lebensformen zu wagen, und so unfähig ihn zu bestehen.
Immer hatte es im Zusammenhang mit der Biographie Romane gegeben, die ihren Helden von der Kinderstube und dem Schulweg ab begleiteten. Solcher Einblick in das Innere eines Lebensganges mußte dahin führen, die bedeutsamen Momente desselben nach ihrer typischen Form herauszuheben. Das vollkommenste Beispiel einer solchen Darstellung ist der Tom Jones von Fielding.

Aber von allen älteren biographischen Dichtungen unterscheidet sich doch der Bildungsroman dadurch, daß er bewußt und kunstvoll das allgemein Menschliche an einem Lebensverlaufe darstellt. Er steht überall in Zusammenhang mit der neuen Psychologie der Entwickelung, wie Leibniz sie begründete, mit dem Gedanken einer naturgemäßen, dem inneren Gang der Seele nachgehenden Erziehung, wie er von Rousseaus Emile ausging und ganz Deutschland fortriß, und mit dem Ideal der Humanität, durch das Lessing und Herder ihr Zeitalter begeistert haben. Eine gesetzmäßige Entwickelung wird im Leben des Individuums angeschaut, jede ihrer Stufen hat einen Eigenwert und ist zugleich Grundlage einer höheren Stufe. Die Dissonanzen und Konflikte des Lebens erscheinen als die notwendigen Durchgangspunkte des Individuums auf seiner Bahn zur Reife und zur Harmonie. Und „höchstes Glück der Erdenkinder" ist die „Persönlichkeit", als einheitliche und feste Form des menschlichen Daseins. Nie ist dieser Optimismus der persönlichen Entwickelung, der auch Lessings harten Lebensweg erleuchtet hat, heiterer und lebenssicherer ausgesprochen worden als in Goethes Wilhelm Meister: ein unvergänglicher Glanz von Lebensfreude liegt auf diesem Romane und denen der Romantiker.
Hyperion erwuchs auf demselben Boden. Das erste Fragment hob ausdrücklich hervor, daß die Bahn, die der Mensch vom Zustand der Einfalt zu dem der vollendeten Bildung durchläuft, in jedem Individuum die wesentlich gleiche sei. Aber für Hölderlin ging aus seinen Erfahrungen ein neuer Zug des Lebens auf, der dem bisherigen Bildungsroman ganz heterogen war. Bald nach der Veröffentlichung des Fragments genügte dasselbe ihm nicht mehr. Er fühlte, daß es im Reich des Romans noch unbekanntes Land zu entdecken gälte. Seine Erlebnisse taten ihm neue Möglichkeiten auf, den Sinn des Lebens zu erfassen und auszusprechen.
Hyperion ist nicht „ein Seitentrieb der romantischen Poesie", wie Haym ihn auffaßte; wenn ihm die Heiterkeit des Ofterdingen abgeht, so ist das nicht als eine Schwäche dieser Dichtung aufzufassen. Eben darin, daß der Dichter den finsteren Zug, der dem Antlitz des Lebens so tief eingegraben ist, zuerst in diesem Roman sichtbar machte, mit der Macht, die nur das Erlebnis gibt, liegt die eigene Bedeutung des Werkes. Deutung des Lebens aus diesem selber, Fortgang zum Bewußtsein der in ihm enthaltenen Werte nach ihrer Kraft und ihrer Begrenzung, wie dies auch Byron, Leopardi, Schopenhauer und Nietzsche, in wesentlichen Zügen verwandt mit Hölderlin, versucht haben, — das entstand nun in diesem einsamen Menschen, der fernab vom lebhaften literarischen Treiben Tag für Tag die Erscheinungen in sich und um sich be-

trachtet – so einsam, als wäre er von menschlichem Verkehr durch Wüsten oder Fluten getrennt, und am einsamsten, wo er einmal sucht sich den Seinen oder den Freunden mitzuteilen. Und in der Darstellung dieser Lebensdeutung erwuchs ihm eine neue Form des philosophischen Romans; sie hat dann in dem Zarathustra Nietzsches ihre höchste Wirkung gewonnen.
Voltaire und Diderot sprechen lächelnd von der Zweideutigkeit des Lebens, das sie als Söhne der Pariser Kultur mit freudigen Sinnen und souveränem Verstande behandeln. Swift legt mit grausamem Wirklichkeitssinn, ganz illusionslos, das Bündel von Trieben und Leidenschaften auseinander, das er im Menschen findet, wie ein pathologischer Anatom einen mißgestalteten und entarteten Körper seziert. An solche Vorgänger hat die moderne Vertiefung in die bitteren und schlimmen Realitäten des Lebens, zumal in Schopenhauer, vielfach im einzelnen angeknüpft: aber die eigene Energie, mit der seit Rousseau das Leiden des Daseins empfunden worden ist, hatte doch in neuen Kulturzuständen ihre Bedingungen. Der Widerstreit zwischen Natur und Konvention steigerte sich damals im Verlauf der gesellschaftlichen Entwickelung. Eine grenzenlose Energie des Willens zum Ideal und zur Freude, ungeheure Forderungen an die Ordnungen der Gesellschaft, ja an die der Natur selber, Sehnsucht in unendliche Fernen und nach unerhörten Glückszuständen breiteten sich in der europäischen Gesellschaft aus. Unendlichkeit ist ein Wort, das für das Gemüt, für seine Zustände, seine Gegenstände als Ausdruck der neuen Art zu fühlen überall dem Leser der Dichtungen und philosophischen Schriften jener Tage begegnet.

> Alles geben die Götter die unendlichen
> Ihren Lieblingen ganz,
> Alle Freuden die unendlichen
> Alle Schmerzen die unendlichen ganz.

Verwandtschaft der Seelen, die keine Konvention mehr hemmen soll, Streben nach Entfaltung aller Kräfte, das sich nicht mehr niederhalten lassen will, das Bewußtsein der persönlichen Würde gerieten zunächst in Konflikt mit den sozialen Ordnungen und schließlich mit der Natur der Dinge selbst.
Nicht minder stark wirkte in derselben Richtung der Rückschlag gegen die Französische Revolution, der von der Hinrichtung des Königs ab eintrat. Das Streben, eine neue freiere Ordnung der Gesellschaft herbeizuführen, das die Französische Revolution in allen Kulturländern hervorgerufen hatte und das in den Besten der damaligen Jugend lebendig war, fand sich plötzlich überall durch die Reaktion gehemmt. Besonders drückend war es, daß die-

jenigen, welche an den Ideen der Revolution festhielten, darüber in Konflikt mit ihrem nationalen Bewußtsein gerieten, da durch das Vordringen der französischen Macht und der revolutionären Armee die Selbständigkeit der Nationen bedroht wurde. Diese Vorgänge machten sich schon geltend zu der Zeit, als Hölderlin seinem Hyperion die letzte Fassung gab. Und seitdem riefen die Militärherrschaft Napoleons, die Rückwirkung der französischen Zustände auf die einzelnen Staaten und die Verteidigung der Reaktion in der Literatur einen immer stärkeren Druck hervor, der jedes Wirken für das Ganze niederhielt. Eine allgemeine Hoffnungslosigkeit verbreitete sich. Je grenzenloser das Streben war, in welchem die Jugend in Genuß und Wirken sich auszubreiten strebte, desto tiefer mußte solches Elend empfunden werden.

Dies waren die historischen Bedingungen, unter denen von Hölderlin bis auf Leopardi geniale Naturen auftraten, die mit einer beinahe pathologischen Reizbarkeit für die Harmonien wie für die Dissonanzen ausgestattet waren, welche die Welt in unserer Seele hervorruft. Lord Byron lebte an den Grenzen von Unbändigkeit und Wahnsinn; Leopardi war durch körperliche Mißgestalt mit der Natur selbst in Widerstreit; Schopenhauer war erblich belastet; und indem in Hölderlin die seelische Reizbarkeit mit der Ungunst seiner Verhältnisse zusammenstieß, ist er demselben Schicksal verfallen wie nach ihm Nietzsche. So hatte die Natur selber diese Schriftsteller und Dichter dazu bestimmt, tiefer die dunklen Schatten des Lebens zu fühlen und gewaltiger sie darzustellen, als das je vorher geschah. Nicht daß sie, wie ein vulgärer Optimismus annimmt, Übel, die nicht da waren, oder Leiden, die sie nicht fühlten, ausgesprochen hätten: sie verteilten nur Licht und Schatten anders, als lebensfreudige Naturen tun, und jeder von ihnen hat sie in einer ihm eigenen Weise verteilt.

In diesen umfassenden geschichtlichen Beziehungen steht Hölderlins Hyperion. Eine Bildungsgeschichte, in deren Verlauf doch die Kraft des Helden vielmehr zerstört zu werden scheint, die Verkündigung eines künstlerischen Pantheismus, die doch mit der Flucht vor dem Leben und seinem Leiden endet, ein Roman, dessen Sprache dahinrollt wie ein lyrisches Gedicht. So überschritt dieses Werk jede bisherige Form der pantheistischen Metaphysik und jede Regel unserer klassischen Dichter. So einsam wie sein Leben steht sein Werk da. Ein Versuch, vorwärts zu gehen zu neuen Möglichkeiten, macht überall das Große in Hölderlin aus, das, worin er die Moderne vorbereitet.

Langsam, in immer neuen Umarbeitungen, ist der Roman entstanden. Nach den Bruchstücken von Waltershausen und Jena taucht noch ein merkwürdiges aus Frankfurt auf, das die Einwirkung des

William Lovell von Tieck auf die Ausbildung der Fabel zeigt. Ein Brief aus dem Sommer 1798, in dem der Dichter wichtige Worte seines Alabanda und Hyperion zitiert, die fast unverändert auch im Schlußteil des Romans sich finden, läßt vermuten, daß er um diese Zeit in der Ausarbeitung schon weit vorgeschritten war. Endlich ist der Hyperion 1797 und 1799 in zwei Bänden erschienen.

Die Szene ist das moderne Griechenland. Es mußte Hölderlin anziehen, so die elegische Erinnerung an die vergangene griechische Größe mischen zu können mit dem heroischen Wissen, solche Größe zu erneuern. Die Begebenheit selbst lag kaum ein Vierteljahrhundert zurück. Der Dichter durfte hoffen, ihr Held werde stärkeres Interesse erregen als „die wort- und abenteuerreichen Ritter", die in jenen Tagen noch das deutsche Lesepublikum ergötzt haben. Die Verschwörung, welche den griechischen Aufstand vorbereitete, und der düstere von Feigheit und Gewalt erfüllte Verlauf dieser Revolution bildeten den rechten Hintergrund für die Tragödie der neuen Menschheitsideale, wie sie Hölderlin und seine Freunde eben damals am Verlauf der Französischen Revolution erlebten. In dem inneren Gegensatz der unter dem türkischen Druck herabgekommenen Masse des griechischen Volkes zu dem heroischen Idealismus von Alabanda, Hyperion und Diotima spiegelt sich das ganze politische Leiden der Zeit. Und in der Katastrophe, welche diese edlen Naturen zerstört, empfand Hölderlin ahnungsvoll das Schicksal seines eigenen Strebens.

An dem Stoff dieser kriegerisch-politischen Begebenheiten bringt Hölderlin die innere Entwickelung Hyperions zur Darstellung. Indem er in die Jugendjahre seines Helden zurückblicken läßt, entsteht der Zusammenhang einer inneren Geschichte; in ihr treten nacheinander Hölderlins Erlebnisse ein; seine Träume von politischem Handeln formten sich hier zur Wirklichkeit. Hyperion ist Hölderlin selbst. Die Personen, zu denen Hyperion in Beziehung tritt, empfangen ihr inneres Leben aus den Erinnerungen des Dichters. Wir folgen noch einmal dem Lauf seines Lebens, wie der Sinnende es im Spiegel der Dichtung erblickt. Hyperion sagt einmal, daß im Leben die Perioden der Ausbreitung in Lebensfreude und Wirken und solche des Rückgangs in sich selbst einander ablösen. In diesem Rhythmus des Lebens fließt der Roman.

Kinderjahre! Immer hat Hölderlin mit Heimweh in sie zurückgeblickt, in ihren Frieden und ihre Freiheit: da „der Zwang des Gesetzes und des Schicksals ihn noch nicht betasteten". Ein großer Lehrer leitet Hyperion an, für die Verwirklichung einer höheren Menschheit zu leben; die Erinnerungen an Schiller und Fichte klingen hier an. „Groß und rein und unbezwinglich sei der Geist des Menschen in seinen Forderungen, er beuge nie sich der Naturgewalt!" Freundschaft naht ihm in dem Helden Alabanda, und alle Erinnerungen an die vergangene griechische Größe scheinen in diesem Charakter Gegenwart geworden. Unter den Anregungen für die Gestalt des Alabanda ist die literarisch bedeutsamste der Marquis Posa und die menschlich wichtigste der Philosoph Fichte. Wie Posa umstellt Alabanda den Freund, treibt ihn in das handelnde Leben hinein, und nach dem Mißlingen opfert sich der starke Held für die weiche Seele, die sich ihm anvertraute. Und wie Fichte drängt Alabanda zur Wirkung in die Welt, sein Glaubensbekenntnis ist dem Fichtes verwandt. „Ich fühl' in mir ein Leben, das kein Gott geschaffen, und kein Sterblicher gezeugt. Ich glaube, daß wir durch uns selber sind." Eine Figur aus dem William Lovell von Tieck, der Eduard Burton, hat dann auf die lebendigere, farbigere Darstellung des Alabanda Einfluß geübt. Aus der grenzenlosen Hingabe des Hyperion an Alabanda entspringen die schmerzlichsten Mißverständnisse und schließlich die Trennung; dies Motiv haben dann die Flegeljahre Jean Pauls aufgenommen. Eine frühe Fassung erzählt diese ersten Schicksale des Hyperion noch schlichter in einem von Gefühl gesättigten Erzählungsstil, und in den sanften heiteren kindhaften Umrissen der Gestalten an die ersten Kapitel des Ofterdingen gemahnend.

Zum erstenmal hat Hyperion das Trennende, das jeder Lebensverbindung beigemischt ist, erfahren. Eine „lange kranke Trauer" umfängt ihn. Die heilende Kraft, die in dem Leben und der Jugend enthalten ist, macht sich doch geltend. „Schöner ist nichts, als wenn es so nach langem Tode wieder im Menschen dämmert, und der Schmerz, wie ein Bruder, der fernher dämmernden Freude entgegengeht." Der Frühling naht. Wie vom Krankenbette erhebt sich Hyperion leise und langsam, seine Brust zittert von geheimen Hoffnungen, im Schlaf umfangen ihn schönere Träume. Da tritt ihm an einem Frühlingstage die Liebe entgegen und mit ihr geht ihm alle Schönheit des Lebens auf. Wie oft ist von den Dichtern jener Tage dargestellt worden, wie diese Erfahrung erst reif macht zu tätigem Wirken! Als Hölderlin diese Kapitel seines ersten Bandes schrieb, erfüllte das Erlebnis der Frankfurter Zeit seine Seele, und was er vor den Freunden schweigsam verschloß, durfte in dem Roman sich aussprechen. Diotima erhebt den Hyperion zum Bewußtsein seiner großen Bestimmung. Indem sie an ihn glaubt, macht sie ihn stark. Ihr Wesen wird ihm zum festen Maßstab für sein Denken und Handeln; ihre Gegenwart bewegt den Verschlossenen, sein ganzes Dasein in einem unendlichen Gesang zu offenbaren. Das Unendliche ist ihm in ihr erschienen mitten in der Endlichkeit, das Göttliche in der Zeit: „Das Schönste ist auch das Heiligste." Über die Szenen dieser Liebesgeschichte ist das

Licht eines südlichen Mittags ausgegossen. Momente, in denen das Leben selbst stille zu stehen scheint.

Wird nun die Unruhe in dieser Jünglingsseele gestillt sein? Das unendliche Streben kann nach Hölderlin durch keinen endlichen Gegenstand und keine endliche Lage befriedigt werden. Die Sehnsucht nach einer höheren Menschheit findet in keinem Individuum Genüge. Das ist das neue melancholische Gefühl, das auf dem Boden einer anderen Denkweise Châteaubriand, die Staël, Constant, Byron aussprechen. „Weißt Du" — sagt Diotima — „um was Du trauerst? Es ist nicht erst seit Jahren hingeschieden, man kann so genau nicht sagen, wann es wegging, aber es war, es ist, in Dir ist's. Es ist eine bessere Zeit, die suchst Du, eine schönere Welt."

Der tiefste Konflikt, der aus dem Verhältnis idealen Wirkens zur Welt allenthalben in Deutschland sich ergab, tritt nun an Hyperion heran. Der deutsche Idealismus jener Tage war in zwei Lager geteilt. Unsere aristokratische Bildung war in Widerstreit mit der elenden politischen Lage. Schiller wollte diesen Widerstreit lösen durch die Verbreitung der geistigen Kultur in der Nation, und er sah hierin die Bedingung für den Fortgang zur politischen Freiheit. Fichte und die Jünglinge in Jena und Tübingen drängten zur Umgestaltung der Zustände. Auf diesem Gegensatz der Tendenzen beruht die Krisis des Romans. Hyperion, eine weiche, zarte und doch impulsive Natur, mit der Anlage zugleich zum Dichter und zum Helden, findet sich zwischen diesen Möglichkeiten. Diotimas tiefer Blick sieht, daß er bestimmt ist, der Erzieher seines Volkes zu werden. „Aus der Wurzel der Menschheit sprosse die neue Welt!" Weil er „das Gleichgewicht der schönen Menschheit verloren hatte", weil er „der leidende, der gärende Mensch gewesen", wird er für die Herbeiführung der höheren, stärkeren, in sich einigen Menschheit befähigt sein; denn „eine neue Gottheit, eine neue Zukunft" muß kommen. Da gelangt der Ruf an ihn, an dem Befreiungswerk mitzuwirken; Diotima kann den Geliebten nicht zurückhalten, er wird fortgerissen in die Pläne des griechischen Aufruhrs und verzehrt sich nun in dem Widerstreit zwischen dem idealen Ziel und den rohen undisziplinierten Kräften, zwischen der Anforderung an den Helden, der skrupellos mit dem gegebenen Material wirken soll, und seiner vornehmen Innerlichkeit. So naht die Katastrophe. Hyperion muß die Sache der Griechen aufgeben. Ihm bleibt nur das aristokratische Bewußtsein, daß der Mensch, der machtvoll in das Leben wirkt, eben darin des höchsten Glückes genießt. In dem Helden des Fichteschen Idealismus entsteht die Erfahrung Nietzsches, daß Kraftbetätigung als solche letzte und höchste Freude sei.

Und mitten im Kampf der Starken und Herrlichen mit der gemeinen Welt macht nun ein letzter Zug im menschlichen Schicksal sich geltend. Auch er ist Hölderlin am eigenen Leben aufgegangen. Wenn in der Wirklichkeit die großen Gegensätze aufeinander stoßen, wenn die Zweiseitigkeit in jeder Lage, die einen Entschluß fordert, verschiedene Möglichkeiten gewahren läßt und an jeder derselben eine bedenkliche Seite: dann tritt auch in die Verbindungen der edelsten Menschen Mißverständnis und Trennung. Hyperion, Diotima, Alabanda leiden nun alle aneinander. Sie schweigen gegeneinander und fallen so einzeln hilflos dem Schicksal anheim. In diese seelischen Notwendigkeiten greifen die Zufälle des Schicksals ein, die immer zur Hand sind, wo Lebensverhältnisse sich verwirren, und vollenden die Katastrophe. Sie bringt die innere Zerstörung Hyperions und den Tod der Geliebten und des Freundes. Der Gang der Handlung ist ein Meisterstück. Er drängt dem Leser die metaphysische Einsicht von der furchtbaren Zweiseitigkeit, die dem Leben selbst anhaftet, ins Bewußtsein. Wir haben die Schönheit des Lebens nur in unseren Verhältnissen zu den Menschen, und in jedem derselben ist doch insgeheim ein Trennendes, das nicht berührt werden darf.

Nur da, wo unser sich ausbreitendes Gefühl keinen Widerstand findet, in der Hingabe an die Natur wird der Mensch den Schmerz der Liebe los. Der Roman schließt mit diesem letzten, tiefsten Erlebnis Hölderlins. Diese Hingabe hat jetzt hinter sich das vergebliche Streben, ein Glück unter den Menschen zu finden. Die Einheit mit der Natur hat hinter sich die Trennung von den Menschen. Und wie Hyperion so sich aufgibt, um eins mit der Natur zu sein, erlebt er mit einer gefährlichen Energie die Gewalt ihrer großen Kräfte. Sie leben in seiner Phantasie wie in dem Mythos der Griechen.

Die deutschen entwickelungsgeschichtlichen Romane dieser Zeit führten ihren Helden meist nur bis dahin, wo er wirken und in die Welt eingreifen soll; auch der Wilhelm Meister endete zunächst so. Der Schluß des Hyperion erinnert an den des Grünen Heinrich von Keller. Aber Keller hatte das Bedürfnis, den Abschluß klar zu gestalten; Hölderlin überläßt dem Leser, seine dunklen Worte zu deuten. Es liegt nahe, Hyperions einsame tatlose und hoffnungslose Versenkung in die Natur als das Ende seines Wollens und Wirkens zu denken, als die Verneinung des Weltlebens in einem Eremitendasein eigener Art. Doch scheinen mir einige Stellen für eine andere Auffassung zu sprechen. Diotima sagt seherisch im Sterben voraus, wie Hyperion aus der Zerstörung seiner Träume hervorgehen werde — „die dichterischen Tage keimen Dir schon". Und die Vorrede des Romans bezeichnet als dessen Gegenstand „die Auflösung der Dissonanzen in einen gewissen Charakter". Dies kann man so auffassen, daß der Zwiespalt in Hyperion, der in den beiden Richtungen seines Wesens gegründet ist, nun gelöst und im wiedergewonnenen Verhältnis zur allheilenden Natur die Grundlage für ein höheres Wirken gewonnen sei. „Besteht ja das Leben der Welt im Wechsel des Entfaltens und Verschließens, in Ausflug und in Rückkehr zu sich selbst, warum nicht auch das Herz des Menschen?" Auf diesen Rhythmus des Lebens weisen auch die letzten Worte des Romans; sie deuten hin auf eine Fortsetzung, die den Helden neuen Zuständen entgegenführen müßte. Der Dichter hatte kein Bedürfnis, seinen Leser in eine solche Zukunft blicken zu lassen.

Aus der Zeit des Wilhelm Meister, des Ofterdingen, des Sternbald leitet der Roman hinüber zu Hegel, Schopenhauer und Nietzsche. Hyperion ist ein philosophischer Roman. Aber nicht in dem Verstande, in welchem die Romane von Wieland und seiner Schule das sein wollten. Sein Problem ist nicht der langweilige Widerstreit fertiger historischer Standpunkte, wie sie die Geschichte der Philosophie überliefert hat. Keine Schablone irgendeiner Art, kein überliefertes System, keine herkömmliche Abschätzung der Werte des Daseins steht zwischen ihm und dem Dasein selbst. An jeder seiner Personen vollbringt das Leben dasselbe Werk. Was zu jeder Zeit, wo Leben stattgefunden hat, an jedem Ort, wo es abläuft, seinen Charakter ausmacht, will Hölderlins Roman nicht abstrakt aussprechen, sondern an den Schicksalen seiner Menschen zum Bewußtsein bringen.

In jedem Einzeldasein besteht eine Zweiseitigkeit. Es ist die Erscheinung einer in der Natur sich auswirkenden Kraft, und als solche hat es einen unendlichen Wert. Indem es aber als ein einzelnes heraustritt, endlich, individuell, eingeschränkt durch anderes einzelne, getrennt von jedem, das für sich lebt, ist seinem Glück und seiner Schöne die Endlichkeit und das Leiden beigegeben.

Das All-Eine, das sich in sich selbst unterscheidet, wird im Hyperion verkündet. Es ist das nicht eine metaphysische Doktrin, sondern die Erfahrung eines schönheitsfreudigen Künstlers. In dem Leuchten der Natur, in der gütig starken Innerlichkeit eines Menschen, im freudigen Gefühl der Kraft, in jedem Momente höchsten Glückes offenbart sich eine Eigenschaft des Grundes der Dinge, die uns in Liebe und Andacht zu ihm hinzieht; am tiefsten doch in dem Aufgehen der Menschen ineinander — um so tiefer, je vollkommener es ist. Hölderlins alte Lehre vom Liebeszusammenhang der Welt erscheint hier in pantheistischer Fassung. Alle Verse großer Dichter, die Werke aller Künste sprechen von dieser den Dingen einwohnenden Tiefe. In jedem Individuum ist ein eigener

Wert. Bis in die Worte stimmen mit den Monologen Schleiermachers die Sätze Hölderlins überein. „Was ist Verlust, wenn der Mensch in seiner eigenen Welt sich findet? In uns ist alles. Was kümmert's dann den Menschen, wenn ein Haar von seinem Haupt fällt? Was ringt er so nach Knechtschaft, da er ein Gott sein könnte?" Wenn später Schelling in der Kunst das Organ für die Auffassung des göttlichen Weltgrundes sah, so ist dies genau, was Hölderlin lehrte. Und auch der pantheistischen Mystik Hegels geht Hölderlin voraus.

Ebenso spricht Hölderlin von der Endlichkeit und dem Leiden der Welt als ein Dichter, aus einer eigenen Energie solcher Erfahrungen. Indem das Ewige in den Zeitverlauf tritt, verfällt seine Erscheinung dem Schmerz der Vergänglichkeit. Im Moment des höchsten Glückes, da Hyperion zuerst die Lippen der Diotima berührt, weiß er schon dessen Ende. Der erste Entwurf des Empedokles, der mit der Arbeit am Hyperion gleichzeitig ist, spricht aus, wie alles, was an das Gesetz der Sukzession gebunden ist, unbefriedigt, unstet und unselig sein muß. Es ist bezeichnend, daß der Hyperion die Lehre vom All-Einen auf die Formel des Heraklit zurückführt, der inmitten des lebensfreudigen Pantheismus der ionischen Inseln und Küsten dem tragischen Gefühl von der Vergänglichkeit, die im Zeitverlauf gegründet ist, einen mächtigen Ausdruck gegeben hat. Indem nun weiter das Eine auseinandergeht in die Vielheit, wird der Streit der Einzelkräfte zur Form des Lebens. Und in diesem muß Masse und Brutalität über die vornehmen und idealen Naturen das Übergewicht haben. Die Seltenen, Guten in der Welt dulden eben, weil sie so sind. Die Barbaren um uns zerreißen unsre besten Kräfte, ehe sie sich gebildet haben. Es ist gefährlich, „seine ganze Seele, sei es in Liebe oder in Arbeit, der zerstörenden Wirklichkeit auszusetzen". Je reiner eine Seele ist, desto zarter, verletzbarer ist sie auch. Hieraus entspringt Hölderlin das aristokratische Bewußtsein, in welchem er Nietzsche verwandt ist. Nicht um auf seine Nation zu wirken, sehnt er sich, ein großes Kunstwerk hervorzubringen, sondern um seine nach Vollendung dürstende Seele zu sättigen. Es wäre umsonst, die Barbaren bessern zu wollen, sie sollen nur dem Werk der Großen aus dem Wege gehen. Und ferner: da jeder dieser Vielen ein Individuum ist, ist er, für sich im tiefsten einsam, von anderen getrennt. „Für des Menschen wilde Brust ist keine Heimat möglich." Es treibt uns etwas, aus unseren Verhältnissen uns „in die kalte Fremde irgendeiner anderen Welt zu stürzen" – „in die Nacht des Unbekannten". Ja ein geheimer gefährlicher Trieb ist in uns, „die Freuden der Verwandtschaft zu töten". Endlich entspringt aus dem Gesetz der Individuation selbst der tiefe Widerspruch in unserem Gemüte zwischen dem Streben nach dem Unendlichen und dem Glück der Beschränkung.

Umfassen wir unser ganzes Wesen, so ist die Fülle des Lebens eben an die Kraft des Leidens gebunden. „Je unergründlicher ein Mensch leidet, um so unergründlich mächtiger ist er." Es ist Hölderlin ein „altes festes Schicksalswort, daß eine neue Seligkeit dem Herzen aufgeht, wenn es aushält und die Mitternacht des Grams durchduldet", und „Wie Nachtigallengesang im Dunkeln tönt uns göttlich erst in tiefem Leid das Lebenslied der Welt".

Wie merkwürdig ist nun das Verhältnis dieses Romans zu der philosophischen Arbeit um ihn her!

Schelling ging in der Schrift vom Ich als Prinzip der Philosophie, 1795, zu der ersten Fassung seines Pantheismus fort. So trat diese seine Wendung in die Öffentlichkeit erst nach dem Fragment des Hyperion in der Thalia, das den Pantheismus Hölderlins schon enthielt. Der Ausgangspunkt für den Pantheismus des Philosophen lag in der allgemeingültigen Gesetzlichkeit des Ich, die über das Individuum hinausgreift. Der Pantheismus Hölderlins war sonach dem Schellings ganz heterogen. Seine äußeren Bedingungen lagen in der allgemeinen literarischen und dichterischen Bewegung der Zeit. Shaftesbury, Hemsterhuis, Herder, Goethes Werther und sein Faustfragment von 1790, Schillers philosophische Briefe sind die Marksteine derselben. In ihr entwickelte sich die pantheistische Weltanschauung. Und dieser Bewegung kam nun die dichterische Eigenart Hölderlins entgegen. Jede Phase dieses Romans zeigt den Fortbestand der All-Einheitslehre in Hölderlins Geist. Schon nach dem Thaliafragment entspringt aus den Schicksalen des Gemütes das große Erlebnis der Befreiung der Seele durch ihre Hingabe an das All, und noch in der letzten Fassung des Romans hat sich hieran nichts geändert. Nun gaben ihm aber Kant und Fichte zeitweilig das Problem auf, diesen Standpunkt zu rechtfertigen. Aus der Jenaer Zeit, in der Fichte am stärksten auf ihn wirkte, liegt ein merkwürdiges Dokument der Arbeit an diesem Problem in dreifacher Fassung uns vor. Er erkennt Fichtes Grundgedanken an; was für das Ich da ist, ist sein Phänomen; aber der Enthusiasmus Platons öffnet ihm die hinter dem endlichen Ich liegende intelligible Welt. „Der reine Geist befaßt Sich mit dem Stoffe nicht, ist aber auch Sich keines Dings bewußt, Für ihn ist keine Welt, denn außer ihm Ist nichts." Wie nun in dem endlichen Ich eben vermöge seiner Einschränkung das Bewußtsein zuerst hervortritt, würde dies Ich sich verzehren, wenn nicht seiner Liebessehnsucht die Schönheiten der Welt entgegenkämen. So behauptet der Dichter auch hier Fichte gegenüber seine All-Einheitslehre. Wie mußte es nun auf ihn wirken, als er, nach der Heimat zurückgekehrt,

Schelling begegnete, die Schriften desselben dann verfolgte! Eben damals bahnte dieser der Philosophie einen Weg, der vom Ich zum All-Einen hinüberführte.
Tiefer aber als die Übereinstimmung mit Schelling reicht doch die Verwandtschaft der Ideen, die Hölderlin mit Hegel verband. Und diese Verwandtschaft ist um so auffälliger, weil eine äußere Einwirkung Hegels auf den dichterischen Freund erst für den zweiten Band des Hyperion nachweisbar ist. Hegel hatte in der Schweiz an seine theologischen Studien Ideen angeknüpft, welche eine höchst auffallende Verwandtschaft mit denen unseres Romans enthalten. Auch er ging aus von der Entgegensetzung und Entzweiung in allem Endlichen. Dem Leben als solchem ist der Schmerz beigegeben. Es muß das Ziel aller höheren Entwickelung sein, diese Trennungen aufzuheben. Die Gesinnung, die in den einzelnen Handlungen an den Gegenständen sich auswirkt, bleibt immer beschränkt, bedingt durch den Punkt, an welchem sie die Trennung aufhebt. Eine höhere Form der Vereinigung des Getrennten ist die Liebe, aber auch in ihr wird die Trennung der Individuen voneinander und von der Welt nicht aufgehoben. Vergebens sucht die schöne Seele in der Hingebung, in den Tränen des Mitleids, in rastlos wohltätigem Wirken Befriedigung; bei der lebendigsten Vereinigung der Menschen ist immer noch Trennung – „dies ist das Gesetz der Menschheit". Erst das religiöse Bewußtsein vom Zusammenhang alles Lebens in der Liebe hebt alle Trennungen auf. Die Übereinstimmung zwischen dem Dichter und dem Philosophen stammt aus der Verwandtschaft ihres Verfahrens. Auch Hegel geht damals vom Leben aus; vermittelst der in dem Leben enthaltenen Kategorien bestimmt er das Absolute. Und so faßt er als Momente des Absoluten Einheit, Entgegensetzung, Reflexion auf sich selbst, Schmerz der Entgegensetzung, Steigerung des Bewußtseins in der Zusammenfassung. Aber diese und andere Hölderlin verwandte Gedanken Hegels blieben unter dessen Papieren. Auch kann ihr Zusammensein in Frankfurt auf die dargelegten Ideen Hölderlins nicht gewirkt haben; denn Hegel kam im Januar 1797 nach Frankfurt, der erste Band des Hyperion aber, der alle diese Ideen aussprach, erschien schon zur Ostermesse. Hegels Gedicht Eleusis enthielt dunkle pantheistische Andeutungen. „Ich gebe mich dem Unermeßlichen dahin. Ich bin in ihm, bin Alles, bin nur es. Dem wiederkehrenden Gedanken fremdet, Ihm graut vor dem Unendlichen und staunend faßt Er dieses Anschau'ns Tiefe nicht." Sichtbarkeit und Gestalt empfängt das Göttliche nur im griechischen Mythos. Diese Andeutungen konnten den Dichter in seinem Denken bestärken – etwas Neues sagten sie ihm nicht.

Aus dieser inneren Bewegung in Hölderlin entsprang nun die Begründung der All-Einheitslehre, wie sie in dem fertigen Roman vorliegt. Hölderlin bestimmt das Verhältnis des Verstandes und der Vernunft zu der Anschauung des All-Einen, wie sie dem Dichter in den Momenten der Begeisterung an der Schönheit der Welt aufgeht. Verstand ist nur „Erkenntnis des Vorhandenen", d.h. Reflexion über das empirisch Gegebene. Die Vernunft ist ihm die geistige Tätigkeit, die er in der Bildung des Systems von Fichte wirksam gesehen hatte: „Forderung eines nie zu endigenden Fortschritts in Vereinigung und Unterscheidung eines möglichen Stoffes." Beide, der Verstand und die Vernunft, sind für sich unfähig, dies Unendliche zu erfassen. Aber wo die Begeisterung des Künstlers Schönheit erlebt, geht ihr das Wesen des Göttlichen auf. Denn das Eine, das in der Mannigfaltigkeit seiner Unterschiede als ein Ganzes sich darstellt, ist das Schöne, und in diesem seinem Sachverhalt erschließt sich zugleich das Wesen des Göttlichen. So wird die Philosophie erst möglich durch das Erlebnis des Schönen in der Kunst; sie setzt das in diesem Erlebnis Enthaltene auseinander, zerteilt und denkt das Zerteilte wieder zusammen; so dringt sie erkennend in die Tiefen des All-Einen. Es verhält sich hiernach bei Hölderlin und ähnlich bei Schelling die Kunst zur Philosophie, wie sich zu dieser die Religion bei Schleiermacher verhält. „Die Dichtung ist der Anfang und das Ende der Philosophie." Schöpferische Kraft ist nur in der Begeisterung. Aus der Kunst geht auch die Religion hervor.

So konnte die Philosophie nur in Griechenland entstehen. Für den Ägypter ist das Höchste „eine verschleierte Macht, ein schauerhaft Rätsel": „die stumme finstre Isis ist eine leere Unendlichkeit": Der Norden treibt den Geist in sich zurück; zu früh „schickt sich hier der Geist zur Rückkehr in sich selbst an": da regieren Verstand und Vernunft, sonach die Reflexion. Sätze, die ganz so bei Hegel später auftreten. Ebenso sind beide einig in der Hoffnung auf eine neue Kirche, welche eine innere Harmonie im Menschengeschlecht herbeiführen werde. Sie wird nach Hölderlin eine Religion der Schönheit verkündigen, und das wird der Anfang einer neuen Weltgeschichte sein.

Die Kunstform des Werkes entspringt aus seiner Aufgabe, die Bedeutung des Lebens an dem Stoff der Begebenheiten zur Darstellung zu bringen. Hyperion, in dem die Entwickelungsgeschichte sich vollzog, der nach dem Ablauf seiner Erlebnisse zum Verständnis ihrer Bedeutung sich erhoben hat, muß selbst erzählen. Er erzählt in Briefen an einen Freund, die doch den Charakter einsamer Bekenntnisse annehmen. Und nun besteht der Kunstgriff, in welchem Hölderlin diese philosophische Aufgabe seiner Dichtung löst, darin, daß die Sukzession des Lebensverlaufs, wie sie die Abfolge von Briefen darstellt, in das zusammenfassende Bewußtsein einer Rückschau verbunden ist. Der Kampf ist zu Ende, einsam blickt Hyperion zurück, getrennt von den Menschen, aber aufgenommen in die religiöse Einheit der Natur. Noch erschüttert von den letzten Begebenheiten, lebt er das Geschehene noch einmal wie ein Gegenwärtiges durch. Und zugleich tritt das Alles nun für ihn in Zusammenhang mit dem Gefühl, das jetzt von ihm Besitz genommen hat — totaler Hingabe seines vergänglichen Daseins an die allumfassende ewige Natur. Sie ist überall, sie war immer. Zuschauerin von allem, was gewesen. Das bildet den Grundton jedes dieser Briefe. Sie grünt und blüht um den einsamen Eremiten wie damals, als er Diotima im ersten Frühling sah. Und wie nun die Versenkung in ihre ewige Harmonie, in die jetzt aller Kampf des Lebens aufgegangen ist, hineinklingt in die Naturszenen, die seine schönsten und herbsten Schicksale begleiteten, entsteht eine Erzählungsform, welche eine besondere Wirkung hervorbringt: eine eigene Mischung des Gefühls, welche die Grundstimmung des Romans bildet: mitten in der Anschauung vom Wechsel des Lebens Bewußtsein der Unendlichkeit. Die ersten Worte galten der unendlichen Natur, und zu ihr kehren die letzten zurück. Erscheinung ist ein Schimmern des Lichtes über den Wassern, ein flüchtiges Abendrot auf den Bergen, ein Spiel des Windes in den Zweigen. „O du, mit deinen Göttern, Natur! ich hab' ihn ausgeträumt, von Menschendingen den Traum und sage, nur du lebst, und was die Friedenslosen erzwungen, erdacht, es schmilzt, wie Perlen von Wachs, hinweg von deinen Flammen!" „O Seele! Seele! Schönheit der Welt! du unzerstörbare! Du entzückende! mit deiner ewigen Jugend! du bist; was ist denn der Tod und alles Wehe der Menschen? — Ach! viel der leeren Worte haben die Wunderlichen gemacht. Geschieht doch alles aus Lust, und endet doch alles mit Frieden. Wie der Zwist der Liebenden, sind die Dissonanzen der Welt. Versöhnung ist mitten im Streit und alles Getrennte findet sich wieder."

Die Rhythmen dieses Hymnus, in den der Roman ausklingt, gehen durch alle gehobenen Stellen des Hyperion. Es ist das eigenste Kunstmittel Hölderlins. Der Rhythmus in der Sprache, in der Gliederung der Tragödie ist für ihn Symbol für den letzten und höchsten Begriff seiner Philosophie — den Rhythmus des Lebens selbst. In ihm sah der Dichter den Ausdruck für das Gesetz in der Bewegung des Lebens, wie Hegel in dem dialektischen Fortschritt der Begriffe dies Gesetz gefunden hat. Wenn Hölderlin diese tiefgedachte Lehre von dem Rhythmus, der Alles bis zur Verszeile eines Dichters durchwaltet, auch erst später veröffentlicht hat: das

Gefühl für diesen Zusammenhang war schon in ihm wirksam, als er den Hyperion abschloß, und er mochte sich auch schon Begriffe hierüber gebildet haben. Die Kunstform des Hyperion hat durch und durch einen symbolischen Charakter. Sie ist hierin der des Zarathustra von Nietzsche verwandt.
Gerade in seinen entscheidenden Lebensjahren hat Nietzsche den Einfluß Hölderlins erfahren. Als der siebzehnjährige Schüler in Schulpforta einen Lieblingsdichter schildern sollte, wählte er Hölderlin und er kam auch später auf Hyperion zurück. Und als er im Zarathustra dichterisch seine Lebensansicht entwickelte, wirkte der philosophische Roman Hölderlins von der Grundidee bis in die Form, ja bis in die einzelnen Worte. Der Stil beider Schriftsteller ist musikalisch. Sie schreiben beide für Leser, die nicht „bloß mit den Augen" lesen. Sie prägen neue Worte für das, was sie aussprechen wollen, aus Scheu vor abgegriffenen Redewendungen. Und doch empfinden sie, daß was am tiefsten sie bewegt, immer unausgesprochen bleibt. Der Gegenstand beider ist die innere Welt, und sie greifen nach den kühnsten Metaphern, um sie sichtbar zu machen. Sie leben in der großen Antithese zwischen der höheren Menschheit, die kommen soll mit ihrer Schönheit, mit ihren Helden und ihrer Stärke, und der Vulgarität um sie her, der Verkrüppelung der Gestalt der Seele in hundert Formen. So bewegt sich ihr Stil in Antithesen. Sie wirken durch den Übergang aus dem Dithyrambus in Ironie. Ihre Dithyramben sind Gedichte in Prosa, und in ihrer Ironie treiben sie ein souveränes künstlerisches Spiel mit ihren Feinden. Aber wie Nietzsche vermag auch Hölderlin wohl einen Seelenzustand wie durch einen Blitz vorübergehend in sinnlicher Sichtbarkeit sehen zu lassen: einen Menschen vermag auch er nicht in ruhigem Tageslicht zu zeigen. Alle Gestalten seines Romans sind wie Schatten. Sie haben in dem einzelnen Moment inneres Leben. Kein äußerer Umriß kommt der Phantasie zu Hilfe, die sie sich anschaulich machen möchte. In jenem höchsten Sinne, in welchem der Poet einen Schöpfer von Gestalten und Handlungen bedeutet, erweist sich Hölderlin im Hyperion nicht als Dichter.

Die Tragödie Empedokles

Hölderlins Empedokles setzt das Seelendrama von Sophokles, Racine und Goethe fort. Er geht darüber hinaus, auf dem Weg zu einem unbekannten Ziele, zu neuen höchsten Wirkungen, die auch heute noch niemand erreicht hat. Wenn man an die Bruchstücke dieser Tragödie herantritt, muß man jede Erinnerung an die in äußerer Fülle sich ausbreitende Handlung Shakespeares fallen lassen, jede Erinnerung an Regeln und Kunstform Lessings und Schillers und an die Urteile, die nach solchen Maßstäben Hölderlins Drama undramatisch finden. Hölderlin will nicht außergewöhnliche Schicksale, exzentrische Leidenschaften, bunte Szenen des Lebens darstellen. Er geht über die Region hinaus, in welcher der Mensch bestimmt wird durch das Verhältnis zur äußeren Welt, zu dem, was wir von ihr begehren oder dem, was uns in ihr niederdrückt — zum äußeren Schicksal. Er will darstellen, was, wenn die partikularen Leidenschaften schweigen, in dem nachdenklichen Menschen aufgeht und beständig wächst. Die Auseinandersetzung mit unserem bedingten Dasein, mit den Notwendigkeiten des Lebens, wie sie aus unserem Verhältnis zu den unsichtbaren Kräften kommen. Diese Auseinandersetzung ist in jedem von uns dieselbe: ihre Voraussetzungen liegen in dem, was in jedem von uns dasselbe ist und was außer uns als allgemeinstes Verhältnis des Daseins zur Welt uns bestimmt. In ihr kommt zur Sprache, was in der stillen Kammer einfacher Menschen gerade so ausgekämpft werden muß als in den Palästen der Könige. Das, was immer da ist, wo der Mensch in dem, was auf ihn wirkt, die allgemeinen und letzten Relationen des menschlichen Daseins zu den Kräften der Welt und den Gewalten in der Höhe erfährt. Diese Auseinandersetzung vollzieht sich nicht in einer abgegrenzten Zeit des Lebens, sie wird von dem, was wir genießen, leiden, erfahren, stets neu hervorgerufen, sie führt uns allmählich in immer neue Tiefen des Lebens hinab. Sie ist die Geschichte unserer Seele, die wichtiger ist als all unsere partikularen Leidenschaften und Erfolge. Wo sie in einem Menschen sich vollzieht, ist er souverän und einsam, und das Geräusch der Welt dringt dann nur noch in fernen verschwimmenden Tönen an ihn heran. Und wo diese Geschichte als das Wirklichste, Stärkste, Höchste in einem Menschen durchlebt wird, führt sie ihn irgendwie aus allen Bedingtheiten des Daseins in die Region der Freiheit, und sei es im Tode.

Indem Hölderlin den Gedanken eines solchen Dramas faßte, suchte er wie Goethe in seiner Iphigenie eine moderne Verinnerlichung dessen, was einst die attische Bühne gewesen war. Wie deren Ursprung in der griechischen Religiosität lag, hatte sie den Menschen dargestellt in seinen höchsten Beziehungen zu den göttlichen Kräften. Welch eine Aufgabe, die Herrlichkeit der antiken Tragödie in dieser ihrer ganzen religiösen Tiefe zu erneuern! Und zwar in dem Verstande, daß die Äußerlichkeit der Begriffe von Schicksal und Sühne einer religiösen Anschauung Platz machte, die dem modernen Bewußtsein genug tat.

Die Verbindung der Idee des Heldentums mit einer pantheistischen Religiosität war im Hyperion dargestellt. Sie war das Ergebnis von Hölderlins Auseinandersetzung mit dem Leben, auf die sich nunmehr der Empedokles aufbaut. Wie die Anlage Hölderlins mit den geschichtlichen Kräften, unter denen seine Entwickelung stand, bei der Entstehung seiner Idee des Heldentums zusammenwirkte, ist geschichtlicher Kenntnis nicht zugänglich. Erst der Fortgang von dieser Idee zu seinem religiösen Pantheismus, die neue Verbindung, die er zwischen beiden herstellte, wurde uns in seiner Lebensgeschichte sichtbar. Und derselbe wurde erläutert durch den Hyperion.

Indem der Dichter nun in der antiken Tragödie, vor allem in den Ödipusdramen des Sophokles, eine verwandte Seelengeschichte wiederfand, und zwar fortgeführt bis zur Verklärung des Helden im Tode und dem Segen, der von ihr ausgeht, sah er hier die Möglichkeit einer großen religiösen Tragödie, in der er seinem Erlebnis den höchsten Ausdruck geben, die Züge der Welt, die er neu gesehen hatte, zu vollkommener Darstellung bringen konnte. Er hatte einst eine Tragödie Sokrates geplant, die mit Sokrates' freiwilligem Tode endete; denn so stellen Platons Gespräche das Ende des Sokrates dar. Nun traf er auf den Stoff des Empedokles, hier war ein grandioses Symbol für alles, was er zu sagen hatte. Auf griechischem Boden ein gewaltiger Mensch, seinem Grundwesen nach ein Dichter, ein Metaphysiker, den aber die Lage seiner Polis in ein reformatorisches Wirken hineinwirft, der das Leben in Macht durchstürmt und der es schließlich in freiwilligem Tode durch den Sturz in den Ätna endet.

Die Idee dieser Tragödie zog schon, während er am Hyperion arbeitete, sein ganzes Interesse an sich. Der philosophische Roman verlief in den Bedingtheiten des modernen Lebens, der Lage des Helden und der Zustände, in die er versetzt war; seine Wirkung verzettelte sich in einem unbestimmten Ausgang: Form und Stoff der neuen Tragödie ermöglichten den ergreifenden Fortgang von einem mächtigen Leben zu einem tragischen Ende. Wir besitzen im Hyperion selbst ein Zeugnis, daß Hölderlin genau so das innere Verhältnis zwischen den beiden Werken sah. „Gestern war ich auf dem Ätna droben. Da fiel der große Sizilianer mir ein, der einst des Stundenzählens satt, vertraut mit der Seele der Welt, in seiner kühnen Lebenslust sich da hinabwarf in die herrlichen Flammen." „Aber man muß sich höher achten, denn ich mich achte, um ungerufen der Natur ans Herz zu fliegen." Wie der Hyperion und der Empedokles so im Dichter zeitlich und innerlich verbunden sind, beherrscht beide Werke die e i n e Grundstimmung, in welcher der Drang zu leben und zu wirken und Todessehnsucht sich verbinden. Einige Verse Hölderlins, welche in die Zeit der Gestaltung der Tragödie fallen, sprechen es aus, wie der Dichter diese Verbindung als den Grundzug im Wesen seines Helden auffaßte.

Das Leben suchst du, suchst, und es quillt und glänzt
Ein göttlich Feuer tief aus der Erde dir,
Und du in schauderndem Verlangen
Wirfst dich hinab in des Ätna Flammen.

So schmelzt' im Weine Perlen der Übermut
Der Königin; und mochte sie! Hättest du
Nur deinen Reichtum nicht, o Dichter,
Hin in den gärenden Kelch geopfert!

Doch heilig bist du mir, wie der Erde Macht,
Die dich hinwegnahm, kühner Getöteter!
Und folgen möcht' ich in die Tiefe,
Hielte die Liebe mich nicht, dem Helden.

Die erste Äußerung Hölderlins über seine Beschäftigung mit der Empedoklestragödie ist aus dem Spätsommer 1797. Er hatte damals schon den „ganzen detaillierten Plan" zu diesem Trauerspiel gemacht. Es hat sich ein solcher Plan erhalten. Hier wird, wie in jeder späteren Ausarbeitung, ein äußerer Konflikt verbunden mit einem Widerstreit in der Seele des Helden, um so den freiwilligen Tod des Empedokles zu begründen. Der Genius ist mit der Welt entzwei nach seinem Unvermögen, „die menschliche Dürftigkeit" zu vertragen, und nach dem Unvermögen der Menschen, seine Übermacht gelten zu lassen: es ist das Thema Schopenhauers und vor ihm schon der Romantiker. In ihm selbst besteht ein Widerstreit zwischen dem Ideal der Totalität und Harmonie des Daseins und der Notwendigkeit, sich in einzelne Verhältnisse handelnd zu verlieren. „Im großen Akkord mit allem Lebendigen" möchte er leben, „mit allgegenwärtigem Herzen, innig wie ein Gott, und frei ausgebreitet". Aber seine besonderen Verhältnisse, so schön sie sind, versetzen ihn eben, „weil sie besondere Verhältnisse sind", weil er durch das Eingehen in sie an das Gesetz der Sukzession gebunden ist, in eine „einseitige Existenz", und so findet er sich unbefriedigt, unstet, unselig. Wie diese Leiden der Endlichkeit ihn immer mehr bedrängen, beschließt er, durch freiwilligen Tod „sich mit der unendlichen Natur zu vereinigen". Und nun verlieren die äußeren Konflikte für ihn ganz ihre Bedeutung, und er betrachtet den Tod als „eine innere Notwendigkeit", die aus seinem innersten Wesen folgt. Wenn dieser Plan den Schwerpunkt des Dramas in die innere Geschichte des Empedokles verlegt, so ist damit der beabsichtigte dramatische Aufbau des Stückes nicht in Einklang; es sollte sich in einer bunten Reihe von Familienszenen, Volksszenen und Gesprächen abspielen. Und nach allem Aufwand des Motivierens fehlt schließlich dem Entschluß des Empedokles doch die innere Notwendigkeit. So ließ Hölderlin den Plan fallen.

Bestimmte Nachrichten über eine Ausarbeitung der Tragödie haben wir erst seit seiner Übersiedlung nach Homburg. An sie knüpfte er alle Hoffnungen, die er nun noch für das Leben hatte. „Sie soll mein letzter Versuch sein, auf eigenem Wege mir einen Wert zu geben." Fortdauernd „widmete er dann auch die meiste Zeit" dem Werk. Er dachte damals das Ganze in den ersten Stücken des von ihm geplanten Journals erscheinen zu lassen.

In den Handschriften, die sich von der Tragödie erhalten haben, liegt nun ein ausgearbeiteter Zusammenhang derselben vor, der vom Beginn der Handlung bis zum Abschied des Empedokles von seinem Lieblingsschüler Pausanias reicht; so fehlen nur die letzten Szenen seines freiwilligen Todes. Es darf angenommen werden, daß wir hier die Fassung der Tragödie vor uns haben, im Hinblick auf die er im Juni 1799 schreibt, er sei mit seinem Trauerspiel bis auf den letzten Akt fertig. Auch kann keinem Zweifel unterliegen, daß einige Szenen einer anderen Bearbeitung, wo der Priester, zur Höhe eines Machtmenschen gesteigert, zum würdigen Gegenspieler des Empedokles wird und wo die freiere Behandlung des Verses sich Goethes Prometheus nähert, zwar später geschrieben wurden, aber doch demselben Grundplan angehören. Ich wage nicht in bezug auf die historische Bestimmung und Zusammensetzung des Vorhandenen hierüber hinauszugehen.

Ich versuche, das innere Verhältnis darzulegen, in welchem in der Tragödie Stoff, Erlebnisse, Ideen und dichterische Gestaltung verbunden sind.

Der Empedokles der Geschichte gehört zu den reformatorischen Geistern, welche im Zusammenhang mit der Wissenschaft eine mystische Form des Glaubens und mit ihr verbunden eine religiös begründete Lebensordnung verkündigt haben. So erscheint er als Philosoph, Dichter, Weihepriester, als Redner und Staatsmann wie als Arzt. Er lehrte eine Kraft der Liebe, welche das Weltall in festen Banden der Harmonie zusammenhält, eine innere Verwandtschaft alles Lebendigen, Wanderung der Seelen: Ansichten, welche der Religiosität Hölderlins so verwandt waren, daß auch sie ihn an dem griechischen Seher und Dichter anziehen mußten. Einem vornehmen Geschlecht seiner Vaterstadt Agrigent in Sizilien angehörig, wirkte er mit am Sturz des kurzlebigen aristokratischen Regiments, wurde politischer Führer der demokratischen Partei und verhalf ihr zum Sieg, den Thron soll er verschmäht haben; die Gegner zwangen ihn schließlich doch die Heimat zu verlassen. In das Bild seiner mächtigen Persönlichkeit mischt sich nun aber ein eigener schwer zu deutender Zug, der uns in einem seiner Sühnlieder verbürgt ist. „Ich aber wandle als unsterblicher Gott, nicht mehr als Sterblicher vor Euch; man ehrt mich als solchen allenthalben, wie es sich für mich gebührt, indem man mir Binden ums Haupt flicht und blühende Kränze. Sobald ich mit diesen, Männern wie Frauen, die blühenden Städte betrete, betet man mich an, und Tausende folgen mir nach, um zu erkunden, wo der Pfad zum Heile führe. Die einen wünschen Orakel, die anderen fragen wegen mannigfacher Krankheiten nach." Er rühmte sich mehr zu sein als „die sterblichen, vielfachem Verderben geweihten Menschen". So erscheint er uns wie Paracelsus als ein Mann, in dem geistige Bedeutung, maßloses Selbstgefühl, mystische Vorstellungen von Macht über die Natur und Charlatanerie seltsam verbunden waren. Die griechische Neigung zum Fabulieren hat ihn mit gläubigen Legenden und mit spöttischen Farben umgeben. Diogenes Laertius, der allen Klatsch über ihn zusammengebracht hat, berichtet von seiner Selbstüberhebung, seinem königlichen Wesen, dem feierlichen Ernst seiner Mienen und Worte. Und unter den verschiedenen Nachrichten über den Hingang des Magiers war auch die boshaft gemeinte Nachrede, er sei in den Ätna gesprungen.

Aus diesem Stoff erhob sich für Hölderlin die Gestalt eines Übermenschen, der mit unbändiger Kraft Natur und Leben beherrschte und sich dienstbar gemacht hatte, der denkend, handelnd, genießend erfuhr, was das Leben sei, der alle Erfahrungen Hyperions in größeren, weiteren Verhältnissen machte und stärker als jener das Leben, das ihm schal und ekel geworden, verließ. Alle Schmerzen des Genius nahm Hölderlin in diesem Empedokles zusammen, in einer Sprache, die in ihrer Einfachheit tiefer ans Herz greift als die des Hyperion; Laute wie sie für solche Leiden vordem nur Goethe gefunden hatte. Eine grandiose Szenerie umgibt diese Gestalt: bewegte sizilianische Volksszenen, die südlichen Gärten mit ihrem Pflanzenwuchs, eine Gegend am Ätna, dann die Höhe dieses Wunderberges selbst. Verehrung, ja Anbetung ist die Atmosphäre solcher Existenz: zwei ergreifende jugendliche Menschen verkörpern das. Ein Mädchenideal, aus der Panthea der Überlieferung gestaltet: durch das Verständnis, das die Liebe gibt, begreift sie die Größe des Empedokles — eine Diotima, die aus Christi Nähe gekommen scheint. Neben ihr Pausanias, der ein Lieblingsschüler des Empedokles gewesen ist. In ihm ist aller Zauber der Jünglingsgestalten Platons — und in dem Verhältnis des Empedokles zu ihm die ganz einzige Schönheit der Lebensbeziehung, in welcher neidlos der Lehrer in seinem Schüler die Verwirklichung dessen kommen sieht, was ihm selbst zu wirken nicht beschieden war. Aus der sanften getragenen Beziehung dieser Gestalten zueinander entspringt eine musikalische Wirkung, die mit der Melodie der Sprache zusammenklingt.

Der Zusammenhang der Tragödie entstand, indem der überlieferte Stoff für Hölderlin zum Symbol wurde für den Gehalt seines eigenen Lebens. Es entspricht dem historischen Sachverhalt, wenn Hölderlin die Religiosität und das reformatorische Wirken des Empedokles als Mittelpunkt faßt; er konnte seinen Glauben an die kommende Religiosität der Schönheit und Freude und freien Ordnung des Lebens dahinein verlegen; er gab dem Wirken des Empedokles einen Hintergrund und eine tiefere Begründung in den sozialen und politischen Wirren, welche den Niedergang des sizilianischen Stadtstaates ahnen lassen: so konnte er sein ganzes schmerzliches Gefühl von dem politischen Elend um ihn her zum Ausdruck bringen. Und indem er in die seltsame Mischung von Eigenschaften, die den Charakter des Empedokles zum Rätsel machte, sich vertieft, so geht ihm hier das Problem seiner Tragödie auf. Goethe hat dieses Problem in dem Bruchstück seines Mahomet berührt, das viele Jahre danach erst ans Licht getreten ist. Voltaire hatte in seinem Drama das Rätsel, das die Persönlichkeit des arabischen Propheten darbietet, doch nur mit der Flachheit der Aufklärung behandelt; Goethe empfand, daß nur ein mächtiger und ganz wahrer religiöser Vorgang den Ausgangspunkt für diese Weltreligion gebildet haben müsse. Eben auf diesem Wege geht Hölderlin an das historische Rätsel heran, welches das reformatorische Wirken des Empedokles darbietet. Aus dem lebendigen Verhältnis zu den göttlichen Dingen ist die Religiosität des Empedokles hervorgegangen; er kann historisch nur verstanden werden, indem man den Übergang begreiflich macht, der aus seinem ursprünglichen religiösen Verhalten zum Wunderglauben, zum Dogma, zu einer toten und äußerlichen Stellung dem Lebendigsten gegenüber geführt hat. Hölderlin ist auch hier wieder der Vorgänger Schleiermachers. Und lange und anhaltend hatte damals schon Hegel mit dem Problem des Fortgangs von der lebendigen Religiosität zur positiven Religion, der Veräußerlichung des Innern, der Bezeugung ewiger Wahrheiten durch Tradition und Wunder sich beschäftigt.

Hölderlin verlegt in Empedokles die Auslegung der griechischen Religiosität, wie sie aus seiner dichterischen Naturanschauung entsprungen und durch seinen Verkehr mit den griechischen Göttern und Mythen genährt worden war. Jenes absolute Ich, das für Schelling zunächst ein abstrakter Begriff gewesen ist, war für

Hölderlin zum großen tröstenden Erlebnis geworden. In einer solchen Seelenverfassung gewann die griechische Mythologie ein neues Leben, wie sie das für Schiller oder Goethe nie so gehabt hat. Das sind nicht mehr Personen, die in persönlichen Verhältnissen untereinanderstehen, getrennt von der Natur und dem menschlichen Leben, eine transzendente Welt: das Weben, sich Wandeln, Auf- und Niedersteigen, Befruchten und Zerstören zwischen dem lichten Äther und der Sonne, die an ihm hinzieht, der Mutter Erde, dem Ozean und den Flüssen, die er aufnimmt: das ist das Spiel der göttlichen Kräfte selbst, der finsteren, die in der Erdtiefe herrschen, des ernsten traurigen Meergottes, des lichten Sonnengottes Apollon. Der Mythos ist hier zuerst wieder Wirklichkeit, erlebte Wirklichkeit geworden. Und durch all dies lebendige Gefühl für das Weben der Natur, „das Wandeln und Wirken ihrer Geniuskräfte", geht nun das Verhältnis der Verwandtschaft mit ihr. Als die Götter den Empedokles verlassen haben, blickt er zurück auf die Jugendtage, in denen diese göttliche Welt ihm zuerst aufgegangen war.

O himmlisch Licht! es hatten michs
Die Menschen nicht gelehrt — schon lange, da
Mein sehnend Herz die All-lebendige
Nicht finden konnt', da wandt' ich mich zu dir,
Hing wie die Pflanze dir mich anvertrauend
In frommer Lust dir lange blindlings nach.
Denn schwer erkennt der Sterbliche die Reinen.
Doch als der Geist mir blühte, wie du selber blühst,
Da kannt' ich dich, da rief ich es Du lebst!
Und wie du heiter wandelst wie die Sterblichen
Und himmlisch jugendlich den Schein
Von dir auf jedes eigen überstrahlst,
Daß alle deines Geistes Farbe tragen,
So grüßt' auch ich das Leben mit Gesang,
Denn deine Seele war in mir und offen gab
Mein Herz wie du der ernsten Erde sich,
Der leidenden und oft in heilger Nacht
Gelobt' ichs ihr, bis in den Tod
Die Schicksalsvolle furchtlos treu zu lieben
Und ihrer Rätsel keines zu verschmähn.
Da rauscht es anders denn zuvor im Hain
Und zärtlich tönten ihrer Berge Quellen
Und feurig mild im Blumenodem weht',
O Erde! mich dein stillers Leben an.
All deine Freuden, Erde! nicht wie du
Sie lächelnd reichst dem Schwächern, herrlich wie sie reifen
Und warm und groß aus Lieb und Mühe kommen,
Sie alle gabst du mir und wenn ich oft

Auf fernen Bergeshöhen saß und staunend
Des Lebens heilig Irrsal übersann,
Zu tief von deinen Wandlungen bewegt
Und eignen Schicksals ahndend —
Dann atmete der Äther, so wie dir,
Mir heilend um die liebeswunde Brust,
Und zauberisch in deiner Tiefe lösten
Sich meine Rätsel auf.

Aus dieser Religiosität heraus, ja durch sie will Empedokles wirken. So entfaltet sich die Seelengeschichte. Das Motiv ihres Verlaufs ist der gefährliche Weg des religiösen Genius, der mit seinem Erlebnis nach außen tritt. Denn damit unterstellt er sich den endlichen Bedingungen der religiösen Mitteilung, und die Gewalten der Zeit und des Volkscharakters, zu denen er herabsteigt, ziehen ihn nieder.

Hegel schildert in seinem Gedicht an Hölderlin, wie von den heiligen Weihen der Eleusinischen Mysterien jede Spur verschwand. „Dem Sohn der Weihe war der hohen Lehren Fülle, des unaussprechlichen Gefühles Tiefe viel zu heilig, als daß er trock'ne Zeichen ihrer würdigte. Schon den Gedanken faßt die Seele nicht, die außer Zeit und Raum in Ahnung der Unendlichkeit versunken, sich vergißt und wieder zum Bewußtsein nun erwacht. Wer gar davon zu Andern sprechen wollte, fühlt der Worte Armut." So empfand auch Hölderlin, und ihm erscheint als das tragische Schicksal des Religiösen, daß doch zugleich in ihm aus der Liebe das Verlangen der Mitteilung entspringt. In dem, was der Priester Hermokrates scheltend von Empedokles sagt, ist ein wahrer Kern. „Dieser Allmitteilende" „will Unauszusprechendes aussprechen".

Indem nun Empedokles der beweglichen sizilianischen Menge seiner Vaterstadt sich kundtun will, macht sich das zweite Moment geltend, das zur Entartung der lebendigen Religiosität führt. Die Aufklärung hat das in diesem Moment Enthaltene unter dem Begriff der Akkommodation zusammengefaßt. Wer sich mitteilt, paßt sich dem an, an den er sich wendet, und so wirken die Vorstellungen, die von ihm und seiner Lehre entstehen, auf ihn zurück. „Er tröstet mit der rasenden Anbetung sich, verblindet, wird wie sie, die seelenlosen Abergläubigen." Der, den die Menge als Gott verehrt, wird sich selbst zum Gotte.

Und nun greift ein letztes Moment ein. Wohl wissen die Vertrauten des Empedokles, daß die größte der wunderbaren Wirkungen, die er übt, die Umwandlung der Gemüter der Menschen ist. Aber Wirkungen dunklerer und gefährlicherer Art gehen von ihm aus, und hier liegt der Hauptgrund für das Verderben seiner lebendigen Religiosität. Empedokles steht in einem besonderen

Bunde mit den Kräften der Natur. Er benutzt sein inniges Einverständnis mit der Natur, um sie zu beherrschen. Was die Götter ihm gewährten, gebraucht er, um sich ihnen durch Wunder gleichzumachen. Der Dichter hat die Wunderberichte des Diogenes Laertius in ein geheimnisvolles Zwielicht gerückt. Von dem, den die Götter lieben, gehen unfaßliche Wirkungen aus. Panthea erblickt etwas Zauberisches darin, wie der Vertraute der Natur sie durch seinen Heiltrank hergestellt hat. „Man sagt, die Pflanzen merkten auf ihn, wo er wandre, und die Wasser der Erde strebten herauf da, wo sein Stab den Boden berühre, und wenn er bei Gewittern in den Himmel blicke, teile die Wolke sich und hervor schimmere der heitere Tag." Und Empedokles widerspricht nicht dem Worte des Pausanias: „Und kennst du nicht die Kräfte der Natur, Daß du vertraulich, wie kein Sterblicher, Sie, wie du willst, in stiller Herrschaft lenkst?" Wer aber so Herrscher über die Natur sein will, der wird sie entgöttern und mechanisieren. Hier tut sich dem religiösen Tiefsinn Hölderlins die Bedeutung eines Gegensatzes auf, welcher für die Unterscheidung der Formen der Religiosität wesentlich ist. Die Religiosität der Ehrfurcht vor der göttlichen Natur, die er in Griechenland wirksam sah und die ihn selber erfüllte, steht in schneidendem Gegensatz zu dem jüdisch-christlichen Religionsglauben, der auf dem Herrschaftsverhältnis Gottes zu Natur und Menschen beruht und ein Herrschaftsgefühl des Menschen der Natur gegenüber zur Folge hat. Hölderlin haßte die Entgötterung der Natur in dem Christentum, in der christlichen Aufklärung und in Fichte, dessen Philosophie hierin die Aufklärung noch überbot. Auf Fichte spielen zweifellos die Wort an:

Zur Magd ist mir
Die herrnbedürftige Natur geworden,
Und hat sie Ehre noch, so ist's von mir.
Was wäre denn der Himmel und das Meer
Und Inseln und Gestirn' und was vor Augen
Den Menschen alles liegt, was wär' es auch,
Dies tote Saitenspiel, gäb' ich ihm Ton
Und Sprach' und Seele nicht? was sind
Die Götter und ihr Geist, wenn ich sie nicht
Verkündige. Nun! Sage, wer bin ich?

Sicher hat auf diese und verwandte Ideen das Gespräch mit Hegel fördernd gewirkt. Schließlich sind es doch Gedanken, die aus dem eigensten religiösen Bewußtsein des Dichters stammten. Hegel hatte schon in der Schweiz eine Schrift entworfen, welche die von Lessing formulierte Aufgabe behandelt: wie entsteht aus der Religion Christi die positive Religion, die in Christus ihren Gegenstand hat? Aus der Arbeit an diesen Problemen ist dem großen Philosophen allmählich seine historische Weltauffassung hervorgegangen. Er untersucht die Frage: wo lag in der Religion Jesu der Keim ihrer Umwandlung? Er sucht in die innere Verfassung der Jünger zu blicken, nach welcher sie die lebendige Innerlichkeit der Religion Jesu nicht festzuhalten vermochten. Er geht dem nach, wie menschliche Schwäche, welche die einheitliche Macht der Liebe nicht festzuhalten vermag, die Gottheit veräußerlicht und das ihr Unerreichbare in einen jenseitigen Zustand verlegt, wie aus der Beschaffenheit der menschlichen Durchschnittsnatur der äußere Glaube an Offenbarung und Wunder entspringt. In dem Verhältnis einer ursprünglichen Religiosität zu der Welt, der sie sich mitteilen und auf die sie wirken will, liegt auch ihm die Notwendigkeit des positiven Glaubens.

Empedokles ist so zum Übermenschen geworden. Er hat sich vor dem in religiösen Anbetungstaumel geratenen Volke einen Gott genannt. Das Gefühl seiner Überkraft wurde unheilig. Das ist seine Schuld. Er kennt diese Schuld besser als der Priester. Dieser erblickt überall nur Verhältnisse des Herrschens und Dienens, und so haßt und tadelt er den Empedokles, weil er das Herrschergeheimnis, das in der Gewalt der Natur liegt, an das Volk verraten hat; Empedokles aber durchschaut, wie eben in der Anmaßung solcher Herrschermacht seine Schuld liegt. Sie hat ihn den göttlichen Kräften entfremdet,

Weh! einsam! einsam! einsam!
Und nimmer find' ich
Euch, meine Götter,
Und nimmer kehr' ich
Zu deinem Leben, Natur!
Dein Geächteter! weh! Hab' ich doch auch
Dein nicht geachtet, dein
Mich überhoben

Er weiß auch wie das gekommen. „Des Himmels Söhnen ist, Wenn überglücklich sie geworden sind, Ein eigener Fluch beschieden." Kein Rächer der Götter erhebt sich gegen ihn, aber in seiner Trennung von der Natur und ihren göttlichen Kräften und in dem Leiden daran erfährt er die Tiefe seiner Schuld.

Diese ganze Entwickelung des Empedokles liegt der Tragödie voraus. In einer der ersten Szenen tritt Empedokles auf, in tiefstem Seelenleiden, als ein ganz verwandelter Mann. So erscheint Ödipus im Beginn der Tragödie auf Kolonos und der rasende Ajax. Die Kunstform der Tragödie Hölderlins ist der des Ödipus von Sophokles nächstverwandt; hier aber macht sich nun von neuem eine Eigentümlichkeit der Form Hölderlins geltend, die in anderer

Art an seinem Roman sich zeigte. Dem zweiten Ödipus geht die dramatische Darstellung der Schuld des Helden voraus. Im Empedokles ist in die Tragödie selbst die ganze Entwickelung des Helden aufgenommen: seine fromme Jugendseligkeit, sein ungestümes Wirken, seine Schuld sind immer gegenwärtig: in den Reden der Mithandelnden treten sie dem Zuschauer entgegen: sie sind Bestandteile der Gesamtstimmung, welche die Tragödie durchdringt. Solche Zusammenfassung der Zeiten in einer Seelenverfassung ist überall das Lebensgefühl in Hölderlin, bis hinein in seine kurzen Gedichte.

Die Handlung geht nach dem Muster des zweiten Ödipus in stetigem und kurzem Verlauf zum freiwilligen Tod des Helden. Doch entspricht dem neuen Gehalt der Tragödie ein eigener Bau dieser Handlung. Ich gehe von den Begriffen aus, die Hölderlin selbst in den Anmerkungen zu seinen Sophoklesübersetzungen entwickelt hat; diese Anmerkungen stammen aus der Zeit seiner geistigen Zerrüttung, enthalten aber mehrfach Ideen, die ohne Zweifel lange von ihm gehegt wurden und in seine gesunde Zeit zurückreichen. Sie knüpfen an jenen Grundbegriff vom Rhythmus des Lebens an, der in der Dichtung zum Ausdruck gelangt. So stellt sich ihm der Verlauf der Tragödie als ein Rhythmus dar, und was wir im Silbenmaße als Cäsur bezeichnen, erscheint in der Form der Tragödie als die Stelle, an welcher auf dem Höhepunkt der Handlung, der die Peripetie bildet, sich das, was an dem Zuschauer vorüberging, in seinem Bewußtsein zusammenfaßt; so wird dieser Höhepunkt zum Ruhepunkt und sondert von dem ersten Teil der Tragödie den zweiten. Von den beiden Formen, die Hölderlin am Rhythmus der Tragödie unterscheidet, ist die eine dadurch bestimmt, daß auf einen Anfang jeder folgende Teil sich zurückbezieht und so das im Anfang Gegebene sich immerfort vertieft. Dies ist die Form seines Empedokles. Derselbe zerfällt in einen Teil, in dem das Leiden der Schuld beständig tiefer sich in die Seele des Helden eingräbt, und in den anderen, in dem der Todesentschluß nunmehr eine Steigerung seines Wesens bis zu erhabener Verklärung herbeiführt.

Der Aufbau des ersten Teiles empfängt eine von dem Zusammenhang der antiken Tragödie unterschiedene Form durch die Schicksalsidee Hölderlins, die schon im Hyperion uns entgegentrat und die nun seine Tragödie gänzlich von der antiken unterscheidet. Durch sie sind die inneren und äußeren Vorgänge, die im ersten Teile zusammenwirken, miteinander verknüpft. Wie das Schicksal, das in der Seele des Helden verläuft, ihn mit innerer Notwendigkeit vorwärtsschreiten läßt von der Schuld zur Unseligkeit und von dieser zur Sühne, hat alles, was von außen wirkt, nur darin seine Bedeutung, daß es diesen Vorgang verstärkt und beschleunigt. Ein Gesetz ist wirksam im Leben, nach welchem, wenn ein Mensch durch eigenes Tun innerlich zerrüttet ist, nun Alles um ihn zugreift, sich seiner bemächtigt und ihn zerstört. Das tragische Schicksal ist hier nicht eine äußere Beziehung zwischen einer Schuld und einer von der göttlichen Ordnung verhängten Strafe, sondern es ist ein ursächlicher Zusammenhang, der aus der Wechselwirkung der menschlichen Kräfte selber folgt. Indem Empedokles das alte Verhältnis zu den Mächten der Natur und des Lebens verloren hat und darum die Sicherheit, mit der er Menschen und Dinge beherrschte, ihm geschwunden ist, hat er selbst den Moment herbeigeführt, auf den seine Gegner warteten. Hölderlin setzt der königlichen Natur des Empedokles, in der die Energie des Ideals wirksam ist, in dem Priester Hermokrates einen Menschen gegenüber, der mit hartem Wirklichkeitssinn das Getriebe des Lebens überschaut, der Empedokles gewachsen ist, weil er fähig ist ihn zu verstehen und nüchterner als er die Masse zu nehmen und zu lenken weiß. Nach Priesterart bedient er sich zu seinem Ziel zu gelangen des weltlichen Armes.

In einer großen Szene, in welcher der Priester das Ansehen des Übermächtigen bei dem Volke zerstört, hat Hölderlin dem Worte gegeben, was er damals still in sich trug, seiner Abneigung gegen das Kirchenwesen seiner Zeit, dem Haß und der Verachtung gegen alle Niedrigkeit der Menschen, die er erfahren, die ihn einsam gemacht, ihn mit albernem Klatsch verfolgt und die bescheidenste Existenz ihm unmöglich gemacht hatte. Es ist derselbe Affekt, der in einigen Gedichten dieser Periode und in den Anklagen seines Romans gegen die deutsche Nation sich ausspricht.

Die letzte Tiefe des Leides ist erreicht, als dem Verbannten, der dem Ätna sich zugewandt hat, versagt wird, in einer Bauernhütte zu ruhen. Jetzt tritt die Wendung ein. Er faßt den Todesentschluß, und Schwäche und Leid machen von diesem Moment ab einer erhabenen Ruhe Platz. Der zweite Teil der Tragödie beginnt. Es ist die Darstellung der Verklärung des Empedokles, seine Gestalt wächst vor unseren Augen bis zur Erhabenheit des Heiligen, der seinem Volk in freiwilligem Tode sich opfert.

Wie ergreifend ist das persönliche Moment in diesem Vorgang! Empedokles ringt die Erinnerung an seine Schmach nieder; schamvoll, leise sagt er dem Liebling: „Wir sprechen vom Geschehenen nicht mehr.“ Das ist Hölderlin selbst, der der Last seiner Erinnerungen erliegt. „Still! hinunter soll's! Begraben soll es werden, tief, so tief, Wie noch kein Sterblicher begraben ist.“ Der alte Sühnegedanke erscheint psychologisch vertieft durch das Bewußtsein, daß das verlorene Glück nur um den Preis des Todes wiederkehren könne. „Umsonst wird nichts den Sterblichen gewährt." Er kann auf dem Boden dieser Erde, wo alles davon spricht, was ihm geschehen, nicht länger weilen.

Über diese persönliche Bedeutung des freiwilligen Todes erhebt sich eine mystische: versöhnt mit seinen reuevoll zu ihm zurückgekehrten Volksgenossen verkündet Empedokles ihnen das Evangelium der Natur, die neuen Ordnungen eines starken freien Volkes, und in höchstem Enthusiasmus der Tat und des Todes beharrt er darauf freiwillig zu enden: denn „der muß weg, durch den der Geist geredet". Den Ätna nennt er seine Opferstätte. Sein Tod ist das Wunder, dessen die Blinden bedurften. Dies Wunder vollzieht sich in der Tiefe des Herzens, das die Lebendigkeit der Natur so fühlt, daß es die Rückkehr zu ihr nicht mehr fürchtet. „O die Todesfürchtigen lieben dich nicht, sie veralten, Verschieden von dir — o heilig All! Lebendiges! inniges."

> Es offenbart die göttliche Natur
> Sich göttlich oft durch Menschen, so erkennt
> Das vielversuchende Geschlecht sie wieder,
> Doch hat der Sterbliche, dem sie das Herz
> Mit ihrer Wonne füllten, sie verkündet,
> O laßt sie dann zerbrechen das Gefäß,
> Damit es nicht zu anderm Brauche dien'
> Und Göttliches zum Menschenwerke werde.
> Und wenn ihr morgen
> Mich nimmer findet, sprecht: veralten sollt'
> Er nicht und Tage zählen, dienen nicht
> Der Sorge, ungesehen ging
> Er weg und keines Menschen Hand begrub ihn,
> Und keines Auge weiß von seiner Asche;
> Denn anders ziemt es nicht für ihn, vor dem
> In todesfroher Stund' am heil'gen Tage
> Das Göttliche den Schleier abgeworfen, —
> Den Licht und Erde liebten, dem der Geist,
> Der Geist der Welt den eig'nen Geist erweckte,
> In dem sie sind, zu dem ich sterbend kehre.

Ein großer politisch-religiöser Glaube geht durch die Dichtungen Hölderlins und die verschiedenen Zeiten seines kurzen Lebens. Am lautersten und tiefsten tritt er doch in den Bruchstücken dieser Tragödie hervor. Ihn unterscheidet von Goethe und selbst von Schiller das lebendige Gefühl von einer herannahenden neuen Ordnung der Dinge. Er sah, daß diese auf einen großen Glauben gegründet sein müsse, der die Natur, den Menschen und die Gesellschaft inniger verbände. Wie er aus schlichten Lebensverhältnissen voll Sorge und Mühsal hervorgegangen war und immer wieder in sie zurückkehrte, selber ein mit der Not schwerkämpfender Mann, fühlte er besser als jene Großen und Glücklichen das Herannahen der Umgestaltung der ganzen Gesellschaft des achtzehnten Jahrhunderts. Die Gesetze und Bräuche der Vergangenheit sollen vergessen werden bis auf die Namen der alten Götter. „Vergeßt es kühn und hebt, wie Neugeborne, Die Augen auf zur göttlichen Natur!" Stärke, Freiheit, Schönheit des Lebens erwartet er. „Schämet euch, daß ihr noch einen König wollt." „Dies ist die Zeit der Könige nicht mehr."

Wie vor Hölderlins Phantasie sein Drama stand, genügte ihm nicht, was er geschrieben hatte. Der Entwurf neuer Szenen von stärkerer Bewegung und Freiheit des Rhythmus deutet auf den Plan einer neuen Bearbeitung. Er selber wandelte sich, dichter senkten sich die Schatten über seinen Geist, immer Tieferes gedenkt er in den freiwilligen Tod des Empedokles zu legen. Immer verwandter werden seine Ideen über Schicksal, Opfer und Tod denen seines großen philosophischen Freundes. So entstand ein neuer Plan der Tragödie. Nur drei zusammenhängende Szenen sind davon erhalten. Sie deuten auf ein religiöses Drama. Die Gestalten schreiten und sprechen in feierlicher Erhabenheit, wie von den Gewändern archaistischer griechischer Statuen umflossen. Hier vernimmt man nichts mehr von einer Versündigung des Empedokles an den göttlichen Kräften. Er trägt an jener schuldlosen Schuld, welcher nach Hegel die erhabenen tragischen Gestalten der Geschichte unterliegen — Christus, Sokrates. Übermaß der Liebe war es, was den Widerstand der Welt gegen ihn hervorgerufen hat und ihn zum freiwilligen Tode führt: das ist der Zusammenhang seines Schicksals. „Beim Totenrichter! wohl hab' ichs verdient! Und heilsam wars; die Kranken heilt das Gift, Und eine Sünde straft die anderer, Denn viel gesündiget hab' ich von Jugend auf, Gedient, Wie Wasser nur und Feuer blinder dient. Darum begegneten auch menschlich mir Sie nicht, o darum schändeten sie mir Mein Angesicht, und hielten mich, wie dich, Allduldende Natur! du hast mich nun, Du hast mich, und es dämmert zwischen dir Und mir die alte Liebe wieder auf."

In dem Knaben war das Walten der göttlichen Kräfte Gesang geworden, „dichtendes Gebet"; da ergriffen ihn die Wirren der Vaterstadt. Er erkannte in ihnen „den scheidenden Gott seines Volks". Umsonst war sein Wirken, ihm blieb nur die Sühne durch den Tod. Diesen Empedokles durchwaltet der tragische Zug, den Winckelmann und Goethe am griechischen Wesen nicht gewahrt haben: Hölderlin verstand ihn. In dieser Welt beständig entstehender und vergehender Stadtstaaten gibt es keinen Gedanken an ein Fortschreiten des menschlichen Geschlechts: alles ist Wechsel.

Wie Empedokles anklingend an seine geschichtlich bezeugten Lehren seinem Schüler sagt: „Geh, fürchte nichts, es kehret alles wieder, Und was geschehen soll, ist schon vollendet." Daher diese Sehnsucht nach der ewigen Natur. In ihr ist Vergessenheit dessen, was die Menschen ihm getan, Einigkeit in dem, was jetzt getrennt ist, eine Harmonie, wie Dichtung sie nicht erreicht. Auch diese läßt er nun hinter sich. „O Melodien über mir, es war Ein Scherz, ihr Fühlenden, mit euch, Und kindisch wagt' ich sonst euch nachzuahmen. Ein leichtes Echo fühllos tönte Und unanständig nach in mir, Nun hör' ich ernster euch, ihr Götterstimmen!"

Und schließlich erleuchtet eine kühne Symbolik den Sühnetod des Empedokles. Auf dem Ätna, da er eben zum Ende sich bereitet, tritt Manes ihm gegenüber — eine Repräsentation des ägyptischen Geistes. So hat Platon das zeitlose Wissen dieses geheimnisvollen Volkes in Gegensatz gestellt zu dem jungen verwegenen Drang zu erkennen und zu handeln in den Griechen. Eine finstere, blutleere, tatlose Weisheit geht von dem Ägypter aus. Er versteht den Christus, der kommen wird, den zeitlosen Versöhner alles Menschlichen, der, um nicht alle Verehrung der Welt an sein Dasein zu knüpfen, „er selbst sein eigen Glück zerbricht, das ihm zu glücklich ist". Den Griechen versteht er nicht, der seinem Stadtstaat sich opfert und freudig der all-lebendigen Natur sich hingibt. Eine Skizze von ein paar Zeilen deutet auf den beabsichtigten weiteren Verlauf. Der „Allwissende", Überlegene muß von Empedokles lernen, wie eben in der tödlichen Energie, mit welcher dieser Grieche den Untergang seines Landes fühlt, die Gewähr dafür liege, daß er auch das neue Leben desselben ahnend vorauszuschauen wisse. Und so wird er der Vollstrecker des Testamentes von Empedokles sein und Agrigent das Letzte, was der Scheidende zur Wiederherstellung seiner Stadt zu sagen hat, verkünden.

Ohne Zweifel besteht ein Zusammenhang zwischen diesem Ideenkreis des Dichters und den religiösen Konzeptionen Hegels. Beide hatten lange über die christliche Religiosität und den Schicksalsbegriff der griechischen Tragödie gesonnen. Sie hatten jene wie diesen hinter sich gelassen. Nicht in der Verkettung der Begriffe von Gesetz, Gerechtigkeit, Strafe und Opfer fanden sie das Verständnis des Lebens, dem sie nachgingen. Und ebensowenig in den Relationen, in denen die tragische Schicksalsidee des Sophokles verläuft. Jenseit aller transzendenten Begriffe und aller beschränkten moralischen Deutung des Lebens fanden sie dessen Sinn, die in ihm waltenden Beziehungen der Kräfte, in denen die Tragödie der großen Menschen gegründet ist, durch vergleichende geschichtliche Betrachtung, welche den großen Objektivitäten unbefangen hingegeben ist. In derselben Zeit, in der Hegel dem nachging, hat

Hölderlin, nun schon von dem Freunde getrennt, den Empedokles geschrieben und seine neuen Hymnen, die von demselben Geist einer freien Vergleichung der Religionen erfüllt sind. Und die Ähnlichkeit der Ideen beider reicht tiefer in deren Inhalt hinein. „Je lebendiger" — sagt Hegel — „die Beziehungen sind, aus denen, weil sie befleckt sind, eine edle Natur sich zurückziehen muß, da sie, ohne sich selbst zu verunreinigen, nicht darin bleiben könnte, desto größer ist ihr Unglück. Dies Unglück ist weder ungerecht noch gerecht. Es wird nur dadurch ihr Schicksal, daß sie mit eigenem Willen, mit Freiheit jene Beziehungen verschmäht." „Das Unglück kann so groß werden, daß sie ihr Schicksal im Verzichttun auf das Leben so weit treibt, daß es sich ganz ins Leere zurückziehen muß. Indem sich aber so der Mensch das vollständigste Schicksal selbst gegenübersetzt, so hat er sich zugleich über alles Schicksal erhoben. Das Leben ist ihm untreu geworden, aber er nicht dem Leben." „Die höchste Freiheit ist das negative Attribut der Schönheit der Seele, d.h. die Möglichkeit auf Alles Verzicht zu tun." Genauer als ich mir an dieser Stelle gestatten darf, können diese Beziehungen zwischen Hegel und Hölderlin durch die Hinzuziehung des Aufsatzes „Grund zum Empedokles" aufgeklärt werden.
So war schließlich Hölderlin zur Idee einer Tragödie gelangt, in welcher der Künstler die Natur der göttlichen Dinge verkündige. Immer war ihm die Kunst das Organ höchsten Weltverständnisses gewesen. Innerhalb der unantastbaren Regeln, wie sie aus den Darstellungsmitteln der Tragödie sich ergeben und von Lessing in einem ersten Entwurf formuliert wurden, ging er einer der höchsten Möglichkeiten künftiger Entwickelung nach. Was er wollte, hat mit den reicheren Gefühlsmitteln der Musik Richard Wagner im Parzival verwirklicht. Vergebens bot Hölderlin eine Melodie der Sprache auf, die selbst zu Goethe neue Mittel hinzubringt, um in der Tragödie diese Aufgabe zu lösen. Wenn einst auf einem nationalen Theater uns Wallenstein und Faust gespielt werden, wird vielleicht auch seine erhabenste Künstlersehnsucht erfüllt und das religiöse Drama der Griechen erneuert werden. Ihm hat die Ungunst seiner Zeit dies zu leisten verwehrt.

Nur e i n e n Sommer gönnt, ihr Gewaltigen!
Und e i n e n Herbst zu reifem Gesange mir,
    Daß williger mein Herz vom süßen
    Spiele gesättigt, dann mir sterbe!
Die Seele, der im Leben ihr göttlich Recht
Nicht ward, sie ruht auch drunten im Orkus nicht;
    Doch ist mir einst das Heil'ge, das am
    Herzen mir liegt, das Gedicht, gelungen:

Willkommen dann, o Stille der Schattenwelt!
Zufrieden bin ich, wenn auch mein Saitenspiel
Mich nicht hinabgeleitet; einmal
Lebt' ich, wie Götter, und mehr bedarf's nicht.

Die Gedichte

Hölderlins poetische Kraft fand in seinen Gedichten den vollendetsten Ausdruck. In der nachgoetheschen Lyrik nimmt er eine der ersten Stellen neben Novalis, Uhland, Mörike ein: in diesem Bereich der Lyrik wird erst seine ganze Bedeutung sichtbar; sind doch in der Musik und der ihr verwandten Lyrik die Schöpfungen unserer Nation denen jedes anderen Volkes überlegen.

Den lyrischen Dichtern ist gegeben, den stillen Ablauf innerer Zustände, der sonst vom Getriebe der äußeren Zwecke gestört und von dem Lärm des Tages übertönt wird, in sich zu vernehmen, festzuhalten, zum Bewußtsein zu erheben. Indem sie so in uns selber einen Zusammenhang inneren Lebens wieder aufrufen, der auch in uns einmal da war, aber nicht so stark, nicht so eigen, in so ungestörtem Ablauf und so mit Bewußtsein aufgenommen, wird ihre Kunst zum Organ, uns im Persönlichsten besser zu verstehen und unsern Gesichtskreis über die eigenen Gemütserlebnisse hinaus zu erweitern. Die Genies des Gemüts offenbaren einem jeden von uns seine eigene innere Welt, und sie lassen in eine fremde, die uns doch auch verwandt ist, hineinblicken. In der Fülle dieser dichterischen Individualitäten erfassen wir den Reichtum der menschlichen Innerlichkeit. Sonach verstehen wir einen lyrischen Dichter und erkennen seine Bedeutung, indem wir das Neue auffassen, das ihm von Zügen menschlicher Innerlichkeit und künstlerischen Ausdrucksmitteln für sie aufgegangen ist.

So ist auch hier wieder in dem Erlebnis der Schlüssel für das Verständnis der Dichtung zu finden. Und was uns aus Hölderlins Leben und aus den beiden großen Werken, in denen er es darstellte, entgegenkam, schließt sich nun zusammen zur Auffassung seiner Lyrik, in der seine unvergänglichen künstlerischen Leistungen liegen. In diesem Leben fanden wir die Erlebnisse, an die sich seine Gedichte anschließen, die Perioden seiner Lebensverfassung, welche auch die seiner dichterischen Form bestimmten, und diese Werke lassen uns seine Lebensverfassung und den Umkreis der in ihr enthaltenen Stimmungen in den Symbolen auffassen, die er hierfür gefunden hat. So war denn die ganze bisherige Darstellung immer auch darauf gerichtet, den Gehalt der Gedichte Hölderlins verständlich zu machen, und der Zusammenhang zwischen diesem Gehalt und der inneren und äußeren Form der Lyrik kann jetzt erst zur Einsicht kommen.

Ich gehe von Goethe aus; denn nur so kann das Neue in den späteren Dichtern richtig eingeschätzt werden.

Goethe steht der Welt gegenüber in einer unvergleichlichen Kraft, sich zu fühlen und in jeder Lebensbeziehung zu behaupten. Wie er mit seiner ganzen Energie im Moment lebt, so gehen seine Gedichte vom Erlebnis aus; alles was ein Vorgang auf eine unendlich reizbare Natur wirken kann, die seinen ganzen Gefühlsgehalt stark und lebendig erfährt, durchlebt Goethe und stellt es im Gedicht hin: rein, entschieden und allgemeingültig. Indem er so den Gefühlsgehalt jeder Lage erschöpft, scheint sich in dem unermeßlichen Reichtum seiner Lyrik das ganze Verhältnis eines typischen Menschen zur Welt abzuspiegeln. Von diesen Gedichten geht eine nie versiegende Kraft aus, jedem Gefühlswert der Welt so wie er, unbefangen sich hinzugeben, ohne sich an ihn zu verlieren. Denn auch in seinen schmerzlichsten Gedichten fühlen wir, er werde jedes Leides einmal Herr werden, eine neue Sonne werde scheinen, und mit derselben Kraft werde er neuen Begebenheiten entgegengehen.

Hölderlin lebte immer im Zusammenhang seiner ganzen Existenz. Stets wirkte auf sein Gefühl des Moments, was er erlitten hatte und was kommen konnte. Er hielt das alles in sich zusammen. Es ist, als ob der Augenblick, in dem Goethe so mächtig lebte, keine wahre Realität für ihn hätte. Schon der Knabe sah wehmütig dem lustigen Treiben der Genossen zu, unfähig, sich ganz dem Moment hinzugeben. Und war es nun sein Temperament oder die Wirkung seines Schicksals: jederzeit ist ihm versagt geblieben, mit einfachem starkem Gefühl in der Wirklichkeit sich auszuleben. Die Sehnsucht nach der großen griechischen Vergangenheit verdarb ihm das Gefühl der Gegenwart. Seine Ideale von Vaterland, Heldentum und Freiheit schufen ihm nur Schmerzen und unbestimmte, immer mehr in unerreichbare Ferne sich verlierende Hoffnungen. Und seine Liebe selbst war beglückte Gegenwart nur durch seine reine und unsinnliche Fähigkeit, an dem bloßen Bewußtsein geliebt zu werden sich genügen zu lassen. Wo ist ein anderes Dichterleben aus so zartem Stoff gewebt, wie aus Mondenstrahlen! Und wie sein Leben, so war seine Dichtung. In einer solchen Natur, die beständig in dem ganzen Zusammenhang der Innerlichkeit lebt, wirkt das Vergangene wie Gegenwart. Das Dasein des Eremiten Hyperion ist ganz erfüllt von den Geistern dessen, was gewesen ist. Empedokles fühlt so stark den Druck des Vergangenen, daß er eine Befreiung davon nur im Tode hofft. Dasselbe zusammenhaltende und gemischte Gefühl des Lebens ist in Hölderlins Ge-

dichten. Nichts Spielendes, Leichtes, Einschmeichelndes ist in ihnen.
Der Zusammenhang seines persönlichen Daseins wird nun für den philosophischen Dichter zu dem des Lebens selber. Seine Gedichte begleiten, was auf der Bühne des Lebens geschieht, wie der Chor der sophokleischen Tragödie. Wenn in Schillers philosophischen Gedichten aus der Welt der Ideen eine Stimmung kommt, unabhängig vom einzelnen Erlebnis: so folgt solchem Vorbild Hölderlin in seinen ersten großen Hymnen, um dann doch in den späteren zu einer echteren lyrischen Form fortzugehen: aus der Stimmung, welche eine ideelle Welt in ihm hervorruft, erhebt sich ein im Zusammenhang des Gefühls gegründeter Verlauf: wie die Vision eines Sehers treten in den schönsten dieser Gedichte die vom Gang des Gefühls bestimmten Phantasiebilder auf. Aber die bedeutendsten Schöpfungen seiner Lyrik sind doch die, in denen an einem Erlebnis ein allgemeiner Zug des Lebens ihm aufgeht. Er arbeitet unablässig daran, solche Züge bald in Umbildung desselben Gedichtes, bald in mehreren zu immer vollkommnerem Ausdruck zu bringen; auch hierin mag er mit Böcklin verglichen werden. Abendstimmung, die das Gemüt in sich selbst zurückführt und den Kampf des Tages in Frieden ausklingen läßt.

Vor seiner Hütte ruhig im Schatten sitzt
Der Pflüger, dem Genügsamen raucht sein Herd.
Gastfreundlich tönt dem Wanderer im
Friedlichen Dorfe die Abendglocke.
Wohl kehren jetzt die Schiffe zum Hafen auch,
In fernen Städten fröhlich verrauscht des Markts
Geschäft'ger Lärm; in stiller Laube
Glänzt das gesellige Mahl den Freunden.
Wohin denn ich? Es leben die Sterblichen
Von Lohn und Arbeit; wechselnd in Müh' und Ruh'
Ist alles freudig; warum schläft denn
Nimmer nur mir in der Brust der Stachel?
Am Abendhimmel blühet ein Frühling auf;
Unzählig blühen die Rosen, und ruhig scheint
Die goldne Welt; o dorthin nehmt mich,
Purpurne Wolken! und möge droben
In Licht und Luft zerrinnen mir Lieb und Leid! —
Doch, wie verscheucht von törichter Bitte, flieht
Der Zauber; dunkel wirds und einsam
Unter dem Himmel, wie immer, bin ich. —
Komm du nun, sanfter Schlummer! zu viel begehrt
Das Herz; doch endlich, Jugend, verglühst du ja,
Du ruhelose, träumerische!
Friedlich und heiter ist dann das Alter.

Oder Hölderlin nimmt einen Gegensatz in seine Gemütsverfassung auf; die Sehnsucht nach der vergangenen griechischen Welt, nach dem Farbenglanz der südlichen Natur und ihr gegenüber das ruhige Glück eingeschränkter Gegenwart, die stillen Täler, durch die zwischen Wiesen und Wald Neckar und Rhein dahingehn. Dann wieder reines hingegebenes Auffassen der überall wirkenden Kräfte der Natur, in deren gewaltiger Wechselwirkung unser eigenes Dasein beschlossen ist. Wenn die Lyrik Goethes die Natur immer in ihren Bezügen zu dem Dichter selbst darstellt, so tritt sie uns bei Hölderlin als das all-lebendige Ganze entgegen, dessen ewigen Gewalten von Gestirnen, Kräften, Göttern der Mensch untertan ist. Hier liegt verglichen mit den Gedichten Goethes vor seiner Altersperiode eines der wirksamsten Momente in Hölderlins neuer Dichtung.
Und alle diese Bezüge des Lebens sind in einer eigenen Stimmung miteinander verbunden. Eine ideale Natur, ausgestattet mit höchster Empfänglichkeit für alle Werte des Daseins, findet sich in jenem Widerstreit der Ideale mit der Welt, den Schiller so ergreifend ausgedrückt hat, sie wird zu einer eigenen metaphysischen Anschauung geführt, die aus der Vergänglichkeit hervorgeht, als der Natur der Zeit selbst, aus der Unmöglichkeit, Schönheit, Heldentum und Kraft dem Widerstreben der trägen Masse gegenüber durchzusetzen, aus der Einsamkeit, in der eine entwickeltere Individualität sich findet. In dieser Stellung zum Leben ist Hölderlin der Genosse des jungen Hegel und Schopenhauers, und seine Lyrik bringt eine neue Empfindung der Welt gegenüber zum Ausdruck. Und das ist nun auch, was uns mit eigener Gewalt zu ihm hinzieht. Wenn wir den Gang seines Lebens in seinen Gedichten verfolgen, von der Zeit der Ideale, von der jugendlichen Verklärung des Daseins abwärts zu dieser Seelenverfassung, so ruft er ein unsägliches Mitleid hervor. Wie rührt seine stille Fassung dem Leben gegenüber, der leise und müde Ton, der wahrhaftiger wirkt als alle Invektiven Schopenhauers gegen das Leben, die lautere Einfachheit seiner Worte! In diesem gefaßten, schlichten, leisen Ton war er Sophokles verwandt und hat von ihm gelernt. Diese Gedichte greifen uns an die Seele.
Jedem Gedicht — und ebenso jedem musikalischen Instrumentalwerk — liegt ein durchlebter seelischer Vorgang zugrunde, der auf die Innerlichkeit des Individuums im Gefühl zurückbezogen ist. Mag ein solcher Ablauf innerer Zustände nun hervorgerufen sein durch ein Einzelerlebnis, das von außen bestimmt ist, oder durch Stimmungen, die von innen unabhängig von der äußeren Welt aufsteigen, oder auch durch eine Ideenmasse, sei sie geschichtlich oder philosophisch: immer bildet dieser Gefühlsverlauf den Aus-

gangspunkt für das Gedicht und den Gehalt, der in ihm zum Ausdruck kommt.
Das lyrische Genie liegt zunächst in der Eigenheit des lyrischen Dichters, kraft deren er diesen inneren Vorgang nach der ihm eigenen Gesetzlichkeit voll und rein durchlebt, ihm ganz hingegeben, unberührt von dem, was von außen diesen gesetzlichen Ablauf stören könnte. Es bringt die in einem solchen Verlauf bestehende teleologische Gesetzlichkeit zum Ausdruck. Hölderlin war solch echtes lyrisches Genie. Seine tatlose Innerlichkeit, seine Ferne vom Weltlauf, seine in sich gekehrte Tiefe des Gemütes: alles wirkte dahin, ihm die leise dahinfließenden Rhythmen des Ablaufs unserer Gefühle vernehmbar zu machen. Wie ein anfänglicher Gefühlszustand sich in seinen Teilen entfaltet und schließlich in sich zurückkehrt, nun aber nicht mehr in seiner ersten Unbestimmtheit, sondern in der Erinnerung des Verlaufs zusammengenommen zu einer Harmonie, in welcher die einzelnen Teile zusammenklingen; wie unser Gefühl anschwillt und dann in einer Wendung des seelischen Verlaufs langsam sinkt; wie ein Kampf kontrastierender Gefühle in uns sich löst oder wie der höchsten Steigerung eines allzu Schmerzlichen die Beruhigung folgt.
Diesem Vorgang, aus dem ein Gedicht entspringt, geht nun nicht der schaffende Vorgang selbst zur Seite; nur einzelne Töne mögen in die Momente seines Ablaufs hineinklingen: das eigene Vermögen des lyrischen Dichters besteht darin, jenen Vorgang festzuhalten, sich gegenständlich zu machen und nun an einem Ausdruck für ihn zu bilden. Es gibt Dichter, in denen wie in Goethe der Fortgang vom Erlebnis zur dichterischen Darstellung oftmals rasch verlaufen mag: Hölderlin bildete langsam an dieser Darstellung. Wie der Instrumentalmusiker lange Zeiten hindurch arbeitet am breiten musikalischen Ausdruck des ersten Erlebnisses, wobei ihm dann neue Gefühlsvorgänge immer wieder zu Hilfe kommen, so scheint Hölderlin lange gearbeitet zu haben, den Rhythmus des Gefühlsverlaufs in seinen einfachen wesenhaften Zügen herauszuheben, seine Glieder fest aneinander zu binden und im inneren Fluß der Sprache ihm Ausdruck zu geben.
Denn das ist in Hölderlins lyrischem Schaffen der herrschende Zug: er erhebt den Vorgang zum bewußten Zusammenhang in allen seinen wesentlichen Gliedern, auch in denen, die ihm unmerklich und flüchtig durch die Seele gingen. Es ist ein besonderer Reiz des Volksliedes, daß die dunklen nur halb bemerkten Beziehungen, welche die stärkeren Gefühlsvorgänge miteinander verbinden, die Stellen in dem Verlauf des Gefühls, an denen es gleichsam unter der Erde weiterfließt, keinen Ausdruck im Worte finden. Goethe hat den glücklichsten Gebrauch hiervon gemacht. Hölderlin

stilisiert den inneren Vorgang, an den das Gedicht anknüpft. Er erhebt ihn zum bewußten Zusammenhang. Er verlegt zunächst in seinen strophischen gereimten Gedichten, in denen die Verse trennend wirken, diesen Zusammenhang in die syntaktische Verbindung aller Teile, welche durch die Versabschnitte hindurch in einem Flusse geht. Dann genügt ihm das nicht mehr. Im Hexameter und im elegischen Versmaß findet er ein Mittel, von der Strophe sich zu befreien, und bildet durch seine Art der Behandlung dieser Versmaße in ihnen den Fluß des Gefühlsverlaufs nach. Aus der strophischen Lyrik der Griechen und Römer entnimmt er dann Versmaße, die ihm gestatten, in dem sanften gesetzmäßigen Spiel der Hebungen und Senkungen den Zusammenhang auszudrücken, der alle Teile seiner Gedichte verbindet. Und auch von da drängt es ihn schließlich dazu fort, in freien Rhythmen ohne jede Strophenabteilung den Vorgang unaufhaltsam ablaufen zu lassen. Nur in seinen letzten Hymnen löst sich die Festigkeit des Zusammenhanges.

In solcher Stilisierung des Vorgangs liegt eine Gefahr, der Hölderlin nicht immer entgangen ist. Wie auch in der Phantasie der seelische Vorgang, von dem eine Dichtung ausgeht, ausgebildet und durch verwandte Vorgänge erweitert werden mag, schließlich darf das Gedicht noch nur so viel enthalten, als in einem wirklichen Vorgang gegeben sein könnte. Die Stilisierung mag Unmerkliches herausheben, sie darf aber die angegebene Grenze nicht überschreiten. Besonders wirkt jede in einem Gedicht enthaltene Naturanschauung unwahr, wenn ihr Inhalt dasjenige überschreitet, was in einem inneren Vorgang erfaßt werden kann. Die dichterische Naturanschauung gleicht dann einem Gemälde, das mehr zeigt, als im günstigsten Moment vom günstigsten Standpunkt aus gesehen werden kann. Goethe, der früher durchgängig vom einzelnen Erlebnis ausging und ihm nahe blieb, und zwar nicht nur in seinen Liedern, sondern auch in den Dithyramben seiner Jugend, ist das vollkommenste Muster dieses echten Realismus der Lyrik. Hölderlin dagegen verlor in Dithyramben wie „der Archipelagus" den Maßstab für das, was in einem inneren Vorgang, auch da wo dieser in der Welt der Ideen entspringt, von Stimmungen und Anschauungen verknüpft sein kann. Wir vermögen dann nicht mehr das umfangreiche Ganze nachzuerleben. In feinem Gefühl hat er in den schönen Elegien: Menons Klage, Herbstfeier, Heimkehr das umfassende Ganze durch äußere Zeichen in einzelne Momente zerlegt. Das zarte Familiengemälde „Emilie vor ihrem Brauttag" ist leichter und rascher von ihm hingeworfen, und eben dadurch ist es der Natur näher als irgendein anderes seiner größeren Gedichte.

Hier schließt sich Mörikes Dichtungsweise auf das engste an Hölderlin an.
Das Musikalische bildet einen weiteren Zug in der inneren Form der Gedichte Hölderlins. Ich verstehe hierunter nicht nur seine Behandlung der Sprache oder des Verses, sondern die besondere Form des inneren Vorgangs und seiner Gliederung. Ich finde dieselbe Form in der romantischen Lyrik wieder – in Novalis und Tieck, die Hölderlins Zeitgenossen sind, und später in Eichendorff. Diese ganze Lyrik ist gleichzeitig mit der Ausbildung der deutschen Instrumentalmusik. Wenn in der letzteren die Abfolge der Gefühle losgelöst vom einzelnen Erlebnis und der in ihm enthaltenen Gegenständlichkeit hingestellt wird, so besteht in diesen Lyrikern eine verwandte Tendenz. Jetzt entstehen Lieder, in denen mehr als in der Regel bei Goethe die Bezüge auf das bestimmte anschauliche Erlebnis zurücktreten. Das Gefühl verschwimmt in der Stimmung, die aus dem Inneren selbst hervortritt ohne Anfang, ohne Ende. Oder es ist wie bei Hölderlin ein Zusammengefaßtes, das kaum noch eines Anlasses bedarf.
Die Lyrik von Hagedorn und Gleim ist gleichzeitig mit dem deutschen Singspiel und stand in engem Zusammenhang mit den gesungenen Liedern jener Tage, wie sie die Feste des Bürgertums begleiteten. Diesem Lied und dem Singspiel ist die Lyrik jener Zeit verwandt in der abgezirkelten Form, dem abgeschnittenen Vers, der Wiedergabe typischer Gefühlszustände. Wie diese Dichtung unter den Abteilungen von Liebesliedern, Trinkliedern, religiösen Gesängen in Fächer gesondert ist, so sind die Gefühle selbst, deren Ausdruck sie ist, säuberlich in Abteilungen eines geistigen Haushalts getrennt, so daß keines von den anderen gestört wird; die Gedichte sind abgeteilt in reguläre Verse, deren jeder ein Ganzes für sich bildet. Diese Form liegt jenseits der heute noch lebendigen Lyrik. Klopstock machte ihr ein Ende. Dies Genie für das Musikalische in der Lyrik machte das Gefüge eines Erlebnisses in der Form des Gedichtes sichtbar. Das führte ihn zuerst zu den Versmaßen der Alten und den freien Formen seiner religiösen Hymnen. Den großen Gegenständen, die er ergriff, entsprach der stärkste lyrische Ausdruck. Aber in welchem Gegensatz hierzu stand die Armut seines Denkens, seine religiöse Feierlichkeit, seine dogmatische Gebundenheit, seine Unfähigkeit fortzuschreiten, sich zu entwickeln! Erst als nun große Persönlichkeiten zu der freiesten Bewegung ihres Inneren gelangten, erreichte unsere Lyrik ihren Höhepunkt; eine Schönheit und ein Reichtum derselben trat hervor, der in der modernen Literatur ohnegleichen ist. Das Höchste in dieser Lyrik, die Gedichte Goethes bis zu der Zeit, als der vollendete Stil Hölderlins und neben ihm Tieck und Nova-

lis auftraten, gehört der Epoche des raschen Emporsteigens unserer weltlichen Musik bis zur Oper Mozarts an. Es ist dieselbe Befreiung des weltlichen Gemütslebens, die sich so gleichzeitig äußert, und unzählige Fäden von Wirkungen gehen hinüber und herüber zwischen beiden Ausdrucksweisen. Wie aber in der höchsten Schöpfung dieser Epoche, der Oper Mozarts, der musikalische Ausdruck in den einzelnen Situationen an das Wort, an die feste Bestimmtheit beider geknüpft ist, besteht ein eigener innerer Formzusammenhang zwischen den hellen, bestimmten, klaren Formgebilden in Musik und Lyrik. Dann aber bringt die Ausbildung der Instrumentalmusik in Haydns letzter größter Zeit und in der Entwickelung Beethovens eine wortlose Darstellung des Gefühlszusammenhangs, welche in einem Flusse der Bewegung durch alle Teile des Kunstwerks einheitlich hindurchgeht. Und Hölderlin, Tieck, Novalis beginnen jene neue Lyrik, welche den Überschwang des Gefühls, die gegenstandslose Macht der Stimmung, die aus dem Inneren des Gemütes selber aufsteigt, die unendliche Melodie einer Seelenbewegung ausdrückt, die wie aus unbestimmten Fernen kommt und in sie sich verliert.

Alle Momente, die wir durchliefen, bestimmen nun die äußere Form der Gedichte Hölderlins.

Schon Dubos und Lessing erkannten, wie in den Worten und ihren Verbindungen das Mittel gegeben ist, jeden möglichen Gegenstand zu bezeichnen, wie dann aber die künstlerische Wirkung der Dichtung auf das Gemüt und die Phantasie einer eigenen Kunst bedarf, Worte zu wählen und zu verbinden. Hamann und Herder führen solche Gedanken weiter. So ist die erste Aufgabe, innerhalb der Zergliederung der Form eines Dichters, die Mittel zu erfassen, durch die er Worte wirksam zu machen weiß. Hölderlins lyrische Kunst wirkt zunächst dadurch, daß sie durch eine eigene Sparsamkeit mit dem Wort jedem einzelnen Ausdruck einen stärkeren Eigenwert gibt. Wenn wir in der Regel beim Lesen forteilend das einzelne Wort nur als Zeichen für die Bedeutung im Zusammenhang des ganzen Wortgefüges benützen, so läßt uns hier die Sparsamkeit des Ausdrucks bei den Worten verweilen. Das Gefühl tritt hinter seiner schlichten Bezeichnung gleichsam nackt heraus — auch hierin ist Mörikes Lyrik der Hölderlins verwandt und von ihr beeinflußt. Ich erwähne noch ein anderes Kunstmittel, das Hölderlin zur größten Wirksamkeit gebracht hat. Die Verhaltungsweisen der Seele, in deren Zusammenwirken die Innerlichkeit besteht, finden ihren Ausdruck in den syntaktischen Formen der Frage, des Ausrufs, der Bezeichnung der Akte des Willens, in denen der Redende sich oder einen anderen bestimmt. So gibt die Anwendung dieser syntaktischen Formen die innere Bewegung stärker und unmittelbarer in einem Gedicht wieder als durch direkte Aufnahme von Worten wie Trauer, Freude, Sehnsucht, Verlangen geschehen kann. Hölderlin bedient sich dieser syntaktischen Formen in einem Umfang wie kaum ein anderer Dichter, sowohl in dem Empedokles als in den Gedichten. Und er führt sie zurück auf den Wert, den sie in der Innerlichkeit des lyrischen Vorgangs haben, indem er sie alles Rhetorischen entkleidet, indem er den in diesen Formen ausgedrückten seelischen Vorgang schlicht und einfach hinstellt, so einfach, daß er sich der Sachlichkeit der Prosa nähert. Und nach dem Vorbild der Griechen benutzt er die in unserer Sprache vergönnte Freiheit der Wortstellung innerhalb der syntaktischen Gliederung, um durch die Folge der Worte den inneren Fortgang in der Anschauung und im Gemütsvorgang auszudrücken.

Der Vers Hölderlins ist in der Fülle und dem Fluß des Wohllautes von keinem anderen Dichter übertroffen worden; in der natürlichen und starken rhythmischen Bewegung und in deren Mannigfaltigkeit steht er freilich weit hinter Goethe zurück: aus Hölderlins metrischer Kunst entspringt eine gewisse Einförmigkeit. Er hat das feinste Gefühl für unsere Sprache; ihrem Geist entsprechend weiß er den Wert der Worte, der durch ihren inhaltlichen Zusammenhang bestimmt ist, mit der Verwendung der Hebungen und Senkungen in Einklang zu bringen. Hierin unterscheidet er sich besonders von Klopstock zu seinem Vorteil. Er versteht zumeist, in die Hebungen Verbal- und Nominalwurzeln zu bringen oder doch Silben, deren Betonung an dieser Stelle aus dem Sinn sich rechtfertigt. In den Senkungen stehen ganz überwiegend Präpositionen, Vorsilben, Suffixe. So entsteht eine ungezwungene Übereinstimmung zwischen der nach dem Sinn betonenden Rede und der Versform. Überall regieren in seinen metrischen Formen die Prinzipien des Zusammenhangs, der Symmetrie und der musikalischen Wirkung. Und sie bestimmen nun auch den Fortgang der Entwickelung seiner Verskunst.

Wir verließen die Geschichte seiner Lyrik da, wo die Form seiner Hymnen von ihm auf das persönliche Gedicht übertragen wird. In den herrlichen Gesängen „Der Gott der Jugend" und „An die Natur" werden die syntaktischen Mittel, den Zusammenhang im Gefühlsvorgang zu äußerem Ausdruck zu bringen, in vollendeter Weise verwertet; aber die so entstehende Wirkung erhält noch eine Steigerung durch die symmetrische Anordnung, die Schiller in solcher Vollkommenheit nirgend angewandt hatte.

Die ihn beherrschenden Prinzipien und damit zusammenwirkend seine Beschäftigung mit der griechischen und römischen Poesie führen Hölderlin dann zur Anwendung der antiken Versmaße. Er weiß dem Hexameter und dem elegischen Versmaß ganz eigene Wirkungen abzugewinnen. Die symmetrische Verteilung der Trochäen und Daktylen bringt in seinen Hexametern eine Bewegung hervor, in der das Gefühl wie in Wellen dahingetragen wird. Indem er die erste Hebung des Pentameters häufig abschwächt, erweckt er dann einen Eindruck des Anschwellens, der seiner Anwendung des elegischen Versmaßes einen eigenen Reiz gibt, wie dies Menons Klage besonders schön zeigt. Assonanzen dienen glücklich dem Wohlklang und der Verstärkung und Verbindung von gleichklingenden Hebungen. Ebenso wirken Alliterationen verbindend. So ziehen sich durch Hölderlins metrische Ausdrucksweise besonders starke Wirkungen hindurch in der Richtung auf Melodie, auf ungehemmten Fluß der Verse und auf Beziehungen zwischen den Teilen des Gedichtes. Alles dient so, den Ablauf des seelischen Vorgangs, seinen Zusammenhang und seine Gliederung auch metrisch auszudrücken. Und wenn nun Hexameter und elegisches Versmaß solchen Zusammenhang besonders auszudrücken befähigt sind, so hat doch Hölderlin durch die angegebenen Mittel auch einige Formen der griechischen und römischen strophischen Dichtung derselben Wirkung anzupassen verstanden. Er ging hierbei auf den Horaz zurück; ob er die Reste der griechischen Lyrik mitbenutzt hat, erscheint fraglich. In der Verwendung dieser Versformen unter den Bedingungen der deutschen Sprache und des modernen Seelenlebens ist er von keinem anderen Dichter erreicht worden. Er gebraucht vornehmlich die alkäische Strophe, deren sich auch Horaz mit Vorliebe bediente; aber mit feinem rhythmischen Gefühl setzte er an Stelle der spätgriechischen und lateinischen modifizierten die ursprünglich griechische Form. Nächst der alkäischen Strophe gebraucht er am häufigsten die sogenannte dritte asklepiadeische Strophe, die ihm ebenfalls bei Horaz sich darbot, und hier hat er die Anwendung des antiken Metrums auf unsere Sprache sich dadurch möglich gemacht, daß er an den Anfang jedes Verses an die Stelle des Spondeus beinahe nur solche Füße setzt, die kaum anders denn als Trochäen gemessen werden können. Auch der sapphischen Strophe bedient er sich einmal in dem Lied „Unter den Alpen gesungen". Hier findet sich eine eigentümliche Modifikation, die auf der Umformung Klopstocks beruht. Er verschiebt den Daktylus, der in den ersten drei Zeilen der Strophe regelmäßig an dritter Stelle zu stehen hätte: in der ersten Zeile setzt er ihn an die erste Stelle, in der zweiten an die zweite und in der dritten an die vierte.

Und abermals führt ihn der Grundzug seiner Lyrik, Zusammenhang, Abfluß, inneren Rhythmus des seelischen Vorgangs auszudrücken, zu einer neuen Form. Sie tritt auf, wo er für die starken fortschreitenden Bewegungen der Seele, wie sie durch große Stimmungen und Stoffe hervorgerufen werden, einen metrischen Ausdruck sucht. Hier knüpft er an die Dithyramben Goethes an. Jamben und Anapäste, Trochäen und Daktylen, also aufsteigende und sinkende Takte sind in beständigem Wechsel und in ganz freier Weise so gemischt, daß sie der Bewegung der Seele sich anschmiegen. Regelmäßige Strophenbildung besteht hier nicht mehr, nur eine Gliederung in fast immer ungleichen Abschnitten. Vielfach klingen die lyrischen Maße des Horaz hindurch, an die der Dichter gewöhnt war. Eben als er zu diesem Dithyrambus und dessen freien Formen fortging, begann sein Geist den Stößen des Schicksals zu erliegen, und so endet vorzeitig die Entwickelung seiner lyrischen Kunst.

Das Ende

Wo bist du, Licht?
Das Herz ist wieder wach, doch herzlos
Zieht die gewaltige Nacht mich immer ...
Nun sitz' ich still allein, von einer
Stunde zur anderen, und Gestalten
Aus frischer Erd' und Wolken der Liebe schafft,
Weil Gift ist zwischen uns, mein Gedanke nun:
Und ferne lausch' ich hin, ob nicht ein
Freundlicher Retter mir komme.

Als Hölderlin aufbrach zu neuer Dienstbarkeit in die Ferne, war seine Verfassung schon eine höchst bedenkliche. Er trug verschwiegen solche Last von Erinnerungen in sich – Schmerzen aller Art, Entbehrung, Demütigung bis zur Erniedrigung, daß er sich durch sein Schicksal wie ausgeschieden von den Menschen fühlte. Ihn umgab die totale Einsamkeit derer, die sich nicht mehr auszusprechen vermögen. Mit einer eigenen leidvollen Demut bittet er öfters die Seinen und die Freunde, ihm sein Schweigen zu verzeihen. Immer war er zu schamhaft gewesen, die treueste Mutter ganz sehen zu lassen, was er erleben mußte und wie er es fühlte. „Ins abhängige Leben muß ich hinein": so schreibt er ihr jetzt dicht vor der Abreise ins südliche Frankreich, und dann fügt er gleich sich und ihr als leeren und armen Trost hinzu, „und Kinder zu erziehen ist jetzt ein besonders glückliches Geschäft, weil es so unschuldig ist". Und dem Bruder „o mein Karl, vergib mir, daß es rein sei zwischen uns."
Es war wieder um die Weihnachtszeit, als er die Heimat verließ, um bei dem Hamburger Konsul in Bordeaux von neuem das Leben

des Hauslehrers zu beginnen. „Nichts fürchten und sich viel gefallen lassen" — so drückt er auf der Reise seine Stimmung aus. So wanderte er über die „gefürchteten überschneiten Pässe der Auvergne". Man ahnt die Träume und Schrecken des nervös Leidenden aus seinem Bericht. „In Sturm und Wildnis, in eiskalter Nacht und die geladene Pistole neben mir in rauhem Bette — da hab' ich auch ein Gebet gebetet, das bis jetzt das beste war in meinem Leben und das ich nie vergessen werde." Ende Januar 1802 kam er in Bordeaux an. Ein letzter merkwürdiger Brief von dort zeigt, wie er sein Gemüt von jeder Aufregung fernhalten mußte. Seine Großmutter war gestorben. „Verkennen Sie mich nicht", schreibt er darüber der Mutter, „wenn ich über den Verlust mehr die notwendige Fassung als das Leid ausdrücke, das die Liebe in unsrem Herzen fühlt. Ich muß mein so lange geprüftes Gemüt bewahren und halten." In solcher Seelenverfassung mußte er erleben, daß es ihm auch hier wie vorher in der Schweiz nicht gelang, seine bescheidene Stelle zu behaupten. Es hieß, es seien Anforderungen an ihn gemacht worden, die er nicht zu erfüllen vermochte oder die er zu erfüllen zu stolz war. Ohne Zweifel erfuhr sein Selbstgefühl hier eine Verletzung, die er nicht mehr überwinden konnte. Den Schwerlebigen, Müden mußte das Gefühl überfallen, daß er nun ein verlorener Mann sei. Im Juni schon trat er die Rückreise an, wohl wieder zu Fuß. Vielleicht daß ihn auf der Wanderung durch das glühende südliche Frankreich ein Hitzschlag traf; „das gewaltige Element, das Feuer des Himmels und die Stille der Menschen, ihr Leben in der Natur und ihre Eingeschränktheit und Zufriedenheit hat mich beständig ergriffen, und wie man Helden nachspricht, kann ich wohl sagen, daß mich Apollo geschlagen". So brach die geistige Krankheit über ihn herein, in der er zurückgekehrt den Seinen sich zeigte.

Über vierzig Jahre sollte Hölderlin von da ab in geistiger Umnachtung leben. Nachdem die ersten Zustände krankhafter Erregung nachgelassen hatten, durfte man auf Besserung hoffen. Er war damals noch imstande, sich geistig zu beschäftigen. Er übersetzte den Ödipus Tyrannos und die Antigone des Sophokles, und die Übersetzung erschien 1804. Sein rhythmisches Gefühl ist unvermindert, seine Sprache tönt, und er gewinnt ihr erschütternde Laute des Schmerzes ab, aber die Herrschaft über das Griechische hat er verloren, er verwechselt bekannte Wörter mit ähnlich klingenden, die Geduld versagt ihm, und er überträgt dann willkürlich. In den Anmerkungen liegt die Poetik seiner besseren Zeiten als ein Trümmerhaufen vor uns. Es reizt, in sie ganz einzudringen, doch ermüdet und enttäuscht steht man dann davon ab, in Sinnlosem

einem verborgenen Tiefsinn nachzugehen. Seine Unfähigkeit, einen logischen Zusammenhang festzuhalten, ist augenscheinlich.
So zeigte er sich auch im persönlichen Verkehr. Zuweilen stellte er sich den Freunden wie in seinen besten Zeiten dar. Dann wieder brach der Faden des Denkens plötzlich ab. Solche Zustände der geistigen Erschöpfung wechselten mit denen der Exaltation: überreiztes Selbstgefühl und jähe Ausbrüche grenzenloser Heftigkeit traten hervor; doch noch so, daß er sich besänftigen ließ. Konnte doch der treueste der Freunde, Sinclair, ihn bei dem Landgrafen von Hessen eine kleine Stelle als Bibliothekar antreten lassen, deren Besoldung freilich der Freund selbst bezahlte. Welche Ironie, daß der Gedanke damals ausgesprochen werden konnte, der Unglückliche nehme nur zeitweilig die Maske des Wahnsinns vor. Solche Hoffnungen währten nur wenige Jahre. Schon im Sommer 1806 erschien es für ihn selbst wie für andere bedenklich, ihn in Homburg sich auf den Straßen bewegen zu lassen. Fixe Ideen sind weder damals noch später bei ihm aufgetreten. Sein Leidensweg ging nun abwärts in die heilige Nacht des Geistes, die nicht durch Berichte neugieriger Reisender oder indiskreter Wohlmeinender entweiht werden soll, zumal doch kein solcher Zustände Kundiger über ihn berichtet hat. Er spielt und singt gern am Klavier, bis zuletzt den Klängen und Rhythmen offen, die zu vernehmen er in die Welt gekommen zu sein schien. Er sitzt in Tübingen, wo er ein stilles Asyl gefunden, im Gartenhaus des Dichters Waiblinger und schaut hinab auf die Stadt, in die er einst mit so stolzen Hoffnungen gekommen war, auf den Neckar, an dem seine dichterischen Träume begonnen hatten — das edle Antlitz nun leblos, die hohe ehrfurchtgebietende Gestalt leicht vorgebeugt: seine Gedanken wandern, wandern.
Am Abend des 7. Juni 1843 ist er gestorben. Schon sehr leidend, hatte er noch lange, wie er es liebte, am offenen Fenster in die schöne Mondnacht geblickt. Still und ohne Aufsehen davon zu machen, schlich er sich aus der Welt, als ihr müdester ärmster Gast, und sie nahm wenig Notiz von seinem Verschwinden.
Unser Interesse aber haftet an den gewaltigen Gedichten, die eben an den Grenzen der höchsten von ihm erreichten Freiheit der lyrischen Bewegung und des Wahnsinns in ihm entstanden — er nannte sie selber geheimnisvoll „Nachtgesänge". Wenn der erworbene Zusammenhang des Seelenlebens, wie er an die Funktionen des Gehirns gebunden ist, zu versagen beginnt, dann erhält die Gestaltung der einzelnen Bilder eine eigene Unabhängigkeit und Energie. Ideen möglicher Wirkungen treten aus dem Rahmen der festgefügten Bedingungen einheitlicher Kunstform heraus. Unreguliert gehen Gefühl und Phantasie ihre exzentrische

Bahn. Wer gedächte hierbei nicht an Robert Schumann oder an Nietzsche! „Ich denke" — so schreibt Hölderlin damals einem Freunde, und die Worte gemahnen ganz an verwandte stolze Worte Heinrichs von Kleist — „daß wir die Dichter bis auf unsere Zeit nicht kommentieren werden, sondern daß die Sangart überhaupt wird einen anderen Charakter nehmen und daß wir darum nicht aufkommen, weil wir, seit den Griechen, wieder anfangen vaterländisch und natürlich, eigentlich originell zu singen".

Das ist nun das Schicksalsvolle dieser letzten Epoche Hölderlins, daß seine ganze dichterische Entwickelung hindrängte zu der gänzlichen Befreiung des inneren Gefühlsrhythmus von den gebundenen metrischen Formen, dieser letzte Schritt aber erst von ihm an der Grenze des Wahnsinns getan ward. Diese Gedichte sind ein Zwischenglied zwischen den Rhapsodien Goethes, wie Prometheus und Wanderers Sturmlied, und den Dithyramben einiger Modernen. Noch einmal sucht der ruhelos Fortschreitende die große Form des Hymnus, die er von Schiller übernommen, fortzubilden. Noch einmal entsteht ein Zyklus, welcher die größten menschlichen Gegenstände umfaßt. Aber es handelt sich nicht um große allgemeine Ideale, die im heiteren Lichte des Idealismus der Freiheit leuchtend vor uns stehen. In sich gekehrt brütet der Dichter über dem Schicksal. Noch einmal hat er in dem Gedichte „Der Rhein" das Schicksal des Helden dargestellt. Die Götter bedürfen der Heroen. „Denn weil die Seligsten nichts fühlen von selbst, muß wohl in der Götter Namen Teilnehmend fühlen ein andrer — den brauchen sie." Wie die Dämmerung sich auf ihn senkte, begannen die Helden und Götter ungeheure Dimensionen und phantastische Formen anzunehmen. Das Göttliche gelangt erst in Helden und Dichtern zum Gefühl seiner selbst — aber er weiß, was der Preis ist, den die Helden zahlen. Er gedenkt derer, die das Leben heroisch getragen haben — Rousseau, Sokrates. Sein Blick umfaßt die Söhne der Gottheit in allen Ländern und Religionen. Zu Dionysos und Herakles tritt Christus als ihr Bruder. Er erscheint ihm wie dem Michelangelo als ein gotterzeugter Held. Die Natur erfaßt er jetzt mächtiger in ihren Eigenheiten, da seine Anschauung des Südens ihm die Gegensätze ihrer Formen erschlossen hat. Und seine Sprache geht in ihrer bildlichen Stärke bis zum Seltsamen und Exzentrischen. Es ist darin eine eigene Mischung von krankhaften Zügen mit dem Gefühl des lyrischen Genies für einen neuen Stil. Ein paar Zeilen haben sich erhalten, die wohl Bruchstück eines größeren Ganzen waren, eine flüchtige Niederschrift mit manchen Inkorrektheiten; sie mögen doch diese Richtung Hölderlins zu einer neuen lyrischen Sprache vergegenwärtigen.

Mit gelben Blumen hänget
Und voll mit wilden Rosen
Das Land in den See,
Ihr holden Schwäne,
Und trunken von Küssen
Tunkt ihr das Haupt
Ins heilig nüchterne Wasser.

Weh mir, wo nehm' ich, wenn
Es Winter ist, die Blumen, und wo
Den Sonnenschein
Und Schatten der Erde?
Die Mauern stehen
Sprachlos und kalt, im Winde
Klirren die Fahnen.

ANMERKUNGEN

Lessing

Der Aufsatz über Lessing erschien 1867 im zweiten und dritten Heft des neunzehnten Bandes der Preußischen Jahrbücher. Damals lagen von eindringenden Untersuchungen die Biographie von Danzel und Guhrauer und C. Heblers Lessingstudien vor. An die letzteren knüpfte mein Aufsatz an. Es war mein erster Versuch, in die Entwickelungsgeschichte einer bedeutenden Persönlichkeit einzudringen. Heute, da diese Arbeit nach mehr als vier Dezennien wieder erscheint, begegnet sie einer ganz veränderten Lage der Lessingforschung. Sollte ich dem Wunsch nach einem Abdruck genugtun, so konnte ich das Verhältnis des Aufsatzes zu jener früheren Lage nicht verwischen wollen. Es war nicht daran zu denken, die Untersuchungen sachlicher und chronologischer Art, durch welche er damals in den Gang der Lessingforschung eingegriffen hat, zu ersetzen durch solche, wie sie etwa heute angestellt werden könnten. Ich hätte dann einen neuen Aufsatz schreiben müssen. Und ich brauchte das auch nicht. Denn die Fragen, die ich damals behandelte, sind auch heute noch für Lessings Verständnis die wichtigsten. An meinen Resultaten habe ich auch heute nichts zu ändern; nur habe ich an dem einen und anderen Punkte jetzt einen vorsichtigeren Ausdruck gewählt. Andere kleine Verbesserungen betreffen nur die Form des Aufsatzes.
Um die Aufgabe, wie ich sie mir damals stellte, vollständiger zu lösen und den Aufsatz dem Zusammenhang des Ganzen anzupassen, habe ich in der ersten Auflage zwei ausführliche Zusätze eingefügt. Das Verhältnis Lessings zu den ihm voraufgehenden und den gleichzeitigen ästhetischen Arbeiten wird ausführlicher behandelt, und ein Kapitel über seine Dichtungen, insbesondere über Minna von Barnhelm und Emilia Galotti ist zugefügt worden. Einige kleinere Zusätze, die Lessing in umfassenden historischen Zusammenhängen zeigen, werden im folgenden ebenfalls angegeben werden. In der zweiten Ausgabe ist außer zwei kürzeren Zusätzen eine ausführliche Analyse des Nathan hinzugekommen. Und so mag neben dem farbenreichen Gemälde, das Erich Schmidt in seiner ausgezeichneten Lessingbiographie uns geschenkt hat, diese Zeichnung eine bescheidene Stelle behaupten. Die allgemeineren Beziehungen, in welchen Lessing zum deutschen Geistesleben steht, werde ich an anderer Stelle behandeln, und dort werden auch einige Punkte von mehr systematischer Art, wie die geistvolle Hypothese Spitzers über das Verhältnis Giordano Brunos zu Lessing sowie die historischen Zusammenhänge der Seelenwanderungslehre Lessings besprochen werden.

Meine Darstellung der Seelenwanderungslehre gab damals Konstantin Rößler Anlaß, im Septemberheft des zwanzigsten Bandes der Preußischen Jahrbücher eine von der meinigen abweichende Auffassung geltend zu machen, und auch von anderer Seite wurde versucht, die Widersprüche aufzuklären, welche in Lessings Äußerungen zu liegen scheinen. Zwei Hypothesen Lessings liegen vor. Jede von ihnen soll gewisse Schwierigkeiten auflösen, die Lessing bei der Bildung seiner Weltanschauung aufstießen. Die eine Gruppe dieser Schwierigkeiten scheint eine Wiederkehr des Menschen auf dieser Erde zu fordern. Soll die Vollkommenheit Gottes mit der Notwendigkeit der menschlichen Handlungen vereinigt werden, so muß diejenige Seele, die auf einer niederen Stufe der religiös-moralischen Entwickelung zurückgeblieben ist, an den späteren Stufen dieser Entwickelung teilnehmen können. Diesen Forderungen genügt die Wiederkehr der Seele auf unserer Erde und in dem weiteren Ablauf unserer menschlichen Geschichte. Exoterisch ausgedrückt: soll die Offenbarung eine Erziehung des ganzen Menschengeschlechts sein, so fordert Gottes Gerechtigkeit, daß auch alle Mitglieder unseres Geschlechts, die auf einer früheren Stufe der Entwickelung zurückblieben, an dem Segen der späteren Stufen einen Anteil haben. „Das große langsame Rad, welches das Geschlecht seiner Vollkommenheit näher bringt, wird nur durch kleinere schnellere Räder in Bewegung gesetzt, deren jedes sein Einzelnes eben dahin liefert." Neben dieser Lehre von der Wiederkehr auf die Erde steht nun aber bei Lessing die Lehre von der Wiederkehr unter Bedingungen, die einen von unserem jetzigen Körper verschiedenen voraussetzen, wie sie im Aufsatz „Über die fünf Sinne" enthalten ist. Und da nun Lessing dabei eine entsprechende Fortbildung des Körpers auf dieser Erde selbst unmöglich angenommen haben kann: so bezieht sich diese Theorie auf die Wanderungen der Seele durch verschiedene Weltkörper hindurch.

Lessing hat diese beiden Theorien zu verschiedenen Zeiten aufgestellt. Zunächst wissen wir nun gar nichts darüber, ob er beide zugleich festgehalten und an eine Verbindung unter ihnen gedacht hat. Hielt er sich an die zweite Hypothese und nahm eine Wanderung der Seele durch verschiedene Weltkörper an, so konnte von ihr aus dasjenige Problem, zu dessen Auflösung die erste Hypothese aufgestellt worden war, unter Fortfall dieser ersten Hypothese in genugsamer Weise aufgelöst werden. Denn die Wanderung der Seelen durch verschiedene Weltkörper läßt immerhin zu, eine Teilnahme an dem, was auf der Erde geschieht, zu denken. Aber es widerstrebt mir, solche Möglichkeiten zu diskutieren. Denn man verkennt gänzlich die Stellung dieses kritischen Geistes zu metaphysischen Fragen, die einen Ausblick in unkontrollierbare Möglichkeiten gewähren, wenn man ihm Phantasien über eine zusammenhängende Geschichte der Seelen zutraut. Dies sind die Gründe, die mich bestimmen, über das in meinem Aufsatz Enthaltene nicht hinauszugehen, den Gedankenspielen, welche Kombinationen der beiden Hypothesen versucht haben, nicht zu folgen. Ich habe daher auch meine Erwiderung auf Rößlers Einwände (im vierten Heft des zwanzigsten Bandes der Preußischen Jahrbücher) hier nicht abgedruckt. In bezug

auf Rößlers eigene Interpretation und ihre Begründung durch seine Auslegung von § 92, 93 der „Erziehung" verweise ich auf ihre Widerlegung in meiner Erwiderung S. 442.
Nur eine historische Betrachtung, die sich ebenfalls gegen den Aufsatz von Rößler richtet, sei hier aus der Erwiderung zu wiederholen gestattet. Welche Beweggründe Lessing auch für die Lehre von der öfteren Wiederkehr der Seele auf diese Erde hatte, so sind sie doch auch auf seine begeistertsten Freunde ohne Wirkung geblieben. Ganz anders steht es mit der Lehre von den Wanderungen der Seelen durch verschiedene Weltkörper. Dieser erwuchs im siebzehnten und achtzehnten Jahrhundert auf dem Grunde der astronomischen Entdeckungen, der sittlichen Bedürfnisse, physiologischer Annahmen ganz naturgemäß zu einer bemerkenswerten Macht. Das zeigt sich in den ernsthaften, stark wirkenden Anschauungen von Fontenelle und Leibniz, wie in dem übermütigen Spott Voltaires, besonders in einer seiner geistvollen Erfindungen, dem Mikromegas. Hier steht Lessing mitten in den Bewegungen des Jahrhunderts. Und wer mit dem Gefühl eines unendlichen Strebens in sich aufblickt zum gestirnten Himmel, kann wohl der Neigung zu Träumen solcher Art sich nicht ganz entziehen.

Anmerkungen zu den einzelnen Stellen

1 Plan dieser Schrift] Vgl. G. E. Lessings Leben nebst seinem noch übrigen literarischen Nachlasse von K. G. Lessing. 1793—95. 3 Bde. Dort II S. 14—19.
2 Ein Exempel] a.a.O. S. 16.
3 diese Theorie] Vgl. L's Brief an Mendelssohn vom 14. Sept. 1757.
4 Kapitel „über Lessing"] Vgl. M. Mendelssohns ges. Schriften 1843 ff. II S. 361 und III S. 1 ff.
5 Fragment über Lessing] Vgl. Lyceum der schönen Künste Bd. I 2. Teil S. 76—128, in den Charakteristiken 1801. Bd. I S. 170—281.
6 Klopstock] in der Ode „an Gott".
7 Sagen Sie mir . . . ja nichts] Vgl. L's Brief an Nicolai vom 25. Aug. 1769.
8 Fichte] J. G. Fichtes sämtliche Werke. 1845 ff., VIII S. 72 f.
9 Diderots Hausvater] Vgl. Hamburgische Dramaturgie 84. Stück.
10 das Theater ff.] Vgl. das Theater des Herrn Diderot. Vorrede des Übersetzers zur ersten Ausgabe von 1760.
11 strenge Folge] Hamb. Dramaturgie 30. Stück.
12 Die Absicht] Hamb. Dramaturgie 19. Stück.
13 diese Furcht] Hamb. Dramaturgie 55. Stück.
14 die Charaktere] Hamb. Dramaturgie 86. Stück.
15 Gedanken über den Herrnhuter] Zur Datierung ist zu vergleichen: Danzel und Guhrauer, G. E. Lessing, 2. Aufl. (1880): I S. 232 A. und Erich Schmidt, Lessing 2. Aufl. 1899 I S. 206.
16 Christentum der Vernunft] Zur Datierung ist zu vergleichen: G. E. Lessings sämtliche Schriften, 3. Aufl. ed. Muncker 1891 ff., XIV S. 175 A. und Erich Schmidt a.a.O. II S. 462.

17 Entstehung der geoffenbarten Religion] Nach Muncker a.a.O. S. 312 steht außer allem Zweifel, daß diese elf Sätze nicht der letzten theologischen Epoche Lessings angehören.
18 Ein moderner Theologe] C. Schwarz, Lessing als Theologe 1854, S. 41.
19 Ich würde] Vgl L's Brief an seinen Bruder vom 14. Juli 1773.
20 Mit der Orthodoxie] Aus L's Brief an seinen Bruder vom 2. Februar 1774. Vgl. dazu den Brief vom 8. April 1773 an denselben.
21 Erziehung] § 79/80.
22 Bericht Kloses] a.a.O. I S. 246.
23 Abhandlung über die Elpistiker] K. Lessing a.a.O. I S. 230, III S. 119 bis 147. Zur Datierung vgl. Muncker S. S. XIV S. 217 f.
24 Von der Art und Weise usw.] Zur Datierung dieser Abhandlung vgl. Muncker S. S. XIV S. 314 A. und E. Schmidt a.a.O. I S. 453.
25 Theses aus der Kirchengeschichte] Der im Text gegebenen Datierung schließt sich Muncker S. S. XVI S. 304 A an. E. Schmidt setzt, ohne Mitteilung über das, was ihn dazu bestimmt, die Theses in das Jahr 1780 a.a.O. II S. 319.
26 im Dezember 1777] Vgl. L's Brief an seinen Bruder vom 19. Dezember 1777 und an ebendenselben vom 25. Februar 1778.
27 in seinen Briefen] Vgl. L's Brief an seinen Bruder vom 23. Juli 1778 und an Ebert vom 25. Juli 1778.
28 Was gehen den Christen] S. S. XII S. 428.
29 Goethe] Weim. Ausg. XXII S. 355/6.
30 bliebe dennoch] S. S. XIII S. 99.
31 fühle, daß] S. S. XIII S. 132.
32 fühle, wo] S. S. XIII S. 150.
33 Kollektaneen zur Literatur] S. S. XV S. 358.
34 Chiromantie und Offenbarung] S. S. XII S. 435.
35 Weh dem menschlichen Geschlecht] S. S. XII S. 437.
36 theatralische Arbeit] Vgl. den Brief an seinen Bruder vom 25. Februar 1778.
37 Streitschrift Semlers] Vgl. den Brief an Elise Reimarus vom 14. Mai 1779.
38 etwas Gründlicheres] Vgl. den Brief an seinen Bruder vom 25. Februar 1778.
39 Strauß] Ges. Schriften ed. Zeller 1876 ff. III S. 102.
40 Nur sein Evangelium] S. S. XVI S. 390.
41 Religion Christi] Der im Text gegebenen Datierung schließt sich Muncker S. S. XVI S. 518 A. an.
42 Inhalt dieses ältesten Christentums] „Erziehung“ § 61.
43 Ein ganz verschiedenes Klima] S. S. XIII S. 356 f.
44 O Geschichte] S. S. XIII S. 5 f., 31 f., 404.
45 Nein, sie wird kommen] „Erziehung“ § 85/6.
46 Das Genie ff.] Hamb. Dramaturgie 30. und 33. Stück.
47 Auf dem Theater] Hamb. Dramaturgie 19. Stück.
48 Gespräch zwischen Lessing und Jacobi] Vgl. Fr. H. Jacobis Werke 1812 ff. Bd. IV. S. 51 ff.
49 Dippel] Fatum fatuum oder die törichte Notwendigkeit 1708.
50 Über die Wirklichkeit außer Gott] Über die Datierung vgl. Muncker S. S. XIV S. 292 A. und G. Spicker, Lessings Weltanschauung 1883 S. 165.

51 Lotze sagt] Vgl. Mikrok. 2. Aufl. 1869, I S. 414—417.

52 Lessing sagt] Vgl. Jacobis Werke a.a.O. S. 80.

53 Lessings Aufsatz, „daß mehr als fünf Sinne] Muncker S. S. XVI S. 522 A. schließt sich der im Text gegebenen Datierung an und bringt neue Gründe für sie, ebenso datiert E. Schmidt a.a.O. II S. 495 u. 637. W. Arnsberger will den Aufsatz in die erste Hälfte der 70er Jahre setzen, bringt aber nicht ausreichende Gründe. Vgl. seine Schrift „Lessings Seelenwanderungsgedanke", 1893, S. 12 f., 47.

Verzeichnis der Änderungen und Zusätze

S. 21. „So zeigen — Stellung?": gegenüber dem früheren Aufsatz gekürzt.

S. 23. „Lessing stammte — entfremdet": Zusatz.

S. 27. „Schon von der Fürstenschule" — S. 29 „des jungen Lessing nach.": Zusatz.

S. 34. „Wie hatte Aristoteles" — S. 39 „Harris' Dialog": neu und umgearbeitet.

S. 40. „Tiefer noch" — S. 42 „Folgerungen nicht auf.": Zusätze und umgearbeitet.

S. 38. „Lessing ist" — S. 63 „zu befreien": Zusatz.

S. 90—104. Zusatz über Nathan den Weisen.

S. 107. „So scheiden sich die Zeiten" — S. 108 „worden": Zusatz.

S. 109. Nach „verlangen" ist ein Absatz fortgelassen und in die Darstellung der Emilia G. aufgenommen.

S. 123. „Das sind die Momente" — bis Schluß: Umarbeitung und Zusatz.

Goethe und die dichterische Phantasie

Der Aufsatz ist zuerst 1877 im X. Bande der Zeitschrift für Völkerpsychologie erschienen. Er knüpfte damals an Herman Grimms Vorlesungen über Goethe an. Die erste Ausgabe des Buches hat nun in Nr. 1 und 2, wie auch beim ersten Aufsatz, die Anknüpfung an die fremde Schrift getilgt und die Darstellung zusammengezogen, ohne einen inhaltlichen Zusatz, so daß hier meine damalige Fassung der Begründung der Geisteswissenschaften auf eine deskriptive Psychologie und die erste Darlegung meiner Ansicht vom Verhältnis zwischen Erinnerung und Phantasievorgang (meine kürzeren Angaben hierüber liegen weiter zurück) erhalten geblieben ist. In der Nr. 4 ist der in dem alten Aufsatz enthaltene Begriff der Erhebung des Geschehnisses zur Bedeutsamkeit auf der Grundlage der Erfahrung im dichterischen Vorgang schärfer herausgestellt und ausführlicher behandelt worden. Hier und in den übrigen Teilen des Aufsatzes ist dann der Unterschied in der dichterischen Verfahrungsweise, den Shakespeare und Goethe repräsentieren, vorsichtiger gefaßt und durch einige Zusätze über die beiden Dichter näher erläutert worden. Diejenigen, welche sich für diese meine älteren systematischen Darlegungen interessieren, darf ich auf die erste Auflage verweisen. In der zweiten Auflage habe ich den Aufsatz ganz umgearbeitet, und seine erste einleitende Partie hat auch in dieser dritten erhebliche Zufügungen und Kürzungen erfahren.

Dieser Aufsatz ist 1865 in den Preußischen Jahrbüchern gedruckt. Damals waren nur die beiden Bände „Novalis' Schriften", herausgegeben von Tieck und Friedrich Schlegel, und die Nachlese von Tieck und Bülow in einem dritten Bande von 1846 vorhanden. Seitdem hat sich unsere Kenntnis des Nachlasses von Hardenberg sehr erweitert, und heute besitzen wir in der schönen Ausgabe Minors (Novalis' Schriften, 4 Bände, Jena, Diederichs 1907) einen kritisch zuverlässigen Text der Hinterlassenschaft des Dichters. Es handelt sich nun darum, wieweit eine chronologische Bestimmung der Fragmente sowie der Aufzeichnungen über die Fortsetzung der Lehrlinge von Sais und des Heinrich von Ofterdingen erreichbar ist. Heilborn hatte in seiner Ausgabe von „Novalis' Schriften" (Berlin 1901) eine chronologische Ordnung der Fragmente versucht. Neue Wege, die wichtige Frage der Chronologie der Fragmente zu lösen, betrat dann Eduard Havenstein („Friedrich von Hardenbergs ästhetische Anschauungen", Berlin 1904), der bei seiner Beschäftigung mit den Handschriften alle Hilfsmittel chronologischer Bestimmung miteinander verbunden hat. Wobei er indes von seiner Untersuchung alles das ausschloß, „was ausschließlich fachmännisch über Mathematik, Physik, Chemie usw. handelt". Ferner stellt Minor kritische Erläuterungen seiner Ausgabe in Aussicht, und es ist Hoffnung vorhanden, daß dieser hervorragende Kenner der Handschriften auch die chronologischen Fragen behandeln wird. Dies muß erwartet werden, wenn man für die Auflösung der Hauptprobleme eine feste Grundlage haben will. Denn die Ansichten von Novalis sind sehr wechselnd; was er aufzeichnete, ist vielfach abhängig von seiner Lektüre; will man die Entwickelung seiner Ideen, ihren Zusammenhang in irgendeiner bestimmten Zeit erfassen, so muß man das Verhältnis der einzelnen Schriften von Friedrich Schlegel, Schelling, Baader zu den Niederschriften Hardenbergs untersuchen, und hierfür sind komplizierte chronologische Nachforschungen erforderlich. Auch die Aufzeichnungen des Dichters über die Fortsetzung der Lehrlinge und des Ofterdingen können erst ausgenutzt werden, wenn sie zeitlich bestimmt und mit den als gleichzeitig festgestellten Fragmenten konfrontiert werden können. So ist die Zeit für eine sichere Verwertung des neuen Materials noch nicht da. Darum erscheint auch in dieser Ausgabe der Aufsatz über Novalis unverändert, abgesehen von einzelnen kleinen Besserungen und Streichungen, sowie der Zusammenziehung und Verdeutlichung einer Stelle. Ich halte an meinen Ergebnissen fest. Auch Zusätze aus dem neuen Material scheinen mir nicht erforderlich. Denn die Absicht des Aufsatzes war von vornherein nicht Vollständigkeit der Nachrichten, sondern gegenüber den damals herrschenden Ansichten über den Dichter eine Charakteristik und Würdigung desselben, und zwar besonders in bezug auf die Folgerichtigkeit und Bedeutung seiner dichterischen Konzeptionen.

Ich füge hier nur einige Bemerkungen hinzu in bezug auf Einwendungen, die gegen diesen Aufsatz über Novalis erhoben worden sind. Haym (Rez. der ‚Nachlese' 1873, Preuß. Jahrb. Jahrg. 1873) erkennt an, daß mein Aufsatz „zuerst eine wahrhaft literaturgeschichtliche Analyse des Geistes von Novalis" gegeben habe, aber es kommt doch in seiner bedeutenden und vielbenutzten Schrift über die romantische Schule (Berlin 1870) ein durchgreifender Unterschied in unserer Auffassung zum Ausdruck. Während ich die übliche Ansicht von der Verworrenheit, Verschwommenheit, dem Dunkel und den Widersprüchen in den romantischen Schriften als unhaltbar nachweisen und zeigen wollte, daß auch das, was uns in den Fragmenten und Nachlaßstücken vorliegt, einen festen Zusammenhang habe, steht Haym jener älteren Ansicht viel näher.

1. Was die Lehrlinge von Sais betrifft (Haym a.a.O. S. 348 ff.), so habe ich mich in den Worten der ersten Auflage über ihr Verhältnis zu Fichtes Standpunkt (S. 268, Z. 6. 5. 4 von unten) zu weit vorgewagt, ich gebe sie preis. Aber daß eine positive Auflösung des Streites der Naturansichten in den bei mir angegebenen Worten von Novalis liegt, halte ich fest. Novalis lehrt, daß der Mensch „mit der Natur gerade in so unbegreiflich verschiedenen Verhältnissen steht, wie mit den Menschen". So entstehen die verschiedenen Naturansichten. Aber von dem Verfahren ab, welches der Struktur der Naturobjekte nachgeht, bis zu den Ansichten, die Vernunft, Phantasie oder Gemüt in ihr wiederfinden, wird doch nach Novalis Natur überall nur verstanden aus einem inneren Zusammenhang, im Nacherleben des in ihr wirkenden Lebens, im Wiederfinden des Selbst in ihr. Ich weise besonders auf die Stelle Minor IV, 24—26 hin. Hier tritt man aus dem Streit der Menschen über die Natur heraus. Die Naturobjekte selber reden. Und sie durchwaltet nun nach Novalis ein ihnen einwohnendes Gefühl, das die Harmonie des Naturganzen genießt, und so öffnet sich auch nur dem Gefühl des Menschen das Wesen der Natur. „Das Denken ist nur ein Traum des Fühlens, ein erstorbenes Fühlen, ein blaßgraues, schwaches Leben."

2. Eine andere Differenz besteht in bezug auf die Fragmente. Haym versucht sie in ein Ganzes zusammenzufassen. Ich habe nicht beabsichtigt, eine solche Aufgabe zu lösen. Der klare Zusammenhang meiner Ausführungen zeigt, daß ich nur gegenüber damals einflußreichen Ansichten in den Fragmenten fruchtbare und klare wissenschaftliche Gedanken aufzeigen wollte. Wie kann mir nun Haym einwenden, daß ich, um „den spezifischen wissenschaftlichen Wert der Fragmente abzuschätzen", „einigen ganz vereinzelten Äußerungen eine Tragweite" gebe, „die ihnen in dem Gedankenplan ihres Urhebers nicht zukam" (S. 353)? Und auch dabei muß ich bleiben, daß ich mit meiner Abschätzung des wissenschaftlichen Wertes der Fragmente damals das Richtige getroffen habe. Mein Urteil über die Fragmente, die sich auf die Natur beziehen, wird bestätigt durch Olshausens einsichtige Prüfung derselben („Friedr. v. Hardenbergs Beziehungen zur Naturwissenschaft seiner Zeit", Leipziger Dissertation 1905 S. 75). In den metaphysischen und geisteswissenschaftlichen Fragmenten sah ich die Bedeutung des Nachlasses. Meine Absicht war, zu zeigen, welchen Wert die letzteren auch noch für die heutigen Geisteswissenschaften haben. Wie ich nun damals mit der ersten Idee einer Psychologie beschäftigt war, welche fähig wäre, die Geisteswissenschaften zu begründen, erschienen mir die

Gedanken Hardenbergs über eine solche bedeutsam. Und auch heute noch liegt für mich der Hauptwert seiner Fragmente für die Gegenwart in den Ideen über den großen Zusammenhang, der zu den Geisteswissenschaften führt: ein Wert, der unabhängig ist von dem transzendentalphilosophischen Standpunkt in der Begründung der Geisteswissenschaften, den Novalis einnimmt. Olshausen will den Ausdruck „Realpsychologie" im Sinne einer „Weltpsychologie" („Wissenschaft des Makrokosmos") deuten. Aber wie könnte die Äußerung, „Baader sei ein realer Psycholog", der „die echte psychologische Sprache spricht", von der Konstruktion der Weltseele verstanden werden! Der einzige Grund, den Olshausen für diese künstliche Auslegung angibt, ist hinfällig. Er beruft sich darauf, daß nur eine solche kosmische Psychologie, aber nicht eine solche des Einzellebens in den damaligen Schriften Baaders sich finde. Ich verweise hiergegen auf Baaders kleine Schrift „Beiträge zur Elementarphysiologie" 1797 (wieder abgedruckt in Sämtl. W. 1. Hauptabt. Bd. III, S. 203—246, doch hier mit späteren Zusätzen). Außer S. 59 sind hier der ganze Anhang S. 73—88 und der Zusatz S. 89. 90 zu beachten. Es finden sich nun bei Novalis in einer Partie der Fragmente solche, die augenscheinlich unter der Einwirkung von Baader und dieser Schrift stehen. Von diesem Verhältnis abgesehen, macht ferner Simon („Der magische Idealismus" Heidelberg 1906, S. 16) mit Recht geltend, daß auch das bei Novalis der Stelle über Realpsychologie Folgende für meine Auffassung spricht. Ob es jetzt oder künftig möglich sei, einen einheitlichen, durch alle Phasen von Novalis hindurchreichenden Zusammenhang seiner Ideen aufzustellen, wie dies Haym und neuerdings ausführlich und scharfsinnig Simon versucht haben, lasse ich dahingestellt. Die Behauptung, daß die spezifische Differenz innerhalb des transzendentalphilosophischen Standpunkts, die Novalis in allen seinen Phasen charakterisiert, im Begriff des magischen Idealismus zu suchen sei, scheint durchaus unhaltbar zu sein. Die Formel knüpft an Baader an; der Hinweis auf die Harmonie zwischen „dem frühesten magischen System" und „den Resultaten der allerneuesten Philosophie" findet sich bei Baader S. 74 ff. (W. S. 239 f.). Unter den Stellen des Novalis (Minor II 192, III, 16. 97. 107. 333. 384) zeigt S. 97 mindestens eine Wandlung im Sprachgebrauch: „magischer Idealismus". Vgl. auch, Walzel, Euphorion XV, 610 ff. 792 ff.

3. Den Ofterdingen bezeichnet Haym als ein „traumhaft verworrenes Gebilde" (S. 387), das nur durch die Beziehungen zu den persönlichen Erlebnissen des Dichters einen natürlichen Halt bekomme. Er lehnt demgemäß die von mir entwickelte Auffassung des metaphysischen Zusammenhangs im Ofterdingen ab. „Es hieße die Ansicht des Dichters rationalisieren, wenn man annehmen wollte, daß seine Erzählung wesentlich auf dem Gedanken der Metempsychose ruhe. Seine Ansicht ist um vieles unhistorischer und mystischer" (S. 386). Und zudem gewähre die Seelenwanderungshypothese für die schließliche absolute Verklärung der Wirklichkeit, die Verwandlung des Romans in das Märchen, keine Aufklärung. „Die Wahrheit ist: diese Hypothese spielt allerdings sowohl in der Weltanschauung wie in dem Roman Hardenbergs eine Rolle, aber doch nur eine Nebenrolle." Hier

liegt erstlich ein Mißverständnis vor. Daß der Ausdruck „Seelenwanderung" „unzutreffend" sei, habe ich selbst hervorgehoben. Daß doch Vorstellungen dieser Art „in die Erzählung hineinspielen", leugnet auch anderseits Haym nicht; denn in der Identität der Personen im Roman ist sie ausgesprochen (Schriften, herausgegeben v. Tieck[5] I S. 119, 121, 223, 242). Aber dieser Gedanke darf nicht im Verstande einer wissenschaftlichen Theorie genommen werden. Sein Schwerpunkt liegt in der Annahme, daß eine in der Vergangenheit bestimmte Ordnung der Seelen zueinander die Bedingungen für ihre Beziehungen in der Gegenwart enthält, gleichviel wie jene jenseitige Ordnung und ihr Zusammenhang mit dem Geschehen im Diesseits zu denken sei. Das, was von dem Roman vorliegt, gibt nun allerdings keinen Aufschluß über diesen Zusammenhang. In welcher Verbindung der Dichter auf der Grundlage einer solchen Anschauung von dem Verhältnis des jenseitigen und des irdischen Lebens die Wiederkehr der Seelen auf der Erde mit dem gedacht hat, was uns Tieck über das Reich der Abgeschiedenen, die „Geisterkolonie", berichtet, kann nur vermutet werden. Aber daraus folgt nicht, daß Novalis eine bestimmte Vorstellung davon nicht besessen habe. Wie bei den Lehrlingen, so verfällt auch hier Haym in den Fehler, aus dem Mangel abschließender Aufklärungen, der durch den fragmentarischen Charakter dieser Dichtungen hinreichend verständlich ist, eine Unentschiedenheit oder Verworrenheit des Autors zu folgern. Er hat sich ferner hier wie in seinem ganzen Buche die Frage nicht vorgelegt, welchen Anteil da, wo ein Zusammenhang sich verbirgt, hieran die Prinzipien der Darstellungskunst bei den Romantikern haben. Ein Dichter, der vollständig den Plan seines Werkes im Kopfe hatte — und so viel geht doch aus dem Bericht von Tieck hervor —, sollte in dem Werk, welches die metaphysische Natur des Lebens, das Verhältnis des sichtbaren Lebensverlaufes zum unsichtbaren umfassen sollte, keine bestimmte Ansicht über den Zusammenhang beider Welten zugrunde gelegt haben! Vom Schaffen eines bedeutenden Dichters aus gesehen, ist diese Anschauung gänzlich unmöglich. Der ganze Plan und Zusammenhang des Ofterdingen kann erst in volles Licht treten, wenn die erforderlichen chronologischen Untersuchungen vorliegen.

Hölderlin

Der Aufsatz wurde für die erste Auflage neu gearbeitet, nur daß einige Stellen eines früheren aus Westermanns Monatsheften vom Mai 1867, welcher die dichterische Bedeutung Hölderlins den Lesern jener Tage nahebringen wollte, aufgenommen worden sind. Die Darstellung von Hölderlins Leben ist neben Schwab Carl Litzmann (Friedrich Hölderlins Leben in Briefen von und an Hölderlin, Berlin 1890) verpflichtet, dessen unermüdlicher, liebevoller Eifer das von Schwab gesammelte Material erheblich bereichert und teilweise berichtigt hat. Ferner bot Berthold Litzmann eine Sammlung der Entwürfe und Fragmente in der vor 10 Jahren im Cottaschen Verlag erschienenen Ausgabe Hölderlins. Persönlichen Dank bin ich dann aber Herrn Dr. Wil-

helm Böhm schuldig, dessen wertvolle Einleitung zu der von ihm und Herrn Paul Ernst hergestellten Hölderlinausgabe (bei Eugen Diederichs, Jena 1905) ich durch die gütige Mitteilung des Herrn Erich Schmidt benutzen durfte, und dessen Ausgabe selbst, eben da ich meinen Aufsatz in der ersten Ausgabe abschloß, mir kurz vor ihrem Erscheinen noch mitgeteilt wurde. So wurden mir noch die unschätzbaren Briefentwürfe Hölderlins an Frau Gontard zugänglich. Da ich keine Gelegenheit hatte, von den Handschriften Hölderlins selbst Kenntnis zu nehmen, und die Begründung der Datierungen in der neuen Ausgabe noch aussteht, habe ich für meine Darstellung mich auf die Kombination des Bruchstückes „Empedokles auf dem Ätna" mit den wenigen Zeilen bei Litzmann (II 218, e) und dem Aufsatz „Grund zum Empedokles" (Schwab II, 253) und auf den Ansatz dieser drei Stücke hinter den anderen Empedoklesfragmenten eingeschränkt. Denn so viel geht ganz unzweifelhaft auch ohne die Benutzung der Handschriften aus dem Fortgang der philosophischen Ideen Hölderlins und aus ihren Beziehungen zu denen Hegels hervor. Möchte die schöne Ausgabe dazu dienen, das Interesse weiterer Kreise für Hölderlins Dichtungen zu erwecken.
Seit dem Erscheinen der ersten Auflage dieser Aufsätze haben sich nun die Mittel für das Studium der philosophischen Entwickelung Hölderlins vermehrt. Franz Zinkernagels „Entwickelungsgeschichte von Hölderlins Hyperion" (1907) teilt neue Hyperionfragmente aus der Jenaer Zeit mit (S. 211—235), welche für Hölderlins philosophische Entwickelung wichtig sind, und gibt für eine Geschichte dieser Entwickelung ausgezeichnete Beiträge: besonders hat er den Einfluß Schellings auf die dem Thaliafragment folgende Ausbildung der im Roman enthaltenen philosophischen Ideen überzeugend dargetan. Anderseits ist eine festere Grundlage für die Untersuchung des Verhältnisses von Hegel zu Hölderlin durch meine „Jugendgeschichte Hegels" (Abhandlungen der Königl. Preuß. Akademie der Wissenschaften vom Jahre 1905) und die Ausgabe der Jugendschriften Hegels von Herman Nohl (1907) gewonnen worden. Ich behalte mir vor, an einer anderen Stelle auf den philosophischen Entwickelungsgang Hölderlins näher einzugehen, hier habe ich nur dem Text der ersten Auflage S. 342 einen Zusatz (siehe oben S. 282 f.) zugefügt. Zinkernagel hat ferner Phasen der Ausbildung des Romans Hyperion auf einleuchtende Weise neu bestimmt (Tübinger Jahre: kein Fragment; Thaliafragment, Waltershausen; Fragmentengruppe der Jenaer Zeit; eine neue Bearbeitung aus Frankfurt, für die er den Einfluß des William Lovell nachweist) und charakterisiert, und auch das habe ich in einem Zusatz von einigen Zeilen S. 275 f. benutzt. — Eine vollständige Ausgabe alles von Hölderlin bisher im Druck Veröffentlichten gibt Marie Joachimi-Dege (1908). Insbesondere wird man zu den theoretischen Schriften immer gern nachdenkend zurückkehren. Die Datierungen der Fragmente unterscheiden sich vielfach von Böhm und Zinkernagel. — Zur Chronologie der Hymnen Hölderlins gibt Emil Lehmann: Hölderlins Hymnen an die Ideale der Menschheit (1909, Gymnasialprogramm) schätzbare Beiträge.

NAMENREGISTER

INHALT

Wilhelm Dilthey · Gesammelte Schriften
Neunzehn Bände, Leinen gebunden. Ab Band XV besorgt von Karlfried Gründer, ab Band XVIII von Karlfried Gründer und Frithjof Rodi

Wilhelm Dilthey · Texte zur Kritik der historischen Vernunft
Herausgegeben und eingeleitet von Hans-Ulrich Lessing. 1983. 306 Seiten, Paperback. Sammlung Vandenhoeck

Wilhelm Dilthey · Die Philosophie des Lebens
Eine Auswahl aus seinen Schriften. Besorgt von Herman Nohl. Mit einem Vorwort von Otto Friedrich Bollnow. 1961. 339 Seiten, kartoniert

Dilthey-Jahrbuch
für Philosophie und Geschichte der Geisteswissenschaften
Herausgegeben von Frithjof Rodi in Verbindung mit O.F. Bollnow, U. Dierse, K. Gründer, R. Makkreel, O. Pöggeler und H.-M. Sass.
Band 1/1983. 306 Seiten, kartoniert
Band 2/1984. 377 Seiten, kartoniert

Ulrich Herrmann · Die Pädagogik Wilhelm Diltheys
Ihr wissenschaftstheoretischer Ansatz in Diltheys Theorie der Geisteswissenschaften. 1971. 373 Seiten, Leinen. Studien zum Wandel von Gesellschaft und Bildung im 19. Jahrhundert, Band 2

Hendrik Birus (Hg.) · Hermeneutische Positionen
Schleiermacher – Dilthey – Heidegger – Gadamer. Mit Beiträgen von Heinrich Anz, Günter Figal, Horst Turk und Hendrik Birus. 1982. 155 Seiten, kartoniert. Kleine Vandenhoeck-Reihe 1479

Silvio Vietta (Hg.) · Die literarische Frühromantik
Mit Beiträgen von Wolfgang Frühwald, Heinz Gockel, Hans-Joachim Mähl, Horst Meixner, Lothar Pikulik, Gerhard Sauder, Silvio Vietta. 1983. 223 Seiten, kartoniert. Kleine Vandenhoeck-Reihe 1488

Rolf Zuberbühler · Die Sprache des Herzens
Hölderlins Widmungsdichtung. 1982. 120 Seiten, kartoniert

Vandenhoeck & Ruprecht · Göttingen/Zürich

STB.KREFELD
9400 2133